U0727690

本书获二〇二二年贵州省出版传媒事业发展专项资金资助

新黔中行

XIN QIAN ZHONG XING

彭芳蓉 著

孔學堂書局

本书获 2022 年贵州省出版传媒事业发展专项资金资助

图书在版编目（CIP）数据

新黔中行 / 彭芳蓉著 . —贵阳 : 孔学堂书局，
2022.9
ISBN 978-7-80770-369-3

Ⅰ . ①新… Ⅱ . ①彭… Ⅲ . ①农村—社会主义建设—
经验—贵州 Ⅳ . ① F327.73

中国版本图书馆 CIP 数据核字（2022）第 113924 号

新时代黔行丛书　　　李缨　主编

新黔中行　　　彭芳蓉　著
XIN QIAN ZHONG XING

责任编辑：张基强　黄文华
责任校对：陈　倩
封面设计：张　莹
责任印制：张　莹

出　　品：贵州日报当代融媒体集团
出版发行：孔学堂书局
地　　址：贵阳市云岩区宝山北路 372 号
印　　制：贵阳精彩数字印刷有限公司
开　　本：787mm×1092mm　1/16
字　　数：370 千字
印　　张：21.5
版　　次：2022 年 9 月第 1 版
印　　次：2022 年 9 月第 1 次
书　　号：ISBN 978-7-80770-369-3
定　　价：48.00 元

序

　　大家一看书名就知道，《新黔中行》与《新黔边行》关系密切。确实如此，《新黔中行》就是《新黔边行》的姊妹篇。2020 年的《新黔边行》，有一个与之相应的 1985 年版的《黔边行》。但在《新黔中行》之前，并没有相应的"黔中行"。《新黔中行》的诞生，直接源于《新黔边行》。我的策划意图其实很简单：既然"黔边"都走了，何不也走一遍"黔中"？当然，在具体落实的时候，会复杂一些，会涉及主题定位等问题。在主题方向上，《新黔中行》与《新黔边行》有一定差异。2020 年是脱贫攻坚的决战决胜之年，所以《新黔边行》的主题自然就是"脱贫攻坚"；2021 年，在乡村振兴开新局的大背景下，我们把《新黔中行》的主题定为"村寨采风"：关注新时代贵州乡村的新风新貌，讲好新时代贵州乡村故事，传递新时代贵州乡村好声音。新媒体端的栏目名称为"新黔中行·村寨采风"，较为直观，读者一看就知道栏目的意图。

　　有必要向读者朋友们解释一下"黔中"所指。"黔中"一般有 4 种理解：第 1 种，特指安顺地区；第 2 种，指"黔中经济区"，共 33 个县（市、区）；第 3 种，泛指除黔边 31 个县（市、区）外的贵州其他地区，共 57 个县（市、区）；第 4 种，最为广义的"黔中"，几乎与"贵州"画上等号。《新黔边行》写了黔边 31 个县（市、区），如果考虑体量相当的话，《新黔中行》专写"黔中经济区"33 个县（市、区），显然是最为理想的选择。然而，写了黔边地区，写了黔中经济区，全省还剩下 24 个县（市、区）未涉及。为剩下的这部分地区再写一部，一起构成"三部曲"，也并非不可以。但是，剩下的这部分地区从地图上看很不规则，很难取出一个与《新黔边行》《新黔中行》相称的名称。经过反复权衡，我们最终选择第 3 种。所以，请读者朋友们注意，《新黔中行》中的"黔中"，泛指除黔边 31 个县（市、区）外的其他贵州地区。作者的行走路线是从狭义的"黔中"地区即安顺出发，然后顺时针行走，收尾阶段回到贵阳贵安。书的目录和内容编排也以此为序。此外，由于《新黔中行》强调写乡村，所以本书所写没有涉及省城贵阳的核心城区（云岩区、南明区及观山湖区）。新媒体端"新黔中行·村寨采风"栏目总篇数108篇，成书时受篇幅所限，我们只选取了88篇。想要了解《新黔中行》所有篇目的读者，可以关注天眼新闻客户端文化频道。

《新黔中行》依然由《新黔边行》的作者彭芳蓉担纲，写作风格与《新黔边行》一脉相承，继续为大家"朴素地讲好故事"。2020年策划和启动《新黔边行》栏目的时候，我提出"朴素地讲好故事"这一定位，其实只是一种理想状态的要求，但芳蓉在落实的时候发挥得很好，真正写出了魅力。她结合新闻、纪实散文和小说故事等写法，以朴实真挚的语言，生动地讲述了一个又一个有血有肉、有情有趣的小故事，赢得了读者的喜爱，也受到评论界的肯定和鼓励。《新黔边行》之后，《新黔中行》依然精彩。想要了解贵州乡村的新人新事，想要感受贵州乡村的新风新貌，阅读《新黔中行》是一个不错的选择。来吧，读者朋友们，让我们跟着《新黔中行》，一起走进新时代的贵州乡村！

李缨

2022 年 7 月 6 日

目录

安顺

毕节

金沙

大方

黔西

纳雍

织金

六盘水

普定

安顺

镇宁

关岭

紫云

普安

晴隆

兴仁

贞丰

黔西南

遵义

凤冈

湄潭

余庆

贵阳贵安

平坝

惠水

龙里

长顺

都匀

黔南

德江

思南

铜仁

印江

江口

石阡

瓮安

黄平

福泉

施秉

麻江

凯里

三都

贵定

剑河

丹寨

榕江

雷山

台江

黔东南

情定药王谷

西秀区云峰村

清明后的雨很温柔，细细软软地铺在大地上。山谷浸透了翠绿，淡淡的白雾萦绕其间，泥土的潮湿气息和植物的味道混合在空气中，树林里的鸟犯了懒，偶尔轻啼两声以表示存在。连日细雨不适宜上山，管护林地和负责采药的工人在本该忙碌的春日里也偷了个闲。任庭周坐在独栋小楼二层的露台上，这种宁静让他感到心安，仿佛那些曾经在这里经历的惊险与艰难，都已化作袅袅白烟消散在森林深处。

任庭周的人生目前大致分成两个截然不同的阶段。40岁之前，他在各种行业中不停转换身份。20世纪80年代初，他从钟表匠转为煤矿主，投入到火热的煤矿开采中，迅速积累资本。到了20世纪90年代末，他又转行做商贸、搞餐饮娱乐。40岁那年，他却给自己按下了"暂停键"。在他看来，这些都是赚"快钱"的门路，但绝不是能为之付出毕生的事业，所以，当一切运转正常时，他便把生意交到信赖的人手上，给自己放了一年的"长假"。

任庭周生于铜仁，十几岁时就来到安顺闯荡，20多年的经商经历让他认识了不少朋友，他从商业转向农业也是受到朋友的启发。在一次看似普通的聚会中，一个长期从事药材生意的老朋友抱怨道："现在各大药厂需求量连年上涨，野生药材资源却越来越少，收购太难做了。"他半开玩笑地向任庭周提议一起搞中药材种植。出于商人天生的敏锐嗅觉，任庭周真的动了心。

黄柏——芸香科植物黄皮树的干燥树皮，有清热燥湿、泻火除蒸、解毒疗疮的功效，是中成药中最常见的药材之一。这种树皮剥一半后留一半便可以再生，制成的药用途极广，市场上常常供不应求。任庭周经过一番调查后，便将目标锁定在黄柏上。他把基地选在妻子的老家——安顺市西秀区七眼桥镇云峰村，那里属喀斯特地貌，粮食种植产量不高，却适宜中药材生长。

任庭周上一次干农活时，尚未踏入社会，20多年过去了，他告别日进斗金的生意，竟又重新挥起了锄头。他流转来近百亩土地，又去贵州中医药大学拜访了专家，尝试着种黄柏。为了以短养长，他又在林下种植了不少短期能见收益的草本药材。

任庭周以为自己告别了过去日进斗金、灯红酒绿的生活，将与这深褐色的土地为伴，一切归于平淡，却不知命运的转折很快就到来了。他永远忘不了那辆失控的大货车冲向自己的情景。

2007年某天，他带着妻女为考上大学的侄子送行，在从机场返程的途中，不幸遭遇一辆货车的冲撞。任庭周的小轿车卡在货车车尾，严重变形，当时他心里只有一个念头："完了。"所幸的是，任庭周并无生命危险，但需要留院观察一个月。这一个月的时间，足以让死里逃生的任庭周思考很多。这场车祸的惨状不断地在眼前浮现，过去40年的人生也如放电影般在脑海里旋转。他第一次如此真实地感受到生命的有限，而在这有限的时间里，金钱好像也并不是最重要的，他渴望做点更有意义的事情。

出院后不久，任庭周便开始四处打听哪里有荒山，他想扩大中药材种植的面积。相比起高价的耕地，有植树造林需求的荒山显然是一个更好的选择。几番打听，他来到旧州镇，跟着老落坡林场的场长徐卫忠向山谷间走去，绕过弯弯曲曲的小路，眼前陡然出现一座和周围完全不同的山坡。山坡被近一人高的荒草覆盖，几棵老态龙钟的松树分散在半山腰，与漫山枯黄照映出无言的荒凉。"就是这里了。"任庭周在山脚抬头仰望，心里已拿定了主意。

这座山曾是老落坡林场的一桩悲剧。2002年一场大火把这片山林变成焦土，只有几株树干粗壮不易被烧毁的老树幸免于难。几年过去，这片山一直无人问津，任庭周却看到了荒草之下藏着的肥沃，他谈下了一个令自己满意的价格，兴高采烈地回去与家人商量投资的事，未曾想，竟无一人赞同。就算土地价格便宜，如此大规模的扩张成本依旧高得吓人，谁敢冒这种险呢？

任庭周敢。他完全不理会家人和朋友的反对，独自一人扛着锄头和镰刀上山去了。任庭周仿佛不知疲惫，10多天里，那些足以掩盖他的荒草纷纷倒在镰刀之下，渐渐显露出一条弯弯扭扭的小路。他站在山上远望，脚下是足以滋养黄柏茁壮生长的沃土，周围一片寂静，只有自己粗重的呼吸声，一切都如此清晰而真实。

"就是这里了。"任庭周再次确认。他立即与老落坡林场签订了3600亩荒山承包协议。挖掘机爬上山坡作业，开挖梯田、修建道路，荒山的死寂终于被打破。此后的两年间，这里被60多万株黄柏覆盖，枯黄色的山坡重现生机，而任庭周的积蓄也渐渐被掏空。他并不在乎，毕竟那些曾经赚来的财富正在哺育新的财富，黄柏良好的长势让他信心十足，他甚至成立了合作社，从附近的几个村寨找来100多位贫困户，动员他们入社，只需按时来基地做工便算作入股，不仅能领工资，还能分红。

然而，命运并未停止对他的考验。2011年元宵节，原本是阖家团聚的日子，任庭周却是和森林消防员们一起在山上靠吃方便面度过的。一场不知从哪里燃起的大火席卷了几乎整座山，原本苗壮生长的黄柏几乎全部"夭折"。火烧了好几天，浓烟聚成硕大的阴云笼罩在任庭周的头顶，他的心情也如这焦黑的山谷一样黯然。虽然安顺当地对中草药种植和植树造林有一定的补贴，但这对任庭周而言只是杯水车薪。补完苗、发完工资，任庭周浑身上下只能搜出7元钱。一起办合作社的朋友选择退出，但任庭周不想退也不能退，他把毕生积蓄都投入这座山谷中，必须要给自己一个交代。

任庭周开始四处找朋友借钱，房子也用来抵押贷了款，并把那个半闲置状态的酒吧重新经营起来，白天在山上种树，晚上又到酒吧招待顾客。任庭周知道怎样能在短期内挣到一笔钱，只是那需要付出加倍的辛劳。

此前约定好的100多位社员没有一人退出，所有人几乎每天都在基地上埋头苦干，这种信任对此时的任庭周而言更加难能可贵。基地渐渐恢复运转，之后，任庭周于2011年成立了安顺市西秀区钰霖种养殖农民专业合作社，个人资产变成了100多名社员的集体资产。

接下来的两年中，山火依旧偶尔发生，任庭周索性花钱修了一条隔离带，把这片宝贵的山坡好好保护起来。债务还清后，他便转让了那间收入不菲的酒吧，全心全意投入到中药材的种植研究中。任庭周几乎每天都会上山查看黄柏长势，指导工人劳作，并与贵州中医药大学达成了战略合作协议。在长期的学习和实践中，任庭周逐渐成为当地的中药材种植专家。贵州威门、德昌祥、百灵、信邦以及省外同仁堂、亳州盛大药业等制药企业闻讯而来。任庭周的中药材产业越做越大，销路越来越广，可药材渐渐供不应求。任庭周意识到，仅靠自己的力量已无法满足如此巨大的需求，便向周边的农户推广中药材种植技术，通过培训、捐赠种苗等方式，共带动6000多户农户发展中药材产业，其中贫困户就有1813户。

中药材生意越做越大，任庭周的脚步却并未停下。

2014 年，安顺市西秀区开始对有 600 多年历史的旧州古镇进行修缮，一个文旅项目呼之欲出。而任庭周也敏锐地觉察到旅游产业的大好趋势，一个农业旅游的计划在他心中逐渐成形。

他到外地走了一遭。四川省绵阳市北川羌族自治县与江油市接壤的地方有一个药王谷，当时已是小有名气的景区。药王谷这个名字深深吸引着他，听起来像是武侠小说中藏着神丹妙药的地方，天下英雄都心向往之。任庭周觉得，自己苦心经营多年的这片山谷里有 20 多个品种的中药材，也是名副其实的药王谷。

安顺药王谷就此诞生。2015 年，任庭周成立安顺药王谷农业观光发展有限公司，整合拓展了钰霖合作社原有业务，同时，在山脚开设了一间以药膳为主题的餐厅，结合中医药文化和森林康养等元素，规划出了一个康养度假胜地。

近 20 年时间匆匆流过，任庭周也未曾想到自己在 40 岁以后竟会甘愿留在山谷里每日与中药材为伴。但在这 20 年当中，他的身上多了不少身份：安顺市总商会副会长、安顺市西秀区工商联（总商会）副会长、西秀区中药材商会会长、安顺市西秀区钰霖种养殖农民专业合作社总经理、七眼桥镇竹林村"产业村长"、西秀区劳动模范……纵使荣誉加身，任庭周依旧是说话语气平和、喜怒不形于色的模样。如今他已年近六十，三个儿女也已长大成人，两个女儿研究生毕业后分别进入教育系统和司法系统工作，小儿子从北京科技大学毕业后，决定回到家乡帮父亲操持生意。

任庭周依旧喜欢独自坐在餐厅二楼的露台上望着对面的山谷出神。一个地方一旦有了名字，这个名字便被赋予了承载故事的功能，药王谷便是如此，而任庭周则是这个讲故事的人。

面具后的"守土"人

西秀区周官村

即便已过去 10 多年，秦发忠也早已对学术研讨的氛围习以为常，但他依旧对第一次登台演讲时的紧张状态记忆犹新。

那是 2005 年，在武汉举办的第三届中国人类学高级论坛上，他从踏入会场的那一刻起心跳就已经加快了。缓缓登上讲台，用颤抖的声音做完自我介绍后，秦发忠的双腿便打起了哆嗦，浑身也变得僵硬，像根木头一样立在原地。当时的论坛秘书长、召集人徐杰舜高声介绍道："这位是今天会场上最独特的嘉宾，他不仅是一位农民，更是安顺傩雕文化与工艺的守护者。"热烈的掌声赶走了秦发忠大脑里的混沌，他回过神来坐下，照着稿子读完了自己人生中的第一篇论文——《我的"守土"实践》。

题目是徐杰舜帮他定的。徐杰舜是广西民族大学教授、博士生导师。他们在 2 个月前相识于贵州安顺的一场学术研讨会，主题关于屯堡文化。那时，秦发忠只是主体活动——贵州黄果树瀑布节的参与人员之一，不在受邀嘉宾名单之列。秦发忠在会场之外徘徊时，徐杰舜和另外一位嘉宾发现了他，带他进了会场。

秦发忠做梦也没想过自己能站在讲台上向全国各大高校的专家、教授发表自己的观点，在此之前，他的双手几乎不怎么接触电脑键盘，最熟悉的还是沉重的斧头、上百把粗细不等的刻刀以及一副副等待他雕刻、打磨、上色的傩面具。但 2 个月前的那次相识竟把他推进了学术的圈子里，徐杰舜一再鼓励他："你想在傩文化产业领域走得更远，就必须有文化和学术支撑，题目我给你定好了，你写完发给我，我再帮你改一改。"秦发忠回答："我只有初中文凭，肯定不会写论文，只能说说自己的经历吧。"

追溯过往，秦发忠之所以能走上傩文化产业这条路，其实源于他那因家境贫寒而入赘的爷爷。

安顺市西秀区刘官乡的周官村是个屯堡村寨，很久以前，当地只有胡姓人家会制作傩面具，他们总在夜晚关上房门点上灯，研究傩雕这门传男不传女的手艺。

秦发忠的爷爷秦朝安入赘后便得胡家真传，后来妻子不幸因病去世，秦朝安又回到秦氏家族，把这门手艺带了出来，自然也传到了秦发忠的手中。

1972年出生的秦发忠童年最期待的事就是傩戏班来寨子里演出。演员青纱遮面，额前戴着面具，手持矛戈刀戟，动作夸张，唱腔粗犷。秦发忠被人群挤得动弹不得也全然不在乎，心思早已沉醉在这神秘又极具仪式感的大戏之中。他比别人更接近这神秘的仪式，那些怒目圆睁的面具大多出自他爷爷和父亲之手，而他自己似乎也注定会一生与这些面具为伴。

在那时，只有地戏班或屯堡村寨的村民才会上门订购傩面具，或用于地戏演出，或挂在屋外驱邪，秦家虽掌握了傩雕手艺，却不足以靠此为生，生活依旧贫困。直到1989年，一对从上海来的夫妻改变了秦家人的生活。他们是上海大学美术学院的教授，不远千里带着学生到屯堡村寨采风，见到傩面具便爱不释手，当即向秦家订购了不少面具，时年17岁的秦发忠初中即将毕业，便借放暑假的机会只身一人承担起送货到上海的任务。

那时的秦发忠正为自己的未来担忧，考上了中专却因家境贫寒无钱读书，而这次上海之行为他打开了另一扇门。在古老的地戏演出中，傩面具是神灵依附的载体，而在通向外界的火车皮里，傩面具则是各大艺术院校师生眼中用于研究民族文化的工艺品。秦发忠思维转换极快，能言善道的他很快和这对教授夫妻交上朋友，通过他们的人脉，秦发忠带着更多订单前往北京、南京等地。

很快，秦发忠摸索出一套最有效率的销售方法。每次送货时，他都会多带一些面具，到达目的地后，寻一间干净的旅馆住下，把面具一件件整齐排开，修补好受到损伤的面具后，便开始打电话通知客户来取货。待客户取完货品后，他便将多出来的样品塞满牛仔布背包，去当地的艺术院校门口摆摊，这些造型神秘的面具闪着600多年屯堡历史的光泽，引得不少人驻足。

年少的秦发忠身材瘦小、皮肤黝黑，总穿着一件粗布衣服。他结识了不少好心人，也遭遇过惊险，在种种未知的境遇中，他将傩面具带到了许多城市。在他天南海北四处跑市场时，刘官乡的傩雕产业也从1994年开始逐渐壮大。秦朝安当年教会了不少外姓人雕刻傩面具，这门手艺早就不是秘密，一时间，周官村能砍伐的树木几乎都变成了一副副傩面具工艺品。

然而，这盛景并未持续太久。加入傩雕行列的人不少，但大多只把这当作外地人没见过的新奇玩意，按尺寸大小售卖，少有人知道面具背后的含义，为之买单的人多为从事艺术和设计行业的人。1999 年左右，随着"打工潮"的到来，省内市场已经达到饱和状态，刘官乡的傩雕热潮也渐渐退去，更多人选择了南下。

秦发忠即便从小看着地戏长大，客户多问两句，他同样会语塞。他开始对这些问题产生好奇，同时意识到这是一个销售的门槛。于是，他一有空便骑着车在各个寨子里转悠，专找地戏班子的戏师或寨老打听傩戏、面具和屯堡村寨那些古老的故事。

刘官乡的傩雕热潮冷了下来，这门生意便集中在秦氏和当地几个制作大户的手上。2003 年，秦发忠的生意从量变迎来了质变。虽然 SARS（非典型肺炎）疫情让他不能外出，但安顺市成立了穗黔物流，打通了货物流通的道路，为他打通了货运渠道。秦发忠招来了 80 余个傩雕手艺人，扩大生产，依靠此前十来年积累的资源进行订单式销售，平均每 5 天就有一车傩雕工艺品从安顺送往全国各地，而秦发忠也成了当地傩雕产业的领军人物之一。随着安顺市对屯堡文化的发掘以及文化旅游产业的重视，2005 年，首届贵州黄果树瀑布节暨安顺屯堡文化研讨会举办，这一研讨会也促成了秦发忠与人类学、民族学专家徐杰舜结缘。

命运总是不按常理出牌。2006 年，在多方引荐之下，有外来投资商与秦发忠达成合作意向，计划双方共同注资在安顺的一处产业园内办厂。一心想扩大产业规模的秦发忠毫不犹豫地将所有积蓄都投入进去，谁知合作进行到一半，对方毁约，秦发忠一夜之间倾家荡产。2007 年，秦发忠在机缘巧合之下认识了一名企业家，秦发忠淳朴的性格和精湛的技艺让对方颇为赏识，对方为他牵线搭桥，带来不少新业务，秦发忠这才逐渐从欠债的泥沼中爬起来重新上路。也正是这一年，秦发忠意识到想要发展本土文化产业还是得靠当地人，于是，他发起并成立了周官村傩雕协会，决心带着质朴的老乡们一起闯荡。

经历了跌宕起伏，秦发忠的事业终于步入正轨，但他心中还有一个难以纾解的结。

痴迷地戏和傩雕的秦发忠早就发现，如今的村寨已不如当年般热闹。他无比怀念儿时挤在人群中看地戏的时光，可那些意气风发的地戏艺人如今都已成了风烛残年的老人，他们烂熟于心的地戏全本也快随着岁月的吞噬而被埋进黄土中。秦发忠萌发了一个念头：造一间傩文化博物馆，留住那些即将消逝的历史。

2013 年，傩文化博物馆在周官村破土动工，秦发忠投入了数百万元积蓄。直到 2016 年，这个收藏了数千副面具，以及秦发忠来搜集整理的地戏唱本的博物馆正式建成，免费对外开放。

　　资金捉襟见肘，这座博物馆便承担起更多功能，一边是面具加工的场所，一边是展陈的地方，二楼是工作室和吃饭的地方，再往上，他开辟出几个客房，用于接待到此参观的游客或艺术院校的师生。乡村旅游的模式初现雏形，但秦发忠在拓展新业务板块的同时，更关注这个生养他的村寨，他看着村里那些留守的妇女和残疾人，感觉自己该做点什么。

　　很快，他收了一些徒弟，大多数是当地妇女和残疾人，一些残疾人吃住在他家，跟着学习傩雕手艺。此后，在当地政府和各方资源的助力之下，他又陆续开展了"农村劳动力转移培训""安顺木雕技能培训""残疾人就业培训"等培训班，傩雕手艺早已打破了过去传男不传女的陈旧规则，渐渐演变成了一项扶贫产业。2019年，秦发忠的公司在安顺市"千企帮千村"行动中对口帮扶了周官村和嘉穗村，并与青岛市北区签订对口帮扶协议，申报了扶贫车间，解决了更多贫困劳动力的就业问题。

　　秦发忠说他有三个愿望：一是建造一个傩文化博物馆，这个愿望已完成大半，但是还在不断填充内容；二是将他这几十年来搜集、研究和思考的傩义化成果结集成书，为后人留下参考的文本；三是带着更多村民走上傩文化产业这条路。

　　在如今的刘官乡，疾步走过的"嬢嬢"们依旧用白色布带一丝不苟地包裹着"凤阳头"，身着鲜亮的青色或蓝色长袍，前襟边上的流绣花纹十分惹眼，腰间一块黑底绣花布裙，走起路来宽大的衣袖和后腰上的"丝头系腰"有规律地摆动。白墙灰瓦的房子与别处无异，但你能从每家每户外墙上挂着的那副傩面具察觉到不同。时代浮浮沉沉，600多年的历史在这个屯堡村寨依旧有迹可循，无论是对所有屯堡人还是对秦发忠个人而言，时间纵然毫无情面，但总有些东西能换个方式顺应这个时代而生存。

一颗樱桃裂变出"网红村"

镇宁布依族苗族自治县茂良村

"镇宁恩（樱）桃，新鲜得无与伦比，好吃得无法形容，甜得呛（像）初恋……"大多数贵州人听到这段吆喝都会默契地相视而笑，甚至能跟着吆喝两句。这是 2015 年，一个在贵阳市销售樱桃的商贩想出来的"文案"，网友将他吆喝的视频发上网络，让这位"樱桃哥"一夜爆红。当然，他口中的镇宁樱桃也在挑剔的食客间成了抢手货，价格一度疯涨。

但在镇宁县马厂镇茂良村村支书卢声祥的记忆里，镇宁樱桃早在 20 世纪 90 年代就已备受外地果商的追捧。

那时进村的土路凹凸不平，一旦下雨更是泥泞不堪，但每年 4 月气温回转，太阳连续在天空挂上几天，便会有不少从贵阳远道而来的货车沿着崎岖的山路缓缓向村子驶来。

镇宁当地的老品种樱桃果期非常短，又很难储存，果实摘下后不过一两天便会变黑、变软。物以稀为贵，产量不高又难以储存反倒抬高了它的身价，不少识货的商贩依旧愿意来冒这个险。卢声祥现在想起人们收樱桃的场景还是会哑然失笑。过去的老樱桃树长得颇高，树枝脆弱极易断裂，想要爬上树骑在枝丫上采摘简直是在"玩命"，有"不信邪"的尝试过几次，结果都以从树上摔下弄得遍体鳞伤而告终。大多数人只能颤颤巍巍地爬上梯子，再小心翼翼地连同果茎一起将樱桃掐下放进篮子里，如此忙活半天，常常一棵树上还是只能采下 10~15 公斤的樱桃。

采摘过程千辛万苦，摘完又要马不停蹄地颠簸回城去，让食客尝到第一口鲜甜，樱桃的价格也因此多年来居高不下。不过，依旧有好这口的人愿意为其埋单。

茂良村的人们并不在乎这些。樱桃被当地人戏称为"短命果"，就是因为它的产果期极短，不到一个月几乎就不再结果，成熟的果实若不被及时采摘也只能烂在树上。在樱桃种植规模小又缺乏技术的年代，只在每年 4 月才会出现的热闹场景犹如昙花一现，吃不饱、穿不暖的茂良村人整天为生计发愁，他们只想解决眼前的口粮，种植玉米等粮食似乎是更好的选择。

不过他们当中也有"另类"。

卢邦高就是茂良村里反其道而行的那个人。1996年，他在自己为数不多的肥沃土地上种了50多株樱桃树，在外人看来这一举动近乎"疯狂"。卢邦高并不在乎别人的眼光，他悄悄地算了一笔账，就算一年只能有这十几二十天的收益，算下来也绝对比种玉米强得多，用种樱桃换来的钱买完粮食还有剩余。没人来收樱桃的时候，卢邦高便赶在太阳落山之前采完果子，凌晨出发步行4个多小时到镇宁县城，赶在早市时卖个好价钱。如此种了几年，村里的人们总算看明白了卢邦高的思路，嘲笑的声音渐渐淡去，陆续有人把地里的玉米换成了樱桃树。

人们懂得算经济账了，茂良村的樱桃树也逐渐多了起来，但较为偏远的村民组却因受到地理限制，只能眼馋别人靠此致富。

真正的转折发生在2016年。

2015年底，国家发展改革委、国务院扶贫办等5部门联合印发《"十三五"时期易地扶贫搬迁工作方案》，明确对"一方水土养不起一方人"的地方的建档立卡贫困人口实施易地扶贫搬迁。2016年初，《贵州省2016年易地扶贫搬迁工程实施方案》出台。政策嗅觉敏锐的卢声祥自然不会放过这个机会。接到开展易地扶贫搬迁工作通知后的第二天，卢声祥就马不停蹄地带着村支两委的干部去往偏远村民组走访。下午走访完毕，晚上就选定了搬迁地址，第二天挖掘机便开进了茂良村开始动工。

仅用了两个月，茂良村以莫搬迁点就已落成并顺利推进搬迁工作，16户48人搬进了新家，速度之快，甚至让村民们有些回不过神。被定为搬迁点的以莫组是搬迁户自己选的，临靠公路、水电均通、拎包入住，每一户还配有鸡棚、牛棚和猪圈，大家的诉求都一一得到了满足。搬出来后，人们的顾虑尚未完全打消。过去，这16户村民只能在贫瘠的土地上种玉米，如今，搬到了新家是不是还要种玉米？生活来源如何解决？

卢声祥建议：种樱桃。但是大多数村民尚未尝过种樱桃带来丰厚收益的喜悦，况且，樱桃种植从挂果到丰产还要等三五年，期间又拿什么来填饱肚子？一部分大胆的人愿意尝试，但仍有一部分人还在观望。卢声祥索性组织成立了茂祥种养殖农民专业合作社，不仅种樱桃，还搞了露天及大棚蔬菜种植、中草药种植等产业，以短期可见收益的项目稳住了人心。

櫻桃种植推进得越来越顺利，频繁的技术培训和外出考察丰富了当地人的生活，更丰富了他们的头脑。大家开始讲究修枝、矮化，櫻桃树不再像以前那样向着天空长去，采摘的人们伸手、踮脚就能够到更靠近阳光的枝头。

茂良迎来丰收，恰好远在贵阳的"櫻桃哥"也成了网络红人，更为镇宁櫻桃加了一把火。2017年，"櫻桃哥"的吆喝在茂良村响起，中国瀑乡·镇宁櫻桃采摘旅游节拉开帷幕，连续20天，汽车排成的长龙从村口蜿蜒至山脚的募役镇。卢声祥和村支两委乘胜追击，一边鼓励村民引进产量更高、保鲜时间更长的玛瑙红品种作为补充，一边寻求政策，开拓出山体公园、露营基地等项目，以求延伸櫻桃带来的旅游价值。短短两三年，茂良村的路面更宽了，还建起了旅游公厕，农旅融合的乡村旅游模式初具雏形。

2021年4月3日早上10点不到，卢声祥已在村里转了好几圈。又一届櫻桃节即将开幕，他得配合镇上和县里各个部门做好准备工作。卢邦高的果林面积又扩大了些，如今已有上百株櫻桃树。他一早就钻进果林里采摘，心想，看来今年又能有一个好收成。临近中午，忙碌了一早上的果农们将盛满櫻桃的果篮挑到村口，在路边一字排开，争先恐后地招揽着专程开车来买櫻桃的人。曾经的深度贫困村，如今已成了"网红村"。

镇宁人称櫻桃为"恩珠"，这个称呼更贴切地形容了当地老品种的品相：果皮吹弹可破，果肉厚实、酸甜多汁，果形圆润如晶莹剔透的珍珠。这小小的"恩珠"在茂良村生长了几十年，从给土地"镶边"到逐渐取代传统作物，无论长在哪里，它都从不失约——每年4月一到，这鲜红的"恩珠"总会准时挂上枝头，在阳光之下染出令人垂涎的色泽。

意料之外的千年布依古寨

大多数人认为，高荡村那些从明代留存至今的石头房子，一定是当地人坚守古老文化的成果。然而，村干部杨正鑫却是这样说的："以前的人，哪知道古建筑的价值？只不过大家都把钱花在送孩子读书上了，反正出去以后不会再回来长住，谁又会花这个'冤枉钱'？时间一长，就没有这种建新房的风气，没必要。"杨正鑫认为新式房屋对高荡人而言毫无吸引力。

高荡村似乎拥有数不清的秘密，那些故事和外界的想象并不一致，它穿过近千年历史走来，始终保持着自己的节奏。杨正鑫和几乎所有高荡人一样，对这个古村落的过去了如指掌。他像个导游一般，带着来客走到寻羊井前，他将从这里开启整个参观流程，而高荡村的历史确实也是从这里开始的。

在镇宁县高荡村，"千年布依古寨"的称号刻在巨大的牌坊上，立于景区入口，石木结构的房屋连同石桥、石板路等构建出一个石头世界。走进高荡，最大的感受只有一个字——静。四面环绕的山林间掠过清风，树叶摩擦出的声响在耳朵里打转；石头建成的房屋混合着黑白灰三种颜色，并不明朗的色彩反而更显沉稳；身着布依族服饰的老人坐在路边，面前摊放着几袋当天采摘的蔬菜、水果，似乎并不在意能卖出多少，只是静静地坐着；就连原本应该兴奋的游客也出奇地安静，只发出相机快门和鞋底踏在石板上的声响。

寻羊井前立有一块牌子，牌子上详细记录了高荡村和这口井之间的紧密关系。据说明代时，住在梭罗河畔的伍家人先祖在河边牧羊，没想到在他下河抓鱼时羊已不见了踪影，他一路寻着羊的脚印翻山越岭，竟寻到这处如碗口粗的山泉，泉水充沛，仿佛永远不会干涸，抬头一看，四周群山环绕，是抵御外敌入侵的天然屏障，他便决定叫上姻亲杨家人一同搬到此地，高荡村因此诞生。

正如杨正鑫所说，高荡村的人历来重视教育。虽然在数百年前，四面环山的地形为伍姓和杨姓两大家族提供了有利的庇护，但那漫长的动荡岁月过去之后，外部世界飞速发展，这闭塞的交通反倒变成了当地人与外界沟通的障碍。在经济发展滞后、只能靠传统农耕维持生活的高荡人看来，唯有读书才能抓住冲出大山的机会。

高荡村出人才，这在镇宁几乎是公认的事实，这里甚至很早就有"儒林村"的美誉。从清代咸丰年间至 1906 年废除科举制，数十年里，高荡村经郡试取录的秀才有 9 人，举人 1 人。1912 年至 1949 年期间，高荡村出了 7 名中央军校学生和 1 名国立师范学院毕业生。1949 年至今，高荡村中进入国家机关或者自主创业取得不小成就的也有上百人。这对总户数 200 多户，人口不超过 1000 人的小村庄而言，绝对是一个惊人的成绩。

即便没有读书的天赋，年轻一辈的高荡人也想出去闯闯。当 20 世纪八九十年代的"打工潮"袭来，被锁在大山之中的高荡人也觉察到了这一机遇。杨正鑫也不例外，他早年随大流外出打工，干的都是靠体力吃饭的活路。不少年轻力壮的高荡人和杨正鑫一样，纷纷走向山外，把数百年的历史记忆留在身后。他们有同样的志向，要在外闯出一片天，挣了钱至少要在镇宁县城安家，不愿把钱花在这山窝窝里建新房。古老的村落只剩下寡言的老人，无论外界如何变化，这里的石头房永远是同一种灰白的色调，历尽风吹雨打，既不被翻新，也不会褪色，时间仿佛静止了一般。

在外界变化日新月异的时代，这用石头建造出的小世界反倒成了异类，年轻人纷纷外出，把这里变成了"空壳村"，竟误打误撞地为这里增添了些许荒凉的色彩。高荡村的日渐冷清是当地人心中的无可奈何，但这种无奈的静默在艺术家眼里却是难得的创作素材。2010 年左右，有消息灵通的摄影家、画家、诗人陆续闻讯而来，用镜头或笔头记录下眼前这个几乎快被人遗忘的村庄。

高荡人自然不会想到，这些衣着打扮与寨中人格格不入的艺术家，能让这个古老的村寨以另一种姿态重回大众视野。彼时，杨正鑫的哥哥杨正行正是高荡村的村支书，他恰好见证了一段惊人的蝶变。

紧随着艺术家们而来的，便是来自传统文化保护者的脚步。镇宁县政协原主席杨芝斌回到村里，将自己的旧屋改造成了布依文化陈列馆，同时展出了不少艺术家在高荡采风时留下的作品。后来，他又带着一群人回到高荡村。作为从高荡走出去的儿女，又是镇宁县布依学会的会长，他此次回来的目的非常明确，就是要在众人面前揭开这座古村落的神秘面纱，让更多人看到它。

调研非常顺利，顺利得让杨正行都有些回不过神来。高荡村的景区打造计划迅速启动，镇宁县政府拨款对当地的古堡、古营盘、古桥、碑记等文物进行修复，濒危古建筑也得到整修。县政府又投入大量资金修通了寨门外的道路，并对当地房屋建设和改造等做出规定，新建房必须通过申请后按照传统建筑的样式进行修建。

高荡村内部的建设如火如荼，外界对于高荡村的关注热情也持续高涨。在那几年中，以高荡村为主题的美术作品也接连出现在各种大型展览中。2014年底，有国家画院、贵州省文化厅（现贵州省文化和旅游厅）主办的"新中国美术家系列——贵州省中国画作品展"在中国国家画院美术馆展出，画家胡世鹏带来了作品《高荡》；2016年，由国家画院主办的"一带一路"采风写生作品展中，中央美院博士生导师、杭州画家陈向迅展出了以高荡为主题的系列作品……

艺术家的关注带动越来越多的人从不同途径了解到，在贵州，距离黄果树景区不远的地方，有个用石头建造的"千年古村落"。

为了让旅游业更成熟，当地政府与贵州青旅合作，开发旅游产品，同时带来了更多游客。游客来了，高荡的年轻人也回来了。杨正鑫告别打工生涯回到村里，在哥哥的带动下加入村委会，当上了村干部。其他年轻人也陆续回来，将自家旧屋改造成农家乐、民宿，或带着从小就会的蜡染手艺回到村里，制作旅游商品进行售卖。古寨里的嬢嬢们除了务农还得到了新的工作——表演拦门酒、唱布依山歌，每个月能挣一两千元。如今，这里已被列入中国传统古村落，也成为国家AAAA级旅游景区，每个符号的降临都伴随着一次变迁，但每一次变迁似乎都在当地人的意料之外。

尚未对外开放的古营盘是能俯瞰整个高荡村的最高点。当地没有对这个因风化等自然因素而几近摧毁的古营盘进行修复，残缺的石墙是它曾经为高荡人阻挡匪患的唯一证据，这种残缺反倒能激起人们探索秘密的欲望。站在石墙边上放眼望去，山下的石头房子连成一片，尽收眼底。

入夜，村里的文化广场上聚满游客，肃穆的音乐响起，灯光打在戴着面具的男子和穿着传统布依族服饰的妇女身上。装扮成祭司的男子举着火把，伴着庄重的音乐走下舞台，缓缓地将广场中间的篝火点燃。大火猛烈燃烧，火星向天空飞去，游客情绪高涨，围着熊熊篝火跳起舞蹈。远处，灰白色的石头房子融入夜幕之中，仿佛千年来从未改变。

王从军的老本行与新花样

王从军和林业打了20多年的交道,从没想过到了不惑之年还会在这个老本行里干出新花样。

王从军1997年开始在松山镇林业站工作,工作内容并不复杂,只是向各村村民发放树苗、指导村民植树造林、调度森林防火等,真正爬上山去种树的机会并不太多。2009年,王从军被调到国有浪风关林场任负责人,工作更贴近一线,需要上山植树、防火,虽与过去有所不同,但只需很短的时间就能适应。

但这次似乎不同。2018年,紫云县成立了鸿顺林业生态投资开发有限责任公司,40岁出头的王从军成了公司的执行董事,成立了公司就意味着要发展产业,身份的改变让他有些紧张。

这片2万多亩的国有林场有些年头了,从某种角度来看可以算是贵州国有林场发展历史的一个片段。浪风关林场建于1958年,那正是中共中央、国务院颁发《关于在全国大规模造林的指示》的时候。多山地、高原的贵州有足够的理由兴建林场,各地大大小小的林场在这个背景之下应运而生。当然,在历史巨浪之中,没有一个国有林场能够独善其身,浪风关林场兴盛过也衰退过。当王从军踏入林业时,浪风关林场正面对着与国内大多数林场同样的困境:禁伐限伐政策实施,木材产量大幅度调减,收入明显减少……但在王从军的记忆里,这些问题对当时的人们并未造成广泛而巨大的影响,人们依旧乐于植树,有人已养成种树的习惯,也有人将其当作"绿色银行",希望以此为子孙留下一笔财富。也正因如此,他一直和各地村民的关系都相处得不错,要是有哪里发生意外山火,当地村民不仅会第一时间通知他,还会自发带着工具上山帮忙灭火。

无论是在松山镇林业站,还是调入浪风关林场的前几年,林业工作对王从军而言早已得心应手。可到了2018年,干了20多年林业工作的王从军,突然要转行农业了。

此时,农村产业革命和发展林下经济的风潮正在席卷整个贵州,拥有大量森林资源的国有林场在这个指挥棒下必然冲锋在前。位于紫云县城西南方向的浪风关林场，距离紫云县城东社区仅5公里，距离城南社区仅3公里，这两个社区都是分别容纳了3000多人的易地扶贫搬迁社区。从区位来看，浪风关林场占据了显著优势，在这里开发林下经济，能解决两个社区不少搬迁户的就业问题。

2019年9月，紫云县政府正式下达任务，要求浪风关林场在年底前完成林下经济的建设。从事林业工作多年的王从军此刻有点慌张，前20多年的经验突然派不上用场，要说什么土地适合种什么树，他一定能滔滔不绝，但要说这树林之下能种什么、养什么，这触碰到了他的知识盲区。好在贵州的山区百姓历来都有林下种养殖的习惯，而贵州林业部门在近年来的相关指导方案中也提供了不少选项，这都帮王从军缩小了选择范围。过去，他连紫松茸长什么样子都没见过，如今，几经调查之后，他下定决心要让这种菌子在浪风关落脚。

只是他没想到种个菌子也这么麻烦，环节涉及菌种运输、铺料、覆土、盖草、浇水……就连浇水这个环节也要掌握好时辰和分寸。技术员一番讲解下来，王从军早已头昏脑胀。他将林场几乎所有人力都集中起来，毕竟4个月时间太短，他需要聚集全部的人力和智慧来攻克这个难关。

王从军或许从未如此高频率、长时间地泡在林子里，频繁地外出考察和连续学习已经让人疲惫不堪，但他和林场的其他员工一样，必须迅速把尚未完全消化的新知识用在实践上。10多个员工每天早上7点准时集合，一直忙到深夜才拖着疲惫的步伐回家。他们必须抓紧时间把这些种植技巧吃透，因为接下来除了自己参与种植养殖之外，他们还得手把手地教会那些前来务工的300多名搬迁户。

在那段高强度工作的日子里，王从军心中的担忧多过疲惫。任务期限只有4个月，一旦失败，不仅所有员工的辛劳都付诸东流，浪风关的林下经济发展还得从头再来，这样的结果，王从军不愿接受。

第一批菌种终于全部种下，时间慢慢推向2019年12月中旬，气温一天比一天更低，王从军的心情越来越紧张。他反复去林地里转悠，眼睛紧盯着树林间黑褐色的土地。终于，眼前的地里撑起了几朵"小伞"，再向远处望去，还有更多"小伞"散落在树林间。王从军忍不住欢呼，即便技术尚有欠缺，但这些娇嫩的"小伞"已经给了他一份满意的成绩单。

所有的事情变得顺利起来，1000多亩紫松茸生长旺盛，最多的时候一天能产出1万~1.5万公斤。早上7点，人们骑着电瓶车或坐着交通车从城东和城南两个社区赶来，一刻不停地采摘这些生长迅速的菌子。加工厂里更是忙得不可开交，烧锅炉的工人四点半就起床准备，三班倒轮换着让烘干系统保持运转。

种植带来的成就感让王从军无比满足，他对林下种养殖的兴趣和信心都翻了好几倍。林下养鸡、林下养蜂项目陆续推开，而林下菇种植技术更是不断更新。他甚至设想未来能开创一个林下菇的公共品牌，邀请专家鉴定这种林下种植产品的各项参数，作为当地林下菇品质的佐证。王从军从一开始就很明确，发展这些产业的主要目的是给百姓做示范，未来，这些技术和产业都将交到百姓手中。同时，他也给大家提前搭建好了销路。这示范确实起了作用，紫云县城周边已有不少农户在林下开始种植紫松茸。

20多年与山林树木为伴，这片广袤的绿色承载着王从军不同时期的记忆。曾经，国有林场背负着振兴经济的使命，后来，又挑起了建设生态的重任。现在，林下源源不断冒出的紫松茸，以及那些活跃的鸡群和蜂群，又为王从军拉开了一段新的篇章。这也为这座县城拉开了新的篇章。

老农曾德春与他石头缝里的"常青树"

关岭布依族苗族自治县花江镇

4月的最后几天，天气毫无预兆地开始转晴。猛烈的日头挂在上空，把距离北盘江不远的这片山坡炙烤得滚烫。远处的山坡还有石漠化的痕迹，裸露的岩石在阳光下显得尤其刺眼。眼前这片土地显然经过人为整合，岩石被打碎垒出层层阶梯，每一级阶梯都被褐色的泥土填满，密集的花椒树林织成一张巨大的墨绿色地毯铺在山坡上，让这片石头山显出生气。

一顶草帽在树阴下灵巧地穿梭。草帽的主人显然对这片山坡的地势了如指掌，浑身带刺的花椒树也并不会给他造成麻烦。这草帽在林间一处隐秘的地方停下，几秒钟后，那片花椒林上方的喷灌系统便开始下起"小雨"。

这顶草帽已经磨出了毛边，顶上用布打了个补丁，虽然有些破旧，曾德春却没想过换一顶新的。比起草帽，他更关心今年的花椒市场。去年市场不景气，辛苦一年挣了30多万元，这在他20多年的种植经验里并不算好，今年，他提前打探了一下市场，要是目前的价格能稳住，一年40万元那是没有问题的。

花江镇坝上村如今成了曾德春的"聚宝盆"，而20年前，他却拼了命地想要逃离这个地方。

这是关岭县县城西南面45公里开外的北盘江与打邦河交叉三角地带，早在20世纪90年代起就受到全国关注。这里原为板贵乡，后与花江镇合并为新的花江镇，全镇石漠化程度在80%左右的土地占全镇土地面积的近四分之三，这里之所以长期受到关注，正是因为20多年前，板贵人一代接着一代，见缝插针地在石缝里种植花椒树、经果林，整合土地搞科学种植，修建小水窖，打破生存之困，也留下了影响至今的"板贵精神"。

在尚未兴起种植花椒的浪潮时，对在石头缝里种玉米的当地人来说，只有远离这片大山才是唯一的出路。那时曾德春的儿子正在读高中，成绩十分优秀，为了能让儿子上大学，曾德春一咬牙，也随着人潮走向山外，他辗转于广东、浙江等地的工地或工厂，日复一日机械地工作，除了能多挣几个钱，其实也看不到更远的未来。

曾德春还是想回家。20世纪90年代初，他用打工积攒的钱换来近20头牛，养肥之后赶到交易市场售卖。此时，板贵乡已开始全面推广"坡改梯"工程，广泛种植花椒树。在市场上卖牛的曾德春被浓郁的花椒香味吸引，更吸引他的，是花椒高昂的价格，这让他心动。他开始做起了花椒收购的生意，积累了一定资金后，也把钱投入到花椒种植中去。

曾德春性格乐观，又善于交际，很快便与一些外来客商混成了熟人。一次闲聊中，一名见多识广的外来客商给他建议："你们靠太阳把花椒晒干的方式已经落伍了，遇上天气潮湿，花椒根本晒不干。你去搞一台烘干的机器。现在板贵的花椒产量越来越大，不及时销售会变黑、腐烂，烘干之后就能长久保鲜，你也能赚多些。"谢过这位客商，曾德春毫不犹豫地买回一台烘干设备，成了村里第一个用机器搞花椒粗加工的人。

一晃10多年过去，曾德春已步入壮年，但这些花椒树却比他老得快得多。

原本一年结一次果的花椒树越来越"懒"了，变成三年才结两次果，并且产量逐年递减，常常在一亩地里累死累活，才能采收50多公斤花椒籽。年老的花椒树越长越高，树枝浑身带刺，随时摆出一副防御的姿态，采收的人们踩着梯子采摘得费劲，却常常收获寥寥。大家渐渐失去了兴趣，不少村民甚至挥起斧头与这些年迈的老树断绝了关系，在本就稀少的土地上重新种起了粮食。眼看着茂密的花椒林越来越少，曾德春感觉时间仿佛按了倒退键，他感到一丝悲凉，更为强烈的是难以割舍的情绪。苦心经营了10多年的产业，哪能说放弃就放弃呢？树老化了还能补种，但日子不能倒着过。

曾德春固执地守着那些老树，又补种了一些新苗。正当他焦头烂额之时，2015年，一名前来收购花椒时在他家歇脚的重庆客商又帮了个大忙。重庆人不仅是吃花椒的行家，也是种花椒的能手，这名重庆客商去曾德春的花椒林里看了一圈，实在忍不住笑了起来："你们这种管理方法也太粗放了吧？你跟我去重庆看看就知道为什么你的树这么快就老了。"客商的一句话让曾德春醍醐灌顶，种植花椒这么多年，竟很少到外面去学技术，原来这里的人们一直都在用最原始的方法靠天吃饭！

在当地政府的统一组织下，一支外出考察的队伍浩浩荡荡去往重庆市江津区。走进那里的花椒地时，曾德春差点惊掉下巴。无论春夏秋冬，这里的花椒树都长满绿叶，只有一人多高，树枝并不粗壮，却覆满了成团的花椒，青色的花椒颗粒饱满，圆头圆脑的样子十分讨喜。让花椒树始终保持在同一高度，这是怎么做到的？重庆的种植户大方地分享了这个不是秘密的"秘密"——施肥、修枝、矮化。种了10多年花椒树几乎没有给地里施过肥的曾德春此时突然意识到，原来种花椒并不是一个轻松的活路，这种管护技术在其他地方已经普及，可在他看来却成了稀罕事，闭门造车只会被时代甩在身后。

当同村人还在对这种花椒管护技术将信将疑时，曾德春已经毫不犹豫地下了决心，他向花江镇政府的同行人员表态："我先来试，试成功了就带着大家一起干！"

曾德春言出必行。此后的很长一段时间里，他都在花椒地里忙个不停，他用几十株花椒树来做实验，研究肥料、修剪枝叶，精心呵护一年后，这几十株花椒树长得无比健康，比起那些沧桑的老树，简直像个精力充沛的"青年"。村里的人们纷纷效仿，推广管护技术的曾德春也成了村民当中的"技术指导员"。

每到收获的季节，每亩花椒地的产量猛涨至近 500 公斤，如此丰厚的收成，让花江镇人对花椒的兴趣越发浓厚，被乱石覆盖的山坡上再次重现生机，花椒林如绿色海浪般蔓延当地大部分的山谷。花椒产量猛增，村民们的口袋也渐渐鼓了起来，有了底气，大家便想再深挖一下花椒的价值。

一公斤新鲜花椒的价格大约在 30 元，加工制成干花椒后，一公斤能卖出 150 元以上的好价钱。曾德春所在的这个村民小组算好这笔账后，便自发组织起来共同出资修了一个加工厂，拓展了一条挣钱的路子。

每到收花椒的季节，花江镇坝上村总是一片热火朝天的景象。掌握了改良技术后的种植户们，不再像以前一样爬上梯子费劲地采摘花椒，而是用锯子大刀阔斧地将挂满花椒的树枝锯下，再运到工厂去烘干取下花椒籽，剩下的树枝通常都被烧掉，再埋进土里当作天然肥料。直到有一天，又是一位重庆来的商人敲响了曾德春家的门，他是来收花椒树枝的，这次让曾德春很意外。

"这树枝拿来也有用？"曾德春按捺不住好奇。

"用处大了！"这位重庆商人神秘兮兮地说，"这花椒树枝是做无烟炭的好材料。"

曾德春又开始攒钱了，他计划今年挣了钱就把制炭厂建起来。

时代的脚步太快，曾德春明显感受到自己快要跟不上这瞬息万变的节奏，幸好他还有一个好帮手。当年外出打工是为了儿子读书，回乡种花椒希望多挣点收入也是为了儿子能走出这贫穷的大山，可当儿子顺利从西南政法大学毕业后，外部世界的吸引力好像也没有那么大了，眼前的花椒林反而更让人踏实。儿子决定参与到家里的花椒生意上，父亲负责种植，他则负责跑市场。曾德春并不认为这是大材小用："现在我们搞了 70 亩地，种花椒事情多，市场起伏又大，他学到的新东西用在搞市场上一点都不浪费。"

现在是立夏，再过一个多月，那片装了喷灌系统的花椒就能率先上市，曾德春和他的儿子越发忙碌起来。烈日当空，干了一上午活的曾德春在路边的一棵花椒树下坐下，这位年过五旬的老农皮肤被太阳晒得黝黑，他用关节粗大的双手摆弄着打了补丁的草帽，心里好像在盘算着什么，自言自语道："今年价格稳得住的话，制炭厂就有希望了。"

屯堡文化传承人陈先松

平坝区天龙镇

陈先松手里的烟杆有近一米长，表面已经包浆，看起来颇有年头。他随时带着这支长长的烟杆，就像他身上的青布长衫，脚上的黑色布鞋，都已经成了他的习惯。陈先松和人聊天无需任何准备，一杯热茶，一支烟杆，他便能天南海北聊一上午。"我这个人，优点就是话多，缺点也是话多。"他坐在天龙屯堡文化传习馆的办公室里侃侃而谈，他所熟悉的并非只有演了大半辈子的地戏，还有关乎这个地域的人和事。

陈先松说，为了生活，他以前什么都干过。2000年进入景区表演地戏之前，他在卖猪肉。再往前推，他还蹲过茶馆、修过房子……林林总总的职业之间几乎没有任何技术上的关联，唯一的共同点就只有一个：挣钱。

陈先松出生在1951年，家境贫寒，几乎没有读过书，唯一能接触到历史文化的途径只有在山上放牛时听老人讲故事，或是村里地戏班演出的时候。爱唱爱演的陈先松从不怯场，10多岁蹲茶馆唱山歌，满堂喝彩最能让他红光满面。地戏也是自幼耳濡目染，后来，陈先松30岁不到就跟着姑父四处唱戏。

不过，在改革开放初期，能歌善舞并不是挣钱的本事。好在陈先松十分擅长见机行事，也喜欢琢磨，掌握了不少手艺。

陈先松帮人修过房子，对屯堡特有的石头房无比熟悉。只有屯堡人才懂屯堡的房子该怎么建。安顺一带山多树多，层层叠叠的沉积岩，既能防火，也能防震，不仅被屯堡人用作天然的建筑材料，也在屯堡人的生活中扮演重要的角色，有句流传甚广的俗语如此描述："石头的路面石头墙，石头的瓦盖石头房，石头的碾子石头的磨，石头的板凳石头缸。"陈先松与石头当然也十分亲近熟悉。20世纪80年代，他和其他屯堡人一样，用钢钎、铁锹在山上敲来石头，不用水泥做黏合剂，完全凭借石块之间天然的契合以及木头的配合来搭建房屋。在陈先松的印象里，屯堡人生活的改变直接体现在房屋的高度上。从最初的一丈二尺八（约4米），慢慢增高到一丈五尺八（约5米）、一丈八尺八（约6米），最后定格在二丈一尺八（约7米），此后，便逐渐有人盖起了两层楼房。无论如何增高，屯堡人的房子始终是石木结构，高密度的房子连成一片，各自独立但又紧紧相连，构筑起一个独特的石头王国。

虽然屯堡文化在贵州这个多民族聚居的地方独树一帜，但在不少屯堡人的记忆中，这种文化的延续并不是一以贯之的。尤其在20世纪八九十年代，外出打工的人越来越多，外部的流行文化也不断被带入村寨，传统服饰逐渐被时装取代，唱地戏的人也越来越少，不变的只有那些历经风吹雨打而不受侵蚀的石头房子和纯正的屯堡口音。陈先松也必须为生活奔波，修房子只是零散的活，他还得在其他行业找饭吃。直到2000年，陈先松已近50岁，一个固定的工作突然"从天而降"。

屯堡人的居所大多建在交通要道，天龙屯堡更是如此，其所在地在元代时就是顺元古驿道上的重要驿站，名为"饭笼驿"。到了明代时，来自南北各地的官兵到此地屯兵，延续了这条交通要道上的烟火之余，也形成了独特的屯堡文化。不同地区的人在此交会，先进的生产经验和思想文化也在此交融，这为屯堡后人奠定了独到的商业智慧的基础。一直以来，屯堡人都很会做生意，到了2000年左右，一些在外闯出一番天地的屯堡人又将目光投向家乡。

2000年，几个当地年轻人合资成立了旅游公司，对天龙屯堡进行开发。他们的定位十分明确，就是以石头建筑和屯堡地戏作为主打产品，吸引游客前来观光。石头建筑是现成的，但地戏得找人来表演。陈先松成了这几位年轻人心中的第一人选。

快步入50岁的陈先松，此时还在猪肉摊上卖力气，他们找到他说出想法时，他欣然应允。地戏表演早已刻在他的骨子里，那些唱段、曲调都已刻在他的脑子里，他没有理由拒绝。

起步如此之早的乡村旅游景点，在当时的中国并不多见，更何况，天龙屯堡景区的发展模式还颇具创新性。开发天龙屯堡的公司与天龙当地政府合作，成立了天龙旅游发展协会，吸纳村民和在外工作的天龙人参与开发景区。把像陈先松一样的当地农民吸纳到其中，他们既是建设者，也是受益者，自然会对景区的打造更加上心。当地人重新穿上传统服饰，为自己身为屯堡人而自豪，而最自豪的还是陈先松，因为，他上电视了。

那是2003年，几个中央电视台的年轻导演请陈先松对着摄像机跳了一段地戏。陈先松一点也不紧张，从10多岁时蹲茶馆唱山歌，到后来走村串寨唱地戏，对这样的表演再也熟悉不过，唯独让他有些尴尬的是，自己不会说普通话，只能靠懂普通话的当地人来翻译，进行简单沟通。这次上电视的经历带给陈先松最直接的收获就是——学会了普通话。他在看电视时开始有意识地跟着练习，很快突破了这个语言上的难关。而在当时的天龙屯堡，和陈先松一样跟着电视学会普通话的人不在少数。外地游客越来越多，屯堡人也开始说起了普通话，甚至有人学会了一两句简单的英文。

这次电视拍摄的经历也打开了陈先松的成名之路。来找他的电视台越来越多，天津、广西等地的电视栏目摄制组接二连三登门拜访，就连海峡对岸的台湾也有拍摄团队专门赶来，找他拍了几集专题片。2012 年，贵州籍导演唐煌执导的艺术电影《脸谱》开机，陈先松成了片中的主角之一。

景区的名声越来越响，而陈先松也在接连不断的拍摄中，以及游客的连连叫好中更加明确了自我价值。有时他一天要演 20 多场地戏，平均每场 8 分钟，这对已经年过半百的人来说是一项体力的挑战。不过陈先松尚能轻松驾驭，闲时，甚至还能为好奇的游客讲解屯堡文化。

2015 年 7 月，第十届贵州旅游产业发展大会在安顺举行，天龙屯堡迎来更加浓郁的旅游热潮，而陈先松此时也有了一个新的工作。在天龙屯堡古镇之外的山脚下，一个造型独特的建筑屹立在平阔的土地上，这是当地打造的天龙屯堡文化传习馆，而这个传习馆需要一个合适的管理人。显然，在各种场合都能畅聊屯堡文化的陈先松是最佳人选。

从那之后，陈先松有了一个固定的办公场所。整理馆藏、为游客解说、打扫卫生……这些成了他每天的必做工作。当然，地戏的演出和传承他也没有放弃，不仅照旧出现在舞台上和镜头里，还坚持进学校开展少儿地戏表演传承培训，2018 年，他被评定为国家级非物质文化遗产传承人。

过去的几十年里，陈先松并未刻意立下保护传承屯堡文化的志向，但那些坎坷的人生经历却切切实实地将屯堡的历史和记忆刻在他的骨血里，曾经，以为这些记忆都将随时间流逝化作尘土，没想到在他 50 岁后，这些烂熟于心的故事还有机会讲给全世界听。

2021 年的"五一"小长假，全国掀起旅游热潮，天龙屯堡景区的热度也居高不下。陈先松依旧是一身青布长衫，手里握着那近一米长的烟杆，踩着布鞋穿过熙来攘往的人群。他 70 岁了，还能继续唱。

古茶树守护者国应武

普定县朵贝村

在山野间肆意生长的茶树，树龄恐怕已有数百年。每年4月左右，年幼的国应武总是背着背篓跟着大人上山，选中一棵老茶树开始摘茶叶。鲜有人去深究这些树的来历，总之，这些老树比在场的所有人都多活了好几百年，被当作祖先给后人的荫庇，后人只管享用便是。当地人采摘茶叶的方式十分粗犷，根本没有一芽一叶、一芽二叶的说法，只要是当年新长出的嫩叶，都逃不过这些老农人的手，眉毛胡子一把抓。国应武有一个形象的动词来形容这种采摘方式："抹。"把老茶树的新叶一把"抹"干净。

一家人一天能采一箩筐，采完带回家里扔进砂锅杀青，在簸箕里揉捻，在太阳底下晒干。喝茶的方式也不讲究，火上架着土罐，水烧开了便往罐里扔一把茶叶，煮出红色的茶汤倒在土碗里，喝茶竟喝出了饮酒的豪迈。

工作20多年后，拿到一纸重病诊断书的国应武万念俱灰，儿时在山上采茶、在炉边喝茶的情景不断重现，他想回家。

1983年，考上贵州省地质学校的国应武离开了普定县化处镇朵贝村，毕业后被分到地质队的他先在赫章县工作了一段时间，之后随队迁往六盘水，直到2009年。地质工作效益不错，20世纪80年代，在大多数人一个月只能拿到30多元工资时，国应武不仅一个月能拿到80元的工资，还有90元左右的补贴。除地质工作外，国应武也投资煤矿产业，积累了一定财富。如果不是因为患病，他或许会平静地一直干到退休。

这场重病让国应武对眼前的工作和生意都丧失了兴趣。他向单位请了病假，在医院做了复杂的手术和治疗，开始考虑自己是不是应该落叶归根。无巧不成书，就在国应武为是否回乡而犹豫的当口，普定县化处镇几个与他熟识的干部突然找上门来。一聊才知，这几位干部是叫他回去"救火"的。

自从定居六盘水后，国应武回家的次数并不多，但对老家茶产业的发展多少还是有些了解。他离开老家时，普定县土地承包到户，农民都以种粮食为主，一些产权不明的茶场逐渐落寞，1996年以后，因为扶贫和退耕还林等政策实施，一些企业开始入驻，茶园又开始发展起来，再到2007年，普定县把发展茶产业作为农业结构调整的主导产业，出台了加快茶产业发展的指导性文件、相应的实施细则和优惠政策，茶产业快速发展，"朵贝茶"的品牌名声越来越响。

在这样的背景之下，化处镇作为朵贝茶的核心产区之一，当然不会落后于人，镇里筹集资金打算大干一场，却未曾想到，茶产业需要的资金比想象中多得多，单靠政府出资，力量十分微薄。国应武是朵贝村走出来的人，当然知道"朵贝茶"的价值。他还记得，当年在生产队任大队长的父亲，带着队员用几麻袋茶换来一大车土豆；还记得那些朵贝村的老人，即使步行一天才能到安顺，也要背上100多斤茶踩着山路走出去卖。而此时的国应武正缺一个回家的理由，儿时的"朵贝茶"竟适时出现，向他发出了邀请。

国应武答应了几位干部的邀请，收拾行李回到了阔别已久的朵贝村。然而，眼前的荒凉让他有些难过，原本计划种茶树的200多亩土地，因为资金短缺至今空无一物，一些被挖出来准备移栽的老茶树，因摆放的时间太久已经几近枯死。国应武迅速投入资金，计划流转更多土地，把朵贝村的茶园建起来。

事情并没有想象中的那么顺利，比资金更难解决的是人心。一些村民对这个外出多年又突然回乡的老板并不感冒，有人对他办茶场的目的充满怀疑，也有人担心没有土地种粮食。大病初愈的国应武身心俱疲，只能沿用此前当地政府与农民协商的流转方式，除每年支付土地流转金外，还承诺每年每亩地返1公斤茶给农户。此外，也保证流转土地的农户每月至少在茶场做6次工，每次工资30元至60元。

艰难迈出第一步，土地的问题算是解决了。到2010年底时，国应武已经投入了290多万元，但这只是个开始。

想要扩大茶园面积，仅靠那些古茶树当然是远远不够的，必须育苗。长年从事地质工作的国应武对农业知之甚少，关于古茶树的育苗、种植等知识储备更是几乎为零。还是要请专业的人做专业的事，他从遵义市湄潭县请来茶叶种植专家，把对方留在朵贝村一年多，手把手地教会了他育苗、管护、采摘等茶叶种植技术。

"朵贝茶"生长缓慢，5年才能采摘，大面积开拓茶场的那几年，国应武只能从为数不多的老茶树身上找回一些收入。况且，从未涉足过茶叶销售的国应武还必须面对另一大难题：市场。"朵贝茶"的品牌刚刚打响，而国应武的茶场又刚刚建起，还未能大面积采收，作为茶界新人，国应武和他的茶都不得不面对人们的质疑与挑剔。那时，卖茶大多靠人脉关系，国应武托朋友帮忙推荐，自己也结识了一些客户，不过茶园规模小，古茶树产量低，一年只能挣到几万元。

没有其他办法，只能慢慢熬，国应武陷入了一种循环，采茶挣钱，然后把挣来的钱又投入到茶场扩建中。国应武虽然见不到现钱，但这些旺盛生长的茶树就是最大的资本，茶场面积像滚雪球一样越来越大，国应武没有退路，只能不断投入，一步步将这茶园扩展至近千亩。

通过多年的努力，国应武的茶场产量提升，客源也稳定下来，国应武注册了哚贝古茶的品牌，经营终于走上正轨。

传统的手工制茶已经跟不上产茶的速度了，国应武计划转型为机械化生产。朵贝村多年种茶的老茶农对机械化生产嗤之以鼻，"我们祖祖辈辈都是用砂锅炒，我学做茶的时候你还没出生呢。"国应武请来的师傅显然并不接受这种新方式。

他请了一个一直做手工茶的亲戚来学机械化生产，把会机械化生产的浙江妹夫也请到厂里，两位师傅针尖对麦芒，互相不对付，老师傅做茶时不让妹夫看，妹夫开机器时也不许老师傅在场。一次，做手工茶的亲戚打来电话："你的机器坏了，叫人来修！"国应武让他找浙江妹夫解决，这位倔强的老师傅哪会屈尊去找年轻人？答道："他在睡觉，不叫他。"国应武没办法，只能急忙赶回加工厂，竟发现那机器压根儿就没打开电源！

这类事常有发生，国应武知道长此以往只会影响茶厂生产，索性与贵州大学达成实习合作协议，每年都有一批学习茶叶种植专业的学生来到朵贝村实习，一些优秀的学生毕业后便留在了茶厂。国应武给这些年轻人提供了不少机会，但凡有斗茶大会等业内的比赛都会派年轻人去参加，孩子们也争气，带回来不少奖项。

国应武从投入种茶开始，就已经认定要做大古茶树的品牌效应，所以对他茶场范围内的2000余株古茶树都保护有加，育苗时也大多采用扦插的方式，用古茶树的新枝来进行育苗。当地老人并不知道这些古老的茶树到底有多少年头，每当国应武问起，那些八九十岁的老人的回答都是："谁知道呢？我小的时候它就已经长成这样了，现在还是这样。"直到2015年前后，一些专家来到朵贝村，对当地的古茶树树龄进行认定，当地人才知道，原来这些古茶树的年纪竟都在100岁以上，最老的一株堪称古茶树的"老祖宗"，有800年以上的树龄。

每天都见到的老树看起来几年都不会有任何变化，没想到竟都经历过几百年风雨，国应武联想到小时候见过的那些盘根错节的茶树，恐怕树龄比眼前这些还要老，可惜在过去这几十年中，大多都被砍掉，腾出土地用来种粮食了。想到这些，国应武无比惋惜，而他能做的，也只是把眼前这些古茶树继续保护下去。

又到采茶季节，天色刚显白，朵贝村就热闹起来，有两三百人从四面八方涌来，有的甚至从邻镇或邻县赶来。人们的装束出奇地统一：斗笠、袖套、雨鞋、竹篓，穿戴整齐涌进如海洋般的茶场中。没有人再像40年前那样"抹"茶叶了，只要是能进茶场的，都能分辨什么是一芽一叶、一芽二叶，人们轻掐叶茎，灵巧地转动手腕，掰下完整的叶片而不伤其形状，这样的茶青才能卖个好价钱。虽然如此讲究技巧大大降低了采茶的效率，但老板愿意为此支付更高的工钱，每公斤茶青可换来160元至200元的报酬。国应武不再上山采茶，他在茶山对面的工厂里端坐，听着这茶山里的热闹和工厂里机器运转的声音交织出动人的乐章，舀一勺井水，煮开，看着新叶在玻璃杯里慢慢舒展开来。

告别"毛狗路"

普定县仓田村

申唐贵对那条通向寨子里的"毛狗路"有着近乎痛苦的记忆。

那是一条存在于20世纪80年代的山间小道，从半山腰蜿蜒至坡顶的寨子里，大约两三公里，几乎都是上坡，没有半点平路。那时的申唐贵不过10多岁，正是身强力壮的年纪，但仰望这条崎岖的小路时也会双脚发软。

申唐贵所生活的补郎苗族乡仓田村，是2014年时才由过去的大田村和龙昌村合并而成的大村。这两个村都建在山坡上，而他所在的堰塘组更偏远，每次出门采办物资就像去冒险。最煎熬的莫过于运煤。50多公斤煤像一座小山压在脊背上，背煤的人从东风煤矿的井口开始跋涉，一口气肯定是走不到坡顶的，中途总要卸下煤来歇一歇，然后大喝一声，仿佛除掉胸中那口恶气，体力又能恢复一些。这条路实在太难走了，当地人把这种弯弯扭扭的泥巴小路叫作"毛狗路"，比人们常说的"毛路"多了几分轻蔑和嫌弃。

申唐贵听老人说过，以前村里是有"马路"的，不过名副其实，是给马走的路。在他父辈还是小孩时，村里一些富贵人家会出钱用石头在山坡上砌出一条路，石头的大小差不多刚够马蹄立足，路的分布也只是按照这些人家常走的路线来。这种"马路"并不比"毛狗路"好到哪里去，甚至可以说更糟糕。总之，从申唐贵的父辈开始，山里的出行问题就一直困扰着人们。

申唐贵过了 20 岁时决定出门打工。那是 20 世纪 80 年代末，申唐贵有个亲戚在镇上的信用社工作，每月工资大概只有 90 元，而那些在外打工的人每个月能挣 120 元，谁都能看出这明显的差距，日新月异的沿海城市释放着无穷的吸引力，去海边"淘金"几乎是每个山里人的梦想。申唐贵揣着无限期待去往福建晋江，到了沿海的渔村，申唐贵几乎惊呆了，且不说平坦的地势让人畅行无阻，仅是家家户户都装的水龙头就足以让他羡慕。申唐贵联想到老家的那些水井，虽说每家每户都有距离相近的水井可用，但挑水还是要费力气的，而眼前的水龙头才是先进生活的代表，他想要。

出去打工第一年回到家时，申唐贵就与同去打工的几个村民一起组织大家共同出资安装水管引水，那时的补郎苗族乡甚至没有卖水管的店铺，他们只好去安顺把水管买来。打开水龙头，"哗啦哗啦"的流水声堪比美妙的音乐，申唐贵无比满足，他感觉自己离海边好像近了些。

水的问题好解决，但路的问题更让人困扰。此后的两三年里，村里人想办法弄出一条 3.5 米宽的毛路，依旧是上山下坡没有半点平路，但好歹马车能过，要运煤、运粮食时，便只能约上几家人一起，进行大批量运输。直到 1998 年左右，申唐贵和同村的人再也无法忍受，下定决心，凑钱修路。

按人头来算，整个寨子凑出 5 万多元，有的人家即使不得不向亲戚朋友借，也要把自己的那一份凑上。有的路段必须经过邻村农民的土地，堰塘组的人也爽快地答应，按照土地的粮食产量，每年还一定粮食给对方。他们太渴望有一条好路了。不仅出钱，还要投工投劳。国家对爆炸品使用的管控非常严格，当地人无处申请，便只能买来钢钎、铁锤一点点地凿。当时，补郎苗族乡派出所的所长见此情景，主动帮这些渴望征服山路的农民向县政府和公安局申请炸药，跑了不少程序后，这座山上才终于传来了震天的爆破声。

不过一公里路，前前后后竟修了 3 年多，直到 2000 年后，这条通往堰塘组的石子路才终于像个样子。

在那时，有石子铺成的路就已算是一种进步，虽然路途依旧遥远，但至少比过去的"毛狗路"强了不少，人们也不再有更高的要求。在这样的路上走了大约 10 年，2014 年，仓田村再起变化。

准确地说，这次不仅是仓田村，而是整个补郎苗族乡都处在一种热火朝天的氛围之中。相比起这次大规模的施工，堰塘组过去修那条路就是小打小闹。挖掘机一刻不停地作业，路上不仅铺上了石子，还浇了水泥，有的路段甚至铺了柏油。显然，这是个大工程。补郎苗族乡的很多乡亲们并不太清楚，这是普定县在全县展开的"通村公路三年会战"行动，补郎苗族乡在这次行动规划中被列入第二批完成目标，整乡计划完成通村公路 56.5 公里。

56.5 公里是什么概念？连起来比补郎苗族乡到普定县城的距离还长，这是怎么做到的？仓田村没人去细想这个问题。不过，他们中的大多数对一个年轻人有深刻印象。这个从县里来的年轻人会说苗语，他似乎专程为了修路而来。有那么一段时间，他几乎每天都会出现在乡里的各个村寨，到处给人讲修路的好处，协调修路涉及的土地、规划等各种复杂的事情。年轻人叫康晓勇，2012 年时从公路养护管理所借用到计划业务股工作。"整乡推进"是普定县在建设通村公路过程中制定的模式，以乡镇为单位做整体调度，所牵涉的工作不仅有对群众的普及和动员，还有计划上报、项目前期工作、项目管理、专业技术等相关工作。仓田村人所看到的，只是康晓勇工作的一部分，在他们看不见的时候，康晓勇或在办公室里挑灯夜战加班做材料，或奔赴在项目申报、管理的路上。

短短两年，补郎苗族乡的通村道路全部实现硬化，申唐贵曾经带着人一起挖的那条石子路也浇灌上了水泥，走起来不再那么费力。

此后的两年里，申唐贵感觉仓田村的变化更加剧烈，他在村里看到了许多不常见的面孔。

柯发云是带着资金回来的。1994 年就去清镇打工的柯发云，一直不愿意回到偏远的仓田村。他住在靠近河边的下格组，回家的路几乎都是下坡泥巴路，路上又湿又滑，车辆几乎无法通过，想要出门，得步行一个多小时才能找到坐车的地方。这段回家路几乎给柯发云的心里造成了阴影。

2018 年，他回到村里，那些泥泞小路早已经被水泥覆盖，整个村庄都变得明亮了些。不过，曾经被荒掉的土地依旧无人问津，通村、通组的路都已完善，却没有一条通向地里的路，坡地又难耕种，不少人便选择放弃，任由杂草铺满那些土地。但在通村路、通组路修通后的那几年，"坡改梯"等工程也在陆续推进，常年在外做食用菌种植的柯发云看到了商机。他和两位朋友合作，以每亩地 240 元的低价租了 210 多亩地，把他在外做得风生水起的食用菌种植带回老家，又种了樱桃、李子等水果，还用一部分土地改建成池塘做水产养殖。

柯发云的选择是正确的，大约 2020 年时，当地农业农村局提供经费，让村里的产业路修了起来，一条白色的水泥路从村委延伸至他的种植基地。2021 年，又一条延伸到更远地方的产业路正式动工。柯发云悄悄打听了一下，那些曾经送人都没人要的荒地，现在的租金已经涨到 800 元一亩。

遥望半山坡上的仓田村，树林之间隐约可见道路如白色的玉带，将这个村庄与外界紧紧联系在一起。申唐贵对"毛狗路"的最后记忆停留在炸山开路的时光中，而柯发云作为更年轻的一代，对"毛狗路"恐怕已经没有太深印象，他眼下正紧盯着的，是延伸到未来的那条路。

六盘水

绥阳
凤凰
毕节
德江
金沙
遵义
眉潭
铜仁
大方
黔西
余庆
思南
石阡
江口
纳雍
贵阳贵安
织金
宽安
黄平
岑巩
福泉
施秉
六盘水
普定
平坝
贵定
黔东南
安顺
麻江
凯里
剑河
镇宁
关岭
惠水
龙里
普安
都匀
贞寨
雪山
晴隆
黔南
兴仁
贞丰
紫云
长顺
三都
榕江
台江
黔西南

种红香米的"匠人"韦仕龙

六枝特区月亮河彝族布依族苗族乡

2009 年，当贵州省农科院水稻研究所副所长陈文祥被韦仕龙请到六枝特区月亮河乡的有机水稻种植基地来时，他对眼前这位已步入中年的布依族汉子充满好奇。他问韦仕龙："你以前是做哪行的？"

韦仕龙脸上掠过一丝尴尬的微笑，说："我以前是炼钢的。"

"你是在开玩笑吧？我们研究水稻这么多年的人都不敢做有机农业！"陈文祥感到难以置信，"不过我觉得你可能会成功。"他转念一想，撞上韦仕龙惊喜又疑惑的目光，笑着说道："因为你什么也不懂，胆子大。"

中国的有机农业起步于 20 世纪 90 年代，2003 年才颁布实施有机农业的《认证认可条例》，2009 年，这种新型的农业概念才刚刚兴起不久，全国从事这一行业的人少之又少。韦仕龙这个过去 20 多年都泡在炼钢车间里的技术员，此时却要涉足没有多少成功经验可借鉴的领域，说起来就像天方夜谭。但陈文祥没有半点嘲笑的意思，他更多的是期待，毕竟当一个人对未来的艰险毫无察觉时，或许反倒更能坚定地实现目标。

其实，韦仕龙转行的打算已酝酿了一年多。他 1986 年从重庆钢铁专科学校毕业后，被分配至某钢铁制造企业，一直从事技术工作。40 多岁买断工龄时韦仕龙并没有太多犹豫，在他看来，此前 20 多年的阅历和经验，已经让他具备了成熟的综合分析判断能力，从 45 岁到 60 岁，他至少还能干 15 年。

在决定做有机农业之前，他也考察过别的项目，仅是前期调研、论证就花了10 多万元，不过最终还是因为各方面条件不合适而选择放弃。真正和有机农业结缘，还得从一次去北京出差的"偶遇"说起。

在北京处理公务之余，韦仕龙偶然走进位于王府井的一间书店。书店里有两本书勾起了他浓厚的兴趣，一本名为《有机农业》，另一本叫作《国内外有机食品标准法规汇编》。《有机农业》这本书在当时只发行了 5000 册，而这间书店里只剩下最后两本，可见这个领域有多冷门。但韦仕龙对这些新的概念和冷门的事物总是充满好奇，小众意味着艰难，但也意味着可能有无限的前景，他捧着这两本书如获至宝，果断将其买下。

他反复阅读这两本书，并做了许多笔记。他在书中了解到，中国数千年的农耕文化在发展有机农业上具备先天优势，这激发了他进一步探索的兴趣。

第一步是确定方向。在当时，生态农业是人们常常提及的概念，但韦仕龙凭借自己20多年技术工作养成的思维习惯，认为产品必须依据标准进行生产，农业亦当如是。他向不少专家咨询，在反复论证和探讨的过程中，他意识到，生态农业只是一个概念，而非一种标准，所谓"原生态"只是人们想象当中的美好概念，并不能与安全画上等号，例如一些地区的土壤天然含有大量重金属，在这样原生态的土地上种出的蔬菜，重金属就会超标，而他想要做的，是有安全执行标准的有机农业产品。

韦仕龙把目光放回老家月亮河乡，拿出当年在重庆钢铁专科学校做毕业设计的劲头，请来相关专家共同调研，不仅检测了当地的水土，还对海拔、气候、地理位置、交通等方面做了评估。这个位于六枝西南部的小乡镇，地势东高西低，花月河穿境而过，形成"东水西流"的独特地貌，当地的土壤和水源，以及其他因素都符合有机农业的发展标准。拿到这些厚重的调研结果，韦仕龙吃下了一颗定心丸。

在全国对有机农业都处于摸索阶段的2008年选择投身于这项事业，家人完全无法理解他的决定，父母不止一次质问他："你好不容易出去了，现在一把年纪了，为什么又要回来？"而韦仕龙内心已经确定了目标，他像个逆风而行的孤独勇士，在家人的极力反对和外界的种种质疑中，回到月亮河乡。

他找到4位从小就认识的老乡共同出资37万元，一起成立六枝特区月亮河有机农业专业合作社，明确其定位为发展有机循环农业。有机循环农业的概念，简单来说就是尽量减少外来物资的投入，比如农药、肥料等。说来简单，实际操作起来则有很大难度，要遵守自然法则、保持生态环境，那就不能依靠农药来杀虫除草，而要善于利用自然法则，如任由青蛙在田间自然生长，利用它吃害虫等；而生产出的稻谷也没有一点浪费，加工后剩下的麸皮是营养价值极高的饲料，可用于喂猪，加工大米剩下的碎米可用于酿酒……韦仕龙根据自己过往积累的管理经验，设计出一个循环体系，按照规划动工建设加工厂、养殖场等，同时着手申请3000亩红米水稻的有机认证。

5 名合伙人中，唯独韦仕龙一人几乎没有从事过农业生产。他对种地的印象还停留在少年时期，如今已过不惑之年，他竟又回到土地上每天和水稻打交道，而且种的还是比传统水稻标准高出不少的有机水稻。韦仕龙一直信奉专业的事要交给专业的人来做。2009 年，在开始试种时，他请来了在六枝特区做技术扶贫的陈文祥。陈文祥明白有机农业前景可观，也知道省内研究这一领域的人屈指可数，他和省农科院水稻研究所的团队给予了韦仕龙极大支持，在前期摸索的过程中几乎全程参与。其实，对于陈文祥而言，这个过程也是在做一场实验。

　　在确认当地的土壤和水源中的重金属元素含量符合有机产品种植标准后，韦仕龙动员和组织当地村民严格按照《国家有机产品标准》从事有机水稻种植，那 3000 亩水稻种植基地也在 2011 年获得了南京国环有机产品认证中心颁发的《有机转换产品认证证书》，合作社建立的 5000 吨大米加工厂也于当年获得了生产许可。但人们却并未产生多少兴趣，由于不能用农药，田里常常一半是稻草一半是稻谷，水稻产量非常低，韦仕龙便流转了土地，请人帮忙种植。

　　韦仕龙还记得第一批有机水稻收获时的场景，那次收获并没有让他如想象中那样兴奋。他们按照有机标准进行种植，但由于缺乏经验，不仅收成没有达到预期，产品品质不如预想的那样好，市场反响也并不好。韦仕龙一度陷入困惑：自己选的这条路是不是太过于艰难了？在当时，可借鉴的成功经验实在太少，靠自己这个行外人来摸索，前路扑朔迷离。

　　但韦仕龙不愿放弃，有专家的支撑，还有前期大量的调研储备，他还想继续实验。他前后尝试了 10 多个品种，一直不见收益，甚至有时遭遇病虫害，所有水稻全军覆没。短短几年，韦仕龙几乎将所有积蓄都投入其中，2009 年时积蓄用光，又向银行贷款继续投入，执着地守着这片土地。不过，他并非孤军奋战，贵州省农科院和六枝特区都对这个项目相当支持，在技术和资金上提供了帮扶，大家都想看看有机水稻到底能否在这片土地上取得成功。

　　直到 2016 年，韦仕龙终于在反复实验中挑选出红香米这一品种，并进一步扩大了种植规模。至此，距离他最初决定从事有机农业已过去 8 年之久。

　　从那之后，韦仕龙的红香米连续 3 年丰收，不仅还清了债务，合作社的资产也由成立之初的 37 万元增加到 1200 万元。如今的合作社已建设完成有机大米加工中心、酿酒厂、有机饲料加工厂、养殖场和有机肥料加工厂，水稻种植面积也从最初的 260 亩发展到 3000 多亩。他创立的"月亮河牌"红香米在线上线下常常供不应求。此外，合作社还与六枝特区农业局、特区质量技术监督局合作，完成了贵州省第一个《有机水稻种植》地方标准。而韦仕龙本人也于 2017 年被评为全国农业劳动模范，前往北京接受表彰。

韦仕龙当初给自己定下的期限是"宝贵的 15 年"，如今 13 年已过去，他还没有停下来的意思。在生产基地的展示厅大门外，挂着一副牌匾——"有机循环农业工匠场"。以典型的工科思维研究农业，在 40 岁后让自己变成炼钢技术员中最懂有机水稻的人，回望韦仕龙的经历，或许"工匠"二字最能诠释他的态度。

神秘的陈太祥

钟山区月照街道双洞村

过了双洞广场向神雕峰行驶，便进入了六盘水市钟山区月照养生谷景区的核心区域。把车停在空地，沿着山坡向上步行，再走过一座吊桥，就到了聚香园。这是一个在当今乡村旅游中很常见的山庄，但这个山庄里藏着主人陈太祥从不轻易示人的秘密。

数不清有多少本日记，连同陈太祥的家族记录等各种资料一起被锁在柜子里，就连他的妻子都不能在未经同意的情况下翻看。为了避免将来儿孙看到他的秘密，他在记录一些最隐秘的想法时，甚至用符号或者只有他能懂的语句替代。当然，这些长达 25 年从不间断的记录也不是只有那些秘密而已。1997 年在村民组负责管理电费时，他记下了每一个村民的账单；读到或听到什么有意思的谚语、俗语、顺口溜，有时甚至连"今天种了多少苞谷"这样简单的话，他也会赶紧在日记本里记下来。他通常在临睡前才拿出日记本，整理一天的思绪，然后开始写，日子平淡时，只有寥寥数语，遇到了特别的事，则能记下两三千字。他将这些独属于自己的记忆分门别类地细心收纳，闲来无事时常会翻开回味。

在月照街道双洞村的村民眼中，这个每天写日记的陈太祥是个特立独行的人，他的人生甚至带了些许传奇色彩。

他尚未出生时，父亲就因生病用错药物而去世。但爷爷和父亲都曾是村中颇有威望的人，生前做过不少造福一方的好事，所以，村民们一直念着他们的好，常常给陈太祥家送去腌鸡、腊肉等食物作为回报。陈太祥虽然从未见过父亲，但村里流传的那些故事足以让他勾勒出父亲的形象，作为乡贤后代，他也传承了父辈的行事作风，18岁就成了村中红白喜事的主事人。

不过，陈太祥并不甘于长久地守在村里。1995年，双洞村仍以农耕为主，初中毕业后的陈太祥进入了村委会，借此机会进一步学习拿到了中专文凭。此时的他刚满18岁，对地里的玉米提不起半点兴趣，他第一次开始想要给自己写点什么，打开日记本，写下"人不出门身不贵，火不烧山地不平"，之后便毅然离开这片土地，去往六盘水投身于钢筋水泥森林的建设中。

初到六盘水，陈太祥和很多进城务工青年一样当"背篼"，之后进入建筑工地做泥水工。做建筑工是体力活，但陈太祥有一身使不完的力气，也很少和包工头计较得失，他似乎总有一种天生的责任感，看到工地上有什么事都想出手管一管、帮一把。这种性格让他很快得到重用，从打零工一步步走上工地管理岗位，渐渐开始自己承包工程来做。陈太祥2003年结婚，2006年去往云南宣威，开始从事装修行业；同时，妻子也在六盘水开了一间店铺，专门售卖家电。

虽然当年一心想离开家乡到外面的世界闯一闯，但离家越远心里对那片土地的牵挂就愈发强烈。人终归是要回家的，在外积攒了一些积蓄后，陈太祥一边在外继续承包工程，一边和媳妇谋划回乡建房。

2006年，陈太祥在老房子旁的半山腰上破土动工。为了建这栋房子，陈太祥不仅花光了积蓄，还欠下不少债务，之所以花这么大力气修起这栋房子，还在房子外面修了一座吊桥，并不只是用于个人居住，而是要用这栋房子挣钱。

为了修房子，陈太祥回老家的时间越来越多，而他回乡后所做的每一件事都让村里的人感到匪夷所思。

当人们都在精心管护地里的玉米时，陈太祥却在他家几十亩土地上种起了水果。村里人用嘲笑的语气问道："你种这么多，要拿来当饭吃啊？"背地里更是对他议论纷纷，认为这个在外混了几年的年轻人"脑子有点问题"。陈太祥笑而不语，照旧每天在地里研究那些樱桃、葡萄、梨。

他之所以这么做，其实是因为有"独家消息"。

在月照街道（原为月照乡）和保华乡交界处，有一个阿勒河峡谷，距离中心城区仅 18 公里。2009 年左右，当地旅游局着手对该景区进行开发，找到陈太祥，让他承担了部分工程建设。在景区现场施工时，陈太祥与旅游局的负责人攀谈，对方提到月照乡时，用一种略带神秘的语气告诉他："你别看现在月照什么都没有，以后肯定能发展成景区。那里有很多天然优势，交通方便，又有景点。你就等着看吧！"

2009 年，村里通过"一事一议"项目解决了路的问题，省里对农村小微企业也有补贴政策，双洞村离钟山区不过半个小时的车程，离月照机场也只有 5 公里的路程，这些都是那位旅游局负责人口中的"优势"。陈太祥当然不会老实地"等着看"，他心里很快有了一个计划。

那时的陈太祥并不知道什么叫"农旅一体"，但他知道城里人喜欢什么，如果有一个地方能让他们吃上自己现摘的水果，那肯定是会受到欢迎的。退一步讲，就算这里的旅游迟迟发展不起来，这些水果也能运到距离不远的城里去卖，同样有收益。

陈太祥没有把这个想法告诉他人，他像在下一个赌注，一旦成功，才能向全村推广。3 年后，果树开始挂果，陈太祥也注册成立了自己的公司，给这片果园取名聚香园，开始考虑吸引游客的办法。

4 月的樱桃、6 月的桑葚、8 月的葡萄，每个季节都至少有一种水果可以采摘，但双洞村此时只是个不知名的小村庄，谁会知道这里藏着一个世外桃源呢？陈太祥灵机一动，想出了一个让外人无法理解的办法。

他通过积累的人脉邀请各地的朋友前来做客，所有水果全部免费摘、免费吃，吃不完还能带走。村里不少人断定：这个陈太祥一定"疯"了。

然而，让人们没想到的是，来聚香园的游客渐渐多了起来，陈太祥不再免费招待，入园费 10 元，随意采摘，不想费力气的可以直接购买。陈太祥眼见口碑效益已经产生，他打算再扩大宣传，托人找来当地电视台，给他做了一次新闻报道。

2014 年，陈太祥的运气来了。月照养生谷景区开发完成，正式对外开放，而陈太祥苦心经营了 2 年的聚香园自然也成了不少游客的落脚地。这个结果让双洞村的村民们傻了眼，没想到这个平时张口就是顺口溜，看起来只会吹牛的年轻人竟然在大家眼皮底下布了这么一盘棋。而陈太祥则乘胜追击，在果园里利用自己就算负债也要坚持修的两层小楼办起了农家乐，室外建起凉亭、走廊，开拓了烧烤区。聚香园的生意连年上涨，前来月照养生谷的游客几乎都认准了他家。

"穷不跌志，富不刁狂"。在双洞村站稳脚跟的陈太祥，并不计较村民们曾经的嘲笑和质疑，当人们为了办农家乐、种果树来向他讨经验时，他也乐于分享，帮人出谋划策。

陈太祥似乎和他爷爷、父亲一样，成了双洞村村民心中那个说话有分量的人，但好像又不太一样。过去，父辈是靠为人公正和掌握少有人懂的本领获得村民爱戴，现在，陈太祥用超前的思维，带着村民走向更实际的致富之路，看似特立独行，实际上只是快人一步敢做第一个吃螃蟹的人而已。

2021年5月初，陈太祥的果园里还有一些晚熟的樱桃挂在树上。经历了新冠肺炎疫情带来的"寒冬"，他的聚香园总算慢慢恢复元气。趁着天气好，他把聚香园里里外外都扫了一遍。收拾完毕，他如往常一样翻开日记本，那句早已铭记于心的话再次映入眼帘："人穷志气要威风，马瘦毛长要打鬃。铜盆破了斤两在，哪个时常在难中？"

当摇滚青年成为乡村教师

钟山区海嘎村

盘州市淤泥乡与六盘水市钟山区大湾镇之间的距离大约有150公里，而顾亚和郑龙之间的年龄相差13岁。如果他们不是偶然都当上了老师且分到同一个学校，又恰好都挂念着那所贵州屋脊上的小学，还碰巧都喜欢摇滚乐，或许就不会有后来全国百余家媒体争相报道的故事。

1987年，顾亚出生在盘州市淤泥乡的一个小村庄。他和大多数农村少年不同，他不愿意割猪草、上山放牛、下地种田，他喜欢音乐。初中时，顾亚拥有了人生的第一把吉他，误打误撞进入六盘水师范学院艺术系师范专业后，组建了自己的乐队，开始了跑场演出的生活，朝不保夕让他感到迷茫和疲惫。

1974年出生的郑龙，曾经在钟山区职中"边师班"读书。学校旁边有一个排练室，一支年轻的摇滚乐队每天在那里排练，澎湃的音乐常常引来师范生们围观，郑龙也在其中。这音乐促使郑龙花了200元买了一把吉他，尝试着摸索出和弦。不过，他并未将音乐当作信仰，毕业后便服从分配来到大湾镇的幸福小学任教，2002年，海嘎小学的老师离开，领导找郑龙谈话："你是时候回到自己真正的岗位了。"就这样，那年的正月十五，郑龙走进了海嘎。

海嘎村位于韭菜坪山腰上，韭菜坪属于赫章县阿西里西风景名胜区，是贵州海拔最高的地方，素有"贵州屋脊"之称。这处景区虽然美名在外，海嘎村却常年因地处偏远、交通不便而深陷贫困之中。过去很多年里，海嘎小学只有一栋简陋的教学楼，老师们需要每天步行两三个小时到学校上课，条件太过艰苦，便也留不住老师，一来二去，除郑龙之外的两个老师相继请辞，学校只剩下他一个"光杆司令"。老师少了，学生也跟着慢慢减少，到2014年，海嘎小学只剩下十几名学生，郑龙便被安排兼任海嘎和腊寨两所学校的校长。

此时的顾亚正面临人生的艰难抉择。音乐理想无法支撑生活，尽管不情愿，他还是通过应聘成为一名"特岗教师"。就这样，顾亚与郑龙在贵州海拔最高的地方相遇了。

报到那天，顾亚乘着他二伯的车，带着行李来到韭菜坪脚下的腊寨小学。黄土地、老房子、弯弯曲曲的小路，眼前是和儿时做梦都想逃离的山村一样的地方。"这是哪里？"顾亚心里的失落无限叠加，他当然知道这是哪里，只是他不知道告别了过去的日子将会去往何方。

一个黑黑瘦瘦的男人在校门口接过顾亚的行李。顾亚问："请问校长在哪里？"

"我就是校长。"这个黑瘦的男人笑脸盈盈。校长郑龙看着眼前这个年轻人，心里生出感慨，他和自己当年一样背着吉他来到乡村小学，就连年龄也和曾经的自己差不多。

当天晚上，郑龙杀了只鸡来招待这位年轻老师。在弥漫着饭菜香味的小屋子里，饱餐一顿的顾亚依旧没有赶走心里的失落，他抱起吉他，拨动琴弦，唱起熟悉的歌。"我也试试看。"自从回到大湾镇的学校后，郑龙已经很久没有摸过琴了，那把当年带来的吉他都不知放到了哪个角落。郑龙像顾亚一样拨动了几个和弦，"你也学过吉他？"顾亚眼前一亮，六根琴弦似乎拉近了他和这位黑瘦校长之间的距离。

刚到腊寨小学时，顾亚并不习惯，常常跑回城区的家里居住。时间久了，顾亚去县城的次数慢慢减少，最终在学校安定下来。

顾亚对腊寨小学的孩子们越来越上心。一次，钟山区举办少儿绘本故事比赛，顾亚找来平时最活跃的小女孩龙梦，问道："你去过最远的地方是哪里？"

"外婆家，在镇上。"龙梦回答。

"去过水城吗？"

龙梦摇摇头。

"如果你参加这个比赛在镇上拿到名次，就有机会去水城，到时候我带你去动物园。"

龙梦点点头。

龙梦真的在镇上拿到了第一名。顾亚开着车，载着郑龙和龙梦向水城驶去。到了水城，龙梦天真的大眼睛盯着周围的一切，似乎看也看不够。顾亚和郑龙看着眼前这个小女孩，虽然长得甜美可爱，可蓬乱的头发和破旧的衣服让她的形象大打折扣，两个大男人决定带孩子去买套漂亮的公主裙。在沃尔玛超市，顾亚找来一套纯白色的公主裙递给龙梦，"好看不？快去试试！"龙梦眼里满是惊喜。到了结账的时候，小姑娘却突然哭了起来，一把抢过裙子准备放回去，转身拿了之前试过的不过百元的T恤递给顾亚，说："我不喜欢这个裙子，不要了。"顾亚明白，是200多元的价格把这个女孩吓到了。郑龙在一旁笑着说："怕什么，我们当老师的有钱得很！"这两个乡村教师总算"骗"过了龙梦。

龙梦穿着这条裙子，领了区里比赛的一等奖，作为奖励，顾亚和郑龙又带着她去逛了动物园，吃了肯德基，还拍了一套艺术照。

自此以后，龙梦几乎成了顾亚的小尾巴，顾亚决定去海嘎小学任教时，龙梦也毅然决定跟着顾亚去海嘎小学学习。

2016年，顾亚终于来到了听郑龙说过无数次的海嘎小学。一栋破旧的教学楼，10多名皮肤黝黑、穿着破旧的小孩，眼里全是胆怯和迷茫。郑龙向顾亚说出了自己的想法，他想把海嘎小学建成一个完小，"海嘎的孩子们太造孽（贵州方言：可怜）了。以前我从镇上去海嘎，中途还要在腊寨歇一晚上，第二天才能到。如果这里没有学校，好多孩子去不了远的地方上学，就只能辍学了。"郑龙的一番话让顾亚动容，更重要的是，他对这位黑瘦的校长已经滋生出一种坚定的信任感。

郑龙又动员了几位教师，向镇中心学校打了报告后，便去往海嘎小学，再次开展家访，动员孩子们来上学。

在海嘎小学教学比顾亚想象中的更困难。海嘎村是一个彝族村寨，几乎所有孩子都不懂普通话，加上几乎没有机会出远门，孩子们面对外来的陌生人时总是保持着警惕。

通过彝汉双语教学，郑龙解决了孩子们的语言问题。而顾亚则通过一把吉他，拉近了和孩子们的距离。课间或午休时，顾亚总爱在教师寝室里弹琴，每当他拨动琴弦，窗户上便挤满了一个个小小的脑袋，目不转睛地盯着他，他抬头笑着招呼他们进来，这些"小脑袋"却又笑着一哄而散。

正愁找不到沟通方法的顾亚突然有了主意。2018 年，他找来龙梦和其他几个五年级的女孩，教她们弹吉他。摸到乐器的女孩们产生了不小的变化，每天下午下了课，几个女孩便齐刷刷地出现在顾亚面前，小声地问："顾老师，我们能不能弹一下吉他？"这个变化被郑龙看在眼里，他向顾亚建议："你以前不是做过乐队吗？给他们也组一个乐队吧，乐器方面不用担心，我帮你解决。"

郑龙说到做到，去镇中心小学找来闲置的架子鼓和贝斯，顾亚也向朋友征集来几把吉他，几个海嘎女孩摇身一变，成了摇滚少年。乐队刚刚组建时需要取一个名字，顾亚开玩笑说："就叫'五朵金花'算了。"女孩们笑着拒绝："太土了！"她们给自己取名叫"遇"乐队，因为感觉很幸运，能遇到顾亚和郑龙这样的老师。

她们学会的第一首歌是《平凡之路》，一共 4 个和弦，学得很快。

顾亚认为，就像当初带着龙梦去城里参加讲故事比赛一样，摇滚乐其实也只是一种载体，重要的是通过这个载体走到外面去。周末，他会带着孩子们去城里自己的家做客，带着他们逛动物园、吃冰淇淋、看电影。2018 年冬天，他带着孩子们登上了舞台。

钟山区的一间酒吧里，顾亚的目染乐队专场演出，几个穿着校服的女孩和现场氛围有些格格不入，但她们站到了舞台中央，唱起了《平凡之路》和《追梦赤子心》。演出前排练时，顾亚反复给她们说："你们的身体要跟着音乐有律动，要摇起来！"羞怯的女孩们却像僵直的木头，顾亚一度生气地转身出门。

后来，再次登上舞台上的女孩们，全情投入，抱着吉他摇摆、律动，甩起长长的头发，现场数百位观众毫不吝啬他们的掌声与欢呼。人群中，黑瘦的郑龙跟着那些打扮入时的年轻人一起挥动双手，而一旁的顾亚也热泪盈眶。

当孩子们在学校里排出完整的《平凡之路》后，顾亚心情无比激动，孩子们从最初对音乐一无所知，到能弹唱甚至表演一首完整的歌曲，整个过程如电影般在顾亚脑海中回放。他将孩子们排练的过程拍摄下来，发在抖音短视频平台上，后来，他发的视频越来越多，几乎都是孩子们登台演出的场景。

直到两年后，顾亚的短视频突然在网络上火了起来。新浪视频在微博上搭建话题＃山区老师带学生玩摇滚＃，随后国内知名摇滚乐队痛仰乐队并点赞转发了这条视频，之后迅速被众多千万级、百万级网络认证大V纷纷点赞转发，话题阅读量突破6000万次，并迅速登上了全国热搜。此后的2个月里，从中央到地方的百余家媒体接踵而来，顾亚、郑龙以及在贵州最高峰上的这个偏远小学突然成了所有人关注的焦点。《晚间新闻》《新闻周刊》《24小时》《道德观察》等知名电视栏目相继推出报道，白岩松、鲁豫等国内知名主持人接连关注，"摇滚学校""云上学校""放牛班的春天"相继成为海嘎小学的标签……郑龙和顾亚不断在镜头前反复讲述同一个故事，而龙梦等海嘎儿童的笑脸也一次次出现在网络、荧幕和报端。

蜂拥而至的关注度有好也有坏，大多是好的一面。过去，当龙梦她们组成的乐队登台演出后，学校里的其他同学也渴望能学习乐器，而顾亚和郑龙只能发朋友圈向人们求助。如今，报道推出后，不少企业、单位和组织捐献了大量乐器，也吸引了一些公益组织来这里开展扶贫行动，海嘎小学的孩子们几乎每个人都可以有自己的乐器，新的教学楼建了起来，痛仰乐队和孩子们共同表演了一场特别的演唱会，抖音短视频平台也邀请新裤子乐队作为特别嘉宾，为海嘎小学的孩子们举办了一场演唱会，演唱会通过顾亚的抖音号进行直播，有140多万人次在线观看。

龙梦早已小学毕业进入初中，成绩依然优秀，她还常常回来看望郑龙和顾亚，这所小学有她最特别的记忆。龙梦毕业时，顾亚心里十分不舍，眼眶几度湿润，但他转念一想，做老师不就是如此，像一棵树一样守在原地，保护着树下的蒲公英渐渐长大，然后看着他们飘向远方落地生根。

2021年，仍有一些媒体在寻找新的角度关注海嘎小学，关注郑龙、顾亚和海嘎少年们的日常生活，但这场如海浪般的媒体热潮终究会渐渐归于平静。此时，郑龙已经 47 岁，再过十几年就要退休，他在物色接班人把海嘎小学继续办下去。"遇"乐队的 5 个女孩毕业后，海嘎小学又成立了一支新的乐队，顾亚给他们取名叫"未知少年"。他反反复复地向孩子们强调："登台演出不是最终目的，那些高光时刻只不过是精彩瞬间，但演出的途中看到的东西才是最宝贵的。"

毕节

毕节

金沙

大方

黔西

遵义

绥阳

凤凰

湄潭

余庆

铜仁

沿江

印江

思南

江口

石阡

纳雍

织金

贵阳贵安

瓮安

黄平

岑巩

六盘水

普定

安顺

平坝

贵定

施秉

福泉

黔东南

镇宁

关岭

惠水

麻江

凯里

剑河

普安

晴隆

龙里

都匀

丹寨

雷山

黔南

三都

榕江

从江

兴仁

贞丰

紫云

长顺

黔西南

为一个小村庄立传

春寒未褪，乌蒙山区的凤山乡谢都村冬长夏短，此时更像尚未越过冬季一般。村里一户普通民居院门敞开，外墙上一个硕大的"德"字尤为显眼。屋内，火炉里盖满了碎煤，温度刚好，不算很烫，3个月大小的黑色小猫崽躲在炉火边不肯挪窝，不时亲昵地蹭蹭主人的裤腿，奶声奶气地撒娇。

黑猫的主人佝偻着背坐在火炉边的椅子里，全神贯注地盯着电视上正在播放的新闻。黑色皮帽和黑框眼镜挡住了他半张脸，深陷的两颊上蔓延出几道弧形的"沟壑"，勾勒出枯瘦的脸型。他叫徐德器，虽年近耄耋，宽大的黑棉袍也让他看起来更显瘦小，可一旦起身，依旧健步如飞，嗓音沙哑却口齿清晰，即使忆起60年前的事仍能记得诸多细节。

离徐德器家不远处有一片松林，林间有一片杂草丛生的地方，像废墟一般。仔细留意的话，能在草丛中发现用石头砌成的栏杆残垣。如果不是徐德器常常带着村外来的客人到此参观，或许已不再有人记得这里曾是当地教育普及的源头。这片几乎看不出任何建筑痕迹的地方曾经有一栋旧屋，名曰"醉月草堂"，于清代道光年间（1810年）由廪生谭开来所建。谭开来从大方六龙镇迁居至此后在林间修建住宅，并在这栋屋子里写下诗文二卷，定名为《醉月草堂集》。"醉月草堂"不仅是孕育诗文的地方，更是谭开来在当地讲学的场所，他工诗文又善于经商，乐善好施且重视教育，救济贫苦民众的同时开办义学，为当地培育了不少栋梁之材。只可惜，这座谢都村的文化标志未能避开历史车轮的碾压，最终彻底垮塌成为一片废墟，徐德器痛心不已，却又毫无办法，只能一遍遍带着人们来到这里凭吊。

谢都村的历史算起来比"醉月草堂"还要早100多年，诞生于明代，是彝族人聚居的村寨，但一直以来并无系统的文字记录，所有关于这个村寨的记忆仅靠一代又一代寨老口口相传。历史无声地叠加，往事化为云烟，一代代人都只能紧盯着眼前的谢都村，无处知晓其过往，也无暇顾及其将来，在吃不饱的年代更是如此。徐德器觉得惋惜，他1964年开始当老师，在凤山乡的小学和中学代过课，但大部分时间都是在谢都村的小学教书，几乎每一代学生都曾听他说起过谢都村的历史，也见过他为"醉月草堂"感到遗憾的神情。没人知道从小生长在谢都村的徐德器心中一直有一个愿望——为谢都村写一本寨志，不过在他40年的教学生涯中，这个愿望始终未能实现。

因为，徐德器太忙了。

过去的谢都村放眼望去只有土屋与农田，人们无法预料今天会从哪户人家的土屋中传出本该属于学堂的朗朗书声。那时读书就像"打游击"，这段时间在杨家的老宅，过段时间又转移到徐家修了一半还没来得及封顶的新屋。村里教师紧缺，入学的孩子数量又不足以分级分班，很长一段时间里，徐德器一个人要应对近100名各年龄段的学生，给他们统一上课。好不容易到了20世纪80年代，村里人口袋里多少有了点钱，才七拼八凑集资建了一栋小小的砖瓦结构教学楼，读书的孩子也多了起来，分了班，这样一来，徐德器更是忙得不可开交。

40年的教学生涯在忙碌中犹如弹指一挥，终于到了退休那天，清闲的日子让徐德器反倒不太适应。恰好此时，杨德发的来访唤醒了他内心潜藏已久的愿望。

那是2012年，同为退休教师的杨德发也想让那些尘封于历史的村寨记忆重见天日，虽然没有历史资料作为参考，但好歹还有不少活了大半个世纪、几乎没走出过这个村子的老人，他们就像活着的历史书，想要了解谢都村的过往，就得在他们的记忆里寻找。这两个年过六旬的老人像精力充沛的年轻小伙子一样，踏上村里纵横交错的土路，挨家挨户敲响了那些比他们年纪还大的老人家的门。

和老人聊天这件事充满了未知数。有人像徐德器一样常年反复回味那些传说和自己的独特经历，自然能对两位来访者滔滔不绝地说；但也有人的记忆像一部年久失修的电影放映机，时常会"跳帧"，时间、空间和故事相互嫁接，让人摸不着头脑；还有相当健谈的，一旦打开话匣子，旁人既插不上话也难以叫停，天南地北无限引申，直到他口干舌燥、心满意足才算告一段落。如此种种，徐德器和杨德发都遇见过，有时索性提上两瓶酒，买点菜、肉前去拜访，各种故事都照单全收，详细记录后再回去慢慢整理，有时聊到明月高挂在头顶才意犹未尽地相互道别，借着月光、打着手电筒，深一脚浅一脚地往回走。

这两位忠实的记录者的足迹不仅遍布全村，还延伸到凤山乡的集镇上，他们甚至到百里杜鹃景区附近，寻找搬到那里居住的老人。但他们并非每天都有空去搜集素材，家里的农活要顾，亲戚朋友间也要往来，通常到了农闲时或下雨天，徐德器只要听见杨德发在屋外吆喝一声，便匆匆收拾东西出门。直到一次拜访过七旬老人葛凤山后，他们心中的紧迫感才日益加剧。

葛凤山老人曾在谭开来的学堂中读过书，对这位乡贤也算了解。可当徐德器和杨德发两人请他回忆那些故事时，葛凤山的记忆已经逐渐衰退，想了很久始终无法理出头绪，只好打发两人先回家，待自己回忆一晚再告诉他们那些历史细节。第二天，两人又登门拜访，终于如愿以偿从葛凤山的口中"挖"出不少故事。可没想到，只过了一个星期便传来葛凤山去世的消息。

此后，徐德器和杨德发更勤快了，想尽办法搜集线索，又通过不同老人的回忆进行互相印证，以确保历史事件的准确性。同时，杨德发弄来了一台电脑，练就了"一指禅"的功夫，用一根食指一个字一个字地敲下他们整理出的初稿，又找来读过大学的年轻人为他们校对。

一晃10年，《谢都寨志》终于成型。

此时，两位老人已从花甲之年步入古稀，村民们知道他们的"壮举"后是既佩服又自豪，在苦于无钱出版的情况下，村民们自发筹资，最终凑够了印刷的费用。而在这个过程中，徐德器的事迹也传入乡政府相关领导的耳中，给乡里带来了灵感，当即邀约他参与编撰《凤山乡志》。

2019年中秋节，谢都村几乎所有在外打工、创业的村民都纷纷回乡，这个中秋对他们而言有着特殊的意义，不仅是为了阖家团圆，更是为了见证《谢都寨志》正式面世的盛况。跳广场舞、村民大合唱……一番热闹后，被装进一个个透明塑料盒里的《谢都寨志》郑重地交到每一户人家手中。徐德器站在人群中，看着人们捧着寨志视若珍宝，脸上的两道的"沟壑"被笑容挤得更深一些。

不少人以为，这场《谢都寨志》首发式后徐德器便能彻底安下心来颐养天年，然而，他心里还有一个牵挂。

"醉月草堂"，每次他说出这4个字时总忍不住赞叹："多有诗意的名字……"只是如今，这个诗意的地方已是一片废墟，也成了徐德器心中的挥之不去的隐痛。

2020年，时年已76岁的徐德器终于找准机会向乡政府提议重建"醉月草堂"。这次重建并非在原址上恢复旧有建筑，而是将原本停用的旧谢都小学进行改造，挂上"醉月草堂"的牌匾，让这个谢都村人的精神依托重新焕发生机。他的倡议得到了乡政府的支持，历时数月，新时代下的"醉月草堂"正式启用。打开木质大门，抬头便可看见教学楼二楼阳台上写着"格物致知，诚意正心"8个大字，虽然一楼只有3间教室，却都有别致的名字，分别为"新雅堂""一世同""听牧堂"，每个教室各有功能，有的是图书室，有的则是徐德器平日里义务教孩子们写毛笔字的书画室。教学楼二楼陈列了谢都村的历史，还为在脱贫攻坚中劳累过度而早逝的谢都村村主任、村妇联主席陈永凤专门开设了个人事迹陈列馆。

村小放学的每个下午，孩子们都会三三两两聚在"醉月草堂"门前，看着一个身形瘦小的老人从不远处的家中疾步而来。他在腰间的大串钥匙中精准地找到那一把，随着一声悠长的"吱嘎"声，瘦小的背影被斜阳拉长、放大，投进了"醉月草堂"里。

开往田园的巴士

大方县谢都村

马远松的生物钟基本上已经固定，每天早上6点多就睁开眼，起床，完成洗漱、吃早餐一套流程后，便坐上他熟悉的驾驶位。7∶50，随着发动机"突突突"的启动声，他开启了一整天的工作。

从大方县城到凤山乡，全程只有20公里左右，乘客在这辆19座的中型客车里上上下下，有不少常坐车的老乡和他混成了老熟人，也有背着大包小包行李、不知从何处来也不知将去往何处的新面孔。这条路马远松跑了15年，从20多岁开始，他的青春就随着车轮的滚动挥洒在飞扬的尘土中，他透过挡风玻璃见证了车外熟悉的街景发生的点滴变化，也常常会见到不少喜庆的场景：有时，人们在新修好的房子旁边鞭炮，庆祝乔迁之喜；有时，打着双闪的车队在他前方排成长龙，名牌车标志下贴着"喜结良缘"的贴纸；有时，前方道路施工，工人们挥汗如雨，在道路上铺满石子，又开来了压路机……

15 年，车轮下的道路越来越平缓，车窗外的房屋全都换了一种颜色，但这一路的变化都不如达溪镇木寨村的变化让他感到震撼。以前的木寨村和其他贫困村没有任何差别，一样灰尘飞扬的泥路，一样散乱无序的土屋，种的是一样的水稻、玉米，吃的也是一样的土豆、红薯。这个看起来平平无奇的木寨村，却从2013 年开始修起了客栈。一年后，靠办了个"三月三"白族节，就吸引来无数游客。又过了一年，村里陆续建起度假山庄和水上乐园，游客一天比一天多。短短几年，这个村庄就像学校里突然冒出来的"尖子生"，成绩突飞猛进，马远松看得眼馋，每次路过木寨村，他总会悄悄地在心里把老家谢都村也描绘一番。

马远松对社会发展的感知不仅来源于那条路上的变化，日益增多的包车生意更让他意识到，整个大方县都进入一种迫切求变的状态，不仅乡里组织干部去发展更快的其他乡镇借鉴经验，县里也常常带着大队人马去邻县参观学习。他记得最远的一次是在赫章县的海雀村，10 多辆车浩浩荡荡驶向100 多公里外的赫章县，又跑了两个多小时山路才登上高高的海雀。海雀村老支书文朝荣的事迹早在毕节地区广为流传，光是听别人说起那些故事他都由衷佩服。而真正登上了海雀村，眼前绿树成荫的景象已看不出当年"苦甲天下"的痕迹，他再次被震撼了。

走过很多地方，也见过形形色色的人，马远松的想法渐渐多了起来。他20多岁选择告别在外打工的生活，回乡买车跑客运，就是为了在老家挣一份安稳的生活，而这些亲眼所见的案例如今都在告诉他同一个道理：只有抱团发展才有出路。过去的谢都村，500 多户人家中有三分之一都是贫困户，曾被评定为二类贫困村，人人都只盯着眼前的一亩三分地，再努力也种不出什么新花样，各人自扫门前雪注定无法打开发展的局面。好在2014 年开始，陆续有扶贫政策向村里输入，基础设施终于有了改善，听说发展产业还有政策优惠，这让马远松更是动心。

搞产业并非拍拍脑门就能决定的事，马远松在跑客运的路上也开始留意起各个乡镇那些土里的事情。县内的绿塘乡、遵义市的花茂村，他都找各种机会去一探究竟。看来看去，特色产业不少，但都是因地制宜的选择，回到谢都村还得根据家乡的实际情况做出判断。谢都村以平缓山地和深切河谷为主，耕地面积本就不多，想来想去，似乎只有植树造林最为适合。既然要种树，那不如就种些经济价值高的树，马远松最终选择了绿化常用的各种花卉。

他向村支两委提出了自己的想法，很快得到认可和支持。他组织了几个和他一样有一定经济能力又有想法的青年，迅速注册了大方县凤山乡谢都种植养殖专业合作社，先流转了几十亩土地，大刀阔斧地干。樱花、紫荆花、茶花、桂花……那几十亩土地很快被这些姹紫嫣红覆盖，村民们觉得新奇无比，然而并不太相信能靠这些不能吃、只能看的花花朵朵挣到钱。

马远松说干了嘴、踏破了鞋，想动员更多村民加入合作社，却收效甚微。回想自己是怎么义无反顾走上这条路的？答案其实非常清晰：还是要增长见闻、拓宽视野才行。

他利用各种机会带着村民们走出谢都村，一开始是三五个有些动了心的人，陆陆续续又带上几个半信半疑的，人们心中的顾虑一点点消除。直到 2018 年，乡政府提供了一个考察机会，联络到陕西省礼泉县烟霞镇的袁家村，但是财政紧张，无法负担这么多人出行的经费，让人有些为难。马远松哪能放弃这个机会？他又开始新一轮的游说："就当是大家一起组团出去玩，每个人出一点钱，交由一个人统一保管，用多少、剩多少，最后都给大家一个清晰的账单。"说考察学习或许一些村民还不太愿意，但说是去玩倒让不少人轻松了许多。最终 10 多人的小"旅行团"终于成行，一行人浩浩荡荡向陕西进发。

被列为中国传统村落的袁家村是陕西省著名的乡村旅游地之一，依地势修建的村庄中，民居和古道大多就地取材，用石料建造，古朴自然。看起来平平无奇的古村落，其实内部别有洞天，藏有多个景点，也有当地非物质文化遗产项目展示。马远松和 10 多位村民一起在袁家村住了足足 3 天，将整个村寨里里外外走了个遍，又和当地干部、村民讨了不少经验。回程的路上，人们各自揣着想法，兴奋的心情还在延续，马远松也不例外。

回到谢都村后，村里组建的劳务公司又多了一支工程队，工头正是参加了此次参观学习的村民杨斌，他比过去更积极了，带着村民们找环境整治等工程来干。马远松眼见参观学习取得成效，也趁热打铁又一次展开动员，不少村民陆续加入合作社，人们终于愿意将宝贵的土地流转过来，种上那些曾经让他们持怀疑态度的树木。

从几十亩到 300 多亩，合作社成员也从零星的几个人扩展为全村贫困户，马远松这趟开往田园的车终于载满乘客。年底分红的时候，他心里又悄悄给谢都村描绘蓝图——用这些树装点进出谢都村的那条公路，让花香一直延伸到村外去。

总溪河畔，玛瑙红的三段旅程

纳雍县陶营村

总溪河畔的库东关乡陶营村，20多年前并未将樱桃作为主要的经济来源。陶营村，从名字也能看出，一定与烧砖制瓦的生意有关系。事实确实如此，20世纪90年代的陶营村一直是附近土砖土瓦的产地，土窑连片，灰尘漫天，环境虽然糟糕，但人均可支配收入也有几百元，这在当时已算富裕。

传统的工艺赶不上时代的脚步，人们每天对着光秃秃的山坡和尘土飞扬的村庄也心生厌烦，陆续有人外出谋生，肖军就是其中之一。1999年，读完高中的肖军才18岁，原本想报名参军，但家里死活不同意，他索性也断了考大学的念头，离开陶营村，买了辆货车在外跑运输。肖军年轻又机灵，跑了一段时间的运输便跟着别人学习管理工地，很快便进入了建筑行业，此后又陆续和朋友办砂石厂、砖厂，在外一闯就是好几年。至于陶营村的变化，他也是2005年回到老家后才了解一二。

那时，村里的人们早已不再烧制砖瓦，转而上山坡种树去了。原本森林覆盖率只有17.5%左右的山坡，如今被树苗覆盖，而这些树大多数都是樱桃树。陶营村以前也有人种樱桃树，只不过多半是用来给自己的土地当分界线，产的樱桃又小又酸，2角钱1公斤都卖不出去。可当肖军回到家时，他的父母却让他贷了1万元的贴息贷款，全部用来向一位名叫徐富军的人购买樱桃苗。原来，大面积种植樱桃是乡政府动员的，而这位徐富军销售的樱桃苗，和过去的品种完全是两码事，他卖的叫"玛瑙红"。

当时的肖军并不会想到，10多年后，玛瑙红樱桃会成为贵州不少地方广泛种植的樱桃品种，而徐富军会被许多人称为"玛瑙红樱桃之父"。在陶营村人的眼里，徐富军就像一个"樱桃迷"。

1990年，原本在纳雍县农业局当技术员的徐富军，在"科技人员留薪留职创办'四园三场'"的号召之下，来到陶营村流转了几十亩土地，开始了没日没夜地蹲在地里研究水果种植的日子。熬了6年，一天，一株特别的樱桃树闯入了他的视野，果实大、色泽鲜红、口感脆甜，徐富军大喜过望，查阅资料后判断，这是一株变异植株，有极强的培育潜力。

新品种的樱桃由此诞生，2011年，这一品种获得贵州省农作物品种审定证书，正式命名为玛瑙红樱桃。这是生物遗传变异给人们的恩赐，之后，这一品种的培育、品质提升和推广种植，徐富军也下了不少功夫。

这次无法探究其原因的生物遗传变异，吸引了库东关乡政府的注意，立刻果断下大力气向陶营村广泛推广，肖军一家也因此种下了近千株樱桃树。

不过，年轻的肖军志不在此。把管理樱桃树的工作交给父母后，肖军又踏出了家门。这一去又是8年。2013年，肖军如往常一样回到老家，和在乡政府工作的几个朋友一起吃饭聊天，对方聊起陶营村的现状便锁紧了眉头，连连感叹工作难做。对于老家的情况，肖军当然是知道的。

自从开始广泛种植玛瑙红樱桃后，陶营村发生了不小的变化。陶营村位于总溪河畔，地处211省道旁，是从毕节到贵阳的必经之地，人们通常会在这里停下休整。每逢樱桃成熟的季节，农户们通常将采摘的樱桃摆在路边进行售卖，生意一直红火。到了2011年，小城镇建设的春风吹来，距离库东关乡政府驻地仅2公里的陶营村自然成了小城镇建设的重点推进对象。村里的人们都很支持这项政策，修建高速公路、水库，城镇规划都需要征地，征地政策也早已在群众会上通过，但依旧有小部分人迟迟不肯同意。

2013年，恰好到了陶营村换届的时候，肖军的几个朋友其实早就打好了主意，把这个在外事业有成的年轻"能人"召唤回乡。肖军一开始是拒绝的，自己的生意做得风生水起，又何苦回来做这种费力不讨好的事？但禁不住朋友们的反复劝说，加上父母步入晚年需要人照顾，肖军思前想后，最终答应"试一试"。

换届后，2000年就已入党的肖军当选村党支部副书记，刚上任的他就要面对过去的村支两委班子无法解决的难题。不过，在外闯荡10多年，肖军的办法总比困难多，他和村支两委的干部们每天走访，做动员工作，基本掌握了那小部分不肯搬迁或出让土地的人的想法。原因无非两个：一是土地正好处在建设区域的关键位置，这在人看来理应得到更多补偿；二是一部分年纪较大的村民认为，自己不习惯建设带来的改变。统一宣讲行不通，肖军索性改变策略，反复登门拜访，一踏进别人门就拉着对方天南地北地侃大山，和对方很快交上了朋友。反复走访10多次，再提起这件事时，肖军又主动提议："要是你真想要土地，我拿我家的地和你换。"

用了 2 年多，陶营村彻底解决了征地问题，小城镇规划顺利推进。2016 年，一个崭新的陶营村诞生。

而在小城镇建设推进的这几年，村里也依托纳雍县第一家玛瑙红樱桃公司——纳雍县万寿玛瑙红樱桃有限公司，成立了产业示范园。2016 年，整个厍东关乡的玛瑙红樱桃种植多达 1.6 万亩。

看到辛苦 3 年的成果，原本打过几次退堂鼓的肖军，此时也早已把那些辛酸苦辣抛到九霄云外，心里溢满了成功的喜悦。3 年前，他说"试一试"，3 年后，他也下了决定：继续干。

算是为了庆祝工作顺利开展，也算是为村民丰富精神生活，2016 年春节前夕，肖军策划组织举办一个民歌大赛，让陶营村好好热闹热闹。他把在外做生意的村民们召集起来，动员大家共同出资举办春节活动，最终筹集了 16 万元左右，请来了当地知名歌手驻唱，也吸引了不少民歌演唱爱好者报名参加，从组织策划，到舞台搭建、嘉宾接待、节目主持，全都由肖军一手包办。春节期间，陶营村在各地民歌的演唱声中热闹了整整 4 天，而一肩挑起整个活动的肖军则几乎累垮。

虽然劳累，但反响极佳，肖军也因此获得了新的灵感。从 2017 年开始，每年樱桃花盛开的时候，陶营村便会举办"樱花节"活动。让肖军印象最为深刻的是 2018 年，他请来 12 支乐队进行现场表演，不仅吸引贵州省内的游客前来观看，连成都等周边城市也有游客赶来。村外的高速路上汽车排成长龙，堵了 2 公里左右，活动期间接待游客多达数 10 万人次。

连续几年的活动为陶营村带来流量，也进一步打响了玛瑙红樱桃的品牌。随着村里玛瑙红樱桃的产量进入丰产，肖军又开始考虑新的问题。

过去，人们蹲守在公路边销售樱桃，种植户们各自为政，抢生意、打价格战的现象层出不穷。肖军意识到，这可能会对辛苦创下的品牌带来负面影响，他想把樱桃和旅游、销售服务全部统筹起来。

在他看来，乡村管理和企业管理有互通之处，需要有一个系统的管理模式。为此，陶营村重新整合队伍，将有能力的党员和村民调动起来，建立一个党员服务团，又成立了 5 支服务队伍。5 支服务队的功能各有侧重，发展服务队由在外做生意的能人构成，为村里的发展出谋划策；电商服务队由年轻大学生构成，让他们在电商平台跟班学习，整合村里的 8 家快递公司开展电商服务；农村事务管理服务队由村里的厨师等构成，村里的红白喜事，或大小活动都由这支服务队提供服务；技术服务队主要针对樱桃种植管理，在重要时间节点上，技术人才能为村民们集中传授樱桃管护知识；文化服务队则由村里的文艺爱好者构成，通过文艺演出等方式进行政策宣讲。

除了服务队伍建设外，村里的陶营村集体股份经营合作社和陶营村现代生态农业农民专业合作社还分别承担了非农项目和涉农项目的经营。加上发展了10多年的玛瑙红樱桃产业，以及网格化管理、"党建＋积分"等先进管理模式，陶营村的乡村发展模式被总结为"四个留下"（坚持配强班子，留下一支永远不走的工作队；坚持支部领办，留下一个活力强劲的合作社；坚持依靠群众，留下一个可持续发展的产业；坚持党建引领，留下一套高效管用的乡村治理体系），成为乡村振兴中的一个可借鉴模式。

2020年4月25日，有重要领导来到陶营村考察当地樱桃产业发展，此时，全村已种植了超过4700亩的玛瑙红樱桃，同时也在尝试种植蜂糖李等新的果树。而从商人变支书的肖军，此时不过40岁，他接到一个重要的任务——向领导汇报陶营村近年来玛瑙红樱桃产业的发展，以及陶营村的管理模式。这次短暂的汇报，不仅让他无比激动，就连他正在读高中、处于叛逆期的儿子也深受震动，从那之后开始努力学习了起来。

樱桃在变，人也在变。不仅是肖军和他的儿子，整个陶营村每时每刻都在发生着改变。玛瑙红樱桃的"意外"诞生或许是生物界的"天意"，但之后从品种优化提升，到推广种植，再到由此引发的陶营村旅游产业，每一步都是实实在在的"人为"。

双手"走"出脱贫路

刁朝贵快 50 岁时第一次坐上飞机。飞机在平流层上平稳飞行时，他看到窗外的云沉在下方，聚成一片白茫茫的海，挡住了黑褐色的大地。

因两岁时患小儿麻痹症导致下肢瘫痪，刁朝贵在过去没有轮椅的日子里只能用双手行走。他比其他人离土地更近，对大地的触感无比熟悉，双手的力量也强过他人。但他也比其他人离天空更远，他总觉得自己"矮"他人一截，不仅是生理上的缘故，还有精神上的自卑。

而这一次，他成了家里第一个登上飞机的人，离天空最近，离大地很远，飞机升空带来的失重感让他感到有些不真实，直到适应在高空的飞行后，他的心又踏实下来。3 个多小时后，他将抵达北京，在那里他将换上几乎没穿过的白衬衫和西服，打上领带，去迎接一个人生中的重大时刻。

人民大会堂，刁朝贵过去只在电视里见过。他坐在轮椅上被一同前来参会的贵州同乡推进会场，被眼前的通明灯火照得热血沸腾。这一切对他而言都是过去完全不敢想象的人生体验，此时，他正坐在人民大会堂，主席台上是国家领导人，而他则是全国 1000 多名受到表彰的人之一。

当刁朝贵捧着奖章和荣誉证书时心情更为激动，他摩挲着沉甸甸的奖章，又小心翼翼地把它放回盒子里，甚至忘了请人帮忙拍照留念。直到第二天回到老家黔西县（现黔西市）莲城街道的老房子里，他的心情才慢慢平复。

全国脱贫攻坚先进个人——刁朝贵前 50 年的生活终于迎来最好的答案。

8 岁时父亲离世，学校离家太远，自己又身患残疾，刁朝贵与学堂没有半点缘分。一家人挤在土坯房里忍受风吹雨打，三兄妹全靠母亲一人干农活抚养，每年二三月份是最缺粮食的时候，只能拉下脸来向亲戚或邻居借粮吃，刁朝贵虽排行老大，却是最需要被照顾的一个，炙热的阳光仿佛从没照进过这昏暗的屋里。

直到 10 多岁时，刁朝贵也鲜有外出结交朋友的机会，长久的孤独反倒练就了他的耐性，他的双手也极为灵巧，手工活儿几乎一学就会。他将家中用的竹编簸箕拆散，又将其还原，摸索出竹编的技巧，慢慢开始用竹条编菜篮、背篓等打发时间。又细又薄的竹条在他手上留下一道道伤疤，但是，做竹编让刁朝贵的心里感受到前所未有的宁静，他总埋头于这些锋利的竹条间，咬着牙关把它们服服帖帖地交织在一起，每做出一个完美的成品，他的脸上的笑容便更多了一些。每逢赶集，母亲会把这些竹器用绳子捆好挂在扁担两头，挑到集市上售卖，卖力地推销给过往买家："我儿子编的哩！手艺好得很，结实耐用。"言语里掩不住骄傲。不过竹器也并非时时畅销，卖不完时又得挑回家去。

虽说靠编竹器挣钱只能作为家庭收入中极为微小的补充，不过刁朝贵还是因此开朗了许多，也慢慢对那些需要大量时间和耐心的细致活来了兴趣。但是，岁月蹉跎，母亲的双肩再难扛起沉重的扁担，刁朝贵的手工竹器无处可销，他又将注意力转移到家用电器上，干上了维修家电的活儿。

命运并没有同情这户苦命的人家。2010年左右，嫁到大方县的妹妹患病离世，妹夫竟狠心丢下年幼的女儿独自离去。破败的小房子里因多了一张吃饭的嘴而更显逼仄，但刁朝贵和他的母亲、弟弟都极为疼惜这个幼小无助的侄女，而这个小侄女也比同龄人更加懂事，做家务、干农活，十分勤快。不过，这 年里也有开心的事，农村实施危房改造，刁朝贵家那栋常年漏雨的土坯房终于"寿终正寝"，一家四口搬进了离城区更近一些的两层新房里。

2016年，刁朝贵一家被精准识别为贫困户，侄女读书的费用得以减免，体弱多病的母亲在医疗上也有了保障。除此之外，家里还多了个"常客"。

莲城街道党工委副书记黄家陆隔三岔五就会出现在刁朝贵家。他从不空着手来，或给他家添置些家具、家电，或带点米面油盐，每次来都会拉着刁朝贵一家聊上许久。与其说黄家陆是结对帮扶的干部，不如说他是个热心肠的亲戚。

有一天，黄家陆如往常一样来到刁朝贵家，刁朝贵正坐在沙发上研究一双棉拖鞋。刁朝贵的弟弟在附近集市上摆摊，这种厚实保暖的棉鞋正是其中一个热销品。刁朝贵闲来无事，便像过去研究竹器编织一样把棉拖鞋拆开看其内部构造，自己尝试着打板、缝制，竟也做得像模像样。

黄家陆灵光一闪，道："你手这么巧，可以做棉鞋卖啊！"

刁朝贵笑着摇摇头："这个成本多高？布料、棉花、胶底……都要拿钱买的嘛，我哪有钱？再说，就我这手艺，做出来的卖相也不好，怕卖不出去哦。"

黄家陆不这么认为，当地做棉鞋的并不多，这种日常用品一定能打开不错的市场。况且，他相信刁朝贵的手艺："你有耐心，肯定能做出好鞋。启动资金你不用担心，我帮你申请'特惠贷'！"

黄家陆说到做到，"特惠贷"的5万元资金很快到账，刁朝贵便和弟弟刁朝洪一起大着胆子采购布料开始筹备生产。可偏偏就在万事俱备的时候，刁朝贵的母亲被诊断出直肠癌，急需动手术。刁朝贵只能先暂时放下开办棉鞋制作工坊的事，和弟弟一起照顾母亲。

好在手术顺利，刁朝贵整装出发，买来一台机器和布料，一心扑在棉鞋制作上。

第一批生产出的棉鞋并没有让刁朝贵感到满意，虽然用料实在、保暖结实，但鞋子边缘的褶皱实在扎眼，他感觉根本拿不出手。他尝试了不同尺寸的工具，又试各种缝制的方法，经过多次改进终于做出一双自认为完美的棉鞋。出炉的产品被弟弟带到集市上销售，而黄家陆也兴致勃勃地拍了不少图片，在自己的微信朋友圈里推荐，很快引来了更多买家。刁朝贵没有想到，棉鞋的生意这么快就步入正轨了。

老主顾越来越多，催促着刁朝贵没日没夜地提高产量，棉鞋生意像个雪球越滚越大，他需要帮手，也需要更多的资金。弟弟找来过去在集市上摆摊时认识的黄文莲，这个老实忠厚的男人也对棉鞋制作充满兴趣，很快成了刁朝贵两兄弟的得力干将，而另一边，刁朝贵也在想办法筹措更多资金。

自从刁朝贵开始做上棉鞋生意后，黄家陆想得更长远，刁朝贵从小没有读过书，但如今做生意不能不识字。他带来一台电脑，安装好网线，教刁朝贵上网，又买来字帖和字典，教他认字，刁朝贵像一个认真的小学生，一笔一画地边写边记，年近五十的他终于靠自学"脱盲"。

棉鞋的销量见涨，刁朝贵想玩点新花样。他学会上网后仿佛打开了一个新的世界，网络商城里花花绿绿的布料让他目不暇接，新颖的棉鞋款式也让他有了不少新想法。他在废旧的大香烟盒上涂涂画画，设计出更多新款式，又买来新的材料尝试改良产品，加工坊虽小，却常有新品诞生，但问题也随之而来。想要生产更多款式就需要更多不同种类的材料，每种花色的布匹都要批量进货，资金又出现了缺口。刁朝贵想贷款，但普通贷款需要担保人，而他亲戚朋友几乎都没有担保能力，刁朝贵也想不出办法。

一次和黄家陆聊天时，他无意中透露出贷款的困难，说者无心，听者有意，黄家陆竟主动承诺给他做担保人。刁朝贵眼中掠过一丝惊喜，但立刻谢绝了黄家陆的好意，这位帮扶干部给自己提供了太多帮助，怎么可能还要让他个人承担这种风险呢？黄家陆却不以为然，他对刁朝贵说："我相信你。"

刁朝贵的八块田棉鞋加工坊再次扩大，添置了几台机器，堆满了花色各异的布料，不少周边的贫困户来这里工作，按计件方式结算酬劳。最早加入工坊的黄文莲如今已是技艺高超的"熟手"，有其他棉鞋加工厂的老板想来"挖角"，都被黄文莲一一回绝。3年来，他亲眼见证着加工坊一点点扩大规模，选择留下绝不仅仅是因为能挣到丰厚的报酬而已。

2019年，刁朝贵的棉鞋加工坊年产量达20万双，产值近100万元，纯利润20多万元。他的母亲的病情经历几次手术后慢慢好转，侄女也即将大学毕业。后来，正如前文所述，他被黔西县推荐为全国脱贫攻坚先进个人，于2021年初春时前往北京接受表彰。

当我见到刁朝贵时，金灿灿的奖章已被收藏在红色的木盒里，他如过去一样坐在火炉旁的沙发上，手里握着棉鞋和针线，只需10多分钟就能把做好的帮面和胶底牢牢地缝合在一起。他向我展示着成品，仿佛这是他人生中最得意的作品，那神情，就如他第一次卖出一双棉鞋般满足。

年轻人杨香连之"变"

黔西市化屋村

司机又一次在凸起的减速带前踩下刹车，前面是连续急弯，我们只能以龟速"爬"过减速带。一位老农从车边走过，他身边的黄牛挺着浑圆的肚子心满意足地用尾巴把我们甩在身后。如果从天空俯瞰，我猜这条蜿蜒至乌江畔的柏油路一定是一个"U"形连着一个"U"形。

进入最后一个"U"形的尽头，我们便到了化屋村。我来过这里，和一群从全国各地赶来采风的画家、书法家。村里广场上硕大的牛头和铜鼓，与对岸的峭壁隔江相望，像在为谁的气势更足较劲。气势恢宏的牛头给艺术家们带去不少灵感，也成了我记忆中化屋村的一个符号。

现在的化屋村更热闹了，据说江边民宿的价格破千，还常常满客，农家乐的生意更是忙不过来。但在杨香连眼里，这离他的理想状态还差得远："还是留不住人，好多人觉得外面的世界更精彩，想出去闯一闯。"

他想留住的是村里的年轻人，而他，也曾是流连外面花花世界的年轻人。

在 2017 年被选为村主任助理之前，杨香连曾是村干部们的一个"难题"。

"我 6 岁之前一直跟着亲戚在水城的县城里生活，直到懂事了才回的化屋。"从相对发达的县城回到水路不通的小村庄，杨香连当然极不适应，身为苗族的他甚至连苗话都不会讲，用了近 3 年才能慢慢地用苗语和当地村民沟通。

不知幼小的杨香连做过多少次心理建设才说服自己接受这个贫穷的老家，待他逐渐茁壮能分担家务时，便也心甘情愿地背着水桶去江边取水，背着烘臭的粪便去田里浇灌。回想起来，童年最开心的事，大概只有跟着大人乘船渡过乌江，再坐上三轮车在泥巴路上颠簸到大关镇去赶集，一碗凉粉就能让自己开心一整天，稍贵些的米粉只能看着眼馋，最盼望的是春节，一元钱的压岁钱被分成 10个一角钱，能换来 10 天短暂的甜蜜。

2004 年，从新仁乡到化屋村之间终于画出了一条弯弯扭扭的"长蛇"，这条土黄色的"长蛇"让化屋村的人不用再靠船去往集市。当山顶上出现第一台大卡车时，读初中的杨香连和村里那些小孩一样兴奋不已，这里的大多数人第一次见到大卡车驶进村里。2 年后，"长蛇"从土黄色慢慢变成白色，坚硬的水泥压住了飞扬的尘土，把这座江边的小村庄打扮得漂亮了些。而此时，初中刚毕业的杨香连也从这条"长蛇"的背上踏往他憧憬已久的世界。

那是一次很好的机遇。同村陈姓人家的闺女嫁给了一名福建商人，商人的家具生意做得风生水起，北京、上海、青岛、辽宁都建了厂房。嫁为人妇的陈姓闺女风光回乡，打算在村里找几个老乡一起出去打工。招工告示一贴出来，16 岁的杨香连就嗅到了机会，毫不犹豫地跟着去了北京。

坐公交车从团结湖到天安门大约 1 个小时，车费 6 元。每到休息日，杨香连便常常花 6 元钱从位于团结湖的厂房宿舍出发，去首都的最中心逛上一圈，或是在附近免费开放的公园里游玩一阵。老家边上那条乌江，在外人眼中是壮美震撼的景象，但对他而言也不过是生活和生产资料的来源罢了，而在这，全国政治文化中心，花极少的钱便能沉浸在处处新鲜的景色中，他感觉自己怎么看也看不够。

在北京，他学会了给家具喷漆。这是门技术活，要做到均匀而快速，只有手脚灵活的人才能更快上手，当然也能得到更高的报酬。杨香连还不到20岁，每个月就已能拿到五六千元的工资，这在当时的外出打工人群中已算佼佼者。在北京干了3年，他又跟着这位福建商人转战上海、辽宁、青岛。公司业务做大，喷漆设备更新，他的工资也跟着节节攀升，最多时高达1万元。

青岛是他7年喷漆师生涯画上句号的地方。放弃月薪1万多元的工作去广东的电子厂，挣每月3000多的工资，这是个令人费解的决定，不过如果理由是"爱情"，那便容易理解得多。一个同乡的女孩在20多岁的杨香连心中偷偷点燃一把火，这把火让他追随着女孩的脚步南下广东，挣钱已经不是他心中最强烈的渴望了。直到荷尔蒙渐渐不再起到主导作用，日子也慢慢变得寻常，杨香连开始为将来打算。一个月3000元的工资只是他过去收入的三分之一，每日坐在车间流水线上做电子零件，到饭点跟着人潮涌向食堂，夜幕低垂时回到宿舍躺下，日日重复同样的事，他感觉自己像个机器人，只是那看不见的产业链条上的一颗小小螺丝钉。日子不能这么过，杨香连想。

在广东干了3年，已经结婚生子的杨香连想念乌江边上的小山村了。

带着积蓄和妻儿回到化屋村，他能想到的第一件事就是建房，这几乎是农村的惯例，外出打工挣了钱的人似乎要把钞票换成坚硬的砖瓦水泥才能安心，况且杨香连是真的需要一个房子。家里的两层小楼听起来阔气，实际上塞满了人，父母、兄弟及其妻儿都住在同一栋屋子里，自己成了家，那更是住不下。

谁知，房子还没修好就招来了一群村干部紧急喊停，理由只有一个：他选的地方在红线范围内。杨香连可不乐意了，要修的时候也没人跟他说过什么"红线"，为什么非得盯着他不放？"这些村干部做事情不实在。"杨香连得出这么一个结论。

从他不同意拆除房屋的那天起，当时的村支书就成了他家"常客"。支书从不空着手来，笑呵呵地踏进门，也不客气，叫家里人把肉做了，把酒倒满，推杯换盏几巡之后便和他推心置腹。"嗯，这个支书是个实在人。"杨香连当然不是被那几顿酒"收买"的，他是真从老支书的话里听出了道理。

"我看你也在外见识过，不如加入村干部的队伍里来，一起给化屋做点事。"

老支书语气诚恳，不仅让杨香连打消了违规建房的念头，还想吸纳他成为村干部。

2018年，杨香连的妻子跟着亲戚去浙江办厂，而他则成了村主任助理。跟着村干部和扶贫干部入户宣讲，协调村里的大小事务，甚至每天早上开着垃圾车一家挨着一家地收垃圾，他都默默地干着。他眼里的化屋村变了，村边依然是那条望不见尽头的乌江，山上依旧盘桓着那条灰白色的"长蛇"，不过游客一年比一年多，农家乐、民宿也一家比一家更热闹，但现在的化屋和当年他离开时的化屋早已大不相同。再复杂的问题也能一一解决，再顽固的人也能做通思想工作，这些村干部每天都像上满了发条一样一刻不停地在家家户户间打转，这和他过去的认知大不相同。

杨香连也看到了令人担忧的问题。太多年轻人和他当年一样，对外面的世界满怀憧憬，他完全能理解，谁不想每天都看不重样的风景呢？但化屋要变得更好，就必须留住人。他开始游说，"在外面打工一个月就算挣五六千，你还要付房租、水电，供孩子读书，物价高点的地方开销更大，一个月能存下来的也不过一两千。在老家，你把刺绣、蜡染带回家做，能照顾老人、小孩，又能挣个两三千，算下来和在外打工差不了多少！"道理虽如此，但并不够吸引人，人们对未知依旧怀着强烈的好奇和向往。杨香连也能感觉到，这些理由甚至不足以说服自己。

他向村委会提出了自己的想法：以化屋村当前的旅游发展势头，必须扩大游客承载量，提升服务能力，首先要解决的是基础问题，不仅要扩大停车场，最关键的还是用水问题。从目前来看，生活用水和灌溉用水早已有了保障，但商业用水还有待提升，想办法引来更多的水源，降低用水成本，村里这些如雨后春笋般生长起来的农家乐和民宿才能得到保障。他讲出了这个想法，很快赢得认可，村支两委向相关部门提交报告，商业用水这一难题逐渐有了眉目。

杨香连打心底里高兴，他感觉日子越来越明朗，一切都在向好的方向发展。2020年，两个孩子已经长大读书，那栋两层小屋也显得更加拥挤，他又冒出了建房的念头。慎重地选好一块不违背规定的地块，他开始动工修房子。然而，在第一层刚刚完工，准备建第二层时，突然接到严格控制农村建房审批的文件。这一次，杨香连没有再申辩什么。有人出主意："其实你那一层也够你们住，装修一下搬进去也没事。"杨香连摇摇头："村干部都带这个头，还像什么样子？"

告别天台芦笙舞

义乌的夜晚散发着孤独。工厂里冰冷的机器停止运转，年轻人们忙碌了一整天，闲下来时却又感到无聊。他们闲聊、打牌，谈论是否要在收庄稼时回家帮忙。也有人为了排遣寂寞，也为了完成成家的任务，谈起了恋爱。

16岁的杨萍没有心思恋爱，她想挣钱。她从贵州省织金县的溶谷苗寨来，那里与著名的旅游景点织金洞相距不远，藏在深山中，落后而贫穷。杨萍家像这个贫困山村中的大多数，初中毕业就决定把读书的机会留给两个妹妹，自己则踏上去往相距1700公里左右的浙江的火车。

杨萍是只身一人来到义乌的，对于一个16岁的女孩而言，这与冒险无异。但这是1999年，那些带着钱回村修房子的老乡告诉她，义乌是个能挣到钱的地方。她顾不了那么多，比起未知的凶险，新生活和挣钱有更大的吸引力。

可当她进入这个被工厂和机器填满的地方时，迎来的却是与想象大相径庭的现实。

一个塑料袋的成本只能以"分"为单位计算，但制作过程却极其复杂，愿意从事这行的人并不多。工厂老板并不会因为缺少人手而提高待遇，相反，老板娘给出的条件非常苛刻，当学徒，包吃住，没有工资。即便如此，杨萍还是决定与这些镶满螺丝的机器打交道，她心里有个想法，既然学历低，就得学一门别人都不会的手艺。

白天，任劳任怨地学技术，忙碌让她短暂忘记离乡背井的苦楚。可到了夜晚，当来自天南地北的年轻人在这同样空洞的夜里睡去，杨萍却辗转反侧。她想念1700多公里外的大山，想念父亲的芦笙。杨萍没有唱歌的天赋，却从小在父亲的芦笙舞中长大，苗家姑娘都会跳芦笙舞，她作为芦笙队队长的女儿当然比别人更胜一筹。

夜色沉沉，似乎在随着人们沉睡时的呼吸微微起伏。睡不着的年轻姑娘站在天台上，父亲的芦笙声从心底传来，姑娘踏着遥远的节拍，在这空无一物的夜里跳起最欢快的舞蹈。一曲结束，杨萍心中的忧郁得到纾解，回到拥挤的多人寝室，心满意足地沉入无尽的夜色中。

几乎每个夜晚都如此。工作4年后，买了人生第一部手机的杨萍，第一件事就是回到父亲身边，录下了老人的芦笙曲。

那时，她已结婚，嫁衣是自己亲手制作的。就着昏黄的灯光，杨萍在宿舍里安静地画花，这段日子成了她在外闯荡20年中离苗绣、蜡染最近的时光。

婚后的日子很快归于平静，厂房里冰冷的机器最终还是在杨萍的生活中唱起主角。她如愿以偿地掌握了制作塑料袋的技术，职业规划也如她设想的一样，慢慢在厂里当上了主管。老板对她赞赏有加，工资连年上涨，生活日渐富足。

可杨萍仍旧时常感到空虚。即使10多年过去，逢年过节也会回一趟家，但她对溶谷苗寨的思念丝毫未减。直到2017年，第五届亚太世界地质公园大会的召开竟与杨萍扯上了关系，其中的渊源，还得从2015年说起。

2015年9月19日，织金洞国家地质公园被联合国教科文组织正式批准加入世界地质公园网络中心。织金洞成了贵州第一个世界地质公园，而两公里外的溶谷苗寨，也凭借"近水楼台"的优势参与到国际话题之中。村里破旧的房屋得到修缮，建起了新的广场，目标是打造成为织金洞的"后花园"。

老家的变化很快传到杨萍的耳朵里。到了2017年，第五届亚太世界地质公园大会即将召开，杨萍一口气请了两个月的假，在收玉米的季节启程回乡。

某个收完玉米的下午，村里组织村民召开大会。在大会上讲话的人叫黄丽娜，是旅游公司的负责人，她动员能歌善舞的苗族人参与本次大会配套的文艺表演，同时要在村民中寻找4名苗族姑娘当讲解员。

人群中的杨萍内心有抑制不住的雀跃，无论结果如何，她都想参与进去。等这段激动人心的宣讲结束，杨萍羞怯地挪到黄丽娜的身边，壮起胆子小声问道："我可以参与吗？最后不选我当讲解员也没问题，我就是想参与一下。""当然没问题！"黄丽娜用和善的微笑欢迎她，并顺势附加了一个邀请："能不能请你帮忙动员组织一下其他村民？"

从那天之后，杨萍像一只带着火把的小鸟在苗寨里穿梭，飞到哪里就点燃了哪里的热情。"来嘛，这是村里的大事，一起来参加表演，每天还有补贴的哦！"杨萍欢快地招呼着人们。很快，村民们不知是被她的热情鼓舞，还是同样因为这场国际盛会落地苗寨而感到自豪，总之，大家开始集思广益，思考要拿一个什么样的节目来展示风采。

　　杨萍想了很久，传统苗族歌舞当然是大家最得心应手的节目，但她始终觉得这不足以表达苗寨人内心的感激，毕竟，溶谷苗寨之所以能从名不见经传的贫穷小村庄，摇身变为未来可期的旅游村寨，还得感谢当地政府的一系列改造，以及旅游公司的关注。"要不我们表演一个手语舞蹈《感恩的心》，您觉得怎么样？"杨萍向黄丽娜征求意见，没想到对方十分爽快："行，这还比较特别，那这事就交给你了！"

　　得到了肯定的答复，还被委以重任，杨萍不仅紧张，还有一种使命感。每天傍晚，她都在村里的小广场上准时出现，等候干完农活的村民们归来，招呼大家排出队形，一点一点地学习手语舞。虽说是农忙时节，但这从未尝试过的舞蹈对苗寨的老乡们来说十分新鲜，大家也十分配合。一天夜里，排练的队伍已经散去，杨萍的一位亲戚却才赶到，他放下农具，一个人在灯光下凭着记忆比划舞蹈动作，笨拙却可爱，远处的杨萍望着这身影，眼眶竟有些湿润。

　　日子在排练中如白驹过隙，尽管村民每天练习，却也始终未能达到最佳效果。到了演出的日子，村民们硬着头皮在小广场上展示了这不到一个月的排练成果，看起来依旧参差不齐，却让在场的观众十分动容。表演队伍中的杨萍泪流满面，她知道这是村民们最真实的情感流露。

　　除了这场表演，杨萍还有一个意想不到的收获——她被选入讲解员的队伍中。黄丽娜给出的理由是："虽然年轻女孩活力十足，但缺乏处理应急事件的临场经验，还需要经验丰富的人来带一带。"带着人们参观溶谷苗寨时，杨萍几乎用尽全力将她所了解的故事如数介绍，言语中有掩藏不住的自豪。

　　短短几天的会议很快结束，溶谷苗寨归于平静，可杨萍内心的涟漪却依旧荡漾，她从未如此强烈地想留下来。但对服务十几年的雇主应有的责任心，催促着她回到义乌，可此后的一年里，她始终无法集中精神投入到工作中。到了2018年底，杨萍终于鼓起勇气，向老板提出辞职，与上万元月薪的工作彻底告别。

　　她终于回到魂牵梦绕的苗寨，从此再也不愿离开。此时的溶谷苗寨也早已在当地政府和旅游投资公司的合力打造下，成了一个乡村旅游景点。广场旁的一排门面陆续挂上各种招牌，其中一间是"溶谷民间蜡染作坊"，在当地旅游公司的安排下，杨萍成了这间蜡染作坊的管理者，每个月3000多元的工资，可以在这里售卖她制作的手工艺品。此外，每到旅游旺季，杨萍还兼任景区的讲解员、芦笙舞队的组织者和演员等。

回到老家的杨萍，微信朋友圈的更新频率突然变高了，有时发几张自己做的蜡染物件照片，有时拍下阳光下的苗寨与朋友分享，特别是旅游旺季到来，篝火晚会上游客和村民们一起跳舞的热闹场景，更是值得在朋友圈"晒一晒"。杨萍的前主顾似乎并不能感受到她的快乐，留言道："虽然你觉得这样的日子很舒服，但你在最该打拼的年纪选择回家，我觉得这是在浪费时间。"杨萍不以为然，虽说如今的收入与过去相比相差甚远，但她早已发现有些东西是无法用钱来衡量和满足的。况且，她要做的事可太多了。白天，她在蜡染作坊里安静地画花，没有客人时，可以几个小时不挪窝，偶尔还能通过同样在做蜡染、苗绣的亲戚接到一些订单。夜晚，她回到家里，总会催促父亲吹一曲芦笙，踩着真实而清晰的节拍，跳起欢快的舞蹈。

她终于不用在天台上跳芦笙舞了。

像花儿一样绽放

金沙县东光社区

刚参加工作一年多的王代星，2019 年时在岩孔街道的上山社区包保了 3 户贫困户。每次来这里走访或者做评估时，总会路过岩孔街道东光社区内的一片大棚，大棚里的杂草将荒地覆盖，让王代星的心里很不是滋味。没过几个月，王代星便和这片大棚结下了真正的缘分。

金沙县城以北 12 公里的岩孔街道，因拥有丰富的矿产和土地资源，算是一个大农业镇，加上常年在外务工的人员收入颇丰，总体来说，贫困程度并不深。可是，贫困程度不深，并不代表没有贫困人口。2019 年，金沙县定下目标：在当年要实现全面脱贫，2020 年开始推动乡村振兴。全县各单位展开动员，号召年轻人进入各村寨成立驻村工作队，而 1994 年出生、刚参加工作不过一年多的王代星也自告奋勇地报了名。

此时的东光社区形势相对复杂。这是一个由三个村合并而成的大社区，人口 6000 余人。由于各种原因，社区的党支部书记和主任双双引咎辞职，当地居民人人自扫门前雪，管理队伍也十分涣散。王代星才刚进入县纪委参加工作一年多，他无法预料未来的景况，也缺乏实战的经验。不过，初生牛犊不怕虎，王代星带着一腔热血而来，凭着几分天真和足够的热情，反倒能大刀阔斧地干。

2019 年 8 月开始驻村时，王代星就遭受到第一次"暴击"。他在社区组织召开党员大会和居民代表大会，80 多名党员和 50 多名居民代表中，只有 10 多名真正到场，还都表露出不愿配合的态度，这让王代星一时间有些不知所措。

县纪委下派到岩孔街道各社区的驻村干部共有 5 人，除王代星之外，其他几名干部也算是有经验的"老手"。年轻的王代星一有空就找他们取经，确实学到了不少技巧。在这次并不成功的会议之后，接下来的两个月，他几乎每天都在社区里转悠，和村干部一起挨家挨户走访。

王代星年纪不大，但他有一个不知能不能算得上优势的特点——长得有些"着急"。不少居民在听说他的年龄时都带着惊讶地开玩笑说："你要不说你是个'90 后'，我以为你都 30 多岁了呢！"一句无伤大雅的玩笑，迅速拉近了王代星和居民之间的距离，在天南地北地聊闲天中，这位看起来很成熟的年轻人也基本摸清了大家的想法。

在王代星看来，东光社区之所以出现这样的情况，多半还是与干部队伍分工不合理、党员和群众对社区事务参与度不高有直接关系。他立即对社区干部分工进行了调整，又在此后的每一项工作开展时都动员党员和居民代表参与其中，如低保评议、惠民政策等，不仅加大了公平公正公开的力度，也让人们刷足了"存在感"，政策推行顺畅，脱贫攻坚工作的开展也顺利起来。到了 2019 年底，再开党员大会和居民代表大会时，现场坐得满满当当，算是王代星 4 个月努力的证明。

2019 年底，东光社区最后几户贫困户顺利出列，按照计划，接下来就是更为艰巨的乡村振兴。而在当时，金沙县已拟定推动建设 20 个乡村振兴的示范点，东光社区就是其中重点打造的一个。东光社区已规划将要开工的项目有 40 多个，并根据不同的工作内容成立了 13 个专班。如此一来，仅靠驻村工作队的力量恐怕举步维艰，新的血液很快便注入进来，连县里也派了主要领导来现场督战。

不仅岩孔街道立刻派遣了年轻的"80后"干部赵兹喜担任东光社区的党总支书记，县民政局社会救助局的副局长杨刚也接到了任务，要求他2020年3月3日正式报到，担任第一书记。

新的党总支书记上任后，王代星终于得到喘息的机会，作为东光社区的新成员，杨刚还没等到正式报到，就已提前绷紧了神经。3月1日，星期六，杨刚接到岩孔街道党工委书记陈斌的电话后，一早便赶到社区。陈斌见他两手空空便笑了，问道："你没带铺盖过来？"杨刚有些茫然："不是还有两天才报到嘛，我提前来先把工作干起。"陈斌用一种夸张的语气说："怕干起来你就没时间回去了哦。走吧，先和我下村！"

杨刚以为陈斌只是开玩笑，可没想到现实比想象中更为紧张。40多个项目几乎是同步开始推进的，大到修路，供水、污水改造，7000平方米的生态停车场的修建，文化广场的改造提升和新建，乡村文化展示观光院落建设，300平方米的"花吧兑吧"玻璃房的修建；小到社区广播系统安装、示范区内的标识标牌安装、旅游公厕的修建等。在破土动工的同时，还要协调社区居民配合，其难度可想而知。

正在修建的停车场边上那顶巨大的临时帐篷都渲染着刻不容缓的氛围，三位县领导轮班换岗，24小时至少有一位领导驻守在此。杨刚和王代星仍居住在县城，每天早上7点前便要驱车赶往社区，投入到各项工作中，干到晚上10点，县领导便会准时召开进度会，每个项目负责人汇报完工作后又要拟定第二天的工作计划，等到返回家中时，已是半夜12点。

4月15日，是这群人最为难忘的一天。40多个项目基本完成，大部分项目专班完成使命逐步撤离，持续了一个多月披星戴月的日子终于画上休止符，人们与那火热朝天的氛围挥手告别，而杨刚和王代星依旧驻守在村，他们还有未完成的任务要继续。

这40多个项目中，最难啃的"硬骨头"便是那数量庞大，却大部分被荒废掉的大棚。这些大棚共有2000多个，是几年前由恒大集团援建的。大棚建成后尝试种植过茶叶、蔬菜，均以失败告终。如今，杨刚等干部加入，重建大棚的重担也顺理成章地落到他们肩上。

从上空俯瞰大棚所占的土地，竟能描绘出一片叶子的形状，这是当年修建大棚前做航拍勘测时便发现的秘密。为了将这片"叶子"描绘得更加清晰，大棚的排列以及其中机耕道和步道的建设，也有意根据叶片经脉的样子来修建。如今，虽然大棚内一片荒芜，但整体的叶片形状丝毫没有改变。东光社区的人们也因此来了灵感，索性在大棚修整提升的同时，又在其中建设了步道和自行车道，以便未来发展乡村旅游、农旅一体时，供游客参观游玩。

经过一个多月鏖战，大棚的修整提升已逐步完成，接下来便是引进更专业的经营者，以及最大化地开发大棚的利用价值。街道和社区的能人们齐心协力引进了七八个项目，对经营主体的考察更加严格，几乎再也没有碰到过失败的项目，2000多个大棚大部分被蓝莓、蔬菜和鲜花填满，新建成的"花吧兑吧"，也承担起了展示鲜切花成品的功能。同时，改造完毕的东光社区也逐步吸引了游客前往，这个社区乃至那片曾经枯黄一片的"叶子"都逐渐热闹起来。

大棚的经营主体是引进的专业人员，但大棚内的产出于东光社区的人们而言可谓人人有份。杨刚来出任第一书记时，除了那让他累得掉了一层皮的项目建设之外，还有一项重要的任务：牵头带领党支部办合作社，通过联群众、联企业、联市场的"三联"模式，低价收购大棚内的鲜切花等产品，然后在"花吧兑吧"内进行销售，让受到带动入股的100多户居民享受到分红。而没有入股的居民，合作社也会通过园区劳务外包的方式，为他们提供更多工作岗位。

不过，对杨刚来说，最难的还是村规民约的制定。虽然，相比起王代星刚来时只有10多人参加党员大会和居民代表大会时的"惨状"，如今的东光社区已经比过去改进了很多，但不少文明意识依旧欠缺。为了解决这个问题，杨刚等人把主要用来展示和销售鲜切花的"花吧兑吧"充分利用起来，通过制定村规民约、设置"红黑榜"等方式，刺激人们对自身言行和生活习惯进行规范。平时积分多的人，可以在"花吧兑吧"兑换到洗衣粉、柴米油盐等生活必需品。而通过"红黑榜"等做法的刺激，东光社区居民们精神面貌的改变也尤为明显。

转眼又是一年。曾经干部和群众都十分涣散的东光社区，如今已被列为全省乡村振兴示范社区建设的重点，社区党支部也在评估中拿到了优秀的成绩。年轻的王代星和老到的杨刚依旧驻守在这里，计划着下一步将东光社区的旅游持续做大。那片由2000多个大棚组成的巨型"叶子"依旧覆盖在社区最肥沃的土地上，只是如今这片"叶子"不再是毫无生机的枯黄，而是在多人的合力打造下，被蓝莓、鲜花、蔬菜染出了缤纷的色彩。

"硬核"书记熊朝坤

即使事情已经过去了好几年，熊朝坤想起第一次给毕节市领导班子讲课的经历，心情依旧复杂。他在金沙县西洛街道中华社区当了近40年的村干部，过程如此曲折、结果有惊无险的讲座仅此一次。凭借在这场讲座中的"超常发挥"，他不仅顺利化险为夷，还为自己争到了破解难题的机会。

那是2014年一个看似平常的日子，熊朝坤接到县里通知，要去毕节市开个会。谁知会议开始的前一晚，县委组织部的领导把熊朝坤叫到房间，让他把课件先交上去，熊朝坤彻底蒙了。"课件？什么课件？不是叫我来开会的吗？"这下轮到县委组织部的领导傻眼了："没跟你说吗？这次是叫你来给市领导班子讲课的啊！半个月前就通知了要带课件的哦。"熊朝坤按下慌乱的心绪，定了定神，说："我真不知道是来讲课的，这旅馆里也没有电脑，您看我先写个提纲行不行？"

熊朝坤顾不了这么多，连夜赶出一个手写的讲课提纲，第二天一早交给县委组织部的部长。当时，每个人的内心都像在打鼓一样，熊朝坤当时不过是乡村讲师，从没给这么多领导上过课，而眼下，手里又只有一份手写的提纲，在不明就里的人看来，这种态度似乎有些狂妄。好在当时已弄明白，是由于消息传达时出现偏差，而熊朝坤没能带课件来算是情有可原。

熊朝坤捏着讲稿上台，说不紧张肯定是假的，但这提纲上所写的内容都是他过去20多年实实在在干过的工作，每一个故事都如发生在昨日，所有细节他都记忆犹新。从退伍回乡后担任村干部，带着村民挖路、建房、四处奔波引进企业开发煤矿、种植烤烟，到煤窑和烤烟基地统统被取消后，联系企业、推荐村民外出打工，再到如今探索村集体产业的思考……说着说着，熊朝坤就完全投入到回忆中，当过兵的他，声如洪钟，语速很快，表达果断而清晰，寥寥几百字的提纲在他口中变成了一个个生动的故事。讲座结束，熊朝坤瞥了一眼时间，竟已过去了80分钟。

市里的领导对他印象深刻，反应敏捷的熊朝坤哪会放过这个绝佳的机会？在来毕节之前，他一直在考虑发展养殖业，却苦于没有技术和资金，迟迟找不到突破口，如今机会不就摆在眼前吗？会议结束后，熊朝坤三步并作两步跑到市领导跟前，也没有多余的客套话，简洁明了地说："书记，我有个事想向您汇报。"

如此干脆的村干部引起了这位市领导的好奇心："什么事，你说。"

"我们那里什么都没有，我想搞养殖。"

"养什么？"

"养猪。"

"你们那里是高山？"

"是高山。"

"行，下周派人来考察。"说完正要离开，这位领导像是又想起了什么，转过头来叮嘱道："你的厂建好了，猪儿养起了，我一定要来看，你得扎扎实实地整哦！"

"一定！"熊朝坤把腰一挺，甚至差点敬了个军礼。

市领导言出必行，一周后便派人前来考察，之后又审批了140万元的扶贫资金，用于建设养猪场。中华社区没有熟悉养猪技术的人，熊朝坤只能再度来到县里找到相关领导，又是一通"软磨硬泡"。果然，通过县领导，熊朝坤搭上了正大集团的路子，在建设猪圈的同时，与对方反复磋商合作方式。此时的熊朝坤心中已打定主意，猪是一定要养的，只是怎么养的问题。如果和正大集团合作，那中华社区就提供场地，每年收取一定费用，养多少、怎么养、怎么销，一概由正大集团决定，社区不去干涉。这显然是最省事的方法。不过，在谈判中，正大集团始终不肯在费用问题上让步，熊朝坤眼看圈舍已快建好，时间不能等人，索性把心一横，回复道："费用就是这样，如果你们不养就算了，大不了少养点，我们自己来。"在中间搭桥的人知道熊朝坤的性格，也当起了说客，告诉正大集团的负责人："他这人我了解，他说得出做得到，可不是吓唬你的，差不多行了。"略显强势的谈判，最终让正大集团入驻中华社区，年出栏生猪6000头的养殖场顺利开始运营。

在金沙县西洛街道，熊朝坤的"硬"脾气众人皆知。或许是因为曾经当了5年兵，又真正经历过以血肉之躯抗衡的战争，加上如今年纪渐长，熊朝坤的性格更加"硬核"，说话做事直来直往，有时甚至不给人留余地。在开办养殖场后，他的执拗在修通村路这件事上也发挥了作用。

那时，脱贫攻坚工作已在全省各地推开，通村路、通组路等政策逐一铺向各村各寨。熊朝坤是个急性子，眼见中华社区还没排上号，索性就到市里，磨了好几天，终于把市里的相关领导请到社区来。在村里考察了一圈，到了晚上8点多，熊朝坤搬来一条长凳请领导坐下，开口道："领导，我当了30多年支书，困难熬过去不少，但眼下这个困难光靠我自己恐怕是熬不过去了。现在我就只有一个心愿，帮中华社区的居民们把这条路修通，以后孩子上学、百姓发展产业也都有路了。"县里来的干部在一旁悄悄地对市里的干部说："哎，这个熊朝坤脸皮'厚'得很，要是不给他想个解决办法，怕是我们今天得住这儿了。"

"你至少得给我一个规划，路从哪儿修到哪儿，要花多少时间，用多少经费。"市里的干部苦笑着回应。县里的干部借坡下驴，提示熊朝坤道："要不我们今天就开个简单的基层组织现场会，熊书记，你详细说说你的计划。"熊朝坤顿时来了精神，先把自己过去30年组织村民建水库、开煤窑等故事说了一遍，主题只有一个：中华社区居民从来都是上下一条心，只要有政策，一定能顺利完成任务。最后，他给自己定下一个期限：45天，保证完成修路任务。

那一夜之后，熊朝坤又带着村干部走家串户动员人们拿出土地和劳动力，参与兴修公路的工程。此后的一个多月里，中华社区几乎所有劳动力都吃住在山上，15.59公里的西凉公路最终建成。这条路缩短了中华社区和县城的距离，也为当地带来了更多通组路的项目，此后的几年里，中华社区的每一户人家门口都铺上了硬化路，路上还安装了太阳能路灯。

2016年，中华社区摘掉了贫困的帽子。在中华社区投入长达数年的修路过程中，熊朝坤又惦记着了另一件大事。

曾被列入一类贫困村的中华社区没有什么值钱的产业，社区里的养猪场只是交由正大集团代管，每年有一笔固定收入，但也不会再有上升空间。外出的人们在花花世界中大开眼界，逐渐不安分于原有的家庭，不少夫妻选择离婚，部分男性村民见状，便不让妻子外出打工，很多妇女只能留守在家。

还是得有一个靠谱的长效产业才能改变现状。对于这个问题，熊朝坤心中早已有了选择。中华社区地处高寒地区，过去零星地种有一些老茶树，在当年搞退耕还林的时候，他就一直想种茶，无奈当时县里没有相关指标，只能种植经济林木。虽说已过去许多年，种茶的念头却从未打消。到了2017年，县里有干部去台湾考察，发现当地种植高山茶的地方与中华社区的自然条件十分相似，回来后便立即将这一信息告诉熊朝坤。多年的愿望即将变为现实，熊朝坤干劲十足。

2014年去平坝区塘约村学习过后，熊朝坤果断成立了东方农民专业合作社，如今看来，这个决定颇有先见之明。2017年决定发展茶产业后，熊朝坤便利用当初成立的村集体合作社进行土地流转，在他看来，无论怎么发展，都得先把土地进行统一规划。又是一轮接着一轮地走村串户，白天村民代表会，晚上板凳会、院坝会，挨家挨户做通工作，流转来1500多亩土地，接下来便是正式开干。茶叶种植是当地人熟悉的行当，接下来的几年里，又陆续流转来更多土地，并引进了茶叶加工厂，茶产业终于初见成效。

"快40年了……"年过花甲的熊朝坤偶尔会如此感慨。时光如梭，他脸上多了不少皱纹，满头青丝成了白发，脚步也已逐渐放缓，唯有脾气依旧"硬核"。熊朝坤知道自己到了该停下来的时候。为了即将到来的那场告别，他甚至早在9年前就开始物色接班人选。外壳如此坚硬的熊朝坤有没有柔软的地方？一定是有的，答案就藏在这片让他付出近40年时光的土地上。

遵义

绥阳
凤冈
毕节
德江
金沙
印江
遵义
湄潭
思南
大方
铜仁
黔西
江口
余庆
纳雍
石阡
织金
宽安
贵阳贵安
黄平
岑巩
六盘水
福泉
施秉
普定
黔东南
安顺
平坝
普安
镇宁
惠水
贵定
麻江
凯里
剑河
晴隆
关岭
龙里
黔南
都匀
丹寨
雷山
兴仁
贞丰
紫云
长顺
三都
榕江
台江
黔西南

沸腾的集装箱

过了热闹的龙坪镇，一路向山里开去。绕过几个弯，又爬过几个坡，一路上几乎没有见到任何河流。我再也无法掩饰内心的疑惑，向领路的朋友问道："这确定是要去养鱼的地方吗？"

虽说在出发前已提前对要拜访的对象做了简单了解，知道对方做的是集装箱水产养殖，但鱼离不开水，这是亘古不变的道理，这一路上连条小溪都没见到，怎么还能做出当地最大的水产养殖基地呢？

看我满腹疑问的样子，同行的朋友神秘一笑："到了你就知道了，高科技！"

到了位于兴隆村的贵州省柜式易位智慧渔业示范基地，便见到一栋简单干净的办公楼伫立在山前。办公楼对面不远处，是连成排的巨大集装箱，宛如一条舒展身体的绿色巨龙，一眼望不到尽头。

一个穿着黑色夹克的男人把我们带到办公室，他看起来似乎有些腼腆，眼角有明显的纹路，大概很爱笑。村里的工作人员介绍："这是示范基地的负责人、贵州洪笑康循环农业科技有限公司总经理陈德志。"陈德志嘴角上提，眼角的纹路又加深几分，冲我点点头。

"刚才过来的时候，我看这附近好像也没有什么河流，怎么选在这里养鱼？"我迫不及待地想知道答案。

"3公里外有个朱村水库，我们用的是水库里的水。"果然是个话少的人，听到陈德志简短的回复，我印证了自己的猜想。大概是察觉到我还没明白，他又补充道："虽然我们这个养殖基地规模很大，但集装箱养殖的好处就是节地、节水。我们有一个完整的过滤系统，水是可以重复利用的。而且过滤系统能让水持续流动，鱼在活水里肉质也非常紧实，比以前网箱养的鱼品质更好！"

大概是因为聊到了感兴趣的话题，陈德志的话匣子被打开了，顺带也提到了他的经历。

其实，陈德志也算是这个行业的新手，在做水产养殖之前，他所从事的工作与养殖没有半点关系。"我以前是做土建的，主要是修高速公路，干了10多年才转行。"说起人到中年突然转行，陈德志脸上又浮出一丝不好意思的微笑，大概他自己也觉得这个转折会让旁人摸不着头脑。至于为什么转行，他的逻辑倒是非常清晰。土建工程虽然有较高的回报，但毕竟不够稳定，人到了40岁，该为接下来的生活好好打算，陈德志想寻找一个可以长远发展的实体产业。正当他在考虑探索新领域时，在龙坪镇水产站工作的朋友向他提起了集装箱养殖的项目。

地处贵州省北部的遵义市播州区，境内有乌江、湘江、赤水河三大河流，水产养殖具有天然的地理优势，网箱养殖一度成为当地重要的经济来源，这里出产的播州乌江鱼在2017年得到原农业部正式批准，实施了农产品地理标志登记保护。密集的网箱为渔民们带来丰厚收入，但也给河流带来沉重的伤痛。残余饵料和大量鱼粪导致水体富营养化，密密麻麻的网箱和挤作一团的鱼减缓了河水流速，在网箱养殖走向鼎盛时，那些养殖水域也逐渐变得臭不可闻。从2017年开始，贵州各地便陆续展开网箱整治行动，而乌江作为重点整治水域，自然也备受关注。播州区的网箱养殖是在2018年5月左右全部拆除完毕的，拆除面积超过1100亩。渔民们离开水域，或回到土地耕作，或进入公益性岗位谋得一份差事，但播州乌江鱼也因为网箱被拆除而骤然减产。到了2020年1月，农业农村部发布《长江十年禁渔计划》，更让这一明星品种光芒黯淡。

对网箱整治和"禁渔令"，陈德志早就有所了解。出于商人的敏锐直觉，当他从龙坪镇水产站得知集装箱水产养殖技术时，便产生了浓厚的兴趣。多年从事土建行业让陈德志积累了丰厚的财富，资金投入基本不成问题，需要攻克的难关只有两个：技术和土地。

虽然从刚接触这个项目到现在不过短短两三个月，但巨大的市场缺口和成熟的养殖技术告诉陈德志：这个事值得做。在龙坪镇水产站工作人员的带领下，陈德志先后前往广东、广西等地进行考察，并邀请专业技术人员对目前的集装箱水产养殖技术进行改良、升级。

配置好团队，接下来就要解决选址和土地流转的问题了。龙坪镇以招商引资的方式吸引陈德志在当地成立公司，基地选址则在离朱村水库不远的兴隆村。兴隆村的地势和气候条件优越，高山和土坡基本被利用起来种植花椒、葡萄和柑橘，剩下大片的平整土地过去一直被用来种植水稻，有巨大的开发空间。不过，长年以农业为主要收入的兴隆村，全村只有一位名叫张涛的人长年从事名龟养殖，近两年才开始摸索集装箱养鱼技术，除此之外，其他大部分村民几乎从未接触过水产养殖，对这件事当然也提不起丝毫兴趣。

水果、花椒已经让兴隆村的村民们逐渐过上了好日子，而此时，一个外乡人，突然来到村里说要流转大家的土地，用来建集装箱，还要在集装箱里养鱼，无论是时间节点的选择，还是这套听起来并不靠谱的说辞，都让人无法信服。即使有村委会的干部们集体出马展开动员，流转土地一事不出意外地屡屡碰壁，陈德志有些力不从心。

在陈德志看来，或许是因为自己还不够专心。他横下心来，决定退出原来在土建公司所占的股份，把全部精力都投入到集装箱养殖的项目中来。显然，对于一个已经年过40，孩子尚在读小学的中年人而言，这种赌上全部身家去拼一个可借鉴项目并不多的产业，多少是有些冒险。陈德志将这个惊人的想法告诉家人时，内心也有些打鼓。出乎他意料的是，家人在一阵良久的沉默之后，竟然同意了他的想法！来自家人的支持，给了陈德志动力，也给了他更大的压力。抱着莫大的决心，他再次来到兴隆村，这次他要动真格的了。

兴隆村村委会委员黎钰是个热心而实在的人，从陈德志开始决定在村里建设集装箱水产养殖项目时，他就一直全程参与到动员村民流转土地的工作中。最让他感动的，是一个大雨天。当时部分土地成功流转，已经破土动工开始修建养殖基地，而陈德志这位外乡来的汉子冒着大雨出现在空无一人的工地上四处查看，山间只有暴雨声在回响，在升腾起的水雾中，他的身影显得格外孤独。黎钰碰巧看到了这一幕，这孤独的身影仿佛烙进了他的心里，让他打定主意要好好帮一把这位外乡人。

自从退出股份全身心投入养殖基地建设中，陈德志回家的时间越来越少。兴隆村的村民们在长期的相处之下，也对这个脸上总挂着笑意的人多了几分信任。陈德志采取土地入股的方式进行流转，承诺前3年以每年每亩地250元的价格进行分红，此后与村集体经济的分红也以5%、6%、8%的比例逐年递增。土地流转越来越顺利，集装箱建设的进程也稳步推进。当年9月，那条绿色的"巨龙"挺直腰卧在了兴隆村平整的土地上，数十万公斤鱼苗欢腾地跳入水中，立志建设成为当地最大集装箱养殖基地的贵州省柜式易位智慧渔业示范基地正式投产。

陈德志总算舒了一口气。不过，鱼苗投产对他而言不是终极目标，他还有一个更长远的计划：把这个项目做成农业和渔业结合的绿色循环产业。原理非常简单：升级后的集装箱过滤系统能收集到大量混合了残余饵料和鱼粪的沉淀物，这是营养丰富的肥料，只需简单加工便能用于水稻、水果、蔬菜等的种植。他流转了150亩稻田，并将其打造为鱼稻共生田，通过返租倒包的方式，请当地农民进行种植和管理，再由公司统一收购、销售。粗略算来，农户每亩土地的年收入能增加700元左右，这样的好生意，又何乐而不为呢？

回忆完这段惊心动魄的经历，陈德志盛情邀请我一定要去养殖基地上看看。颤颤巍巍地爬上集装箱顶，我终于看到了这条"巨龙"宽厚的背部。每个箱子看上去都深不见底，隐约能窥见有鱼游动的身影。"今天天气不太好，鱼都沉在下面，喂食的时候你就能看到它们了。很壮观的。"说着，陈德志便招呼来饲养人员。饲养人员将一整盘饵料往水中撒去，平静的水面突然像烧开了一般沸腾起来，无数条鱼扑腾着争抢饵料，哗啦啦的水声在山间无比清晰而动听。陈德志注视着这沸腾的集装箱，眼角的笑纹又深了些，似乎他的内心也被搅动起来。

茶缘 50 年

凤冈县田坝村

从茶海之心景区的森林往陈氏茶庄去的路上，沿途目之所及，全是茶树。高度几乎相同的茶树紧密地挤成一片，随地势起伏排列开来，如翠绿色的波涛奔向远方。这生动的景象呈现于眼前时，便不必再问"茶海"之名的由来了。

穿过这片翠绿色的海洋，来到陈氏茶庄，只见不远处一位满头白发的老人下了车向接待厅走去，身材并不高大，但健步如飞。甚至不需要我提问题，一见面，这位老人便轻车熟路地讲起了自己的故事。显然，他早已习惯了我这样的访客。

老人名叫陈仕友，种茶已有 50 年。

"我 1971 年开始种茶，那时候这里还是田坝公社，我是龙江大队的大队长。"

陈仕友说起当年，语气甚是自豪。

他有自豪的资本。20世纪70年代的田坝村，干旱是最大的问题。缺水时，大地龟裂，作物枯死，三年两不收是常事。在饭都吃不饱的年代，陈仕友作为生产大队的大队长，竟然异想天开动员大家种茶，这必然会遭到众人反对。"算咯，饭都吃不饱，还要种茶？那茶叶能当饭吃啊？"这样的反对声不绝于耳。陈仕友虽然年轻，但思路灵活，知道和干旱的气候硬碰硬肯定解决不了问题，只能自己找新的突破口。

"以短养长懂不懂？靠吃回销粮、借贷款过日子根本不是长远的办法，我们要自己想出路。种茶的同时套种粮食，不就能解决问题了吗？"陈仕友逻辑清晰，他们也无从反驳，即使不情不愿，也只能扛着锄头跟着干。

这是田坝村种茶的开端，也是陈仕友与茶结缘的起点。那时，遵义地区广泛推广茶叶种植，供销社统一收购再对外销售，茶农完全不用顾虑销路问题。到了1981年，土地下放到户，嫌茶叶加工太过辛苦的村民们，拿到土地后不再顾及陈仕友的想法，纷纷回到种粮食的生活中，只有能填饱肚子的玉米、稻谷才能让他们安心。陈仕友不这么想。在10年的种茶经历中，陈仕友和各级部门的种茶专家有不少交流，深知这个行业一定有巨大的发展潜力。他已经深深迷恋上了这些飘着缕缕清香的小叶子。

可陈仕友没有多少土地，只靠自己种茶是无法保证吃饱饭的。他选择"迂回前进"，先定下一个小目标：挣下第一桶金，再去想做茶的事。陈仕友挣钱的路子可谓直击当地人的"痛点"。那时，田坝村尚未通电，人们打谷子只能靠人力。陈仕友下"血本"弄来了一台柴油发电机，如此一来，只要需要用电就得找他，省吃俭用，加上做点小生意，几乎没有土地的陈仕友竟成了村里的第一个"万元户"。

有了资本，陈仕友终于可以放心大胆地干自己心心念念好几年的事业了。1984年，凤冈县茶叶公司成立，陈仕友也顺势成立了龙江联营公司，计划搭着国有企业的顺风车完成自己的梦想。1986年，他联系上贵州省农科院茶叶研究所的专家纪德禄，请对方教授扦插技术，良种扦插的茶树3年能见效益，极大缩短了等待的时间，这让陈仕友对茶产业更加期待。

陈仕友土地不多，但他依然有办法让自己梦想成真，只是这个办法有些费功夫。他的办法说起来也简单：和有土地的村民合作，村民负责种茶，他负责加工和销售，所得的收入对半分。不过，真正实行起来却并不容易。合作对象不好找，普通人要是听了他的想法，恐怕只会用看"骗子"的眼神来看他，他决定从身边的亲戚开始动员。

有 10 亩土地的陈仕和和大多数村民一样，只相信能吃进肚子管饱的粮食，对茶叶没有半点兴趣。陈仕友来到这位亲戚家，开门见山地说："你可以试试种茶。"

"不种！"陈仕和果断拒绝。

"你要是不种，我们可以合作。你出土地和劳动，我出技术和销售。见效益了我们对半分！这 3 年你怕没粮食吃，我可以补助你点。"陈仕和的拒绝正中陈仕友的下怀，他假装退而求其次地劝说道。话都说到了这份儿上，陈仕和心里盘算了下，似乎并不吃亏，便答应了下来。

3 年后，到了算账的日子。陈仕和没想到这些看似不起眼的树叶竟能比粮食值钱这么多！他似乎有些不甘心，想了几天，找到陈仕友："要不我把你投入的部分退还给你，以后这茶我自己种。"陈仕友没想到会有这么一出，虽然心里不快，但转念一想，土地是别人的，当初也没有什么正式合同作为凭证，更何况，亲戚间没有必要闹得不愉快。陈仕友在心里一番权衡后，十分干脆地答应了对方的要求。

虽说吃了一次亏，但乐观的陈仕友还是看到了希望，至少人们是会被这效益打动的。他又先后动员了一些亲戚朋友，还是同样的合作办法。而大多数人嫌茶叶加工麻烦，也乐于把这辛苦活儿交给陈仕友。20 世纪 90 年代，陈仕友趁热打铁，频繁邀请贵州省农科院茶叶研究所的专家来为村民们开展种植技术指导，也教大家怎么加工。陈仕友对茶的狂热无形中感染着田坝人，田坝村种茶的风气日益兴盛，大片平整的土地上，粮食逐渐被茶叶取代。

种茶、简单加工，然后卖到邻县湄潭，或者等浙江等地的茶商前来收购。田坝村的人们在这种模式中过上安逸的日子，但社交广泛、又被县里推为种茶大户的陈仕友，在各种形式的交流中渐渐感受到焦虑和不甘。

20 世纪 90 年代中期，凤冈县提出大力发展茶产业，要培育属于当地自己的品牌。当时，一位名为张自然（音）的归国华侨来到田坝村进行帮扶，参与茶叶销售一段时间后，他向陈仕友感叹："我们凤冈的茶叶品质这么好，全拿去湄潭给人家做品牌，你甘心吗？"

当然不甘心！张自然（音）说会向县里提出建议，而陈仕友的一次热心帮助，也算助推了凤冈茶叶品牌的建立。

1997 年，贵州省农科院茶叶研究所专家冯少龙带着几名学生来到田坝村，陈仕友热情地接待了这位老友。冯少龙简单介绍了此次课题研究的目的，而陈仕友则十分爽快，承诺解决他们的食宿问题，还帮他们带路开展田野调查。

到了茶园，只见冯少龙一行蹲在地里嘀咕着什么，然后取一点土地表面上的泥土放进瓶子里，又取一点中间的泥土，再取一点更深处的泥土。之后，冯少龙等人又取了不同类型的茶叶作为样本，同样装进密封的容器中。陈仕友不明所以，但这种严肃而谨慎的气氛让他感觉似乎会有什么大事发生。

送走这群科研人员后，陈仕友很快接到了冯少龙带来的好消息。冯少龙兴奋地告诉他："你们这里的土地含有丰富的锌、硒元素，其中硒的含量在贵州产茶核心区里可以排得上第二！"原来，科研人员们发现凤冈出产的茶叶，无论是口感还是品相，都与其他地方有所区别，为了找到其中的原因，才有了这次田野调查。

有了这项研究成果，凤冈锌硒茶的品牌呼之欲出。很快，凤冈县为当地茶叶定下发展方向，而陈仕友作为凤冈最早做茶的一批人，当然也迈入一个新的阶段。

转眼到了2005年，此时已50多岁的陈仕友早就名声在外，他也没有想到，自己已到了快要退休的年龄，竟还能再遇到一个新的挑战。

那时，整个遵义市都在大力推进茶产业，不仅要做大已经成熟的茶叶品牌，还计划推动开发第三产业。

在他们渴望回归田园、体验一把采茶乐趣时，"茶旅融合"的概念就已被提了出来。而当时的遵义，也打算试试这条新路子。一次，省里相关部门的领导到田坝村考察，谈及"茶旅融合"时便顺势向陈仕友提议："老陈啊，你带了这么多年头，现在搞茶旅融合你也要带头哦。"

"没问题。"陈仕友虽已年近六十，但说到茶产业还有新东西可以尝试，心里就和当初刚开始种茶时一样兴奋。

很快，陈氏茶庄建了起来，餐饮、住宿、采茶、品茗，可体验的项目一个不少。而种茶历史较长的田坝村，也在县里的旅游规划下，从单纯种茶、制茶的产业村，一步步走向今天的茶海之心景区……

说完了这时间跨度长达50年的故事后，陈仕友一脸笑意地沉默了一会儿。如今，更名为浪竹茶业的龙江联营公司已经交由两个儿子管理。按理说，陈仕友应该能放心地享受晚年时光，但这位一生都在和茶打交道的老人，怎么会甘心让自己闲下来？他似乎还有新的计划。他端起茶杯，把杯底的茶一饮而尽，向我问道："你知道茶花吗？"

凿穿这座山　拥抱那片湖

凤冈县进化镇临江村

在临江村那些不知真假的神话传说中，九龙山的"九龙"和水没有半点关系。故事里有9条神龙，其中的8条龙打算在这座山上建国都，遭到那条特立独行的龙强烈反对，最终只能作罢。大概是为了填补未能成为神龙后人的遗憾，后来的人们便将这座山命名为九龙山，仿佛这样便能沾点豪迈的气魄。

87岁的钟永友讲完这个故事，呵呵地笑了起来。这类流传于民间的神话传说多得不胜枚举，钟永友也只是顺口一提，并不会把它当真。相比起民间传说，他和九龙山之间的故事可真实得多。

跟着钟永友老人爬上石阶，来到位于山腰上的洞口。别看这位老人已是耄耋之年，步伐却如年轻人一般稳健。他摘下起了雾的无框眼镜，冲我们招呼道："进去看看。"

洞内阴暗潮湿，隐约能听见水流声，散发着湿漉漉的气味。向洞内走去，前方有灯光，照亮了洞内的情景。两侧的石壁凹凸不平，人工开凿的痕迹十分明显。地面则相对平坦得多，步道边上有一条沟渠，清澈的水缓缓流过，刚才听见的水流声大概就是从这里来的。再深入往前，洞内的灯光竟还交替变幻出红、绿两色的灯光，让这条才100多米长的山洞显得有些魔幻。

经过一处洞顶漏水的区域，又走了七八分钟，洞外的日光毫无预兆地投进来，晃得人眯起双眼。适应了这亮光之后，眼前的景象让人叹为观止。长了青苔的石墩在浅水塘中排成弯弯扭扭的小路，连接至对岸的阶梯，20多米高的坝墙耸立在对岸，石缝间生出的杂草暗示了这堵坝墙年代久远。

"爬上去就能看到水库。开闸的时候，水就从上面下来，顺着山洞流过去。"钟永友示意跟他上去看看。原来，我们刚才走过的路都是水流的通道。到了坝顶，眼前一片开阔的湖面，湖边的山坡上没有人家，全是森林茂密的山峦。

"这边已经属于湄潭县的地界了，过去这里只是一条小水沟，旁边有零散的人家居住，为了修这个水坝，我们拿自己的好田和他们换土地。"钟永友想起往事时脸上总带着笑意，即使已过去了近50年，那段修水坝的时光依旧在他记忆里无比清晰。

"发现这处水源其实算是个巧合。"钟永友站在这个来过无数次的水坝上，向我们揭开了一段往事。

虽然这里叫作临江村，但20世纪50年代时却半点没有沾上"临江"的福气。气候干旱、环境缺水，临江村的村民种出的大米泛着干燥的红色，口感差倒是其次，那微薄的产量才是让人饿肚子的关键原因。在这样的环境之下，临江村的村民们对水的渴求超过一切。当时，全国上下都在号召大兴水利，作为临江村的村支书，在苦日子里挣扎的钟永友自然也想积极响应号召。他组织村民开群众大会，提议寻找水源修水库，当即全票通过。在当地政府支持，和全村劳动力投工投劳之下，水鸭子水库建成，很快缓解了临江村的干旱问题。

不过，这个小小的水库虽然解决了临江村的燃眉之急，依旧有不少土地难以种出足够粮食。"要是再有个水库就能解决问题了。"钟永友总是这么想。

在20世纪50年代至60年代之间，钟永友曾被调到乡里和管理区任职，但心里始终记挂着临江村那些干涸的土地。终于，他又回到了临江村。

踏破铁鞋无觅处，得来全不费功夫，苦苦寻找合适的水源多年无果，却在20世纪70年代初，因为一次普通的家庭矛盾调解，钟永友发现了"宝藏"。

临江村与湄潭县天城镇相邻，两地人互相来往、通婚是常事。那时，一位临江村村民和邻村的姑娘定下婚约，但由于种种原因闹得不愉快，便请钟永友等村干部出面调解。解决了矛盾纠纷后，钟永友一行人往回赶路，发现一条小溪一直延伸到九龙山附近。大概是因为长年累月对水的渴求，钟永友等人产生了强烈的条件反射，一行人便决定沿着溪水的流向走，心里开始盘算要把这条水源引到临江村去。

到了山前，眼前的山洞让众人兴奋不已，可再往内多走几步，却发现洞内已经被沉积了不知多少年的泥沙、石块全部填满，去路完全被堵住。钟永友有些沮丧，仿佛这些泥沙、石块堵住的不是洞，而是他心里刚刚被点燃的一点光亮。苦求水源这么多年，会因为一个被堵死的山洞就放弃吗？答案显然是否定的。钟永友不甘心，他有一个大胆的想法：打通这条山洞，把水流引过去！

那是20世纪70年代初，别说挖掘机等机械，连炸药都不一定能找到。既然如此，那就靠人力！愚公移山是一个人在干，如今临江村有这么多劳动力，还担心打不通一个山洞吗？况且，这条溪流是乌江流域湄江支流的溪沟，有充足的水源对钟永友来说是极大的诱惑，更让他不愿轻易放过这个机会。

钟永友向上级汇报了修建水坝的想法，甚至给出了较为具体的方案，润泽一方土地的工程自然也得到当地领导的重视。1972 年，九龙水坝正式动工，而这个耗时近 5 年的工程，其中有一年多的时间都花在靠人力凿山洞上。

钢钎插进石头之间的缝隙，用大锤反复敲打，凿出一个足以塞进炸药的缝隙，然后引爆。碎裂的石块十分沉重，人们便用树枝捆绑成 Y 字形，把石块放在上面，地面上洒满水以减小摩擦力，再将石块拖出山洞……钟永友组织了 30 多名劳动力，另外还有 10 余名负责指挥和后勤的村民及干部，几乎每天都在山上忙碌。

在欢呼声中，这个密封了不知多少年的山洞重见天日，临江村的村民们又投入到水坝修建中去。那是大集体时代，村民们靠记工分过日子。钟永友下了规定，男性村民每日任务是 900 公斤石方，完成后可得 10 分；女性村民的任务则是 600 公斤。挑来石块后，这堵坝墙便一天天长高。为了赶工期，村民们甚至一度住在工地上。天色渐暗，工地旁炊烟袅袅，匆匆吃过晚饭，人们又继续挑灯夜战。临江村人念叨了好几年的水坝日渐成型。

山脚的居民迁往别处，溪沟在水坝的阻拦下形成湖泊，临江村有水了。

此后的几十年，干涸的土地在长期浸润下留住了丰富的营养物质，当地水稻产量大幅提高，曾经泛红干燥的大米变得洁白剔透，"临江米"的名声越来越响，竟成了临江村的一大品牌。不仅如此，临江村还意外收获了另一笔财富。这个藏着精彩故事的山洞在九龙山山腰上十分醒目，形成了一个天然景观，而穿洞而过的水流不仅润泽了一方土地，也在山下形成小型湖泊。有山有水，自然便有了为风景而来的游客。有脑筋灵活的村民便投入资金开发旅游，玻璃观景平台、丛林穿越、空中漫步、云上秋千、水滑道、儿童乐园逐一完善，种出了"临江米"的临江人，如今也吃上了"旅游饭"。

显然，这是个前人栽树、后人乘凉的故事。而故事的主角钟永友，早在 20 世纪 80 年代就已退休。不过，即使退休他也没有真正闲下来。他将几个儿女平时给他的生活费都存了下来，帮用水不便的偏远人家修建抽水池，又出钱帮一个村民组修了硬化连户路……在脱贫攻坚如火如荼的那几年，已经 80 多岁的钟永友，竟再度被推选为片区支部书记，继续发挥余热。

离开九龙水库后，钟永友又兴致盎然地带着我们去到水鸭子水库，这是他兴修水利的起点。相比起九龙水库几十米高的坝墙，水鸭子水库显得"温和"许多。钟永友指着没有护栏且仅能供一人通过的坝顶，说："从这里过去就能到街上，我们抄个近路。"没等我犹豫，他便踏上狭窄的坝顶，在波光粼粼的湖面上穿行而过。

写在田园的诗篇

绥阳县凤凰村

北纬 27° 51′～28° 58′，东经 107° 10′～107° 16′，绥阳县城偏东南角，郑场镇集镇、遵义机场西北部。按照这个定位，可以找到坐落在山脉与丘陵间的凤凰村。这里没有惊艳世界的名胜古迹，也没有发生轰动性的大事件，但这个村庄里的故事并不寻常。

大约 3 年前，早已卸下绥阳县政府单位相关职务的黄明仲，实在看不过去老朋友汪芳权消沉的样子，劝说对方重拾笔杆子，多写点东西，或许能疏解一下心中郁结。汪芳权此时正从丧妻之痛中逐渐缓和过来，心里的另一团火焰再次被慢慢点燃。

黄明仲和汪芳权早在 20 世纪 70 年代就已相识，那时凤凰村还叫作双虹村。黄明仲高中毕业后由于种种原因未能考大学，作为回乡青年到老家双虹村教书，后来又在生产大队当了一名会计。汪芳权年龄比黄明仲略长几岁，初中文化，也在学校教书。将他们联系在一起的，是诗歌。

20 世纪 70 年代在黄明仲的记忆中充满了狂热与激情。这位痴迷诗歌的青年，虽然也是初学写诗不久，但他不仅自己爱读、爱写，还爱带着人们一起写。大集体时代的生产队干得热火朝天，黄明仲一边劳动一边编出一些顺口溜给大家加油鼓劲。押韵又顺口的句子逗得人笑开了怀，不少人有样学样，土地上的劳动号子逐渐被顺口溜所取代。1975年，黄明仲索性在村里成立了双虹文学会。这个文学会几乎没有门槛，为村里的人们敞开大门，能写诗歌的当然热烈欢迎，能写顺口溜、写民歌的也完全没有问题。而汪芳权就是第一批加入文学社的人之一。

把诗歌专栏开在自己家的墙上；用竹木编建诗歌展示墙放在大队空地上；用钢板刻字、滚筒油印印刷，编印《双虹诗歌选集》……密密麻麻的文字在双虹村四处可见，几乎一个转身就能与一首顺口溜、民歌或诗词不期而遇。不仅如此，开在田间地头的赛诗会也让人热情高涨，就连生产大队的简报也是用诗歌写成。诗歌如熊熊火焰将双虹村点燃，让这里的村民从此变得有些不同。

到了20世纪80年代，黄明仲与汪芳权等老朋友挥手告别，去往公社工作。这次别离虽不是黄明仲和汪芳权等人写诗之路的终点，但此后两人走上了不同的道路。

依旧保持着对诗歌的狂热，黄明仲在公社成立了清溪文学社，此后又创立清溪文学报。或许感觉到报刊的受众面有一定限制，黄明仲不再满足于书面上的呈现，他用扁担挑着音响走村串寨，播放四处搜罗来的诗歌朗诵，"挑担广播"的故事便在一时间被广为传颂。

黄明仲几乎是走到哪儿就把诗歌带到哪儿，1992年，他当上当地文化站站长，创办了卧龙文学社，在3个公社中吸纳了大量成员，其中有教师，也有学生，更多的是当地农民。1995年，他调到绥阳县广播台，又办了《诗乡报》。此后，黄明仲所从事的工作都与文化宣传有关，先后进入县委宣传部任外宣中心副主任、遵义日报绥阳记者站任站长等。无论走到哪里，他的笔都从未停下，陆续在2004年创办《中国诗乡》杂志，2006年领办了绥阳县诗歌学会等……

话分两头。在黄明仲于诗歌创作和宣传的道路上不断向前狂奔时，双虹村的"田间诗人"依旧不断涌现，但并非人人都能以此为业，而是各自走上截然不同的人生道路。

当初第一批加入双虹文学社的汪芳权，在改革开放后便离开教师岗位，跟人学经商。不过，汪芳权的命运比较坎坷，投资煤矿遭遇失败，欠下不少债务，最终只能踏上外出打工的道路。从身强力壮的青壮年时期，到头发花白逐渐步入老年，汪芳权在后来漫长的40年里，除了在家照顾妻子，其余大部分时间都随着工程队四处为家。每天清晨醒来便上工地，夜幕降临才拖着疲惫的身躯回到简陋的宿舍。繁重的体力劳动让他的大脑神经也感到疲惫，每天除了干活之外，唯一渴望的事情就是吃饱饭然后躺下。那些在田间吟诗作对的快乐，早已成为泛黄的昨日诗篇。如今，能在夜深人静时从脑海深处挖出诗来品味一番，也得等到工地上没那么忙的时候，想要重现那种快乐，对汪芳权来说如海底捞月。

但也有人已经把写诗当成了习惯。

黄明成和黄明华，一对年龄相差 10 多岁的兄弟，先后外出打工，至今仍把生活寄托在外地工厂的流水线上。长居异乡，对老家的思念必然恣意滋长，两兄弟便都把思念存放进了文字里。从 20 世纪 80 年代至今，黄明成与黄明华两人的创作几乎没有断过，还都加入了绥阳县诗歌学会……

许多年过去，双虹村早已变为凤凰村。当年一起写诗、读诗、赛诗的热烈场景，虽然早已作为美好记忆被封存进人们的心里，却也影响了一代又一代凤凰村人，不断有农民诗人从这里走出，《人民日报》《诗刊》《星星》《诗歌月刊》《贵州日报》……各级报刊中，断断续续能读到来自凤凰村村民的诗歌。到了 2017 年，已退休 3 年的黄明仲，在一次与村民的闲聊中做了一个决定，这个决定又在凤凰村掀起一场新的浪潮。

他决定：捐出自己的老屋基的那片土地。

很快，黄明仲的老屋基变成了凤凰村的文化广场。这个广场与许多农村文化广场最大的不同，在于那些围墙。围墙上没有农村常见的墙画，而是密密麻麻的诗篇。这些都选自凤凰村村民过去多年来创作的诗歌，几十首诗歌的作者几乎没有重复。

文化广场建成后，凤凰村的热闹很快便回来了。2018 年春天，仍在担任绥阳县文联副主席、绥阳县诗歌学会会长的黄明仲，迎来了凤凰村久违的诗歌盛事——由绥阳县委宣传部、县文联和郑场镇人民政府主办的农民赛诗会，交由凤凰村承办。村里的农民诗人们站在舞台上朗诵着自己的作品，从明山、双虹、五涯等片区赶来的 300 多位村民，跃跃欲试，有不少人激动地登上台去也表现了一把。

这次赛诗会再度点燃了凤凰村人对诗歌的热情。此后，双龙村田间农民读诗会、双虹田间群众读诗会等活动也陆续展开，那些从田间地头中生长出来的诗歌，在舞台上被一遍遍咀嚼、品味。

黄明仲没有想到，40 多年匆匆流过，最初的激情竟然又回到了同一个地方。他像年轻时一样狂热，带着人们去采风，组织大家写诗，同时，还成立了一个新的诗社——凤凰诗社。不少村里人纷纷成为社员,在外打工的黄明成、黄明华两兄弟也加入进来,凤凰诗社队伍越发壮大。到了2019年9月,凤凰村终于迎来了一个特殊的荣誉——首个"绥阳县诗歌村"。

在黄明仲2014年退休时,常年在外做土建工程的汪芳权,为了照顾因病卧床的妻子也回到村中。妻子卧病的3年里,汪芳权一步也未曾离开,每天至少6次换洗、喂饭、按摩,直至妻子离开人世。凤凰村人人都知道汪芳权与青梅竹马的妻子情感深厚,无一不受此深情感动。作为汪芳权的老朋友,黄明仲自然也都看在眼里。汪芳权的妻子去世后,凤凰村的作诗氛围正在复苏,黄明仲不止一次地开解汪芳权,拉着他一起写诗,或许如此才能给这位伤心人找一个寄托。

汪芳权又开始写诗了,从2017年到现在,陆陆续续写了几十首,其中有不少发表在《中国诗乡》等刊物中。2021年,已经70多岁的他不再外出打工,两个儿子在村里开了一间小卖部,由他负责照看。每天,汪芳权独自守在一方小店里,有客人时便卖卖东西,无人光顾时,则静下心来,作一首诗。

黄明仲虽已退休多年,但依旧闲不下来。2020年被选为双虹村的党支部书记,他想把"诗歌村"打造成一个旅游地,村里已经开了几间民宿,但在他看来,这些还不足以扩大"诗歌村"的名号,他还有不少新想法,例如打造诗歌田间博物馆,把过去这40多年的故事讲给所有人听。

黄明成、黄明华两兄弟依旧在外打工,他们总会把思念写进诗里。在凤凰村村委会,黄明华于2020年所作的《家乡的方向》被贴在墙上:

家乡的方向

是记忆深处最美的凝望
当自己融入那片故土
太多的情感流露
太多的情景再现
太多的伤感弥漫
太多的喜悦徜徉
当自己不得不起身挥别
在心灵的故土

卸下了多年的倦意

托上了自己满满的梦想与期望

如今

家乡的一个个村庄

变成了一个个美丽的画廊

特别是那变成诗歌文化的凤凰

已传遍了全国城乡

更加神采飞扬

我已停止流浪的步伐

今日收拾行囊

明日起航

回乡，回乡……

李发杰与他的"茶宝宝"

绥阳县大溪村

汽车行驶在尖峰岭的半山腰上。路过一间崭新的小平房时，李发杰问坐在后排的女儿："霞，你看这个小房子，知不知道是做什么用的？"

这个地方前不着村后不着店，就这么孤零零一座小房子，雪白的墙壁应该是刚被粉刷过，墙面上左右各一个小窗户，开在快靠近屋顶的位置，远看像两只大眼睛。走近了我们才发现，这屋子中间立着一个洗手台，墙上贴了一面镜子。

"原来是厕所啊？"李其霞在心中默默否定了好几种猜想，可眼前揭晓的答案竟如此平平无奇，不免让她有些失望。坐在副驾驶的李发杰，此时并没有看到女儿的神情，带着几分得意的口吻说："我修的。"

"这山上你能看到的所有东西都是我修的，路也是。"李发杰索性表露出所有的骄傲。此后，在这座山上每路过一间小平房，他都会特意提醒坐在后排的女儿："霞，你看，我在山上修的厕所。"

李其霞被逗乐了，打断道："厕所有啥子好看的？我们要看你种的茶！"

越往上行驶，窗外的景象越发变得朦胧起来。路两旁尚能看见幼小的茶苗按统一间隔排列在土里，更远些的地方则全都被浓雾吞没。这种茶与我过去所见的茶树有些不太一样，它们顶部的叶子并非青翠的颜色，而是泛着金黄，在这浓雾之中显得十分抢眼。

"从这里往上，我种的都是黄金芽，刚才路过的那些是黄金叶，品质不同，价格也不一样。"李发杰说这话时，眼睛始终盯着那片幼嫩的茶苗。这是他今年才种下的，大约有600多亩，加上去年种植的500多亩，李发杰竟已在尖峰岭上种下了1000多亩茶树。

水泥路还未修通至山顶，驾驶员轻车熟路地驾着车辆顺着车辙向上攀爬。到了一片较为宽阔的平地时，李发杰示意停车，剩下的路他打算走路上去。身形清瘦的他很敏捷，跳出那辆越野车后便快步向前面的缓坡走去，光亮的皮鞋很快沾满泥土，还溅了一些到裤腿上。李其霞心里一惊，赶紧跳下车追了上去，驾驶员也紧跟其后，提议把车开到山顶上去。李发杰摆了摆手，坚定地否决了这个提议，边走边说："走一走嘛，没好远得！"

李其霞免不了又唠叨起父亲来："我们就说不让你做这个，你偏偏要做，钱也花了不少，人也累得不行。我们这些子女你都不管了，山上的茶才是你的宝宝。"

女儿撒娇式的责怪让李发杰的脸上绽出了一朵花："你们都长大成人了嘛，自己管自己。现在这些茶才是我的宝宝。"

李其霞的唠叨完全可以理解，毕竟，李发杰已经72岁了。在他没有回到老家蒲场镇大溪村盖新房之前，李发杰的几个子女从未想过，干了一辈子建筑工程的父亲，竟会在古稀之年决定上山种茶。

李发杰曾是绥阳县第三建筑工程有限公司的董事长，产业还涉及幼儿园、酒店等。辛苦了大半辈子的他，竟在自己70岁时又在事业版图上添了一项——农业。

一个到了颐养天年且并无生活压力的老人，决定从零开始从事一门过去没有接触过的行业，更何况，这个行业投资巨大、见效缓慢，还十分辛苦，这件事无论放在谁身上都让人无法理解。李发杰的决定当然引来了儿女们强烈的反对，可他仍旧执拗地决定要干。他不仅要干，还要儿女们都无条件支持他。在大学当老师的女儿李其霞，认识高校里的茶叶专家，能解决不少技术问题；小儿子李其浩是公司现在的"掌门人"，资金和施工都能交给他来办。尽管嘴上反对，几个儿女也只能由着他。

李发杰健步如飞走在最前面，终于在靠近尖峰岭山顶的位置停了下来。他掏出手机，熟练地找到那个测海拔高度的 app，上面显示了一个数字：1185。

"这个不准，这里的海拔应该是 1200 米。"他瘪了瘪嘴，对这 15 米的误差有些不太满意。

"这不还没到最顶端的位置吗？山尖尖那里就有 1200 米了。"在旁人哄小孩一般的安慰中，他抬起头来凝视着那个尖尖的山顶，原本奋拉的嘴角再次上扬，轻轻点头，自言自语般说道："嗯，那里就有 1200 米了。"

路的尽头是悬崖，云雾填满整个山谷，看不见悬崖下的样子。山顶上的茶苗生长似乎更加缓慢，但枝叶看起来非常健康，这显然是李发杰最期待看到的景象。他相信海拔高的地方能种出好茶，因为云雾、雨露和阳光对于茶的生长都不可或缺。站在尖峰岭的顶端，他感叹道："以前这里全是荒坡，没有人管。"

其实，李发杰做出种茶这个决定之前也犹豫了很久。早在好几年前，蒲场镇和大溪村的干部们就频繁与他联系。他在公司时，干部们就去公司登门拜访；县里开会时，干部们一旦与他见面，也一定会抓住他不放。终于在 2020 年的新年到来时，李发杰和妻子在老家盖的新房落成，老两口回家过年，蒲场镇和大溪村的干部们便也闻讯赶来。他们每次聊天的主题只有一个：请李发杰回老家种黄金叶。

大溪村种植黄金叶无须再做研判，早在好几年前，村里已有人从浙江一带引进了这国内唯一的黄色变异优化的茶叶新品种，在村里的另一片山上进行小规模种植。对于大溪村而言，种植技术不是最难攻克的问题，缺乏大规模发展的资金才是，而从大溪村走出来的企业家李发杰显然是不二人选。

李发杰拒绝了不知多少次，他深知自己年事已高，辛苦了大半辈子早已有了隐退的想法。可干部们竟孜孜不倦地动员了两三年，这种诚意必然让人动容。与此同时，房地产行业陷入低迷，绥阳县内一些小房开商陆续关门歇业，虽然绥阳县第三建筑工程有限公司根基深厚，但这压抑的市场氛围仍让李发杰感受到强烈的紧迫，他决定为子孙后代再拼一次。

就在回老家过年的那个冬天，李发杰终于在蒲场镇和大溪村的干部面前点了头，贵州诗乡博雅农业旅游开发有限公司随即成立。

当李发杰决定将茶产业以及由此衍生出的茶旅综合体构想纳入公司未来规划之后，儿子李其浩便接二连三收到各种批复资金的申请和各式各样的合同。流转土地、租赁挖掘机、开荒工人的工资、除草工人的劳务……今天，茶山旁要修一个鱼塘，批钱；明天，山里发掘出的山洞要修栈道，批钱。在公司里忙得不可开交的李其浩，哪里抽得出时间回村里看看茶山的情况？只能一一照做。

2020年，茶苗刚种下不久，一场暴雨突然降临。大雨狠狠地砸在山坡上，汇成洪水冲入鱼塘，不仅卷走了200多亩茶苗，也卷走了1万多公斤的鱼，就连李发杰种的3亩多即将收割的水稻，也未能幸免于难。李发杰看着洪水之后满目疮痍的尖峰岭，心脏仿佛被狠狠地捏紧。他躲在屋里哪里也不去，只是将刚成立不久的四衙寨诗社收集的诗稿拿来细细修改。如此多日，等到雨过天晴时，李发杰似乎也终于收拾好了心情，赶在深秋到来之时，补上了那片被冲毁的茶苗。

这样的灾难，在2021年又重复了一遍。除此之外，旱灾、虫灾也接二连三地折磨着这位古稀老人，让原本就困难重重的种茶之路更是布满荆棘。可曾经凭一己之力将建筑队发展成老牌公司的李发杰哪是轻易认输的人？茶苗被毁，就补种茶苗；染上病虫害，就找专家帮忙防治。跌跌撞撞走过一年多，部分茶树已在尖峰岭扎下了根。

2021年春天，一些茶树已经生出嫩叶。按常理来说，茶树种植最快3年才能开始少量采摘。但见到经历重重灾难终于顽强存活的茶树生出新芽，李发杰迫不及待地想要尝尝这一年的成果。这一年多里，公司已经注册了"尖峰顶"的商标，也设计了不同的产品包装。李发杰让人小心翼翼地在茶山上精挑细选了部分新芽，炒制出50公斤左右的黄金叶，包装完成后，待有客人到来时便泡上一杯，期待着人们的点评。

这位72岁的老人似乎并未感到疲惫。从尖峰岭的山顶上往下走时，他提议驾驶员从另一条路开回去，他要带我们去看看那个山洞。越野车一路往下，雾气渐渐变得稀薄，视线逐渐开阔，眼前越发清朗起来。到了半山腰，茶树显然苗壮许多，枝叶争先恐后地指向天空，顶部的黄色叶子连成一片金灿灿的线条。

挖掘机挡在前方，正在卖力地工作。挖掘机旁有一条陡峭的石阶，一直延伸到一个拱门中，拱门上有两个红色大字"营屯"，山洞就在拱门后。李发杰提议上去看看，拦不住父亲的李其霞赌气说："不去了嘛，你不嫌累啊？要去你们自己去。"见父亲扭头就往上走，她叹了口气，三步并作两步地跟了上去。

山洞口的大石头上竟刻了几首诗。一首名为《题有缘洞》，作者就是李发杰，石刻上的墨迹非常新鲜，显然才刻上去不久。这是李发杰执意要开发成旅游景点的山洞，洞内有漂亮的钟乳石，直通到山的另一头。但目前，因种种问题未能推进山洞的开发，不过李发杰相当乐观，"开发是早晚的事。"他说。

李发杰写诗算是家族熏陶，他的哥哥是贵州著名诗人李发模，而他虽然一直从事建筑行业，却仍对诗歌尤为钟爱。早在2015年，他在公司成立了博雅诗社，2019年回到老家大溪村四衙寨，便也迅速组织了一批家乡的诗歌爱好者，成立起了四衙寨诗社。在老家种茶的这几年，李发杰白天在茶山上奔忙，夜里便坐在房间里编排内部刊物《博雅诗苑》、撰写每周培训的教案，直到深夜十一二点才恋恋不舍地躺上床去。

或许诗歌赋予了李发杰浪漫的性格，他与务实的妻子形成了强烈反差。回到半山腰上的茶田旁时，几簇黄色小花争相盛放。李发杰指着那花，愤愤地向女儿"告状"："这些都是以前种在房子外面的，结果全被你妈挖出来，种她的萝卜白菜。我就把它们全都搬到山上来了。"

终于，在山上走走停停一个多小时后，我们回到了李发杰的家中。几只花色各异的野猫聚在院子里，见有人进来便像弹簧一样弹向四处逃散开去。李其霞悄悄告诉我，这些野猫也是父亲养的，母亲每次赶它们走，父亲总会柔声劝说："都是些小生命，随它们去嘛。"

李发杰帮我在茶杯里续上热水，似乎想起了什么，自问自答道："你刚才问我为什么70岁了还要回来种茶，我是想为后代多留一条路，也是想为了这生养我的家乡做点事。"在茶山开荒时，李发杰的用工量每天超80人，每人每天的报酬是80元钱。由于是按照有机标准进行种植，这1000多亩茶山的杂草都靠人工除草，每年大约除6次，每次也需要五六十个工人。到了采收季节，那更是场面壮观。这些都为大溪村的村民们带来了不少工作机会。李发杰说这番话时，坐在一旁的李其霞看起来若有所思。

李发杰又提起山上那些崭新的厕所。"霞，你晓不晓得那些厕所是给哪个用的？"他望向女儿，随即又自己回答道，"那是给工人们用的。当然，以后发展成茶绿一体的旅游景区，肯定也用得上，但现在是给工人们用的。"在农村，大多数时候在山上劳作的人们，内急只能找个隐蔽的地方解决，李发杰对此十分在意。"厕所或许能代表一种文明。而无论任何人，都是有尊严的。"他端起茶杯，轻轻啜了一口杯中的黄金芽。

离开大溪村时，李其霞沉默良久，终于开口道："我以前不能理解父亲为什么要回来种茶，今天似乎懂了。"天色很快暗了下来，茶山也恢复到宁静之中，李发杰清瘦的模样仍在我脑海中挥之不去。他似乎还站在云雾笼罩的尖峰岭上，这里曾经是一片荒山，如今已有无数"茶宝宝"在此扎下了根。"尖峰岭的土地会感谢我的吧？我让他们又恢复了活力。"那时，李发杰背对着我，脸上应该是带着满足的微笑。

"四在农家"与周修平的顺口溜

余庆县罗家坡

白泥镇最热闹的赶场天，叫卖声被一阵更为喧闹的欢呼声打断。20多名年轻人把自行车蹬得飞快，在熙熙攘攘的人群中间穿梭自如，骑到空旷的地方时又自然而然地排出集中的队形。

"是罗家坡的'飞虎队'来了。"集市上的人早已见怪不怪，但也有人无论见过多少次，还是不由自主地望向那20多辆崭新锃亮的自行车，脸上流露出羡慕的神色。这是20世纪80年代初期，"三转一响"（自行车、缝纫机、手表和收音机）在余庆县这样的偏远小县城还是富裕的标志，在白泥镇这样的小乡镇来说，自行车更是稀罕物。

"车队"领头的人看起来其貌不扬，身材也不算高大，但气宇轩昂，看起来有些威望。他带着那群年轻人在集市上采购了一圈，又奋力蹬着自行车向罗家坡的方向远去。

年轻人名叫周修平，不到 30 岁，是罗家坡村民组组长。周修平小学毕业后，由于种种情况，既不能继续读书，也不能去当兵。但是，他爱看书，尤其喜欢研究农业，从种植到养殖，涉猎甚广。从书上自学了知识，他也毫无保留地教给其他村民，因此受到认可，被推选为村民组组长。周修平对果树尤其钟爱，而他的自行车也是从果树上"摘"下来的。

罗家坡曾是白泥镇满溪村最贫穷的村民组之一。山高路远，交通闭塞，有一首顺口溜足以说明当地的窘境：

有女不嫁罗家坡，爬上山顶打哆嗦。
满山遍地干沙地，井水不够一家喝。
种的庄稼如蒿草，养的牲畜死得多。
家家穷得叮当响，挑柴担草卖得多。

在过去，罗家坡唯一能拿得出手的大概只有两样东西：一是桐油，二是满溪红橘。但这些都是很久以前的事了。到了 20 世纪 70 年代后期，桐油市场早已萎靡不振，而人们也整日忙于挣工分，无心经营满溪红橘。唯独周修平对红橘喜欢得不行，在自留地上种了一些。

到了 1980 年左右，这些常年备受呵护的橘树给周修平带来了一个不大不小的惊喜。

一个平常的日子里，罗家坡来了几位干部模样的人。他们找到周修平表明来意，中国农科院柑橘研究所在重庆办了一个培训班，余庆县打算在每个乡镇都找一个农民代表去学习。周修平带着一行人来到自己的土地上，规模不大的柑橘果林生长正旺，翠绿的树叶在阳光下泛着油润的光泽，让这几名干部的眼睛都亮了几分。

"你这果树种得不错，学过？"干部问道。

"没有正经学过，都是从书上看来的，我爱种果树。"周修平得到夸奖还有些不好意思，谦虚道。

"就你了！放心去学，学费 90 元钱我们给你报销。"几名干部完成了任务，心中松了口气，脸色也明朗起来。而周修平，则意外得到了一次外出学习的机会。

周修平兴奋地去往重庆，3 个月后，把温州蜜柑这个新品种带回了罗家坡。

那时，这一品种在整个贵州省内尚未普及，而周修平便抢占了这一先机，不仅销售果实，也卖树苗、对外推广温州蜜柑种植，很快成了当地第一个"万元户"。罗家坡的干沙坡上逐渐长满了柑橘树，像周修平一样的"万元户"也多了起来，那些崭新锃亮的自行车自然也停在了家门口。

罗家坡的"翻身仗"打得漂亮，别说满溪村，就连白泥镇的人都羡慕不已。不过，并不是所有的声音都带着善意。有时，周修平骑着自行车去村里，总会有人用古怪的语气感叹："你们罗家坡还是不如我们坝上好，你这自行车，骑得下来，蹬不上去。"

这冷嘲热讽的声音隐隐刺痛了周修平。对他来说，罗家坡的窘境不仅仅是没有一条完整的路，那里水、电、讯都不通，犹如一个与世隔绝的世界。

周修平决定，带着村民们一起修路。

罗家坡有 20 多户居民，随着钱袋子越来越鼓，人们的内心对水、电、路、讯的渴望越浓。很快，一条泥巴路在大家的齐心协力之下慢慢成形，但周修平并未就此打住。每到农闲的时候，他便往镇上或县里跑，厚着脸皮到处找项目。此后，罗家坡每户人家凑 15 元钱，在村里修了 15 个水井，解决了用水问题；借助县里的项目拉来电线，让罗家坡的夜晚点亮明灯；村民们在周修平的动员下，集体装了一部程控电话，打通了村里与外界的联系……所有问题在 4 年中全部解决。

后来，人们再聊起那 4 年的飞速变化时，总会赞叹周修平是个为村民着想的好组长。可周修平总会解释："我的初衷一点儿也不崇高，只不过是想让自己过上更好的生活罢了。"这不是谦虚的说法。周修平一直都在追求更好的生活品质，在罗家坡，第一个骑上自行车的人是他，第一个骑着摩托车回村里的人也是他，就连去县里开人大代表会议，打听到供销社来了几部彩电，他也迫不及待地抢购了一台。"我就喜欢新的东西，有时甚至不顾一切地想要去争取。但光是我一个人得到怎么行？你在村里想放一回高音喇叭，别人可能都会嫌吵，但要是大家都有了音响，不是就都习惯了吗？"这是他的人生哲理。

如周修平所愿，在后来的 10 多年里，罗家坡的人们渐渐都有了自行车、电视机、摩托车和高音喇叭。

20 世纪 90 年代末的一个夏夜。新漆的房子上挂着小彩灯，小院坝里流淌着轻音乐，人们围坐在一起猜字谜、唱花灯，花灯调的内容是村民们自己编的，都是果蔬生产管理的经验。罗家坡的夜晚几乎都如此热闹，但这一天不太一样，多了好几位从县里来的客人。

县里的领导组织下村考察开展常规检查，却意外遇上了罗家坡浪漫的夜晚。几位县领导被这祥和的氛围打动，与周修平聊起了这些年的变化。说起罗家坡这些年的发展思路，擅于编顺口溜的他说道："罗家坡现在可以说是，山顶松柏杉，田里稻菜瓜，山腰经果林，院里猪鸡鸭。"

几句顺口溜大概描绘出了新农村的雏形。几位县领导回去后，再度把罗家坡的情况进行了分析和总结，最终在 2001 年提出："富在农家，学在农家，乐在农家，美在农家。"4 句话，16 个字，罗家坡的发展逻辑被高度概括，而从县里到市里，层层对外推广开来，"四在农家·美丽乡村"的建设理念竟响彻全国。

作为"四在农家"的发源地，罗家坡的名声自然也跟着响亮起来，周修平的家里也突然热闹起来。从中央级媒体到地方媒体，从全国各省市，到省内各县市区，前来采访、观摩的人接踵而至。

面对突如其来的成名，周修平反倒冷静下来。在一次"四在农家"的现场观摩会上，县领导问周修平，现在的罗家坡已经大变样，接下来的发展你有什么打算？

周修平想了想，一套顺口溜又脱口而出：

要得今后发展大，村民迁居到坡下。
公路沿线搞建设，与时俱进来规划。
腾出山去种果蔬，才好实现机械化。
宏伟蓝图心中装，康庄大道永远在脚下。

搬迁，是周修平的真实想法。虽然罗家坡已经有了翻天覆地的变化，但地理位置受限，想有更大的发展难过登天，唯一的办法就是，把土地腾出来，让人们搬去更方便的地方。

那是 2003 年，整村搬迁的案例并不常见。令周修平有些意外的是，自己大胆提出的想法竟然得到了县领导的同意。很快，县里规划出一片山下靠近水库的地方作为罗家坡村民的新居，浩浩荡荡的整体搬迁就此拉开帷幕……

2 年后，罗家坡 20 多户人基本完成搬迁，只有一户村民留在山上守着土地。留下的空屋，一部分被拆除用于修公路，另一部分则修整一新，作为历史的留影。

而空出来的土地，则如周修平设想的一样，全部种满果蔬。

如今，周修平早已开始安享退休生活。他的儿女都住进镇上或县城，而他拒绝离开罗家坡，这里有他呵护多年的温州蜜柑，还有大半生珍贵的回忆。

在公路边上，周修平和妻子经营着一间卖生活用品的小店，小店背后则是老两口居住的小屋。小屋里收藏着他这几十年来获得的各类奖状、奖章，用大盒子装着，加起来重达数公斤。中国科学技术部颁发的"星火科技致富能人"称号、中国科学技术协会颁发的"全国农村科普工作先进工作者"称号、农业部（现农业农村部）颁发的"科教兴农创业标兵"称号……这些荣誉记录了周修平的大半生。

"一万年太久，只争朝夕。我就喜欢享受所有新的东西，想到什么就一定要马上去做。"喜欢"享受"的周修平年过七旬还是闲不下来，春日午后的阳光下，他又兴致勃勃地钻进了柑橘园。

方竹河畔的等待

余庆县哨溪村

山坡在烈日下被烤得边缘模糊，像沸腾的水面一般。山上的桃子早被摘光了。今年市场低迷，桃子没能卖出个好价钱。还好哨溪村的人们没有孤注一掷，这两年种的脆红李已经开始挂果，就等着 10 多天后靠这批新鲜的果子"扳本"了。

刘位连的防晒帽包住了大半张脸，宽大的帽檐为她带来一小片阴凉，全套迷彩服从脖子包裹到脚踝，唯一露出皮肤的部分只有那双粗糙而黝黑的双手。她花了几乎一上午的时间把李子树都打理了一遍，太阳烤得她浑身上下冒出一层汗珠，宽大的衣服一贴上皮肤就像被粘住了似的，汗水还顺着裤管淌下去，弄得她小腿有些发痒。

刘位连是白泥镇另一个村的人，在来哨溪村之前，她在其他乡镇一直从事水果产业。直到10年前，听说白泥镇哨溪村有一片老茶林几近荒废，村里有意转让土地，刘位连便毫不犹豫地拉上弟媳喻登荣一起来到这里。

刚到哨溪村时，这山坡上的景象让人讶异。结不出新芽的老茶树在大家眼里失去了管理的价值，连带着这片山坡一起被人们放弃，漫山遍野的茶树与杂草、灌木混在一起野蛮生长，连一条上山的路都没有。"难怪愿意以这么低的价格转让土地。"刘位连总算明白过来。不过，荒山对她而言并不算是难以解决的问题，只是需要再投入一些钱来修路、开荒。近一年后，200多亩的坡地被开垦一新，通向林地的土路也修了起来，哨溪村的村民们看着眼馋，却已经没有后悔的余地了。

果林的起点在半山腰，刘位连和喻登荣在那里修了一栋简单而结实的平房，从那以后便住在山上。一晃10年过去，桃树早已进入丰产期，产量相对稳定下来。而近两年换种的脆红李也快到了丰收的季节，红艳艳的果子密集地挂在枝头，随时等着进入市场。

在一个平常的午后，吃过午饭本想休息一会儿，可几位突然来访的客人，又让刘位连不得不再次"全副武装"地顶着烈日爬上坡去。

来的人里有一个熟面孔，名叫宋永强，他的四川口音和余庆口音有些相似，但也能听出明显的区别。宋永强皮肤黝黑、身体健硕，曾经在新疆当了20多年的兵，退伍后为了迁就在余庆县委党校工作的妻子，便选择自主择业来到余庆，被聘入余庆交投旅游开发有限责任公司工作，负责余庆坊·河滨景区的管理和运营。

宋永强带着几个年轻人敲响了刘位连的家门，他们是来谈合作的。在此之前，他们有过一次顺利的合作，这次，宋永强和旅行社的负责人也打算依葫芦画瓢，想拿下山坡里的一片李树林，10多天后就能带着游客继续体验采摘的乐趣。但刘位连有些犹豫，和她一起经营果园的弟媳喻登荣也不太同意。

对刘位连和喻登荣来说，搞采摘体验确实能为自己的水果生意锦上添花，但也会给她们俩带来不小的负担。眼下，李树林完全连成一片，很难划出独立的一块让游客体验采摘，刘位连和喻登荣正为此事犹豫不决。

宋永强知道她俩的顾虑，也没有迫切地催促她们下决定，带着旅行社的人看了一圈之后，便回到山下的桃李居。

桃李居是民宿，用当地村民闲置的老木屋改造的。老屋的基本构造得以保留，只是将外部重新漆了一遍，屋子里装上空调，堂屋改造成吃饭喝茶的地方，卧室则配置了所有民宿该有的设施。而在屋子外面，还有一个小庭院，一张竹质长桌被花丛围绕，是个乘凉的好地方。在哨溪村，这样的民宿共有9栋，房主每年都能收到一定租金或分红。

宋永强在堂屋坐下，用手抹了一把脸上的汗水，抓起冰冻过的矿泉水，一口气灌了大半瓶。"现在河滨景区的游玩项目还比较单一，必须多想点方法把游客留下来。"终于能歇口气的宋永强说。

哨溪村现在叫作"余庆坊·河滨景区"，2018年5月正式对外营业，当年8月，宋永强就调到这里负责管理和运营了。在此之前，他和哨溪村没有任何交集，关于这个乡村过去的故事，也只是听何国值等老人说的。

何国值一直在村里当村干部，年轻时当了好几年的会计，后来也当了两届村主任。何国值厨艺不错，而方竹河又盛产鱼类，鱼火锅便成了何国值的拿手好菜。早在20年前，何国值还是会计时，每逢有领导下乡检查，他总会露上两手。蜂窝煤炉上架一口大锅，调好味的鱼汤包裹着鱼肉在锅里咕嘟咕嘟地冒着泡。大家大快朵颐的同时，也有些顾虑："老何，你不能长期这么请我们吃饭啊，还是得收点钱哦。"

何国值不善言辞，一听领导让他收钱，更有些诚惶诚恐。如此被反复劝说多次，直至来客们说道："不收钱下次便不来了！"何国值才象征性地开起了自己的馆子。说是馆子，实际上也就是一个蜂窝煤炉、一口锅，再加上几根板凳。大家还是围坐一圈，大快朵颐，只是不让何国值再吃亏。

过去，这个距离县城只有7公里的小山村，虽然有山有水、环境宜人，但偏偏没有通向外界的公路，以至被"封锁"在这大山之中。村里人大多只能务农或者外出打工，日子和大多数在温饱线挣扎的农村人并无差别。少有外人进入，加上与外界缺乏沟通，让人们对这个小村庄的环境并不上心，蜿蜒流过的方竹河竟成了当地村民倾倒生活垃圾的"天然垃圾池"。臭气熏天，污水横流，村里人一手造成了这糟糕的生活环境，所以，即便时常抱怨，却也好像都习以为常了。

这样一个交通不便，环境也不可能吸引游客的小山村，当然不是开农家乐的好地方。在10多年的时间里，整个哨溪村只有何国值一家鱼馆，没有人会动跟风开店的心思。而何国值本人，一开始也并未将这个小鱼馆当作自己的事业，有接待工作的时候下厨露两手，没有客人时，便在村里处理那些大大小小的事。

变化是在2016年出现的。哨溪村党支部在脱贫攻坚的浪潮之下，也想寻求突破，目光便锁定在那条污臭的河水中，决定走乡村旅游的路子。2年后，污水治理后的方竹河恢复清澈，散落在山间的农户搬到岸边，统一修建的特色民居被用于开办农家乐、客栈……余庆坊·河滨景区正式营业。何国值把这些变化看在眼里，他不爱流露内心的想法，只是在游客越来越多的时候，默默扩大了自己鱼馆的规模。

何国值看到了哨溪村的过去，经历了这个村的现在，而了解了这些故事的宋永强则要参与到哨溪村的未来。

宋永强从未从事过旅游相关的工作，如今来到哨溪村，可以说是和这个小村庄一起从零开始。20多年的军旅生涯塑造了宋永强雷厉风行的性格。他刚到哨溪村不久，便连续不断地外出考察。走访了许多地方，宋永强的思路也逐渐清晰起来。"旅游这种事，就是要亲身感受才行。"他想到游客资源最多的旅行社，便打定主意把贵州范围内成规模的旅行社先拉拢过来。

从2018年底开始，宋永强便频繁地前往全省各地，除了毕节市尚未涉足，其他8个市州几乎都遍布了他的足迹。在东奔西走之间，宋永强与10余家旅行社达成合作协议，有的旅行社设计了专门的旅游线路，有的旅行社则将哨溪村作为某条热门线路的中转站，带着游客在这山清水秀的地方住上一晚，品尝一顿富有当地特色的鱼火锅。

尽管如此，景区的经营收入也仅够维持人员工资等基本费用，短短2年的发展，又遇上新冠肺炎疫情，想要实现盈利，显然是天方夜谭。不过，宋永强倒也不慌，他早已做了不少发展方案：康养度假游、儿童水上乐园、溶洞观光……"守着这绿水青山，还怕找不到盈利的方法吗？"宋永强信心十足。

大约一周后，一个来自上海的旅行团就要抵达哨溪村，有10多人。眼下，宋永强必须尽快说动刘位连，把脆红李采摘体验的项目拿下。而刘位连，则正专注于管理好那些李树林，除了游客采摘体验，她还要把这些李子卖个好价钱。何国值也在等着游客的到来。自从宋永强开始管理景区后，他总会向游客推荐哨溪村村民们开的农家乐，何国值鱼馆的生意也越来越好，早在去年底，他就买来10多张崭新的餐桌，足够接待更多的游客。

大家都做好了准备，大家都在等待，等待一波又一波游客浪潮席卷这个静谧的小山村。

制茶大师唐诗江的茶叶人生

湄潭县湄江镇

唐诗江伸出双手，手掌通红，干燥皲裂，布满老茧，其中有几根手指竟然没有指纹。

他面前的灶台上嵌着一口大铁锅，锅很深，呈半圆形，泛着金属的光泽。锅底被火舌舔得逐渐发烫，唐诗江将手掌靠近锅底探了探，温度刚好。一团茶叶跌入锅底，发出细微的"哔啵"声，只有屏住气息才能听见。跟着这不易察觉的节奏，唐诗江的双手开始忙碌，抖散、拉直、拓平……叶片在他这双干燥的大手中变得服从、逐渐失掉水分的同时，也慢慢拉直、变扁，墨绿中透出油亮的光泽。就算再怎么仔细观察，短时间内也无法从这行云流水的动作中抓住要领，这是唐诗江修炼了几十年的"武功秘籍"，只可意会，不可言传。

手工制作湄潭翠芽有 6 大工艺、21 道工序，其中当然有理论可循，但真正的技巧全都在手上。这门手艺完全体现了"师傅领进门，修行在个人"的奥义，没有任何捷径可走，即便是被冠以"中国制茶大师"，并在 2021 年 3 月被列入贵州省第五批省级非物质文化遗产传承人名单的唐诗江，他的进阶之路也是从长达三年的烧火工开始的。

湄潭县产茶历史悠久，如今已是全国重点第二产茶县、贵州茶产业第一县。但在唐诗江还是个孩子时，湄潭县只有一个名为永兴制茶厂的国营茶厂，而当地的茶叶也只在永兴连成一片茶海。

唐诗江在家中排行老四，是个苦孩子，7 岁时就背着竹篓跟着大人们去采茶。他出生在复兴镇两路口村，距离永兴茶海约 14 公里。每到清明前后，年幼的唐诗江在凌晨三四点就被母亲摇醒，睡眼惺忪地背上竹篓，跟在母亲和哥哥身后跨出家门。从黑夜走进黎明，踩着泥巴路进入茶海时，太阳也已摇摇晃晃地从山头露出了半张脸来。

采茶有许多讲究，特别是售价最高的"湄江茶"，只能选用一芽一叶初展的鲜嫩叶片，采摘时也不能用指甲掐断根茎，而是顺着叶茎生长的方向轻轻掰断。

但对于年幼的唐诗江而言，他只需采摘用于制作"大众茶"的叶片即可。"大众茶"对茶叶品相要求不高，茶青鲜嫩即可，所以采摘方法也多半是"抱采"。所谓"抱采"，就是将枝头一把抱拢在胸前，揪下新长出的嫩叶就行了。唐诗江虽然年纪小，但熟能生巧，采摘时也颇为卖力，最快的时候一天能采25公斤茶青。能为家里的粮油米面出一份力，忙碌了一天的唐诗江，晚上吃起饭来也似乎心安理得一些。

逐渐长大的唐诗江，为了填饱肚子干过不少苦活儿，挖煤、收破铜烂铁、打砂……卖体力到20岁，唐诗江的生活终于迎来转机。

"你想不想学做茶？"有朋友问。

唐诗江当然想，他早就尝饱了有上顿没下顿的苦日子。况且，在他的心里，炒茶是技术活儿，光是听起来都比挖煤体面多了。唐诗江对这份新工作十分期待，他带着妻子一起，顺利进入湄潭县茗茶有限公司。

穿着干净整洁的白衣、白帽，赤手伸进滚烫的铁锅里翻炒，或拓或压，或抖或拉，茶不离手，手不离茶，那些逐渐变得服帖的叶片仿佛黏在手上，但轻轻一抖又爽快地跌落锅底……制茶师傅的一顿操作，在唐诗江眼里像一场精彩的表演，那些不停翻滚的茶叶仿佛带着钩子，把他的双眼牢牢勾住。唐诗江彻底被手工制茶的魅力征服。

不过，像唐诗江这样刚入厂的"生瓜蛋子"是绝不可能有机会接近炒茶锅的。他只能烧火。

嵌了5口铁锅的特制灶台呈半月形，每口铁锅前坐着一个制茶师傅，而在他们对面的，则是脖子上挂着一块毛巾的唐诗江。

"火大了，小点儿。"指令一出，唐诗江便弯下腰拨弄那口铁锅下的火炉。

"火小了，加火！"师傅一招呼，唐诗江便又忙不迭地拿起吹火筒，对着火炉鼓起腮帮子。

"火大了。""火小了。"3年多的时间里，唐诗江的耳畔都充斥着同样紧急的指令。他总弯着腰，把火烧旺或者调小，脖子上的毛巾不断被汗水湿透。除了烧火，他还得负责检修机器。这个每天像陀螺一样转个不停的身影，终于引起了一位老人的注意。

公司董事长吴贤才过去在国营茶厂工作，退休后与朋友一起开办了茗茶公司，除了管理业务之外，他也是制茶师傅之一。勤劳、话少、肯吃苦的唐诗江，给吴贤才留下了深刻影响。当了3年烧火工后，唐诗江终于等来了吴贤才的召唤："下班以后，可以练习一下炒茶。"

从那之后，吴贤才便成了他的师父。每天下班后，才是唐诗江最快乐的时光。初学者炒茶不能戴手套，必须用赤裸的双手感受铁锅的温度。他学着师父的样子，把白天炒坏的茶叶放入滚烫的铁锅里，回想着行云流水的动作。可这茶叶到了唐诗江手里，突然就没有那么听话了，一个不小心，唐诗江的手指便触碰到滚烫的锅底，才练了几天时间，手上便满是水泡。

手上被烫起水泡，是成为制茶师傅的必经之路，师父也不会在意这点小伤，唐诗江不敢向师父提起。工作时，唐诗江一有机会便向老师傅们请教；下了班，也不愿离开工厂，和妻子一起研究炒茶技术。吴贤才每隔一段时间便会给唐诗江一次考核的机会，一旦失败，就只能继续埋头苦练。

唐诗江羡慕那些坐在铁锅前的师傅，即便手上的水泡几乎从未消过，他也咬着牙关继续摸索，理条、整形、脱毫、提香……过了一关继续挑战下一关。

唐诗江不知道自己的指纹是从什么时候开始消失的，如此过了六七年，他终于得到吴贤才的认可，进入车间成了一名制茶师傅。从烧火工，到制茶师傅，再到车间主任，最后走到副厂长，唐诗江花了15年的时间。

时光荏苒，转眼到了2012年。随着湄潭县茶产业发展日益突飞猛进，新的茶企如雨后春笋般涌现，经营理念不断更新，加速了市场的淘汰，观念老旧的茶厂生存环境变得岌岌可危。

此时的唐诗江刚满40岁，有两个正在读书的孩子。近20年的修炼让他锤炼出高超的制茶技术，成为远近闻名的制茶师，前来拜访他的人渐渐多了起来。

茗茶公司为唐诗江带来人生的拐点，师父吴贤才对他的培养和帮助也从不吝啬，但在茶产业飞速发展的时代，正值壮年的唐诗江逐渐无法认同公司日益落后的管理理念，未来的路该如何走？他陷入极度矛盾之中。

唐诗江尝试着与公司沟通过许多次，但几乎每次都无功而返。最后，当阳春白雪公司的负责人黄建峰带着极大的诚意前来拜访时，唐诗江终于做了一个令他痛苦的决定——离开茗茶公司，为自己寻找一片新的天地。

唐诗江的离去让吴贤才十分痛心，但这也是无法阻挡的必然结果。进入新公司后，唐诗江成为茶厂生产部总监。全新的厂房、崭新的机器、更大的平台，为他打开了一扇新的大门。2013年，曾在多个手工制茶比赛中拿下奖项的唐诗江被评为县级非物质文化遗产传承人，随后，新的任务接踵而来。

在阳春白雪公司，他除了负责生产之外，还需承担与高校合作培育制茶师的工作。在公司开辟的传习所内，唐诗江将自己多年来摸索出的经验几乎毫无保留地传递给年轻人，让这一手艺得以传承下去。此后，唐诗江又陆续获得了"中国制茶大师"和贵州省第五批省级非物质文化遗产传承人的称号。

唐诗江还记得前往外地领取"中国制茶大师"时的场景，当地的工作人员在机场出口盛情迎接，在颁奖的会场里，人们又簇拥着他走上舞台……唐诗江突然回想起自己20岁前的样子，那是一个手上沾着黑色煤灰，整日为生活发愁的年轻人，他从未想过自己有朝一日能站上舞台，被人们奉为"大师"。当年的"湄江茶"如今已被称为"湄潭翠芽"，而当年的挖煤工，如今竟用一双干净的手做出了干净的茶。

又是一年清明节，这是一年当中做顶级"湄潭翠芽"的黄金期。唐诗江早早离开了家，住进厂房里。茶农将辛苦一天的成果送到茶厂时，通常已是下午，茶青的湿度依据天气决定，而手工制茶讲究"看茶做茶"，有时可能得等到后半夜才能开始起锅炒茶。唐诗江耐心地等着，他已经完全掌握了制茶的技能，可以戴着手套炒茶避免烫伤，只是指纹可能再也无法生长出来了，不过这又有什么所谓呢？

"90后"女孩张晓的江边民宿

湄潭县偏岩塘

沿湄汶公路从湄潭县城向鱼泉街道新石居偏岩塘村行驶，一路只想把车开得慢点、再慢点。这当然不是因为路况不好，相反，柏油路面平坦而宽敞，开起车来畅通无阻。让人想慢下来的原因，是那沿途的风景实在太勾人眼球。

青山连绵起伏，拥着山脚连成排的民居，桃花江顺着地势蜿蜒流淌，江面波澜不惊。在夏日艳阳之下，这般山水田园风光自带静谧悠闲的清凉气质。

"这里现在有 50 多家民宿和农家乐，床位有 400 多张，现在是旺季，游客挺多。我们要去的那家民宿是个'90 后'的女孩开的，是这里的第一家民宿。"友人的介绍让我对这个小小的村寨更感好奇。

只用了 10 多分钟，我们便抵达目的地。庭院入口的木门上挂着一块招牌，上面刻着这家民宿的名字"户晓"。穿过木门，一眼便能看清这家民宿的全貌。

"户晓"具备当下民宿流行的所有特征。民宿外观是典型的黔北民居风格，三层小楼里共有 15 间房，每一间的装修略有不同，但墙上的装饰画、房间中点缀的小绿植，都营造出一种家的感觉。就连民宿的接待厅也像家里的客厅，前台的服务员冲你莞尔一笑，似乎下一句话就会说："回来了？去洗洗手吃饭吧。"令人有些意外的是，这间民宿竟然还养了一只性格活泼的金毛犬，太阳出来的时候，这只壮实的大狗总会在草地上撒欢。这种亲热的氛围实在让人无法把自己当外人。

民宿里的工作人员并不太多，只有 7 人。除了在前台接待的服务员，其他做客房服务的人都在忙着洗洗涮涮。从口音就能分辨出，这里的服务员都是当地人，总是挂着微笑的脸上带着一抹羞涩和朴实。

民宿老板名叫张晓，是个湄潭姑娘。不过，有些遗憾的是，去"户晓"民宿的那天，我并没有见到友人口中的这位"90 后"女孩。匆匆参观过"户晓"，我更按捺不住心里的好奇，当即便决定赶去汇川区与她见上一面。

齐肩短发，瘦、白。眼前这个看起来柔柔弱弱的女孩，就是在偏岩塘开了第一间民宿的人。说话轻声细语，每次从她口中说出"偏岩塘"这个地名时似乎总带着一点诗意。"我小时候就经常跟着爸爸妈妈去那里玩，在河边到处跑，在那里游泳……可以说那里承包了我整个童年吧。"原来，张晓和偏岩塘的缘分从 10 多年前就开始了。

偏岩塘只不过是一个仅有几百人口的小村寨，但在湄潭县却一直都有极高的"人气"。背靠仙谷山、迎着桃花江，有山有水的偏岩塘是自然赋予当地人的财富。2006 年，偏岩塘开始启动规划，打造了连片黔北民居，山、水、房、寨相得益彰又完美结合，自然吸引了不少当地人前去游玩。

张晓便是众多游客中的一个。在河边玩水，在岸上吃一顿农家乐，乡野闲趣填充了她无忧的童年，那片山水似乎也在她心里悄悄种下了一颗种子。大概是对田园朴素风情的留恋，张晓即使到了十七八岁才爱上四处旅游，却依然青睐小镇风情和像家一般的民宿，国内较早开始发展民宿的地方几乎都遍布了她的足迹。

从北京体育大学毕业后，张晓在北京一家传媒公司工作过，也曾在高尔夫球场销售过贵州茶。独自在外闯荡并不是一件容易的事，况且那些工作似乎不能点燃她内心的激情，她越发怀念老家的街道、房屋、食物，偏岩塘留下的童年欢笑也会在梦境中重现。

张晓想家了，而老家仿佛也在召唤着她。2016年，偏岩塘农村人居环境整治污水处理项目正式启动，农户的生活污水通过统一建设的户用污水收集池进行收集和初步过滤，然后流向主管网终端进行集中处理，排放到人工湿地生物床后进行再次吸收、过滤。同时，村里还实行了垃圾分级管理，更进一步改善了当地人居环境。环境的提升让人们对这个老牌景点更加青睐，偏岩塘乘胜追击，又通过各种乡村治理手段，想要进一步扩大当地旅游产品规模。

到了2017年底，中央全面深化改革领导小组决定将宅基地制度改革拓展到全部33个试点县（市、区），湄潭县成为宅基地制度改革拓展试点单位，偏岩塘也抓住了机会。

在湄潭县研究出台《探索宅基地"三权分置"助推乡村振兴的实施意见》之后，张晓很快通过母亲得知偏岩塘翻天覆地的变化。既然当地有意大力发展民宿和农家乐，加上"三权分置"的新政策能给民宿经营带来保障，为什么不试一试？

张晓当即决定：回家！

她的目标从未如此明确过：在偏岩塘打造一间梦想中的民宿，让童年的快乐从回忆中释放出来，延续到现实里。"既然要做，那还得从头开始学。"年轻女孩的想法简单而果敢，虽然早在过去几年的旅游体验中对这个行业多少有些认知，但张晓并未实际涉足过这个行业，她决定先四处去考察一番。

民宿与酒店一定是有区别的，但区别到底在哪里？张晓在漫长的旅途中，慢慢找到了答案。一次，在莫干山的一家民宿，一位从香港来的老板给她留下了极为深刻的印象。"民宿最大的不同，并不在于硬件设施如何，真正的精髓是人文理念的传达。"后来再想起与那位香港老板的深入交流时，张晓得出了这样一个结论。

再走一次云南丽江、浙江莫干山等民宿集中发展的地方，张晓的视角已从游客转变为民宿主人。在掌握"人文才是民宿的灵魂"这一精髓后，她也开始思考怎么打造偏岩塘民宿的特色。很快，她从浙江请来专业的设计师，一点点打造出符合当地民居特色，又兼具她个人情怀的民宿。从湄潭县不动产登记部门接过当地首本湄潭县宅基地经营权证后，张晓的"户晓"民宿正式在偏岩塘开门营业。

不过，事情并没有一帆风顺，张晓很快迎来了挑战。

"户晓"民宿的挂牌价并不便宜，在携程网上，这里一间景观房的价格在500元以上。与全国民宿进行横向对比，其实这个价格并不算很高，但对于当地人而言，这个价格已经高于过去人们对于乡村旅游消费水平的认知。"凭什么贵？"这是张晓最常遇到的质疑。

这让张晓意识到，开一家梦想中的民宿只是第一步，对于民宿与客栈、酒店之间区别的普及，也是一件同样重要的事情。

张晓喜欢聊天，但没想到在开了民宿之后，聊天会成为工作的一部分。每到旅游旺季，她几乎都待在"户晓"，迎来送往之余，更常常坐在庭院里与客人们攀谈。聊的话题没有任何限制，可以是游客的家乡，也可以是偏岩塘的故事；可以是民宿的创办经历，也可以是生活中的点滴琐碎。"民宿的人文更多体现在很多看不见的东西上。虽然房价可能比一些酒店还略高，但其中包含了更多增值服务，从一杯特制饮品，到服务员细致入微的服务意识，这些都是我希望能让顾客感到不同的东西。"张晓将自己对民宿的理念融入与顾客的交流中，她想"让顾客找到一种家的感觉"。

她的个人努力，在民宿理念日益普及的今天，也获得了相应的成效。如今，"户晓"的平均入住率维持在60%上下，算是取得了不小的成功。而对于偏岩塘的人而言，"户晓"的诞生则有着更广泛的现实意义。随着她成为第一个根据"三权分置"而获得宅基地经营权的人后，越来越多贵阳、遵义等地的经营者也涌入偏岩塘，以此方式经营属于自己的乡间民宿。短短两三年，偏岩塘便已成为重庆、湖南、广东等地游客青睐的避暑胜地。

与张晓聊了许久，这个女孩又要回到她的"江边小屋"去了。三伏天里的偏岩塘，因为邻近水边而多了一丝清凉，客人越来越多，张晓的日子也越发忙碌起来。在分别之后，我打开手机翻看张晓的朋友圈，和大多数年轻女孩一样，她也爱自拍、爱美食，文字里总会夹杂一些表情符号，偶尔会分享几首木心的诗。但在她的朋友圈中，"户晓"才是真正的主角，或是一段随意的美景自拍，或是有领导来考察时的工作记录。最有意思的是她分享的"户晓"微信公众号，推送的内容几乎没有一篇是专门营销民宿的，而是散文、诗歌以及或讽刺或温馨的漫画，其中有不少与湄潭县的文化历史、人文风情有关。看到这些，我突然想起她在聊天时说："喜欢做民宿，大概是因为能在这个过程中遇到很多志同道合的人吧。"

走向振兴的路上，一个都不能少

红花岗区温泉村

一栋两层小白楼，与之对比起来，旁边的小木房显得十分破旧，不过主人家依旧将这小木屋保留了下来。顺着阶梯走上院坝，听见声响的男人从牛圈里探出头来，看清了来客，便笑盈盈地快步迎了出来。

他叫鲁万宇，皮肤黝黑，头发凌乱，身上的T恤沾了些污垢，工装裤破了洞，裤脚上还沾湿了些，这是他干活时的穿着。"快来坐，快来坐！"鲁万宇招呼我们进屋。布艺沙发上没有靠枕，玻璃茶几上空无一物，电视机柜上没有电视……客厅的面积不小，但显得有些空荡荡的。鲁万宇邀请我们坐下，并没有理会我这个陌生人，而是对着熟人任秘坊瞬间打开了话匣子。

"我这些天想了很久，还是想出去找事做，娃儿要读书，我想让她读最好的学校。但是，我又觉得我不能去……"鲁万宇似乎沉浸在自己的世界中。任秘坊的脸上始终挂着微笑，认真地听着，不时点点头。

"我最近一直在找自己的目标，感觉好像总被什么捆住了一样。"鲁万宇还在自顾自地说着。

"你两个女儿都很争气，成绩不错，大女儿要上高中了吧？"任秘坊把话题转移到鲁万宇的两个女儿身上，"多为她们想想，现在家里就靠你撑着，你要是出去了，她们怎么办？再说，你那几头牛儿养得不是都很好吗？女儿读公立中学，会有相应补助，你也不用太操心。"

鲁万宇终于停了下来，双眼低垂，沉默了半晌。大概是想起了刚才还在照顾的几头牛，还有正在里屋学习的两个女儿，他的脸上泛起一层笑意。他告诉任秘坊："福建有个好人，每个月都会汇款200元给我女儿，资助她读书。我经常叫她逢年过节要给人家发发信息，送个祝福。人要学会感恩。"

"说起这两个姑娘，还要感谢你们这几年的帮助。"他抬起头来看着我们，"你们经常来，特别是对点帮扶我的杨领导，每次来手里都提着东西。你们看，前两天又拿来了米和油，就在那里。"他抬手指向墙角的桌子，上面放着还未拆封的米和油。鲁万宇脸上的笑容更大了些，喃喃道："他总是骗我说，这些都是政府安排送的，他只不过是负责跑腿。其实都是他自己掏腰包买的，我知道，早就知道……"

在鲁万宇家聊了近半小时，末了，任秘坊起身拍拍鲁万宇的肩膀："有什么问题随时跟我们说，我们也会经常过来。"

"好的，好的。我知道你们都会帮我。"鲁万宇一直把我们送上车，直到看着车启动了，才慢慢回到屋里去。

"不能提他的伤心事，要多和他说说现在的生活。"显然，任秘坊已经完全掌握了与这位建档立卡户的沟通方式。"他现在状态好了很多，养了几头牛，慢慢有了收入。他的大女儿今年中考，考上了遵义市的高中，挺争气的。"从任秘坊的口中，我大概拼凑出了鲁万宇的故事。现在，这对女儿是唯一能让他清醒面对生活的希望。对曾经跌入谷底的鲁万宇来说，那些在村里工作多年的村干部，以及任秘坊这位刚来驻村2个月的第一书记，都是不断拉着他走出低谷的人。

这个村叫温泉村，距离海龙收费站仅1.5公里远。这里地理位置优越，村里人曾经大规模养殖奶牛，2010年，注册了"海龙无公害水晶葡萄"的商标，葡萄种植业也陆续在全村广泛推开。蓬勃发展的种养殖业，让温泉村的大多数村民很早就摆脱了贫穷的困扰。温泉村的繁盛景象，曾让刚参加工作不久、2个月前才被派来驻村开展乡村振兴工作的任秘坊有些为难："这样的村庄几乎趋于完美，这工作该从哪里开始做起？"

除了密集的走访，村党总支专职副书记刘永丽也带着他熟悉了很多情况。刘永丽从1997年高中毕业后就进入温泉村村委会，从负责管理公章的文书做起，逐渐成为如今专门负责党建工作的专职副书记，24年的工作经验让她成了最了解村民的人之一。在任秘坊还没有到温泉村之前，刘永丽为了调动起村中党员的积极性做了不少工作，除了日常的宣讲、动员，一些重大事件也激发了在外工作的党员的责任感。

最让刘永丽印象深刻的，是2020年初，新冠肺炎疫情肆虐时，村里设岗做防疫检查，在外工作的党员一回到村里，便先到村委会报道，自觉到岗位上轮值。从那之后，村里开党员大会，便不再是只有年事已高的党员到场，连远在贵阳上班的党员，在接到通知后也会乘清晨第一班高铁赶回村里。参与村级治理的人多了起来，村里的各类繁杂事务和矛盾纠纷便也找到了解决方法。

温泉村很快形成了"管事长+管事小组+群众"的组织方式，由村党组织带头，构建出"6名管事长+18个管事小组+N名群众"的模式，把广大村民也带入村级事务的决策、管理和服务中。"村管服务网"加上"矛盾纠纷网"和"经济发展网"，温泉村人人都有参与感，村里无论是人居环境、经济发展，还是乡风文明都得到极大提高。

再说回任秘坊。当他来到温泉村后，很快参与到这种"三网管事"的管理模式中，也了解到刘永丽等村干部常年来对鲁万宇这样的建档立卡户给予的关注，逐渐清晰了自己工作的方向。

离开鲁万宇家，我们径直开向葡萄园，在一座山前停下，一条水泥路延伸至山脚。顺着小路往里走，葡萄的香气越发浓烈，穿过挂满葡萄的木架，眼前便出现了一个与鲁万宇家相似的两层白色小楼。

屋子的主人付洋国从屋里搬来几条凳子，他身后跟着手握拐杖的妻子王志平，脸冲着我们的方向，露出灿烂的笑容。"我那几亩地的葡萄早就拿给我兄弟种了，现在就剩门口这些。自从她的眼睛看不见以后，我就没时间管葡萄了，必须随时陪在她身边。"付洋国看向自己的妻子，两位老人的脸上同时绽出了笑容。

付洋国已年近七十，两个女儿嫁到外地，家里就他和妻子二人相濡以沫。妻子因意外双目失明后，付洋国便放弃了种了很多年的葡萄，但也因此成了建档立卡户。"村里给了我一份打扫卫生的工作，这个工作好，时间自由。我每天早上和下午出门去打扫一遍，出门前先给她做好饭，干完就赶紧回家。"付洋国对妻子几乎寸步不离，守着家门口的这些葡萄藤，多少能为他的生活添点乐趣。

一直静静地听着我们聊天的王志平，突然冲着任秘坊的方向开口道："你是任书记，我认得你的声音！"人们笑了起来，她又把脸转向另外一位村干部，道："你我也知道。你们经常来，我都认得。"然后转向我："你我就不知道，是第一次来吧？"

任秘坊向她介绍了我，她点点头："谢谢咯，你们要是经常来，我就都认识了。"说罢，又招呼付洋国，"快去剪点葡萄给大家吃！都熟了的。"

付洋国忙不迭地找来剪刀，完全不理会我们的阻拦，轻巧地踩上木凳，剪下几株晶莹剔透、泛着光泽的水晶葡萄，一把塞到我们手中。"几串葡萄算什么！你们天天来看我，哪次手里是空的？"

从付洋国家出来，我们顺道去旁边的葡萄大棚里逛了一圈。任秘坊和几名村干部站在挂满葡萄的藤架下，还在聊着付洋国家的事。虽然只过了2个月，这个看起来各方面都早已走在前列的温泉村，如今在任秘坊的眼中变得更加立体、更加具象。从宏观的数据、成果，走向一个个微观的个体，巩固之前的成果是持续保持关注；衔接下一步的发展，就是想办法带着鲁万宇、王志平这样的人们一起携手前进。在任秘坊、刘永丽以及温泉村的党员干部心里，温泉村走向振兴的路上，一个都不能少。

店子坝区建成记

红花岗区深溪村

阳光太盛，即使戴了遮阳帽，我还是被白得反光的水泥地面刺得睁不开眼。深溪镇武装部部长、副镇长李顺勇好像早已适应了烈日的炙烤，热情地把我带到空地上的展板前，竹筒倒豆子般把深溪镇的大致情况介绍了一通。

我用手遮挡着阳光，勉强看清了展板上的几行字："店子坝区，区级样板坝区，核心区面积636亩，亩产值2.2万元以上，年均总产值1397万元，覆盖农户182

户 710 人（含贫困户 11 户 39 人），采取'企业大户＋合作社＋农户（贫困户）'种植模式，主导产业'藕'、大棚水果（草莓、圣女果）……"

"坝区在哪里呢？"猛烈的阳光刺得我双眼流出泪水，抬起头看着同样眯上双眼的李顺勇。他像是被我逗乐了，咧嘴一笑，抬手向高台下指去："这不就是嘛！这还只是一部分，那边还有！"

走过贵州不少地方，坝区也见过许多，但眼前的景象还是让我震撼。过去所见过的坝区，大多种植蔬菜、食用菌或中药材，放眼望去是连绵不绝的白色大棚，或是被地膜覆盖的广袤土地。而如今这远在天边近在眼前的坝区，竟是一片望不到边际的绿色。温和的绿色让我泪水模糊的双眼很快得到舒缓，眼前的一切越发清晰起来。

这是一片规模惊人的荷塘，密密麻麻的荷叶将整个泥塘覆盖，不知有多少莲藕正在荷叶下奋力生长。"这么大规模的坝区应该用了很长时间才建好吧？"我望着这片荷塘有些出神，心里的疑问脱口而出。

"几句话说不清楚，外面太热，进来坐着慢慢聊。"李顺勇邀我进屋里去。

"2020 年 3 月底动工，5 月初建成开始投入使用。"进屋落座，李顺勇告诉了我答案。"只用了一个多月的时间吗？怎么做到的？"这个答案让我又惊讶了一次。

李顺勇和他身旁的驻村干部邓小海同时饱含深意地笑了起来，似乎我的问题勾起了他们的共同回忆。

"不分白天黑夜地干，好像没有下班的概念。"邓小海接过话茬。他看起来十分年轻，一问才知，他于 2015 年从贵州大学毕业，2016 年才参加工作，刚进入深溪镇农业服务中心不久，便被调往扶贫前线去驻村，是个年轻的村干部。

在李顺勇和邓小海的介绍中，我大概勾勒出了当时坝区建设时的火热场景。

下辖 8 个行政村的深溪镇，距离遵义城区仅 12 公里，又有一个龙井湾水库，地理位置和自然条件都占有优势，发展的步伐自然也比其他地方更快一些。这里早在 2014 年就被评为全国重点镇，已有龙江水产养殖批发市场、神韵农业等颇具规模的产业，百草园、桃花岛、苟园盆景小镇、深溪湿地公园等旅游景区也都聚集于此。

可见，深溪镇是一个藏龙卧虎之地，那深溪村自然也不会落后。早在规划建设坝区之前，当地已有不少种植大户把莲藕产业发展出一定规模，带动了一批人提前走上致富路。不过,当地种植莲藕还是遇到了两大难题:一是没有产业,二是水源不稳定。所以,店子坝区的建设内容十分明确,就是整合土地、修产业路、建提灌站。

2020年3月底,新冠肺炎疫情逐步得到控制,人们早已复工复产投入工作中,深溪村也迎来了热火朝天的建设热潮。春季的深溪村还透着点点凉意,每天7点多,李顺勇和邓小海都会准时出现在坝区建设工地上。公路建设、提灌站修建,每个项目都需要大量人力,深溪村的村民全情投入,人手不够就从邻近的几个村调度。"白天在工地上,晚上在会议室。"想起那一个多月的鏖战,年轻的邓小海摇摇头,似乎有些不敢相信自己竟然熬过来了。

5月初,店子坝区各个项目相继竣工。然而,对于深溪村的人们而言,这只是第一步。

为什么要修建坝区?李顺勇给出的答案是要整合土地和产业,让土地利用更高效,群众受益更为明显。坐在一旁的深溪村村民周志坤抢答道:"如果没有坝区,我现在可能都还在外面打工哦!都50岁了,不晓得还有人要没有。"

周志坤瘦瘦高高的,衬衫搭配牛仔裤,看起来十分精干。他从1997年开始在外打工,此前20多年来几乎没有考虑过在老家干点什么。"一是年纪大了,想落叶归根;二是坝区建起后,村集体搞了水果大棚,这恰好也是我感兴趣的。"周志坤十分健谈,很快融入聊天中,讲起了刚开始做大棚水果时的"乌龙事件"。

店子坝区建好后,除了优先让种植大户和村民发展莲藕和水果种植之外,村集体也管理着部分大棚。周志坤闻讯而来。他对自己的种植技术信心十足,虽然当年由于条件限制只能放弃读书、外出打工,但在自行车厂工作的同时,他也报了一个农业种植的函授班,多少算是学过专业知识的人。

受聘为水果大棚的管理人员后,周志坤整天都在想如何把他负责的20亩大棚做出让人惊艳的效果。一开始,深溪村决定在大棚内种植圣女果,大家一致认为,这种口感清甜、产量颇高的果子,既能当蔬菜又能当水果,一定能带来不错的收益。统一意见后,周志坤便和村里的干部外出考察,寻找合适的果苗引进。

"黑珍珠",一种市面上还不太常见的圣女果品种。周志坤等人对这一品种略知一二,大概就是一种通体呈紫黑色的小番茄,吃起来有浓烈的水果味,最重要的是市价非常可观!在广西百色,当地果农给周志坤一行人看了"黑珍珠"的果苗,有两种,价格略有差异,最终,周志坤等人买了稍稍便宜一些的那种,兴高采烈地回到深溪村后，便立刻动工开种。

"不仅可以对外销售，我们还能搞采摘体验！"

"没错，现在城里的人不是都喜欢采摘嘛。这个小番茄又好摘，可以卖不少钱哦！"

在深溪村的水果大棚里，人们一边干活一边想象着几个月后的美好场景，一个财源滚滚的蓝图仿佛已经挂在了大棚顶上。

深溪村的人们也十分善于营销，在圣女果成熟之前，便以"黑珍珠"为宣传点，对外打出广告。很快，冲着"黑珍珠"而来的游客接二连三地钻进大棚。此时，一个个黑红相间的果实已经挂在枝头，尚未呈现出周志坤想象中的黑紫色。看着蜂拥而至的游客，周志坤笑呵呵地安抚道："还没熟，还没熟，过几天才会变成黑紫色的，到时候就好吃了。"有游客按捺不住心中的好奇，摘了一个放进嘴里，结果，这一尝竟尝出了令周志坤崩溃的真相："老板，你这个熟了哟。是不是品种不对哦？"

周志坤这才发现，"黑珍珠"也有两个细分品种，果苗价格稍便宜一些的这个，其果实就是黑红相间的样子，市场价也比纯黑色的品种低了不少。

周志坤没有想到，人生走过大半，第一次认真干农业竟然就遭遇"滑铁卢"。这次失败，倒也给了他一个实实在在的教训：干这样的新型农业，不能缺少专家团队支持。

圣女果收完之后，也即将迎来秋冬季节，深溪村决定轮作草莓，而这一次同样遇上了难题。

草莓是很容易生长的植物，但在深溪村的大棚里，那些草莓苗种下之后却迟迟不见动静，既不长高，也没有枯死，仿佛时间停止了一般。这一次，周志坤等人学聪明了，请来被指派到深溪村的乡村振兴科技特派员，帮忙把脉问诊。最终，挖开了土地才发现，这里的土质比较独特，黏性太强，遇水容易结块，大块的泥土之间形成空洞，便把苗的根部架空了。

找到问题后，周志坤等人便重新处理了土地，补上了苗，总算是理顺了草莓种植。待到草莓丰收时，周志坤没有再面临种圣女果时的尴尬场面，他度过了一个最忙碌的冬天。

如今已是盛夏。大棚里，上一季的圣女果已经销售一空，下一季的草莓已经种进了地里，周志坤总算能休息一阵了。荷塘中，荷花已过了最盛的时期，但仍有一些花骨朵从荷叶间冒出头来。更多的是莲蓬，包裹着莲子的圆盘将茎秆压得有点弯，摇摇欲坠的样子。

"表面凸起来的这种莲蓬就是可以采摘的了。"等太阳稍稍倾斜了些，我们走到荷田间去，李顺勇指着那片生出大量莲蓬的泥塘向我介绍。

"你知道哪种莲藕拌来好吃，哪种莲藕炖来好吃吗？"没等我回答，李顺勇和邓小海自问自答道，"九孔的莲藕脆，可以拌着吃；七孔的莲藕比较粉糯，要用来炖。"看来，他们已经快成莲藕专家了。

娄山黄焖鸡 28 年品牌路

汇川区娄山关村

从高铁站把我接到店里的途中，昌会刚一边开车一边不时地瞥一眼窗外。他的妻子肖友群坐在副驾驶，也在不住地看向窗外，像是在寻找什么。两口子笑呵呵的，但不说话的时候，脸上似乎总闪过一丝忧虑。

"一辆大巴都没有，你看这游客接待中心的停车场，空空荡荡的……"昌会刚叹了口气。这本该是旅游旺季的日子，娄山关景区却失去了往日的鼎沸人声，这让他的心情跌入谷底。"本来今天有两个从上海来的团，都已经在高铁上了，结果又打电话来取消。"新冠肺炎疫情在国内各地突然加重，贵州的各大景区严阵以待，不少旅行团也不得不终止行程。不过，昌会刚的语气里惋惜的成分更多一些，他顿了顿，好像突然想起什么，问我："你带酒精没有？没有带，一会儿我们给你灌一瓶放身上，随时喷一喷，一个人出门在外要小心哟。"

这是我和昌会刚、肖友群两夫妻第一次见面，聊天却毫无束缚，像认识了很久的老朋友一样。

车在一排饭庄前停下。这是景区里的餐饮区，外观统一的饭馆连成一排，每一家门外都放着一块立牌或灯箱，上面用大号的字体写上店家的主打菜。实际上，每家店的主打菜都一样：黄焖鸡、冷水鱼。

"黄焖鸡现在已经是娄山关的招牌了，每家店都会做，每个来这里的游客也都一定会尝一尝。"说起黄焖鸡这道菜，昌会刚毫不掩饰自己内心的骄傲，"说起来，这娄山关的黄焖鸡，还是我们最先开始做的！"

徐徐凉风穿过饭馆大堂，墙上的电风扇摇晃着脑袋给坐在桌前的人降温，汗水慢慢收住，昌会刚的话匣子打开了。

"1993年，我就和我老婆一起开了饭馆……"

娄山关，位于汇川区和桐梓县交界处。20世纪90年代，210国道在此蜿蜒盘旋，勾勒出险峻而壮丽的风景线，也为住在国道旁的娄山关村民们打开财富大门。

虽然那时景区尚未开发，但有不少过境的车辆，思维敏捷的娄山关人便纷纷开起了饭馆。昌会刚那时不过20来岁，和青梅竹马的肖友群刚刚成家，小两口自然也跟上了这股风潮。

山上公路旁的饭馆，供应的菜式大同小异，这让昌会刚感到有些单调且无聊。打开冰箱，冷藏室里储藏的材料无非就是五花肉、猪肝等农家极为常见的食材，他想搞点新花样。

那时，娄山关村村民们饲养的三黄鸡，数量多到惊人，以至于村民们对其放任自流，让鸡自己去山林间找食。甚至有的母鸡在林间自己挖坑下蛋，孵出一窝小鸡，主人家都对这些事情一无所知。

娄山关村的人们对这些三黄鸡几乎到了熟视无睹的地步，而昌会刚却来了灵感。满山跑的三黄鸡肉质紧实、鲜美可口，一定能得到过路客人的青睐。至于做什么口味，那还得慢慢尝试。

昌会刚家的饭馆，妻子肖友群是大厨。她不做传统的辣子鸡，而是另辟蹊径，尝试用娄山关当地产的大酱，以及遵义绥阳县、虾子镇等地产的辣椒为佐料，制作出一道口味独特的鸡肉火锅。

新菜推出，油色红亮、鲜辣可口，新颖的滋味在不少饕客的味蕾上留下记忆，停在昌会刚家门口的车渐渐多了起来。每次有人点这道招牌炒鸡，昌会刚和肖友群总会围在客人身边问个不停。"差点儿辣味""麻味不够""酱香味不浓"……他们记下每一个建议，下一次炒制时又进行改良。经历反复试验，这道招牌菜的制作配方终于定型。不过，对昌会刚而言，似乎还缺点什么。

"这道菜得有一个名字。"昌会刚和妻子商量。他们想起离此地不远的重庆，当地有道著名的菜式叫"红焖鸡"，制作方法与他们家的招牌菜相似。"我们用的三黄鸡，毛黄、油黄、鸡脚黄，用来炒鸡的大酱也是黄色，不然就叫'黄焖鸡'？"昌会刚提议。

1994 年，娄山黄焖鸡在黔北的山间叫响了名号，昌会刚一家的日子也从此一鸣惊人。

自从昌会刚家的黄焖鸡火了之后，每逢村里办红白喜事，人们便都找上厨艺高超的肖友群。逢大事办流水席，这是农村自古以来的传统，至今仍在延续。而作为村里的一份子，肖友群自然也从不推辞，每次做流水席也会应要求炒几盆黄焖鸡。每次起锅炒鸡，肖友群身边总会围满人，其中有不少人默默记下了这"致富秘方"。肖友群当然知道，所以每次做流水席时都会换一种炒法，真正的秘方则从不外露。

即使人们都学会了肖友群的黄焖鸡，并纷纷打出了同样的招牌，但昌会刚家的店铺依然红火。当然，除了"偷师学艺"的，也有真心实意登门拜师的。

2003 年，一位重庆南川人路过娄山关，在昌会刚家吃了一顿饭。饭后，这位年轻人对昌会刚说："25000 元，我在这里住一个星期，你把我教会，如何？"年轻人和昌会刚年龄差不多大，也是一名厨师，在南川开了一间饭馆。

昌会刚欣然同意。协议达成后，这名年轻人便成了昌会刚和肖友群的"小尾巴"，两夫妻走到哪儿他就跟到哪儿。从杀鸡，到选料，再到炒辣酱……一周过后，年轻人提出掌勺："你们在旁边看着，哪里不对给我指出来。一会儿客人吃了之后，我去问问评价，客人说可以了，我就回家。"尝试了几次，终于等来了客人的评价："味道不错，和老板炒的没区别。"年轻人十分欣喜，带上一些绥阳、虾子辣椒，以及娄山关的大酱，回到老家开了"娄山第一庄"南川分店。

8 年一晃而过，210 国道改建，不少住在山上的村民迁到离国道更近的地方。此后，娄山关景区初步开放，娄山关的旅游业迎来了爆发，昌会刚等村民的饭馆也更上了一个台阶。

在昌会刚的印象中，这仅仅只是一个开始。又过了几年，当时的镇党委书记和镇党委副书记渐渐频繁地出现在村里，他们带来了一个被称为"社会主义新农村建设"的政策。房屋"穿衣戴帽"，外墙刷上新漆，屋顶盖上青瓦，还做了飞翘的屋檐；道路变得平整而干净，整个村子焕然一新。全新的环境极大提升了娄山关村的形象，直接受益的当然是昌会刚等开农家乐的人。

生意越来越好，作为主厨的肖友群每天都忙得脚不沾地，最红火时，一天能卖出50只鸡。到了夜晚，汹涌的人潮散去，打扫干净的饭馆内恢复了难得的宁静。擦干一头汗水的肖友群坐在灯下，伸出双手，10根手指肿得像胡萝卜一样粗。这是一整天挥动铁锅和铁铲留下的烙印。每每见到妻子这红肿的双手，昌会刚总是心疼得不行，连忙打来一盆凉水，轻轻帮对方按摩……

国道通向村庄，景区迎来游客，新农村建设提升了农家乐的形象。虽然汗水成倍地流淌，但昌会刚一家也切身体会到时代发展带来的红利。思考再三，他们决定一鼓作气，扩大经营。

在后来10多年的经营中，昌会刚的饭馆人流如织，收获了不少回头客，也陆续教出了几个徒弟。这些徒弟将诞生于娄山关的秘方带到重庆市、贵州省赫章县等地，黔北风味也随之传向远方。到了2014年，已经收获了大量财富的昌会刚，再次扩大经营，拓宽了店面，不仅开放餐馆，还办起了民宿，店外开辟了面积颇大的停车场，彻底融入娄山关的乡村旅游中。

时光飞逝，现在的肖友群已经不常掌勺，但有一个环节是她必须亲自动手的。每隔两三天，肖友群便会在炉灶前站上两三个小时，大酱、辣椒、花椒……按自己心中的配比系数倒入锅中翻炒。这是他们为了更快将黄焖鸡端上桌而想出的办法，提前制作好为黄焖鸡赋予"灵魂"的辣酱，余下的工作则交给店里聘请的大厨完成。

结束聊天时，已是饭点。虽说娄山关景区因为疫情谢绝了大部分游客，但操着重庆口音的十几位老人依然踏入了昌会刚家的饭馆。他们是娄山关的常客，也是昌会刚的老朋友。过去，他们几乎每年夏天都会来昌会刚的店里住上两个月；如今，他们直接在娄山关买了房子，每逢重庆气温升高，他们便前来避暑。

在等菜上桌的间隙，一位重庆老人毫不见外地坐到昌会刚身边攀谈起来，言语间透露出他对娄山关的了解和喜爱。昌会刚在这位老友面前流露出亲切的笑容，顺手给对方倒上一杯热茶。不一会儿，肖友群从厨房探出头来，像招呼家里亲戚一般，冲着老人喊了一声："开饭咯！"

海龙屯下的小孩长大了

汇川区高坪街道

　　早在 5 年前，海龙屯就吸引了我。那时，海龙屯申遗成功不久，我采访了几位参与海龙屯发掘的考古专家，其中一位当时是贵州省文物考古研究所副所长，名叫李飞，如今是贵州省博物馆馆长。在他所描述的故事中，除了文物之外，还构建出一个非常具体，且至今仍在我脑海中非常清晰的场景：高山上的小屋子里，灯光照亮略显简陋的房间，虔诚的考古人坐在灯下记录着一天的收获，能聊天的人不多，最常交流的是隔壁农家乐的老板和他年轻的儿子，大家围炉而坐，谈海龙屯每一处残破的痕迹，和那些重见天日的历史故事。风雪被挡在门外，夜晚安安静静。

　　如今，5 年过去，我出现在海龙屯，却并非为考古的故事而来，而是为了寻找那个场景中另外的主角。在土司小镇的游客接待中心，我见到了刘炬材。他是传奇文化（贵州）景区运营管理有限公司运营总监，曾是海龙屯上的第一个解说员，也是当年山上唯一一家农家乐的老板的儿子。

　　或许是因为从小充当解说员，如今又从事运营工作，刘炬材聊起儿时的故事也像在做一场旅游讲解般，绘声绘色、抑扬顿挫、生动自然。

　　"小时候的双龙组，可以说是，交通基本靠走，通信基本靠吼，安全基本靠狗。"1988 年出生的刘炬材回忆起小时候老家的生活条件，像在说别人的故事。20 世纪 90 年代的海龙屯村，只是一处封闭在深山中的小村庄。在刘炬材关于童年的记忆里，村里除了外出打工的那一部分人，其余的基本都靠传统农耕维持生活，唯独他的父亲与众不同。

　　在海龙屯，刘炬材的父亲刘远光是个颇有声望的人物。刘远光是 20 世纪 60 年代末的高中生，也曾参军远赴越南打过仗，还是海龙屯村生产大队的第二任大队支书。回归田园的刘远光，并没有和其他村民一样守着家里的一亩三分地，而是在 1984 年时，选择承包荒山种植果木、中草药等。上山下山都是陡峭的泥巴路，来来回回要好几个小时，刘远光索性带着家人住到了山上。

刘远光知道海龙屯上有"宝贝"。早在20世纪六七十年代时,村民们就在挖土时挖出过青花瓷盘子。1979年冬天,一位名叫葛镇亚的男子,在夜幕刚刚降临时突然敲响刘远光的家门,打听海龙屯的位置。这位叫作葛镇亚的男子,当时是遵义市文化馆的工作人员,被抽调参与贵州省开展的文物大普查。他想起曾在《遵义府志》中读到过海龙屯的相关历史,便决定只身一人出发寻找这个地方。对海龙屯历史再熟悉不过的刘远光将他请进屋来,招呼他吃饭、休息,两人聊天至深夜,自此结下友谊。

在那次相遇之后,葛镇亚通过艰难寻找初步确定了海龙屯的位置,此后,他又带着相机等器材重返海龙屯,请刘远光为他带路,找到各个关口。3年后,海龙屯正式被贵州省人民政府列为省级重点文物保护单位,而住在山脚的刘远光则在葛镇亚的委托下,成为海龙屯的第一位文物义务监管员。

这些故事都发生在刘炬材出生之前,他完全是通过父辈的口述,以及父亲和葛镇亚之间的书信了解到的。他一度不太明白,为什么大家都纷纷搬到山下寻找更便捷的生活时,父亲却决定从此住在山上。"现在看来,我父亲还挺有远见的。"刘炬材回想起过去门可罗雀的接待站,生出几分感叹。在他的印象中,父亲和葛镇亚对海龙屯以及那些文物都倾注了很深的感情,"他们一直坚信,海龙屯这个与世隔绝、不被世人所知的地方终有一天会好起来的,这是不可复制的无价之宝"。

1993年,来参观海龙屯的人越来越多。山上的路不好走,常有人滞留于此,经营着几百亩树林的刘远光便顺势开了一间农家乐,取名为"杨氏接待站",为滞留山中的人们提供食宿。在刘远光看来,他是为了保护杨氏土司遗址才坚守在这深山之中,而杨氏土司留下的文化财富又为他带来吃饭穿衣的机会,取名"杨氏接待站",可看作一种致敬,也是一种传承。

幽静的高山密林之间,唯有这一处升起炊烟。生在山上的刘炬材无疑是孤独的,没有同龄的玩伴,水、电、路也都不通,每天需要步行10多公里去山下的高坪镇读书,一路上要躲避毒蛇,还得冒着被野狗追着咬的危险。对他而言,生活中最新鲜的事,大概就是偶尔有人来探访海龙屯的时候,尽管那时,接待站最常见的客人也只有几乎长住在此的葛镇亚。刘炬材从5岁开始,就自告奋勇帮人带路,像一个小大人一样,煞有介事地把听来的故事转述给他人。他最大的乐趣就是听葛镇亚和父亲聊海龙屯的历史,没事的时候也翻翻葛镇亚带来的书。那些书大多是文言文，随着年龄增长，刘炬材多少能读懂一些，那些文字逐渐被消化、融入骨血，以至于后来他再向人们介绍海龙屯时，所表现出对这片土地的了解像是与生俱来一般。

之前，海龙屯几乎都是冷清的，直到 1997 年，中央电视台的摄制组拍摄长江军事游专题片，记录了海龙屯遗址的故事，这里才开始打响名声。

到了 1999 年，贵州省启动第一次针对海龙屯的考古试掘活动，部分泥巴路因此被铺上水泥，贵州省考古队陆续进驻海龙屯。多年坚守在山上的刘远光毅然决定自费从附近的村民组拉来电线。"考古怎么能没有电呢？"这间开了 6 年多的接待站，过去用煤油灯凑合了无数个夜晚，纵然几年来收入并不算多，但刘远光认为考古工作不能凑合。

考古工作的开展吸引了更多人的目光，游客大量涌来，亮起电灯的接待站也跟着意外火了起来。不仅提供食宿，刘远光一家也充当起导游和解说员，连 10 岁的刘炬材也能挣上一份报酬。到了 2002 年，遵义国际杂技节、名酒节、旅游节等陆续在海龙屯召开，刘远光接待站的生意更加火爆。一间屋子已经无法承载巨大的客流量，刘远光一家迅速将房子扩大到 6 间房，饭厅里的餐桌也多了起来。而在整个双龙组，其他村民也陆续跟着老刘家的步伐，开起农家乐。没有开农家乐的农户，也能通过提供骑马游览服务，或是抬"滑竿"来挣一份收入。

转眼 9 年过去，长大成人的刘炬材在外工作了 3 年后，又回到海龙屯。他接手了接待站，完善了所有相关营业手续，准备规范地扩大经营。不过，仅仅过了一年，海龙屯申报世界文化遗产的工作就正式启动，考古工作进一步扩大范围，作为遗址核心区的双龙组，必须迁走所有村民。

在这里生活了几十年的刘远光内心十分不舍，但他比其他人更能理解海龙屯申遗的价值，也更希望海龙屯能申遗成功，便动员其他村民一起搬走。从小在海龙屯上长大的刘炬材内心更是激动不已，得知申遗工作启动后，他便应聘进入汇川区文广局申遗办工作。2015 年，他加入海龙屯文化遗产管理局。同年 7 月 4 日，贵州遵义播州海龙屯遗址与湖南永顺老司城遗址、湖北唐崖土司城遗址联合代表的中国土司遗址，成功入选世界文化遗产名录。消息从遥远的德国波恩的会场上同步传送到中国西南的云贵高原，贵州省考古所、汇川区文广局申遗办，以及刘远光的家里，都响起同样激动人心的欢呼。

也是在那一年，传奇文化（贵州）景区运营管理有限公司入驻海龙屯，着手景区开发，而对海龙屯抱有极深情感的刘炬材，此时也找到了与这片世界文化遗产地继续相互依存的方式。他加入传奇公司，不仅率先成为一名讲解员，更多的工作则是为公司培养讲解员。此后，他也将自己对遗产保护的理解合理融入景区开发中，成为公司的运营总监。

刘炬材的故事还在继续，而海龙屯村双龙组其他村民们的脚步也没有停下来。有人成立了旅游服务公司，承接农村建设和景区建设的工程，也提供景区设施维护和劳务输出的服务；有人在土司小镇经营店铺，有的则在景区当保安、保洁，谋得一份工作。

"对世界而言，海龙屯是世界文化遗产，但对我们来说，它是一座山，但它又不只是一座山而已。"与刘炬材的一番交谈，极大地丰富了当年印在我的脑海中的场景。我仿佛来到山上的那间接待站：小小的房间里，为寻找海龙屯而只身闯入深山的葛镇亚正与守护文物的刘远光交谈甚欢；严谨的考古队员在灯下一笔一划记录着一天的收获；而那个从小就带着游客进山寻找海龙屯的孩子，仿佛一夜之间长大。

铜仁

毕节

遵义

铜仁

六盘水

贵阳贵安

黔东南

安顺

黔南

黔西南

河南牛倌的贵州奇遇

2019 年，一个赶"牛集"的日子。清晨 5 点多，凤冈县绥阳镇的牛市就已渐渐沸腾起来。这是贵州省内规模最大的肉牛交易市场之一，辐射周边湄潭、余庆、务川、正安、德江、思南、石阡等 20 多个县（区、市）。

养牛人习惯了早起，天没亮就把牛赶出圈，精神抖擞地赶赴市场，期待能将牛卖一个好价钱。买牛的也很勤快，一早就在市场上转悠，找到心仪的那头便上前商量价格。不过，在这一天的集市上，有几个人比较特别。他们既没有赶牛来卖，也没有买牛的打算，一大早进入交易市场便四处转悠，不时和养殖户攀谈几句。其中一位瘦高的男人，两颊泛着红晕，鼻子高挺像刀削的一般，他是提问最多的人，问的都是交易量如何？贵州哪里养牛养得多？哪里的环境适合养牛？偶尔还会给养殖户一些技术建议，看起来十分专业的样子。

在市场上守了一天，这几个说着普通话的人多少透露了一些信息：他们想在贵州养牛，想先打听一下市场和行情。他们连续在凤冈牛市出现了 3 天。到了第 3 天，几位操着并不太标准的普通话的人主动找上了他们："听说你们想养牛？我们那边正好有个养牛场是空起的，有没有兴趣去看看？"

那位瘦高的男人欣然同意，便乘着车向绥阳镇东北方向 50 公里外的德江县楠杆乡驶去，这一去，便开启了他的贵州"奇遇"之旅。

到了楠杆乡兴隆社区，他被带到一个有些杂乱的养牛场。这个养牛场其实并没有完全闲置，里面还有 10 多头牛不紧不慢地正在反刍。在养牛场等了一会儿，一名个子不高、皮肤黝黑的男人从远处赶来。

瘦高的男人自我介绍："我叫吴世有，河南人。"吴世有表明了想承包养牛场的想法，心想，既然是当地人将他请过来的，那必定有十足的把握。结果，他并没有等到意料之中的握手成交，反而等来对方的一口回绝："我还是自己养算了，牛场我不卖。"

场面一度有些尴尬，带吴世有来的几位在一旁帮忙劝说，却仍然没有动摇杨波的想法。吴世有只能悻悻而归，依旧在凤冈牛市上继续寻觅新的机会。过了没几日，又有人专程来找他，向他介绍一个十分适合养牛的地方，"那地方青山环绕，空气良好，有一个闲置的养牛场，可以去看看"。

这话听起来耳熟。尽管吴世有心里有点没底，但还是不愿错过这个机会，便随同来找他的人踏上通向东北方向 50 公里外的地方。

这不就是前几天来的养牛场吗？果然，事实如吴世有所想，虽然介绍人不同，但他们竟都介绍了同一个地方。这就是命中注定的缘分？吴世有感觉有些奇妙。

既来之，则安之。吴世有又见到了杨波，那个老实巴交、有些固执、话不太多的男人。"你这个养牛场之前养了 100 来头牛，但现在越来越少，只剩 10 多头。一是因为你没时间管理，二是因为没有更好的技术。就算你继续养下去，想扩大规模也很难，不如我们合作，我可以帮你扩大到存栏几百头的规模。"这一次，吴世有的话变多了些，他比第一次见面时更想促成这段合作。

这次交谈的时间更长了，吴世有和杨波两人也进一步了解了对方的过去。

虽然读书时，吴世有并没有学习畜牧相关的专业，但他从小就受父亲影响，懂得如何将牛照顾好。吴世有的父亲曾是老家畜牧站的站长，也是一名兽医，可以说是当地的养牛专家。吴世有成年后，便全心投入到畜牧行业中。一开始，只是在大型养殖场工作，为老板提供技术服务。后来，有了一定积蓄，便走南闯北，四处寻找适合办养牛场的地方，在郑州等地经营过规模超 1 万头存栏的养牛场。

在此之前，吴世有从未来过贵州，更不知道贵州许多地方已将养牛作为重点产业来发展。他只是不止一次听发小吴合法向他提起，贵州是个养牛的好地方。吴合法在云贵川一带接了不少高速公路的建设工程，对于那里的交通、气候再清楚不过了。"贵州前几年可能还不行，好多地方路不通。但这两年好了，每个县都通了高速路，连进村的路都是硬化路，有的还是柏油路。加上贵州不少地方针对搞肉牛养殖的出台了很多优惠政策，你真的可以来看看。"在吴世有面前，吴合法几乎快成了贵州的"代言人"，他的一番描述也让吴世有动了心。

而在吴世有启程前往贵州时，楠杆乡兴隆社区的居民杨波则正陷入人生低谷。

杨波和大多数农村里的村民一样，年轻时在广东、浙江等地打工。他用了 10 年时间存下一笔钱，然后回到老家，先在遵义买了一套房，开了一间副食批发部。但杨波似乎有些时运不济，副食批发部生意日渐冷清，他便回到老家，流转土地，办起养牛场。养牛是一项投入高、见效慢，但风险相对较小的产业，通常投入之后，至少 2 年才能回本。有些心急的杨波，又拿了一大笔钱投资建了一个砖厂，想着能多点开花。但人的精力是有限的，砖厂的运营让杨波忙个不停，需要不断投入的资金也渐渐让杨波捉襟见肘。此一来，养牛场便一天不如一天，最终只剩下 10 多头牛。

在遇见吴世有之前，杨波仍对这个养牛场抱有不切实际的期待，认为自己终能独自扛下压力，熬过难关。但听了吴世有一番话，了解到他所掌握的养牛技术远远高于自己时，杨波终于动心了。

2020 年，双方正式确立了合作关系，德江县三友畜牧养殖场注册成立，由吴世有担任法人代表。原有的养殖场需要进行改造，同时需要新建规模更大的厂房。此外，扩大规模后的养殖场用水量也增加，原来的自来水引流设备供给不足，也需要重新修建引水设施。吴世有率先投入了 300 多万元，用于这些基础设施的建设，同时养了 100 多头肉牛，准备大干一场。

吴世有感觉自己运气不错。三友畜牧养殖场成立不久后，原本将肉牛养殖作为"一具一业"重点产业发展的德江县，又将楠杆乡确立为重点发展该产业的乡镇，不少政策支持也随之而来。为了支持三友畜牧养殖场的经营，当地在通水、通路等问题上都提供政策解决了问题。

吴世有常和杨波聊起自己的计划：先建设一个 1000 头牛的育肥场，一个500 头能繁母牛的养殖场地，用两三年的时间把这些基础建设搞起来。同时，在附近流转土地种植牧草，既能减少成本，又能提高肉牛的品质。牛粪也不能浪费，进行干湿分离后，再技术处理做成肥料，用来种植牧草，实现绿色循环。"最后，我再引进一些做牛肉深加工的。前不久，已经有山西的朋友带来了产品，我觉得挺不错，到时候收益就更高了。"吴世有将自己的计划全盘托出，杨波心里也生出期待。杨波知道，吴世有并不是在给他"画饼"，他所提到的牧草种植、养殖场扩大规模等计划已经正在实施，比起当年，养殖场确实发生了巨大的变化。

听完吴世有和杨波之间的奇妙缘分，我和楠杆乡政府的工作人员从坐落在山间的养殖场驱车离开。路上，乡政府的工作人员一脸神秘地告诉我："其实，当时去找吴世有的人是我们乡里的领导。他们听说有个养牛的人才正在凤冈牛市找地方办养殖场，马上就带着人赶了过去……"

蛙鸣声声唤客来

过了德江县洋山河景区，便进入一段蜿蜒的山路。这座山是覃汝飞心里小小的遗憾，他常想，如果不是被这大山困着，或许鹿溪村能更快热闹起来。

爬上高山，路边的房子渐渐多了起来，再绕过几个弯，眼前便开阔了。一些木房子依山而建，顶梁柱和屋顶上的瓦都黑得发亮，看上去有些年头。屋前荷叶田田，荷花点缀其间，小鱼藏在泥塘，周边的水田里水稻生长正旺。雨越下越大，如碧玉般嵌在田野间的鱼塘，被雨滴打破平静，水面上泛起一圈接着一圈的涟漪。

这就是鹿溪村。一场大雨，让这个被潺潺山泉滋润的小山村，升腾出一层湿润的雾气。

我和覃汝飞站在荷塘边，他伸手指向不远处的鱼塘，告诉我："现在这一片有四五家搞水产养殖，都是返乡青年搞的创业项目。村里最大的产业是养牛，除此之外，我们还种花椒、天麻。我们村几乎家家户户都种了一些天麻，你看，山上那一片树林种的都是板栗，其实是为了搞林下天麻种植做的配套。2018年通路、通网以后，确实有不少年轻人回来了。"说起村里的年轻人，覃汝飞表现出明显的欣慰，他太希望见到鹿溪村的年轻人了。

2018年，也是覃汝飞正式成为鹿溪村村支书的一年，在此之前，他是村里的副支书，专门负责调解村里的矛盾纠纷。在鹿溪村，这份工作可算是一门闲差，村里的年轻人大多外出打工了，留下的几乎都是老人，田都没人种，能有多少矛盾纠纷呢？那时的鹿溪村安安静静的，年纪不大的覃汝飞感觉自己在这寂静之中似乎都要老得快些。

"我带你去看看养牛蛙的那家人。"覃汝飞兴致勃勃地把我叫上车，往山间驶去。在山里的小瀑布附近住着一家四口，他们2017年回来时，让覃汝飞感觉到鹿溪村很快会热闹起来。

小院里，女主人和一双儿女正在收拾桌子，听见有车停下来的声音，小儿子趿着大拖鞋冒雨冲了出来，看到熟悉的面孔，立刻向母亲吆喝："他们来了！他们来了！"小儿子看起来不过六七岁，招待起客人来却十分娴熟，还未等我们坐下，便拿出几个塑料杯子，说："我给你们倒茶去！"

母亲落落大方地笑了笑，也不打听我们的来意，先抱歉道："不好意思，不知道你们要来。你们先坐会儿，我去弄饭，你们就留在这里吃午饭吧。"说罢便起身要往厨房里走，我们一番阻拦，好歹算是让她坐了下来。

平房的墙上挂了一块十分显眼的牌子——德江冉霞养殖专业合作社，表明了这处河边小屋的属性。而眼前这位身材纤瘦、活力十足的女人显然就是合作社的法人代表：冉霞。

虽然2017年才开始办合作社，但冉霞养的牛蛙已经渐渐打出了名气，除了销往牛蛙需求最大的重庆市场之外，德江县、思南县，甚至贵阳市的餐馆、牛蛙美食爱好者都慕名而来。"有时候半夜两三点都有人从德江开车过来，专门买回去做宵夜。"聊起这些忠实得有些夸张的食客，冉霞的脸颊上又像抹了胭脂一般。

冉霞和丈夫覃刚都不过30岁出头，却为了生活尝试过不少行业，后来孩子长大，父母变老，夫妻俩也动了回家的念头。对于省吃俭用的夫妻俩而言，投入资金创业是一件必须慎重考虑的事。他们反复盘算老家的资源，最终决定靠老家天然的山水资源搞养殖。

在重庆，美蛙鱼头是当地人最喜爱的美食之一，这道菜里的"美蛙"就是一种名为"美国牛蛙"的食用蛙品种，市场需求量非常大，但贵州养蛙的人却不多。如此明显的市场缺口，让冉霞和覃刚立刻决定：就是它了！

夫妻俩去往重庆，每天泡在养殖场里学习养殖技术。2017年，他们信心百倍地回到了鹿溪村。不过，鹿溪村的景象还是让他们的心里有些不太踏实。放眼望去，大片大片的田土都已丢荒，杂草长得快比人高，记忆中那条小河流也几乎被岸边田地里的荒草掩盖住了。冉霞和覃刚你看看我，我看看你，既然已经回来了，又投入了这么多精力去学习，眼前这景象便不算什么困难。

沿着坑坑洼洼的泥巴路走向那条小河，夫妻俩决定在河边建一座平房，再根据河水的流向修建起蝌蚪培育池、成蛙养殖区等。二人拿出所有积蓄，又向亲戚朋友借了些、向银行贷了款，东拼西凑拿出近40万元，一口气全投入养殖场的基础建设中。经济上捉襟见肘，冉霞和覃刚便想尽办法地省钱，能自己动手的绝不请人帮忙。他们自己搭起了大棚、修起了房子，折腾了好几个月，到了2018年，第一批蛙苗终于跳入水中。

然而，这对年轻的夫妻俩来说，仅仅是一个开始。

远道而来的蛙苗似乎并不太适应这高山里的凉爽气候，陌生的环境又让它们产生了应激反应，所有小牛蛙都拒绝进食，这可急坏了夫妻俩。覃刚知道，牛蛙不愿吃饲料，就得喂它们活食。于是，每天半夜，覃刚便穿着水鞋、打着手电筒出门了。他钻进稻田里，在黑夜里竖着耳朵静静地听着，在手电筒灯光的吸引下，一些小青蛙跳进了覃刚的视野，不一会儿就能抓到不少。这些小青蛙便是牛蛙的粮食。

可过了没几天，田里的小青蛙也被覃刚抓完了，牛蛙还是不肯吃饲料。被逼急了的冉霞，低头看着自己脚上穿的运动鞋，突然想到了另一个主意。她抽出鞋带，在一头拴上饲料，像钓鱼一样甩进蛙池中，手上一晃，饲料便跟着甩动，黑黢黢的一团，像某种昆虫。牛蛙见到动静，纷纷跳起来争抢。眼看牛蛙肯吃第一口饲料了，冉霞高兴得一蹦三尺高，激动的心情不知该向谁述说，抓起手机发了条微信朋友圈："我满心欢喜！"知道她正在养牛蛙的朋友回复道："你的牛蛙生小蝌蚪了？"冉霞"嘿嘿"一笑："还没到那一步呐……"

尽管还没有走到孵化小蝌蚪的那一步，但牛蛙愿意自主进食已经向前迈了一大步了。此后，养殖的路上，冉霞和覃刚越走越顺。虽然他们也遇到过牛蛙生病的问题，但也在外出学习和总结经验中摸索到了解决方法。后来，他们给蛙池又做过几次改良，改低了养殖的水位，又养了不少"清道夫"在水里，为蛙池清理过多的粪便，流动的河水让牛蛙运动量更大，也带走了容易滋生细菌的杂质，长成的牛蛙肉质更紧实，自然也吸引了不少忠实顾客。

冉霞家门口停着一辆皮卡车，这是夫妻俩用来送货的工具。"订了3000公斤以上的，通常都会自己开车来拉。其他时候，我们都是自己载着牛蛙出去，卖给二级经销商，这样能挣得多些！"冉霞把账算得很清楚。从鹿溪村到重庆的市场，通常要开5个多小时的车。牛蛙需要当晚打捞装车，连夜送到市场，才能保证鲜活。所以，每次送货时，夫妻俩总会在村里请不少能干活的老人帮忙，装好车后，覃刚便开着车驶向重庆，满载而归时，再由冉霞开5个小时的车回到家里。

冉霞和覃刚的归来，让覃汝飞打心眼里高兴。2017年，鹿溪村就申报了"组组通"的建设项目，2018年，覃汝飞当上村支书后，硬化路也一点点延伸到各家各户的门口。而冉霞的养殖场前，也连上了一条漂亮的水泥路。考虑到大山里没有通信信号，覃汝飞又与电信公司反复接洽。最终，对方同意在村里修建基站，打通了网络。而住在河边的冉霞一家，原本自己牵来的电线，也在脱贫攻坚各项政策的支持下，换成了更为安全的电路。

鹿溪村仿佛一夜之间发生了翻天覆地的变化，年轻人们，闻讯而来。

2018年之后，村里陆续多了不少水产养殖户、肉牛养殖户和天麻种植户等。覃汝飞粗略算了算，村里成立的农民专业合作社竟已有13家！谁能想到，这里曾是年轻人外出打工，任由荒草覆盖掉田野生机的三类贫困村。

"现在差不多每个星期都会有客人来我这里吃饭，感觉我都能开个农家乐了。"冉霞说。

"鹿溪村还有一些文化底蕴能挖掘，现在路是通了，可惜就是有点窄，下一步我们计划规划成单向行驶的公路，从村的这一头进来，那一头出去，这样游客就方便得多。"覃汝飞的想法更加具体。

在止不住的大雨里，冉霞和覃汝飞偶尔会望着远处的山出神。他们大概心里都在许着同一个愿望。

守护"崖上花"的老校长帅乾能

思南县杨家坳苗族土家族乡

"我们要去的地方是杨家坳乡帅家沟村的黄家山小学。"

当思南的朋友说出这个地址时，我有点迷糊。在路上摇晃了近2个小时，看着窗外的景象从群楼林立的县城，慢慢变成绿树成荫的群山，路越来越弯，坡度越来越大。直到进入村庄，湿气变得更重了，路旁树木仿佛变得更高，树冠交织在一起，形成一个绿色的穹顶。

车在一所学校门前停下，一位老人掏出一大串钥匙，打开大铁门招呼我们进去。

在这被老树覆盖的深山里，眼前这所学校看起来像古老山水画中平添的一抹新的色彩。宽阔的操场旁，一边是用橙色墙面漆粉刷过的校舍，一边是 4 层高、纯白色的新教学楼，白色教学楼旁还有一座贴了白瓷砖的小平房，是学生食堂。进入大门，绕过一处花坛，背后竟还有一座由民居改造的幼儿园。幼儿园旁的木屋看起来有些年头了，木屋门框上挂着一小块黄色牌子，上面写着"学前教育办公室"。旁边则是一块写满粉笔字的黑板，字体像 20 世纪 80 年代招牌画上的宋体字，工整而紧密地排列在一起。细看内容，原来是关于这所学校的部分简介。

"这里就是以前的老校舍，是用我自己家的厢房改的，已经很旧了。"帮我们开门的老人笑呵呵地介绍。他抬手向学校对面指去，道："去我家里坐坐，那边好说话些。"

公路边，除了茂密的老树，就只有这么一栋两间房屋的小平房。平房没有什么特别的装饰，只有灰蓝色的瓷砖，和两副黑底金字的对联。从敞开的木门往里看，似乎能看到屋里堆满了书。

"您就住这里？"

"是啊，要照看学校嘛，一直都住在这里。"

敬佩感油然而生，让我想再次好好看看这位老人。他身材高大，穿着一件老式皮衣、牛仔裤，黑色方框眼镜并未能掩藏住他眼里时常流露出的笑意。他叫帅乾能，是这黄家山小学的老校长，也是创始人。这所学校，是思南县第一所民办公管的小学；是用了近 40 年时间，从一间"私塾"一步步走向村级完小的小学。

在帅老校长的家里，他向我展示了一些照片，也揭开了这所学校过去的故事。

帅乾能这一生只从事过一项职业，就是教师。20 世纪 60 年代，他受聘为代课教师，到了 20 世纪 80 年代，他被调回帅家沟小学，转为民办教师。那时的帅家沟小学，也只是一个只有一、二年级的教学点。学生们在一间年久失修的老木屋里学习，一旦下雨，帅乾能便只能戴着斗笠、踩在雨水里讲课，学生们的双脚也泡在泥水里。

山里的暴雨，其威力不可想象，老木屋最终也抵不过暴雨的摧残，彻底被冲垮。失去了唯一的学习阵地，学生们无所事事，漫山遍野地撒欢。已当了 20 年教师的帅乾能哪会放任学生这样荒废下去？他得想个办法。

"你要用家里的厢房当教室，你还要免费当老师？"家人不可置信的眼神已经说明，大家都认为这个想法有点疯狂。

帅乾能顾不了这么多。"这山那么深，帅家沟那么偏僻，不读书，这些娃娃以后怎么办？"他钻起了"牛角尖"。在他的软磨硬泡之下，家里人竟同意了，他的免费"私塾"开始招生。

一个老师，57个学生，全在唯一的一间教室里进行"复式"教学，帅乾能的学校就这么开起来了。4周后，乡镇负责分管的领导闻讯前来察看。走进这间简陋无比的教室，领导眼里有掩饰不住的惊喜和感动。那时，帅乾能正光着脚在上"大字课"，黑板上写了二十几个大字，同样光着双脚的学生们，埋着头，神情专注，一笔一画地跟着练习。这位领导没有过多打扰，只在课后回复了帅乾能三个字："可以办！"

那时的小学还是五年制教育，帅乾能的教学成果也很快有了成效。当时，帅家沟村的学生只能去青杠坡镇读初中，而青杠坡周边所有适龄学生有1500多人，学校却只能收150～200人，竞争之激烈，可想而知。帅乾能的27名五年级学生参加了考试，最终有4名顺利考上了青杠坡中学，这样的升学率已经足以让帅家沟村的村民们看到希望。

第二年，慕名前来报名的学生多了起来，而帅乾能也开始适当收一定学费，毕竟除了给学生上课，他还要为家人的生活打算。同时，他让自己初中毕业的大儿子帅朝鹏旁听，学习教学方法，为以后登上讲台做准备。

第二年，这所学校有17名学生考上初中，升学率在全区名列前茅。一时间，帅乾能的私人学校成了远近闻名的名校。

前来报名的学生越来越多。看着这些孩子眼中强烈的求学渴望，帅乾能毫无拒绝的想法，陆续将自己住的老房子一点一点腾挪出来用作教学，甚至把牛圈都改造成了教室。

1987年，帅乾能创办的黄家山小学吸引到320名学生入学，连20多公里外的袁家坝村也有学生专程到这里读书，路途遥远，住得远的学生只能连夜打着火把赶路。夜幕沉沉，火把连成细细的长龙蜿蜒在深山，向帅家沟村的黄家山小学汇聚。

如今想起过去学校的景象，帅乾能都不住地摇头。他向我展示了一张照片，照片上是排列整齐的长条桌和长凳，桌面的油漆几乎已经全部脱落，露出木头本来的颜色。"那时学校没有桌子，就向周边的百姓家里讨别人不要的饭桌；没有老师，就让我儿子、3个女儿还有儿媳妇安惠蓉学教书。"在帅乾能的记忆中，这样的状况从学校创办开始一直持续了5年多，才陆续迎来了新的代课老师。不过，代课老师的工资都由帅乾能支付，帅家沟村条件颇为艰苦，老师们来来去去走了好几拨，唯一坚守在这里的依旧是帅家父子，而他的小儿子帅飞，也于1998年结束了外地打工的生活，回到黄家山小学开始代课。

学生越来越多，帅家沟村的适龄儿童入学率早已达到100%。帅乾能家的老屋显然早已不够用，他又一次说动家人：贷款修校舍。

此后的10多年间，帅乾能陆续自筹、自贷了25万元，全部用于建设新的教学场地。这些钱，买完砖、瓦、水泥，加上运送等费用基本就所剩无几，修建房屋几乎全靠动员亲戚和乡亲们出力，连学生和家长都调动起来，大家一挑一担，为学校建起了一砖一瓦。到了2004年，帅乾能号召了100位村民，人们或搅拌砂浆，或打石砖，或扛房梁，帮忙修起了第一栋正规教学楼，学校也有了一个操场，虽然是泥巴地面，但也让学生开心不已。

在国家对农村贫困家庭学生实行"两免一补"（免费提供教科书、免除杂费，并给寄宿生补助一定生活费）政策后，2007年，黄家山小学也迎来了一次巨大的变化——学校成为思南县第一所民办公管的乡村完全小学。

民办公管，意味着学校不再为师资力量发愁，年轻的老师们开始登上黄家山小学的讲堂。基础建设得到进一步提升，新的教学楼建了起来，水泥操场也完成修建，过去石头堆砌的乒乓球台也换成了标准球台。教学管理也进一步完善，教务处、德育处等部门相继成立，相应的管理老师也跟上了工作……

而此时，帅乾能已年过六旬，到了功成身退的时候。小儿子帅飞接过他手中的接力棒，成为黄家山小学30多年来的第二任管理者。直到2013年，帅飞也终于从代课老师转为公办教师，工资上涨到2000多元。不过，帅飞的性格和父亲帅乾能极为相似，涨了工资后，他将这些钱悉数用于建设学校基础设施，改善办学条件。在这过去的近40年时间里，黄家山小学将1000多名学生送到镇上的中学，其中有不少已经学有所成，或成为高校教师，或当上国家公务员，或自己创办了企业。不少学生常常会回到帅家沟，专程来看望一直守在学校旁的帅乾能，也有不少学生通过捐献物资和资金等方式反哺学校。

在帅乾能的一大沓照片中，有一张吸引了我的注意。照片里，年轻的帅乾能正在敲响一口硕大而黝黑的铁钟。"这是以前用来打上课铃的铁钟，用了几十年，这两年才换成电子报时的这种上课铃。"帅乾能看着年轻的自己，脸上浮起一阵笑意。他好像突然想起了什么，对我说："虽然创办学校的时候条件十分简陋，但我每一届学生都留有入学登记簿，从 1983 年到现在都一直保存完好。80 年代的时候，我就开始写学校的简报，还给简报取了个名字，叫《崖上花》，崖上花嘛，就是一种在石头缝里也能生长的花，算是我对这个山沟沟里学生们的期待吧。"

大山里的食品加工厂及其背后的"情感价值"

思南县周寨村

"单纯从商业角度来看，在这深山里开厂是极不具备投资价值的。这里物流成本、人工成本都非常高，我们的工人大多是五六十岁的村民，手脚当然比三四十岁的年轻人慢些。说实话，我开这个工厂，情感价值远高于商业价值。"

在位于思南县三道水乡周寨村的"陈薯"食品加工厂，张诚说这番话时看起来平静而诚恳，却让我对他的好奇更增了几分。

深居于大山之中的"陈薯"食品加工厂是个令人震撼的存在。现代化的厂区周围，是连绵不尽、被密林覆盖的高山，公路如一条玉带缠绕在山腰，一直延伸到厂区大门口。如果从高空俯瞰，这个方圆几十里唯一的工厂无疑显得有些孤独。

"你可能想象不到，我小时候的周寨村到底有多穷。这么说吧，我在读一年级之前，从没穿过鞋子。"张诚似乎察觉到了我的疑惑。在他的描述中，一个光着双脚满山跑的小孩，闯进了我的视野。

20 世纪七八十年代，周寨村的小孩几乎从小就练就了"铁脚板"的功夫。树上的毛栗散落一地，调皮的孩子们提起满是泥垢的脚掌往上踩，幼小的脚底被毛栗细软的尖刺挠得又痛又痒，孩子们"咯咯"直笑，这种为数不多的快乐在饥饿的童年里被无限放大。回到家里，通常只有红薯、玉米、土豆和其他杂粮混在一起煮的食物，这是一家人的口粮，除此之外，无法奢望更多。

张诚出生在 1974 年。村里没有学校，孩子们都在老师家里上课。即便家境贫寒，张诚的父母也从未放弃让孩子们读书的想法。张诚的大哥成了村里的第一个高中生，毕业后进入乡里的文化站工作，后来成了村里的小学教师。而张诚则在初中毕业后选择去贵阳读职高，毕业后，他如愿分配到贵阳市第一建筑工程有限公司工作，很早便走上工作岗位。

周寨村 1997 年才陆续通电，张诚家所在的地方靠近石阡县，算是第一批通电的家庭。而此时，张诚已经毕业开始工作，有了一小点积蓄。家里通电后，张诚做的第一件事就是买了一台电视机回家。这台电视机让寂静的乡村夜晚热闹起来，也让张诚家成了村里的"电影院"。人们聚在张家的小屋里，目不转睛地盯着这个小方盒子里闪烁的精彩影像，直到明月高挂头顶，小屏幕上出现"再见"的字样，大家才纷纷打着哈欠、依依不舍地回家睡觉。

老家人的生活因为这台电视机变得丰富多彩，而在外闯荡的张诚也不断刷新着自己的履历。贵阳市第一建筑工程有限公司承接了大量大型工程，让张诚积累了丰富的职业经验。此后，他先后在贵州恒建混凝土工程有限公司等单位担任副总等职务，2008 年起，便陆续成立贵州龙山混凝土工程有限公司等多家公司，发展的道路越走越顺。

在生意场上顺风顺水，见过不少风光和体面，回到老家时便更能感受到那明显的落差。2010 年的一次回乡，尤其让张诚感到无比揪心。

那是一次农村常规的白事，四里八乡的亲戚朋友都赶来吊唁，张诚看着桌上 10 元、20 元面值的帛金，感觉有些心酸。到了夜晚，哥哥告诉张诚，有位朋友想向他借 100 元钱。这件事又一次让张诚的内心感到一阵酸楚。这位发小比张诚略长几岁，可谓无话不谈，如今，对方想要借 100 元钱，竟然都不好意思向他当面提出。张诚爽快地答应下来，接着便找到村支书，请对方统计一下附近 3 个村民组里，60 岁、70 岁、80 岁以上的老人分别有多少位。

张诚想不出别的办法，只能以最直接的方式尽一点绵薄之力。从那之后，每年的腊月二十八，张诚总会安排公司里的人去村里给老人们送过年红包，60 岁以上的给 800 元，70 岁以上的给 2000 元，80 岁以上的给 3000 元。特地选在腊月二十八，是因为这是每年春节前，村民们去集市上采购年货的日子。老人们拿到红包，至少能在一年最喜庆的日子里过得舒心一些。

其实，在此之前，作为"春晖使者"的张诚就已为周寨村做了不少大工程。

2008年左右，三道水乡的新民小学破败不堪，乡里学区办的主任找到张诚，表示希望能得到他的帮助，改善新民小学的教学环境。张诚毫不犹豫投入了68万元，其中60万元用于修建学校，8万元用来在乡镇上修建了一所幼儿园。此后，当地的小学、中学的足球场、绿化带等均是张诚资助的成果。

这样无私的捐助长达数年，张诚累计投入了数百万元，却从未大肆宣扬过。直到2017年左右，一直把这些事迹看在眼里的乡政府干部，向张诚提议："你这样长期捐钱其实也不能解决实质性的问题，如果你想帮他们，不如考虑在村里建一个厂？"

在乡里的干部说出这句话之前，张诚从来没有想过离开贵阳去其他地方建厂，更何况是在这个被群山环绕的偏远山村中，交通不便、资源匮乏、人力成本高……无论从哪个角度来看，周寨村都不是开办工厂的最佳选择。但张诚还是想试试，多年不计回报的捐赠就是希望老家能得到一点改变，如今有一个可能会获得更佳效果的选择，他没有理由不去做。

但是要做什么呢？这个问题摆在人们面前，几乎无解。放眼望向整个周寨村，几乎没有一项优势产业。张诚喜欢吃沃柑，这种甜蜜的水果在市场上销量一直不错，价格也不便宜。但了解到沃柑的生长周期后，张诚便放弃了。沃柑引进种植后，要管理三四年才会进入挂果期，这漫长的三四年，张诚能等，但等着开饭的村民们不能等。

寻寻觅觅，周寨村村干部的一个提议，让张诚有了新的思路。2016年，周寨村村民群体联合建立了思南县三道水乡周寨村集体经济组织专业合作社，合作社建起3000余平方米的红薯食品厂，专门加工红薯粉丝。但由于经营不善，投入的100万元不仅没能回本，还倒亏了60多万元，工厂一直处于停滞状态。思南县是红薯种植的大县，周寨村也盛产这种粮食，煮红薯的甜蜜香气几乎伴随着村里所有人的生活记忆。虽然如今人们生活水平相比过去已有很大提升，红薯也早已退出人们的餐桌，但红薯加工制品依旧深受人们喜爱。如果不仅仅是生产红薯粉丝，而是再进一步深加工呢？

张诚很快定下了方向：做红薯粉丝方便食品，创立品牌，并建立红薯选育、种植、淀粉加工、方便食品生产及销售的全产业链。他先后投入了上亿元，注册成立了贵州佳里佳农业发展有限公司，建设食品加工厂、开生产线、建立销售渠道，并在周边10余个乡镇广泛铺开红薯种植基地，为了能顺利运输，他又投入了 100 多万元，扩宽了原本只有 1.2 米宽的乡村公路。2019 年，公司旗下的"陈薯"品牌正式推出，酸辣粉等桶装方便食品进入市场，销量一路高涨。

在市场上红火，并不意味着张诚的投入就能立刻收回成本。除了前期巨额的投入之外，在红薯原料收购和用工环节，他都给出了略高于市场的价格。不过，当地政府和省级层面正在为他缓解压力。2020 年，东西部扶贫协作项目为他提供了部分资金，用于工厂发展。2021 年 3 月，贵州省启动全省农产品（食品）深加工高成长企业产品推荐活动，推动 16 家高成长企业与大型渠道商签约，而"陈薯"品牌的系列食品也位列其中。

在回乡创办企业的同时，张诚还设立了"张诚奖学金"。2020 年，这个奖学金发放了 230800 元，几乎都奖励给了当地培育出优秀学生的教师。因为读书改变了命运的张诚想通了一件事，在偏远的山村里，愿意自我提升又认真负责的老师，才是帮助学生走向广阔天地的关键。

2021 年 1 月，春节将至。周寨村的老人们开始盘算去集市上采购什么年货，但是，相比起过去每年腊月二十八收到张诚送来的短暂喜悦，现在他们感受到的欣喜显然更加持久。毕竟，那条缠绕在山腰上的公路似乎永远都在忙碌，有时，是载满红薯前来销售的大卡车成群结队，有时则是装满酸辣粉送到山外的货车排起长龙。

搭上"电商驿站"的顺风车

印江土家族苗族自治县兴民社区

2020 年的周方棚像在坐过山车。他决定自己单干开始创业后，虽然交了不少"学费"，但也创造了 1000 万元的流水。大概这就是电商的魅力，不过有些不同的是，他是在农村做电商。

我是 2021 年 3 月下旬见到周方棚的。彼时，这位 1995 年出生的年轻人正裹着棉夹克，坐在空旷的办公室里对着电脑忙活，虽然是上午，但他看起来似乎有些疲惫。

"今年我们和一些农户签了产销协议，货源更稳定了。但 3 月份、4 月份出现了空档，没有什么新产品，我们打算从外地进一些香菇暂时补上。"交谈中，周方棚透露了最近的忧虑。

周方棚进入互联网行业并没有什么优势。他出生在杨柳镇的一个小村庄，家里人口众多，被识别为贫困户。直到去往江西某高校学习工商管理后，周方棚的世界才与电商、大数据等时代前沿产物产生了交集。

大学毕业后，周方棚在贵阳运营过自媒体，也在美团优选、联联周边游等相对成熟的互联网公司工作过。在这些以团购为主要业务的公司里，那些不断上新的农副产品让周方棚常常联想到自己的老家："这东西，我们印江也有啊，我自己怎么不能做？"

那时的周方棚或许并不太了解，印江县早已在电商这条路上摸索了多年。

2015 年，印江入列全国电子商务进农村综合示范县，随即出台了《印江县电子商务发展奖励扶持办法》，调动了不少资金用于激励县内的相关企业和个人积极发展。正当周方棚还在贵阳"刷经验"时，距离他 300 多公里外的老家又摸索出一种新的模式。

或许是命运的巧合，抑或是为周方棚几年的"修炼"成果提供舞台。2019 年，周方棚因奶奶发生意外事故受伤而回到老家，恰好碰上了县里新开创的"电商驿站"正在招聘技术指导人员。

"电商驿站"，简而言之就是由县级层面整合资源，打通线上和线下的渠道，在县城设立电商驿站分拣中心，并将全县分为 8 个区域，统一调配 8 条运送线路，各村设有"驿站掌柜"，统一收存村民们销售的货物，再直接通过这些线路将货物运送至县城再统一发货，以此减少运费、压缩配送成本。除此之外，"电商驿站"还提供助农取款、金融咨询、邮件收投、代收代缴、政府代办、技术指导、创业培训等综合性服务。2019 年时，全县已建成"电商驿站"129 个。

看着"电商驿站"的概念介绍，曾经让周方棚感到无解的问题似乎找到了答案："这东西，我们印江有了，我们自己能做了。"

凭借在贵阳积累的经验，周方棚顺利应聘上了技术指导员的职务。他的工作并不复杂，但有些费时间，他需要去往全县各乡镇，为各村有意向做网络销售的农民提供技术服务。而这些居住在村庄里的农民们，竟也给他带来不少惊喜。

在朗溪镇河西村帮村民注册网络店铺时，一位妇女将手机伸到他眼前："麻烦帮我也弄一个。"从声音也能听出，这位求助者并不年轻。周方棚抬头看了看对方，心里暗暗吃惊，这位名叫任旭英的农妇已经60多岁了，但她充满期待的眼神让她看起来神采奕奕。周方棚热心地帮她在"拼多多"平台上注册了店铺，并教会了她使用方法。在那之后，任旭英像模像样地经营起了自己的网店，仅2020年就卖出了700多件产品。

注册网店并不算什么技术难题，很快，周方棚的工作就变得清闲起来。眼看不少和他一样年轻的人已经嗅到了机会，正在准备大展拳脚，周方棚也闲不住了。2020年4月，他果断成立了多乾电子商务公司，打算在自己越来越熟悉的这个行业里干点什么。

干点什么呢？恰逢端午将至，走在集市上的周方棚漫无目的地寻找着答案。人山人海的集市上，叫卖声此起彼伏，除了那些平日里常见的蔬菜瓜果，还有不少人应了端午节的景，挑着几大捆粽子叶摆在摊上售卖。粽子叶，这东西网络上应该不多见吧？被选品种问题困扰许久的周方棚早已放飞思绪，任想象力如野马奔腾，看着这些粽子叶，他突发奇想："不如就卖粽子叶？"

他在市场上收购了一批粽子叶，打算做个实验。没想到这种网络上并不常见的商品竟然有这么大的市场，他拍好图片挂上店铺后没多久，收购来的粽子叶竟很快就销售一空。周方棚大喜过望，发货时还细心地把沾了灰尘的粽子叶用水洗净。可他的欣喜只维持了几天，等客户收到货后，一些差评竟突然袭来。

原来，粽子叶用水洗后，再在闷热的长途运输环境中颠簸几天，便会很快发黄、枯萎。客户的"买家秀"和周方棚的"卖家秀"严重不符，而好心办了坏事的周方棚，满腔委屈却不知该怎么诉苦，只能吃下这记教训，再去收购粽子叶来发货了。

不过，这网店的第一件商品并没有受此影响，购买的人依然很多。周方棚一口气将市场上所能见到粽子叶都收购回来，请来几个朋友帮忙处理货物。清洗、擦干、摊放在风扇前吹干，然后进行真空包装。这一系列流程耗时耗力，但初尝甜头的周方棚干劲十足，从白天干到黑夜也不觉得疲惫。

到了傍晚7点多，周方棚还在办公室里处理着那些粽叶。突然，他听到楼道间传来人声，抬头一看，竟是妻子引着县商务局的局长，以及负责分管电商的一位主任。一行人笑呵呵地走进周方棚的办公室，道："我们过来帮忙了哦！"说罢，几位热心肠便卷起袖子干了起来。周方棚蹲在那成堆的粽子叶间，心里流过一阵暖意。

这些毫不起眼的粽子叶，让周方棚挣到了第一桶金，也让他很快打开了销售思路。"在农村做电商，最重要的就是应季货源，农民种什么，我就能卖什么。"此后，辣椒、香菇等当地特产一件接着一件被他挂上店铺，客户下单和咨询的提示音不停响起。常常到了深夜两三点钟，周方棚还抱着手机不肯撒手，眼皮刚刚要粘在一起，一声"叮咚"又把他惊醒。手机那一头，是半夜睡不着觉在网上购物的客户，而手机这一头，则是一边耐着性子回答客户问题一边抵抗着困意和疲惫的周方棚。

到了2020年10月，努力了几个月将网店经营得风生水起的周方棚，接到了来自县里的委托。朗溪镇等地的蜜橘全面丰收，但种植面积太广，产能过剩，农民们找不到销路，眼看果子挂在树上摇摇欲坠，正一筹莫展。这就到了电商出马的时候，周方棚立刻上架了蜜橘的链接，并在"拼多多"平台上做了推广。很快，各地的订单接踵而至，但蜜橘运到驿站时，周方棚傻眼了。蜜橘皮薄汁多，仅用纸箱打包很容易在运输途中被挤破，必须放进泡沫隔层，还需要给每个果子包上泡沫果袋。可是，这种泡沫制品的生产污染较大，全贵州都找不到货源，周方棚多方打听后，连夜赶去湖南找到了一个厂家。可包装袋到手后，打包又是一个难题。出于节省时间的想法，周方棚原本请各驿站运输车辆将包装袋发放到农民手中，让果农自己进行包装。但等货物收到分拣中心后，他却发现，忙于采摘果子的农民们根本无暇顾及包装，也意识不到包装的重要性，只是勉强包上几个果子表示一下而已。无奈之下，他只能又从公司所在的兴民社区聘请工人重新包装。如此来回折腾了许久，这批蜜橘总算顺利售空。

经历如此种种，每次推出爆款产品都像在"打仗"一般，但每次"战役"过后，总能尝到收获的幸福。经历了近一年的时间，周方棚与"梵净云仓"等电商平台建立了紧密的合作关系，在网络上开通了多个网店，也与不少农户签订了产销协议，公司的运行越来越顺利。

多乾电子商务公司所在的兴民社区，是一个易地扶贫搬迁安置小区。每次周方棚的店铺收到大量订单时，社区里的搬迁户们也跟着忙碌起来，三五十位临时打包工人聚在"电商驿站"分拣中心，熟练地包装着货品。还不到30岁的周方栅，像一个小指挥官，把工作安排得有条不紊。那些新鲜的水果、蔬菜和农副产品，从各个村寨的土地里，一夜之间"跑"到县城，再在短短的10多个小时中，"飞"向全国各地。这场景，恰好印证了周方栅一年多前找到的答案："这东西，我们印江有，我们真的做到了。"

彩色的石漠大山

印江土家族苗族自治县朗溪镇

离开县城往东行驶约10公里，顺着印江河向朗溪镇奔去。进入山谷，眼前便陡然出现一座大坝，上书"天下奇观"4个大字。后来我才知道，这4个字背后，竟藏着朗溪人最惨痛的回忆。

"我记得是1996年9月18日。那天雨下得特别大，我恰好在县城办事，晚上十一二点开车回来，走到山前就听见山上传来碎石块往下滚的声音。我跟车里的人说，'你赶紧下车帮我打着手电筒，前面去不得了！'等第二天再回到朗溪，发现整个集镇一夜之间竟变成了湖泊，我才知道，垮山了。"在河西村村民的回忆里，那个让他躲过一劫的夜晚不知算是幸运还是不幸。那是一场在全亚洲范围内都算最大规模的山体滑坡，300余万立方米滑体轰然倒塌，堆积在183米长的印江河河道上，构成了一座59.5米高的天然大坝。暴雨不断抬高着水位，最终翻过大坝冲向朗溪，迅速吞噬了整个集镇和附近的村庄，形成了20多平方千米的湖泊，比杭州西湖的面积还大。

这次山体滑坡让整个朗溪镇遭受有史以来最为惨重的损失，而它的诱因除了复杂的地壳运动之外，朗溪镇严重的石漠化问题也逃脱不了干系。相比起那次震惊世人的巨大灾害，石漠化问题才是朗溪人记忆中最深刻而持久的伤痛。

"以前，不堪回首哦！这些山都是'光头'，神仙难过二三月。"昔蒲村村支书田井付聊起过去忍不住地摇头。他不知道昔蒲村乃至整个朗溪镇是什么时候变成这般模样的，从他出生时，昔蒲村就已完全笼罩在毫无生气的灰白之下。虽然守着一条印江河，但河水地势偏低，周边并无农田，河水又无法引到山坡上的地里。每逢干旱，这里的人们就不得不饿肚子。前人的过度樵垦，导致那些灰白的基岩裸露在地面，一点点侵蚀掉山间的绿色。土地不保，庄稼便无法生长，尤其是每年二三月份，全村90%的农户都不得不向外借粮食。"以前我家9口人，吃土豆、红薯都舍不得去皮。"在田井付的记忆里，那时，煮土豆前总是小心翼翼地刮去表皮上的泥垢，生怕多削下了一块皮，那场景至今都让他感觉心酸。

不改变就活不下去。面对周围这毫无生气的一片灰白，河西村、朗溪村、孟关村、昔蒲村、三村村等石漠化问题最严重的几个村寨，早在那场可怕的山体滑坡之前，其实就已经与大自然的惩罚正面对抗了10多年。

"你可以实地去看看，现在的朗溪大不同喽！"田井付和其他几个村的村干部无意向我卖关子，迫不及待地想展示今天整个朗溪镇的新貌。朗溪镇是一个石漠化问题十分严重的地区，如今竟成为水果年产量9000多吨、年产值3000余万元的富饶之地，这听起来是个传奇。"你们是如何做到的？"我提了一个几乎所有人都会问的问题。

田井付笑得如释重负，将昔蒲村和朗溪镇过去30年的艰辛娓娓道来。

20世纪80年代，为了治理石漠化问题，几乎每一座裸露着巨石的大山前都插上了一块牌子，上面写着4个大字：封山育林。

封山育林，意味着石头缝里那一丁点儿能种粮食的土地也不可用了，一开始，当地的农民们并不太理解。但是，再不种树，那一丁点儿土地或许也会慢慢流失殆尽。这对人们来说，就是一个恶性循环的无解题。

其实，早在清代，昔蒲村就有种植柑橘的传统，但后来人们乱砍滥伐，果树变成了柴火，果林成了庄稼地，最终造成了"开荒开到天，种地种到边，春耕几大坡，秋收一小箩"的窘境。200年前的教训给田井付带来了新的启示：既然只能种树，那就得让树结出能换钱的东西，村里曾经的"招牌"其实是一个不错的选择。他向乡镇里提出了种柑橘的想法，很快得到了乡镇的大力支持，昔蒲村得到了政府免费提供的果树苗，田井付带着村民们开干了。

在石头山上种树谈何容易？石块之间的土壤不足以插下一棵树苗，必须要让这大山变个样。田井付带着人们用钢钎插进石缝，凿开坚硬的石块，再用碎石在空处的地面周围垒出围栏，看起来活像一个放大了百倍的巨碗一般。一层层石砌的围栏沿着坡势推开，形成阶梯状，为树苗打造出一个相对宽敞的生长空间。

接下来，就要解决土壤的问题了。常年雨水冲刷、山体滑坡等，早已导致土壤大量流失。当地人能想到的唯一办法就是：向山上运土。人们四处寻找土壤，或用扁担挑，或用小车推，一点一点将那些珍贵的土壤送到山上，塞进了石头缝里。

苍白的石头山上，终于有了星星点点的黄褐色泥土。村里立刻派出田茂堂等两位村民代表，外出学习果树嫁接技术，一时间，村里有 2/3 的农户都投入到这项巨大的工程之中。而余下 1/3 的农户仍处于观望状态，他们心里仍有顾虑。果树需要管护三四年才能见到收益，这三四年间该如何生活？他们还没有想通这个问题。但田茂堂等率先开始种果树的人，给村民们算了算账：从长远来看，果树管理得好至少能生存几十年，每年都有果子摘，售价也比粮食高出许多，这笔投资是绝对划算的。

人们渐渐有所动摇，便不再观望。此后的几十年间，漫山遍野的巨石渐渐被绿树覆盖。最早开始投入种植的人家已经见到丰厚收益，田茂堂这样的先行者，更是成为当地的"土专家"，不仅指导人们种植，自己也开办了育苗基地。到了 2010 年后，昔蒲村的荒坡依然不少，正等着更多人来改造它们，不少新血液还在陆续加入经果林的打造中，其中就有田勇明夫妇。

说起这对夫妻，他们也都是能吃苦的人。田勇明一家原本开办了一间生产烟花爆竹的工厂，随着当地政府对这类危险品的生产严加管制后，他们便毫无留恋地回到村里。此时的昔蒲村已不再是过去苍白的模样，田勇明夫妇也很快掌握了开荒和种植的技术，只是面对这百亩石头山，他们还得在前期的改造上耗费大量时间和精力。

几乎是没日没夜地与山坡上坚硬的石块作斗争，田勇明夫妇每天挥着锄头在地里埋头苦干，等到果园初现雏形时，两口子才反应过来，在过去漫长的开垦中，他们已经用断了 200 多把锄头。不过，结果还是令人欣喜的，看着那片绿意盎然的果树林，夫妻俩心里也踏实了许多。

或许，曾经困于灰白石头之间的朗溪人实在太渴望色彩了，就连生态产业园里的主干道都涂满了红、黄、蓝三种明艳的颜色，从高空俯瞰，就像绿宝石腰间绑了一根彩带一样。而如今的朗溪镇，确实也为那苍白的石头山染上了各种各样的颜色，桃花在春天染上粉红，金香橘在暮春染出金黄，蜂糖李在初夏抹出一片青色，红香柚在秋冬涂抹一点黄……

走在色彩丰富的朗溪镇石漠化治理生态产业园，我突然意识到，为什么车刚驶入朗溪时，我会感觉窗外的景象有些不同寻常。与贵州其他植被丰厚的地区不同，朗溪的山坡上，植被呈点状铺开，那些密密麻麻的绿点形成了一张巨大的"网"，"网眼"间依然能窥见过去因愚昧和贪婪而留下的白色"伤痕"。但这张"网"是朗溪人觉悟后创造的奇迹，它改变了这里几十年来无奈的苍白，是朗溪人在漫长的对抗中与石头山达成的和解。

百年向学家风今朝再续

江口县梵星村

站在梵星村的太阳坳顶向西眺望，能远远看见云雾缭绕的梵净山金顶。2016年被列入第四批中国传统古村落名录的梵星村，是梵净山国家级自然保护区的缓冲区，距离那个备受世人关注、每天游人如织的著名景区大约30公里。距离不算太远，甚至名字里都带一个"梵"字，但与梵净山人潮涌动的热闹相比，这个古村落却宁静得如世外桃源一般。上午10点走在村里的大路上，前前后后见不到几个人，只听见声声鸟鸣在山谷里回响。

在去老人严世峰和严冬秀家的路上，村支书严建忠给我讲了不少这个古村落的过去。他知道我是为了探访村里关于教育的历史而来，便重点提到了梵星村村规民约的来历。

梵星村是江口县脱贫攻坚期间重点关注的一类贫困村之一。近几年来，这里接连走出不少大学生，考取"985""211"等重点高校的人不在少数，这背后的故事确实让人好奇。从严建忠的口中，我大致了解到了当地人对教育重视的传统到底从何而来。

诞生于明代洪武年间的梵星村，曾经为了禁止赌博的歪风邪气，当地严氏家族立下规矩，严禁族人赌博，同时，在张家坡开办私塾，培育后代知礼好学、尊师重教的优良风气，禁赌、向学的传统一直延续至今，从未有人打破。严建忠的曾祖父严道修是村里第一个复旦大学毕业生，但到了严建忠这一辈，能考上大学的人不多了，并不是因为无心向学，而是因为一个字：穷。

梵星村地处深山之中，村民们没有林地，土地也十分破碎，耕种只能让他们填饱肚子，却没有多余的产物把钱袋也装满。到了 20 世纪 80 年代，"杀广"（铜仁地区方言，外出打工的意思）的浪潮几乎席卷了大山的各个角落，梵星村延续多年的向学热情也被浇灭。毕竟，梵星村确实太穷了，并不算高的学费对很多人家来说是负担，艰苦的求学生活对孩子们来说也像一个噩梦。

在严建忠的记忆中，读书总能与辣椒和酸菜联系在一起。"我们小时候读书基本都得住校。每个星期去学校前，要准备好一周的饭菜。苞谷、红薯是主食，配菜基本都是辣椒和酸菜，只有这两样东西不容易坏。条件好些的，带点大米，再用一个杯子装一坨猪油，吃饭的时候挑一小坨猪油拌在饭里，就着辣椒和酸菜囫囵吞下。读三年书，就要吃三年酸菜。"严建忠至今仍觉得那样的日子不堪回首。

如此艰苦的生活，让多少人对挣钱产生强烈的向往。甚至有部分年轻人连初中都还未毕业，就迫不及待地谋划"把家里的牛偷去卖了，换来路费外出'杀广'去！"严建忠也未能免俗，他进入五年制高职后，内心对外界的向往更加强烈，刚满 20 岁，便随着"打工潮"漂向了沿海地区。

但热潮总会过去。当这一批年轻人逐渐成长，当初对外界的热情和期待也逐渐冷却，对"万般皆下品，唯有读书高"这句老人常挂在嘴边的话也有了更深刻的认同。村里的老人严世峰和严冬秀夫妇，就是这句话的坚决拥护者。

这对老夫妻的 3 个孩子也曾因为贫穷而不得不辍学外出打工。小儿子在外吃尽苦头，意识到读书才是更好的出路，便决定将自己的两儿一女托付给父母严加管教，而自己和妻子则在外拼命赚钱，供孩子读书。

严冬秀完全同意儿子的决定，或许，她想在 3 个孙儿身上弥补曾经对儿子留下的亏欠。

儿子在外打工所挣的钱几乎都给孙儿们交了学费，那填饱肚子就得靠这对年过半百的夫妻俩。两亩地、两亩田，以及一头猪，这是严冬秀夫妇所有可以用来变现的财产。在 3 个孙儿还在读小学时，严世峰的父亲也还在世。那时候，这对夫妻的一天是这样过的：清晨，起个大早的严冬秀，在白米饭上放几个红薯一起蒸，而严世峰则收拾好农具，等着吃完早饭去地里干活。白米饭是为老人和孩子准备的，而红薯则是这对夫妻一天的口粮。严世峰在地里劳作一天，严冬秀则在家里操持家务，收拾猪圈。等到了下午放学，严冬秀则要赶去学校，把孙儿们接回家来。晚饭也是如此，白米饭是老人和小孩的，严冬秀和严世峰大多数时间只吃红薯。

严冬秀对 3 个孩子严加管教，而 3 个孩子也都十分听话、懂事。在这对老夫妻的呵护之下，3 个孩子陆续考上大学，已经毕业的孙女严佳香和孙子严双桥分别在县里的医院和德江县政府工作，而最小的严家成常常带回不少奖状、奖学金，目前正在辽宁石油化工大学读书。

挨个儿送走 3 个孙子，严冬秀脸上的欣喜多过不舍。每次在外工作的儿子和孙子回乡探望老两口，总想留下点生活费帮补老人，都被严冬秀强硬地拒绝："有这个心就行啦！你们管好自己就够了，我们现在轻松咯，家里都够吃的！"

到了 2013 年，结束了打工生涯的严建忠回到家乡，他早已厌倦了四处漂泊的日子，太想家了。刚满 30 岁的严建忠通过竞选，成为梵星村的村主任。此时，他敏锐地察觉到，梵星村似乎有一股久违的风气正在回归，从孩子们纷纷奔向学校的脚步中，他仿佛听到了求学风潮正在苏醒。

严建忠在经历了 10 余年的打工生活后，当然知道读书的可贵。更何况，村里有部分与他年龄相仿，或比他年纪更大一些的人们，当初选择熬过那段心酸的求学生活，如今都已取得不小的成就，这更让他坚定了，想要梵星村彻底振兴就要培养读书人才的想法。他想为这些因学致贫的家庭，或是缺少家长监督、徘徊在放弃边缘的孩子们做点什么。

在 2015 年一个朗月高照的夜晚，村委会办公室里灯火通明。严建忠好不容易将一群"大忙人"聚到了一起，他们当中有在县政府工作的严代茂和严电，有在中学教书的严家德，有在镇政府工作的严勇，还有 10 余位长期在外工作的村民。为了这次难得的会议，严建忠和其他村干部提前好几天，分头向在外工作的村民们打电话发出邀请，而会议的主题只有一个：为梵星村的孩子们成立一个助学基金会。

人到齐后的几个小时里，大家进行了分外热烈的讨论。资金如何来？奖励等级如何评定？奖金档次设为多少？这些问题在讨论中逐一得出答案。确定了章程制度和奖励措施，梵星村将这个基金会命名为"关心下一代奖助学基金会"。

当年的 8 月 8 日，梵星村举办了"关心下一代奖助学基金会"成立仪式。严建忠和村干部们挨家挨户做宣传，向所有人传递着同一个信息："绝不让梵星村的孩子们因为家庭贫困而辍学。"基金会的成立得到全村人的拥护，在外工作的村民纷纷捐来上千元的大额资助，而在村里生活的人们也拿出 80 元、100 元以表心意。"就连村里 70 多岁的'五保户'严世乾老人，也给基金会捐了 100 元，说要支持孩子们读书。"想起这位老人，严建忠心中又生出感慨。

基金会为不少考上好学校的孩子解了燃眉之急。"村里有个小孩叫严宇，他家姐弟三人，成绩都特别好。两个姐姐考上了重点大学，而严宇在中考时拿下了江口县第一名的成绩。"说起村里成绩优秀的学生时，严建忠眼里闪着激动的光，"他家条件不太好。当时，贵阳一中这样的好学校都和他联系过，但就是因为家庭困难无法去更远的地方，最后进入铜仁中学就读。去年，他期末考试成绩在全市排名第七，今年他就高考了……"严建忠毫不掩饰自己的期待，就像严宇是他自己的孩子一样。

严建忠带着我在梵星村走了走，一路上都在向我介绍梵星村这几年的"状元"们。"我们也经常请以前考上大学的人回来给孩子们讲课，就是为了给大家树立榜样。之前的我没有统计过，但从 2015 年到现在，平均每年大概有 10 个孩子考上重点高中或者大学。最关键的你知道是什么吗？梵星村的人口并不多，还有不少单身汉，每年的出生率其实是比较低的。在这样的基数下，能有这种成绩，应该很不错了吧？"午间的阳光之下，严建忠情绪高涨。林间的薄雾早已散去，太阳对整个山谷一视同仁，均匀地洒在每一寸草地、树林和田野上，任何地方都能感觉到正午阳光带来的温暖。

一万人的新生活这样开始

一个社区有 10000 以上的人口，在现代社会来说并不算稀奇。但如果几乎在同一段时间内，有 10000 多名来自不同乡镇下各个村落的村民搬到同一个社区居住，那会是怎样的情形？

梵瑞社区，江口县最大的易地扶贫搬迁安置社区，挂牌于 2018 年 7 月 1 日。57 栋 98 个单元的密集住房中，住进了 2363 户 10185 人，其中，土家族、苗族、侗族等少数民族人口有近 7000 人。

多民族混居，民风民俗自然有差别；来自不同的地方，生活习惯大概也会有所不同；居民中有不少老人和小孩，建档立卡户占了一半多，恐怕也会有不少问题。"这一定是一个有故事的地方。"我抱着这样的想法，来到梵瑞社区，想要对自己好奇的问题一探究竟。

整齐排列的居民楼、干净整洁的小街道、植物繁茂的绿化带，以及便捷的公交车站、家门口的就业基地等公共服务设施一应俱全。社区的街道上没什么人，只有路边的宣传栏附近比较热闹，一群年迈的老人在宣传栏前的长椅上坐成一排，三五个人凑作一堆，显然正在拉家常。有老人手里提着刚买的菜，从宣传栏前路过，被聚在一起的熟人一声招呼，立刻加入聊天的小团体中，似乎全然忘了要回家做饭的事。

从表面上看，梵瑞社区与其他的易地扶贫搬迁安置点似乎并没有什么不同。但之后的走访，才让我知道这一派祥和其实来得并不容易。

梵瑞社区的党群服务中心大概是整个社区中最热闹的地方之一。大厅里前来办事的居民走了一拨又来一拨，工作人员或紧盯着电脑，或耐心地为居民解答着什么。张仁华带着我们穿过繁忙的办事大厅向办公室走去，而正忙个不停的工作人员只是冲我们点点头，又迅速回到自己的工作状态中。

张仁华是社区副支书、居委会主任，2019 年才从怒溪镇的麻阳溪村搬到这里。"以前的村子没法生活，赶场要走两个小时的路，人们都不常出门。"提起自己的老家麻阳溪村，张仁华仿佛又回到了那条泥泞的乡村小路上。他似乎被唤醒了什么特别痛苦的回忆，说道："最糟糕的还不是交通问题，是自然灾害。"

在怒溪镇的西北部，沉在大山之间的麻阳溪村养不活那么多村民。那里耕地稀少且破碎，道路蜿蜒而颠簸，最让人恐惧的是暴雨天，不知什么时候运气不好，泥石流或山体滑坡就会将本就不算结实的房屋掩埋。张仁华的印象中就有一次让他感到惊恐的经历。那是2001年，张仁华还在读初中。一场暴雨之中，山突然就垮了下来，裂开的地面将两户村民的木屋分作两半，所幸并无人员伤亡，但那场景着实让人触目惊心。

如此糟糕的环境忍受了多年。2017年左右，张仁华已经长大成人，并成为一名村干部，村里突然传来让人感到新鲜的消息："整组搬迁，搬到城里去。"年轻人为之振奋，几乎是毫不犹豫地表示了同意。但老年人却满不在乎，甚至有些抵触，他们在这穷山恶水间过了一辈子，仿佛早已跟这山水达成和解，不想再去适应新的生活。

镇上的领导、干部，乃至县里的领导、干部前前后后来了几次，不仅劝说无效，甚至还遭到无数白眼，而张仁华作为本村人，自然好说话些。他找到8位能说会道、人缘也比较好的村民作为代表，和他一起在全村展开了动员工作。张仁华说话语速快，又极富感染力，他给老人们提出了几个问题，很快就有了效果。"村里有医院吗？村里离集市远不远？村里的学校教育质量如何？有个什么大病小痛的，搬出去离医院都要近一些哦。"在张仁华的"提问式动员"下，老人们竟都心甘情愿地收拾好行囊，依依不舍地离开了老房子。

人们陆续搬进新家后，新的问题也暴露出来。在社区居委会等管理部门成立之前，人口越来越多的社区逐渐变得混乱而无序。习惯种粮食的人一夜之间离开了土地，无所事事之余更为一家人的生计发愁；10多岁的小孩突然进入新的环境，花花绿绿的世界让他们迷了双眼，有的小孩竟然半夜摸出家门去偷电瓶车；不同乡镇的人聚在一起，打开了彼此之间的人际关系，婚姻纠纷竟也因此变得多了起来……

越来越多的问题亟待解决，但这个全新的安置社区还未来得及形成统一的管理，只有各村的干部各自处理自己村的问题。显然，人们对这样的现状并不满意，住在社区B栋6楼的张万权就是其中之一。

张万权和张仁华是老乡，已有50多岁。虽然他曾因火灾导致肢体残疾，一直找不到工作，但他有大专学历，掌握了不少法律知识，在麻阳溪村为村民们提供过不少法律方面的帮助，在当地也算有一定影响力。可搬到梵瑞社区后，张万权却成了最爱给村干部"找茬儿"的人。

"你们这个文件条款有问题。"

"你们履行这一条款时并不符合法律程序。"

张万权似乎总是盯着村干部如何履行职责，虽然常常让本就忙得不可开交的村干部感到头疼不已，但确实也挑不出他有什么问题。

到了 2018 年，梵瑞社区正式挂牌，社区的各个部门全部成立，此前发生的种种问题也到了要逐一解决的时候。而赋闲在家的张万权，此时也引起了居委会主任张仁华的注意。既然张万权掌握丰富的法律知识，对社区管理又如此热心，何不让他参与到管理中来，借助他在村民中的影响力，或许能起事半功倍的效果。

此时的梵瑞社区成立了物业公司和业主委员会，很快构建出"社区党委居委会＋党支部业委会＋物业公司"的管理体系。张仁华与懂法律的张万权交谈过几次，不仅将对方介绍到物业公司工作，还提议让他担任业主委员会主任、法律顾问，以及所在居民楼的"楼长"。曾经抱着"为民请命"的想法处处给社区干部"找茬儿"的张万权，此时有了好几个头衔，自然也很快进入了角色。过去，他认为自己是居民的"传声筒"，而如今，他自己就能帮村民们解决不少问题了。

像张万权这样的居民不在少数，梵瑞社区内每一栋楼都有一个"楼长"，不少小矛盾、小纠纷，不用出那栋楼就能解决。而过去发生的偷盗等问题，也随着当地教育环境的迅速完善和就业服务的迅速推进得以解决。

从桃映镇朝阳村赵家寨组搬到梵瑞社区的刘进嫦，在 2018 年就彻底告别了务农生涯。见到刘进嫦时，她正在卧室里踩着缝纫机。"我们自己没有盘门面，但楼下那家店同意让我在那里摆一台缝纫机，帮人缝缝补补，也能挣点钱。"刘进嫦说话干净利落，不时整理一下套在手臂上的袖套。她的丈夫李定源，此时正在附近干零活，两夫妻的生活算是有了着落。"当时说能搬家，我们就立刻签字同意了，谁不愿意住新房呢？只要有力气，哪里都能找到活儿干，不用担心这些。"刘进嫦语气里透着轻松。

梵瑞社区有 3000 多名劳动力，绝大部分都找到了新的工作，或在社区内的"微工厂"上班，或通过就业服务去往别处打工，或借助政策盘下搬迁安置门面，自己当起了老板……

社区里的村干部和其他群众一样，从小在农村长大，自然了解大家最渴望什么。在农村，老人和小孩是最为庞大的群体。身体健康的老年人不去地里干两把农活，总会感到浑身不自在，而父母外出打工的孩子，在情感上也有一定缺失。张仁华和社区的干部们，知道老人和孩子最想要什么，便在社区内推出了"微田园"和"微心愿"的服务。"微田园"，就是在社区附近开辟土地，每户可以分到一小块，用于日常种植蔬菜、水果，如此一来，老人既不感到无聊，还能省下一点菜钱。"微心愿"，则是搜集小孩和贫困户的小心愿，每周为他们解决一个问题。

聊天的过程中，张仁华的电话响了不知多少次，每次他都会向我投来一个抱歉的微笑，然后匆忙接起电话。他电话铃声设置得非常大声，以至于在安静的办公室里响起时总会吓人一跳。但如果在喧闹的办事大厅，铃声如果没这么响亮恐怕根本听不见。结束聊天准备离开时，张仁华的电话又响了起来，我无意再过多打扰，向他挥挥手以示告别。回头时，张仁华正站在人来人往的党群服务中心门口，一只手举着电话，另一只手向我挥了又挥。

周绍军，只为苔茶钟情

石阡县大屯村

在石阡县龙塘镇大屯村，大屯兆丰茶叶专业合作社的办公楼连着两个茶叶加工厂，总体占地面积近 5000 平方米，水泥地面光洁干净，绿化带修剪得十分美观。与这几栋恢宏的建筑相比，仅隔了一条马路的工棚则显得十分寒酸。铁皮屋顶盖在板房上，拉起 2/3 的卷帘门，露出屋里售卖的日用百货。打开里间那道摇摇晃晃的房门，竟是一间堆了不少货品的卧室，一块旧棉布挂在窗户上当作窗帘，洗过的衣服挂在窗边晾晒，床上放着一个敞开的书包，不知包的主人是打算收拾行李出门，还是刚出差归来没来得及整理。

"我和我媳妇平时就住这里。2014 年成立合作社以后，我就下了个决心，要是这个产业做不到持续化，我就不搬出这个工棚。"屋里光线昏暗，如果能看清他脸上的表情，我想，或许在坚定中还掺杂着愧疚。

从 2000 年回到大屯村到现在，周绍军的内心大概只动摇过一次，就是在 2018 年一个刮起狂风的夜晚。那是一个狂风暴雨的夜晚，铁皮屋顶几次差点被掀飞，简陋的工棚在狂风之中如纸片一样摇晃。那天，只有妻子独守破屋，在外办事的周绍军只能通过视频电话安慰无助的妻子。即便如此，那晚狂风过后，周绍军也只是默默加固了房屋而已，依旧没有打算搬家。

周绍军的脾气有些"犟"，想法还有点"怪"。2020 年，他想进一步扩大大屯村茶园规模，将其打造成为国家级园区，他频繁往返于石阡和贵阳之间，网约车都坐了 100 多趟。贵州财经大学西部现代化研究中心的专家来园区帮忙做规划，听周绍军聊起个人经历时，不禁感叹："换作是我，可能早就疯了吧！"

周绍军常常做出一些让人难以理解的决定，但更让人难以理解的是，这些决定最后竟都换来不小的成果。

2000 年前后，在沿海地区做了 10 多年建筑生意的周绍军决定回到老家，却遭到家人一致反对。周绍军刚满 18 岁就去广东打工了，用他的话来说，就是待在家里穷怕了。

在 11 个兄弟姐妹中，周绍军排行老五。从小父母就给他灌输一个简单的道理："你要是想买一双新鞋，那就要勤劳。"18 岁时，周绍军踏上去往广东的火车，在沿海地区的大小工地上磨砺出丰富的经验，腰包也越来越鼓。

到了 30 岁，他却选择回到大屯村竞选村主任。在一线城市生活惯了的妻子当然极力反对，但周绍军的解释却又让人无从反驳。"现在外面的风气不太好，孩子也长大了，要多花点时间去管管。只要自己有本事，哪里都是能挣钱的。更何况，我们是富了起来，但大屯村还是那样子，从来没变过，我不安心。"

凭借这 10 多年积累的群众基础，周绍军的竞选是顺利的，但接下来那些天马行空的想法，却让他在村里有些举步维艰。

每年 800 多元的工资当然不足以让周绍军一家填饱肚子，但他也不愿在那些宝贵的土地上种一点粮食。事实上，他早已有了计划。

大屯村有一片老茶园，是 20 世纪六七十年代时留下的。但村民们在许多年来早就达成了某种共识：种茶不如种粮食。在外闯荡多年的周绍军却不这么认为，

铜仁

153

他开始动员全村人种茶。这项决定遭到不少人反对，就连从县里的机关单位退休的伯伯，也劝周绍军："家里有粮，心中不慌。这个道理你是懂的，何必鼓动大家去冒险呢？"

人们不理解周绍军，周绍军也不理解反对他的人。直到他和一位80多岁的老人深入交流后才明白，太多人是因为早年"穷怕了"，认为只有粮食吃到嘴里才是实实在在的。周绍军恍然大悟，人们对挣钱这件事毫无欲望。不过，在决定回乡时，他就已做好面对一切困难的准备。他开始动员部分村干部，以及那些曾经跟着他外出打工的人率先开始种茶。

在热火朝天的氛围中，一部分村民开始动摇。但带头种茶的村干部仍常常受到委屈。一天夜里12点，周绍军的电话响起，一位年近六十的干部在工作中受了委屈，几乎哭来出来："我想不通啊，我都这把年纪了，还要被人指着鼻子骂。"

"我们是村干部，老百姓或许想不到那么长远，但我们要把他们的自信建立起来。我们都不坚持做，这件事就真的做不起来了。"周绍军安慰着对方，似乎也是在给自己打气。

之后，周绍军成为大屯村的村支书，对村干部们的管理也更加严格起来。他制定了规范的请假制度，但在管理上灵活变通，允许村干部在夜晚下雨时放第二天早上的假，抢抓时间干农活，把以短养长的农业发展起来。

周绍军的这套方法是在过去工程管理中积累起来的，在他看来，一个村就像一个企业一样。在这样的管理方式下，村干部们迅速成长，到2010年，大屯村分为8个小村后，这些村干部已经能够独当一面了。

2008年，在周绍军几近固执的坚持下，大屯村的茶园开始慢慢见到收益。人们变得积极起来，就算是年迈的老人也能在茶园中挣到一份工资。周绍军的努力没有白费，但他心里明白，这只是一个开始。

2014年，周绍军抵押了家产，向信用社贷款成立了大屯兆丰茶叶专业合作社，并筹集资金建成石阡县龙塘镇大屯村集体经济专业合作社。他不仅想售卖茶青，更想做名优茶和大众茶的加工。茶农们不再各自管理自己的一亩三分地，而是入股合作社共同经营，按照严格的生产标准对茶园进行集体管护，到了年底大家分红。

这是一个更大的"盘子"，装着周绍军更大的愿望。就在那一年，他在厂房旁边修了一个工棚，并立下誓言，要把大屯村的茶产业做成真正的"子孙产业"，不把产业做出可持续性他就不搬出工棚。

然而，统一标准谈何容易？周绍军对茶叶品质提出更高要求，意味着人们采茶也不能像过去一样随心所欲。他一边耐心解释，一边请来专家指导，人们慢慢理解了什么是标准化生产。

大屯村的茶园规模越来越大，人们的生活也越来越富足。到了 2018 年，这里的人们人均纯收入已达 9380 元，建档立卡户人均纯收入达 6180 元。而周绍军仍旧觉得不够。

周绍军非常明白一个道理，想要进一步壮大，就必须抱团发展。2018 年，周绍军与园区内的其他 7 个小村共同商讨，成立了一个联村党委，把 7 个村 234 名党员的力量全部凝聚在一起，共同为当地的茶产业出谋划策。

周绍军推行的联村党委模式，是在现有行政区划不变的情况下，打通各村党委之间的联系，按照茶叶种植、加工、销售等环节专门设置了党小组，把党组织与茶产业链有效结合，确保每个环节都有组织引领、党员带动。在周绍军看来，只要将这种模式推行下去，大屯村的茶产业将迎来又一个飞跃。

到了 2021 年，周绍军又有了一个打破常规的想法，他想把联村党委模式"联"到省外去。为此，他去到茶叶种植不多，但需求量大的上海、江苏、湖北等地，希望与当地的村寨达成合作，由大屯村种植茶叶，当地广泛寻找销路，扩大产量和产值。

茶厂的运作有条不紊，但周绍军的内心依然有些不安。党员结构老龄化的问题摆在眼前，想要将大屯村的茶产业再抬上一个规模，必须要有新的人才注入。村里的会计丁补，是 2020 年才从湖北师范大学毕业的大学生，工作能力十分突出，周绍军一直想把他留下来。然而，这位年轻人的父母似乎并不赞成，认为好男儿志在四方，更希望他能到外面闯一闯。在我前来拜访时，周绍军拉着丁补对我说："你也帮我劝劝他，留在大屯一样能看到世界！"

周绍军没有说谎。就在我来之前，他刚从云南回来。他与国内第一个本土咖啡品牌"后谷咖啡"商谈了很久，希望能将石阡苔茶做成咖啡模式，打破传统的中国茶思维，将这种高品质的茶叶融入更多领域中去，甚至出口到东南亚地区……周绍军聊起苔茶时，想法总是天马行空，但又有逻辑可循。他今年 51 岁，几年前查出有脑梗死和糖尿病，但他并没把这些放在心上，他认为，现在还不是搬出那个小工棚的时候，有太多更加紧迫的事情还在等他去做。

冷门野果种出山间奇迹

在石阡县往北 20 公里外的任家寨村，当地人有句俗语："打八月瓜了。"意思是一件事做失败了。可当我见到李文峰时，他恰好正在为八月瓜的种植、加工和销售忙得脚不沾地，八月瓜在他的眼里已经不是"失败"的代名词，而是打开乡村财富大门的钥匙。

说起来有趣的是，4 年前，李文峰决定种八月瓜的时候，还真的被这句俗语困扰过。不仅是因为这句流传多年的俗语寓意不好，他更担心在这种冷门野果上孤注一掷会带来难以承受的失败，万一还是不能一炮打响，那经历过几次失败的任家寨村就真的"打八月瓜了"。

不过，李文峰向来都是一个既固执又不按常理出牌的人。这种性格在他带着村民们开水厂时就体现了。

任家寨村常年缺水，过去几十年里，饮水和农业生产全靠山下那条蜿蜒的小河。2016 年，省地矿局来任家寨村采集地质样本，在村里的一块平地上打了一口深度 290 多米的深井，竟发现了一股清澈的山泉。地质队员们顺便帮忙检测了水质，发现这股地下水符合国家级一类饮用水的标准，是富锶型弱碱水。这个结论让村民们如久旱的土地迎来甘霖，常年对干净水质抱着期待的李文峰，产生了一个更长远的想法。

缺水的村庄突然摇身变为拥有一级饮用水资源的地方，投资者敏锐的雷达很快锁定了这里，有人上门找到李文峰，表示愿意投资上百万元修建厂房、购买设备建设水厂，条件是掌握股份。这看似是一个省心的买卖，但李文峰却不同意。"泉水是在我们村里钻出来的，我们的村民当然应该近水楼台先得月，我想自己做。"李文峰把想法告诉妻子，他打算自己贷款 50 万元建厂。

妻子不可置信地盯着他看了老半天，提醒道："你自己出钱？亏了还好说，要是挣钱了，村里人不说你占用村集体资源吗？"

"亏了算我的，赚了就是村集体的。我成立一个村集体合作社，但这钱我来出。"李文峰没有再给妻子反驳的机会，一意孤行地去银行抵押了房产。随后，村副支书彭俊也跟着贷款 20 万元，同时在村里开了 70 多次群众会，得到村民们的一致同意，并吸引了 150 户村民入股，最终成立了石阡县大兴源山泉水专业合作社，厂房很快开始运作。

李文峰每隔 2 个月就要将泉水样本送去检测一次，确认水质是否稳定，早在贵州省水样检测中心混成了熟脸。中心的工作人员常常笑着劝他："水质一年检测一次就够了，不会这么快发生变化。"可李文峰依旧固执地送检，他说："我必须保证水的品质，不确认一下我不放心。"

他这股执拗的劲儿，在后来搞产业结构调整时也展现得淋漓尽致。

从 2012 年到 2015 年，任家寨村尝试发展过不少产业，但最终都宣告失败。李文峰冷静下来总结经验，寻找新的灵感。

此时，产业结构调整的浪潮已席卷全省各地，石阡县的各个乡镇和村寨都得到了相应的调整意见，任家寨村的建议品种则是黄桃。但这一次，李文峰却迟迟没有行动。他想起此前种植的蜜柚、青脆李等水果，最终都在市场上栽了跟头。究其原因，还是因为市场饱和，需求无法消化供给，价格自然就低了。那这次广泛种植黄桃会不会又遇到同样的情况？

村里的几位种植大户一直不见动静，按捺不住找到李文峰，直截了当地问道："这黄桃你要种不种？你不种我们自己种了！"李文峰似乎内心毫无波澜，也不做任何解释，只回了一句："你们种嘛，我再想想。"

人们开始陆续种起了黄桃，而李文峰却以个人名义流转了 50 亩土地，什么也不干，就让土地这么空着。没人知道李文峰到底在盘算什么，就连李文峰自己也陷入迷茫中：无论如何，我都不会搞那些随大流的产业，但任家寨村到底要做点什么呢？

到了农历八月，集市上越发热闹起来，瓜果鲜蔬纷纷登场，在背篓里或扁担里发出诱人的光泽。在那些寻常果蔬的中间，有一样是在外界并不常见的东西。这是一种水果，形状有点像短茄子，表皮却是褐色，有不少已经裂开一条缝，露出里面半透明、黏稠的果肉。这是李文峰从小就爱吃的野果，当地人称之为八月瓜，顾名思义，就是农历八月才会成熟的瓜。

几乎每一个任家寨的人小时候都在山上摘过八月瓜。夏末秋初，暑气未褪，放牛的娃儿把牛赶上山坡，随便往哪棵树上一拴，就能自由自在地在山里撒欢儿了。李文峰专门找缠着藤蔓的老树，顺着藤蔓就能摸到八月瓜。顺着裂开的口子掰开，里面的果肉和一粒粒黑色的籽紧密地粘在一起，心急的小孩才没有耐心吐籽，把果肉连同黑籽一起囫囵塞进嘴里，"咔嚓咔嚓"嚼碎黑籽，就着香甜的果汁一起下肚。这大概是李文峰童年时期最香甜的回忆之一。

　　从放牛娃到村支书，李文峰在任家寨村度过了几十年，每一年都能在集市上见到有老人背着一竹篓八月瓜来售卖。这些都是野果，满山都是，老人们只需付出劳动成本，就能收获纯利润了。

　　"能不能试试种八月瓜？"正为发展产业而焦虑的李文峰灵光一现。这个一闪而过的灵感像一根生长出的藤蔓，在李文峰复杂而敏感的神经之间晃了晃，李文峰将其一把抓住。

　　李文峰开始进行调查。他四处搜罗贵州乃至全国的相关信息，发现这种野果在近两年来已经有人工培育，但全国各地种植的面积都不多。这让李文峰感到兴奋。2016 年，他联系上了修文的种植户，从下苗、施肥，到开花、结果，几乎观摩了八月瓜的每一个生长环节。确认这种水果种植难度不高、收益不低之后，李文峰那 50 亩土地终于派上用场了。

　　把野果当作精品水果种植，这种做法让村民们感到费解。李文峰也不强求大家与他步调一致，而是在那 50 亩土地上做起了实验。2018 年，绿野康农牧专业合作社成立，李文峰在村里牵头成立了一个"互助队"，包括村主任在内的几位种植户抱团互助，将八月瓜的种植扩大到了 150 亩。"这样分散起管理太麻烦了，不如全都入股进合作社，有了成果大家分。"有人提议，这个建议得到大多数人赞同。随着八月瓜长势越来越好，也有更多人加入合作社中，种植面积扩大到 500 余亩。

　　当初，李文峰在土地上种下大量八月瓜果苗时，他心里还有些不踏实："八月瓜保存时间短，口味也不见得人人都喜欢，有没有更好的方法解决销售问题？"

　　种下的果苗还要等一年才会挂果，但李文峰的脑子里已经在规划销售的事了。他想从果肉加工方面入手研究，索性从雅安市买来 500 公斤八月瓜，打算一次性把加工的问题研究个透。那段时间里，李文峰大概闻到八月瓜的味道都会有点想吐。他几乎每天都在吃这个小时候钟爱的水果，一边吃脑子里一边不停地运转。"籽太多，又不容易吐籽，要想个办法把它分离出来。""果皮和籽都丢掉，是不是太浪费了？还有没有什么其他用处？"

这些问题在李文峰的大脑里盘旋，催促着他尽快找到答案。李文峰四处考察，同时也查阅了相关资料，发现八月瓜的果皮可作为一味中药，而籽能提取精油。发现了八月瓜身上的"宝贝"后，李文峰迅速决定：一定要做八月瓜深加工！

2018年，李文峰筹集资金建起了加工厂，当年，合作社的收益就已突破100万元，此后更是连年上涨。而种植八月瓜的人也越来越多，如今整个大沙坝乡都在广泛种植。

在仟家寨村的八月瓜加工厂里，我算是开了眼界。像绿茶一样用袋子装着的，是八月瓜瓜皮做的保健茶；陈列在展厅中间小展台上的小物件，竟是用八月瓜籽提炼精油做成的口红，口红旁还放着手工皂！穿着职业装的女接待人员，熟练地从展厅里的冰箱里取出几个小罐子，拧开盖子，连同一支勺子递到我手上，说："您先尝一尝，这是八月瓜果泥，纯天然无添加，像冰淇淋一样。"我看看那个袖珍的小瓶子里，乳白色的果泥被冻成了冰碴子，里面没有一粒黑籽。看来，李文峰实现了自己的想法。"我们是用离心分离出的籽，冰冻保存能保鲜更久，这样就不用等到农历八月才能吃到八月瓜了！"李文峰一边细细地品着这甜美的果实，一边仍滔滔不绝地向我介绍。现在，"打八月瓜"在仟家寨村应该不再是"失败"的代表了。

黔东南

毕节

遵义

铜仁

六盘水

贵阳贵安

安顺

黔东南

黔南

黔西南

一曲花灯与一道寨门

岑巩县杨柳村

"黔东南州只有两个土家族乡，一个在镇远，另一个就是我们羊桥。"在苗族、侗族比例更大的黔东南州，岑巩县羊桥土家族乡是"少数"中的少数。而羊桥土家族乡下辖的杨柳村拥有600多年历史，土家族人口占了70%，是全县土家族最集中的村寨，这更让生长于斯的杨建国感到自己有些独特。

或许是因为这种独特，又由于村庄历史十分悠久，杨柳村几乎处处都在放大自己的土家文化特色。华丽的寨门上甚至没有写村寨的名字，而是用"土家村寨"这4个烫金大字表明自己的民族身份。村里的文化广场更是精彩，从婚丧嫁娶等民间风俗，到春节、元旦等节日庆典，以及茶灯、龙灯、金钱舞等民间艺术，无一例外都变成 幅幅画作体现在围墙上。这还不够，广场上有一面墙呈现了当地农忙时的场景，并配上土家歌谣《薅草锣鼓》的歌词。

在这面墙前，我们极力劝说杨洪珍老人唱上一段。这位80多岁的老人笑得有些羞涩，推辞道："没有那个干活的场景，唱不出那种感觉。"不过，在众人的劝说和起哄声中，杨洪珍老人还是清了清嗓，对着镜头唱了起来……

"高粱叶又长，做酒像蜂糖，小郎吃三碗，倒到象牙床……吼！"

杨洪珍老人的歌声沧桑幽怨，杨建国和其他几位村民在一旁齐声附和。虽是下着大雨的午后，我却在这歌声中见到在忙碌的梯田间，一群戴着草帽的农民正弯着腰忙碌着。

要说杨柳村最大的土家文化特色，便是这杨洪珍、杨建国两代人都热爱并且精通的花灯调。杨柳村的一切似乎都与花灯有关，就连那装潢华丽的寨门，也是因为花灯才得以修建的。

"那道寨门，还是2013年的时候用在外演出挣的钱修的呢！"杨建国说这话时毫不掩饰内心的得意。对向来只是抱着热爱的心态唱花灯的杨建国来说，当爱好突然成了能挣钱的手艺，总会有一种收获了意外之喜的感觉。

从数百年前在杨柳村开始流传到现在，花灯调这门民间艺术从未间断过，早已成为村里人生活的一部分，但从未有人想过有朝一日会以此为职业。杨洪珍是杨建国的叔叔，12岁就跟着长辈走村串寨唱花灯。而今年55岁的杨建国，开始担"角儿"的年纪比叔叔还早，七八岁时就被老人们安排与其他小演员结对，逐渐在各个寨子里唱出了自己的名声，但他也并未以此为主业。不过，对于杨建国来说，今天的花灯似乎又有些不同。这门打小就会的艺术，如今不仅能帮村民们挣来一道华丽的寨门，也让杨建国多了几重特殊的身份：在学校教授花灯调时，人们称他为"杨老师"；在县里刚成立的花灯协会中，大家推选他为"杨副主席"。

推开村里的一座老木屋，堆满两个房间的服装和斑驳的道具，以及墙上那些照片，无声地讲述了杨建国及整个杨柳村与花灯之间多年来的故事。

岑巩县古名思州，据记载，古思州花灯早在300年前就诞生了。但杨柳村的花灯比较特别，既有古思州花灯的精髓，又传承了土家花灯的特点。花灯表演最初只有2人登场，被当地人称为"二人转"；后来由2人为一对，登场3对共6人，或4对共8人，加上击锣、打钹和帮腔的，组成一支规模不小的表演队。花灯队唱的内容多为开财门、拜家仙、安龙神、采茶等，表演角色分为旦角和丑角，过去都由男性担当或反串。除了元宵节必唱花灯调外，婚丧嫁娶、民俗节庆等也会请花灯队来热闹一场。

20世纪六七十年代，不到10岁的杨建国尚不知电视为何物，离外界的流行文化也颇为遥远，最喜欢的娱乐项目就是看花灯。杨建国的父亲是当地颇为有名的花灯演员，无论到哪里演出都带着年幼的儿子。在耳濡目染之下，杨建国不用父亲专门指导，便已掌握了不少曲调。所以，小小年纪的他，在长辈们的安排下也加入表演队伍，主要饰演丑角，但旦角他也能唱。

对于勤劳的杨柳村人来说，唱花灯向来只是一项独属于这个村的娱乐活动，没有人会将其当作人生职业。杨建国也是如此。

初中毕业后，杨建国便在羊桥土家族乡开了一间照相馆，成了乡里第一个能拍证件照的地方。成年后的杨建国，依旧每年跟着父亲走村串寨，哪家发来邀请，他们就敲锣打鼓去哪家唱上一曲，也能挣点辛苦钱。而更多的时间，杨建国辗转于不同的职业间，外出打工，承包工程，后来进入政府单位当司机。如果没有花灯，他的生活与千千万万农村青年并无差别。

杨建国无法回忆起准确的时间，只隐约记得那是20世纪80年代，他第一次为村外的人表演花灯。那是一位从港澳地区来的慈善人士，捐助了不少资金为羊桥土家族乡修建中心学校。乡政府想用最有当地特色的方式以示感谢，便到杨柳村请花灯队去表演一场。站在空旷的学校操场上，杨建国熟练地表演着已经反复演出过无数次的唱段，演出的内容依旧那么熟悉，但这次表演却和过去有很大不同。

他说不上来到底有哪里不一样，但花灯在生活中的比重好像比过去更大了。杨柳村的表演队开始变得忙碌起来，时常接到各种邀请，或是乡里的庆典，或是迎接前来考察、调研的团队。表演的场所变得不同，演出的服装、道具也开始悄然发生变化，过去，大家穿着自己的土家族传统服饰便能登场，如今，表演队开始定制统一的演出服装了。

最盛大的一次是 2001 年，黔东南州 45 周年州庆，杨建国和表演队一起登上了那个盛会的舞台。唱的依旧是开财门、采茶调，但那高高的舞台，颜色艳丽的服装，还有话筒、音响等扩音设备，都让这次表演显得更加独特。

随着时间的推移，老一辈的演员们年龄越来越大，表演日益炉火纯青的杨建国逐渐成了队里的主要人物。联系他的人渐渐多了起来，而他也义不容辞地担当起组织者的角色，频繁带着演出队伍参与大大小小的文艺演出。2013 年，杨建国接到一个酬劳可观的演出邀请，拿到那笔 10 多万元的演出酬劳后，演员们做了一个无私的决定：为杨柳村修一个大气的寨门，让外人都知道，这个土家村寨的独特魅力。

村支两委向乡里打了报告，申请到一部分用于村容村貌改造的补助，村民们也多少凑了些钱，杨柳村即将迎来一个新的变化。2015 年，刻着"土家村寨"4个烫金大字的寨门立在村口的水泥道路上。阳光之下，靛蓝色的牌匾显得耀眼夺目，古色古香的寨门让这个土家村寨的形象更加突出。

一年又一年，演出几乎没有断过。2017 年，杨柳村被国家民族事务委员会列入第二批中国少数民族特色村寨名录，而杨建国的身份也逐渐多了起来，他被评为县级非物质文化遗产代表性传承人，除了平时组织花灯队演出，他还多了一些新的任务。这位常年活跃在舞台上的老演员，如今也踏入课堂，每周 2 次课，带着那些稚嫩的孩子唱起了纯正的花灯曲。

杨建国从小跟着父辈在一次次演出中学会了花灯，如今，他当然不希望这门艺术被遗忘。他以一种强硬的态度来要求寨子里的小孩必须学花灯。他心里明白，自己过去能掌握这门民间艺术，除了真心热爱之外，也多少得益于当时匮乏的娱乐方式，而如今的孩子们，生活已经被电视、手机、互联网紧紧包围，眼花缭乱的娱乐生活很难再让人沉下心来学习花灯了。幸好，杨柳村杨柳寨的所有村民都姓杨，整个寨子的人多少都有些沾亲带故，所以说话办事也从不客气，杨建国的强硬态度自然也有几分底气。说起寨子里那 10 多位年轻的花灯演员，杨建国似乎还不够满意："跳是能跳了，但花灯曲调有几十上百种，要能完整地唱出来，我们还有好长的路要走哦。"

送学生走进考场的村支书

岑巩县盘街村

2021 年高考前的几天，思旸镇盘街村村委会尤其热闹。村里准备参加中考和高考的学生，甚至即将升初中的小学生，全都整整齐齐地坐在村委会的会议室里。他们在等待一堂特殊的"课"。这是一堂每年都会在村委会上的一次"课"，上课的老师来自县城几所重点学校，从小学到高中，没有任何遗漏。老师们从 20 公里外的县城赶到这里，讲的内容却并非书本上的知识，而是为即将升学的孩子们解答考试的相关问题。

村支书边兴鹏的心情比孩子们更紧张也更激动。这样的考前动员会已经办了 10 多年，但边兴鹏更期待高考结束后的表彰会。那会是一场让人更加兴奋的聚会，一想到考上大学的孩子捧着奖学金拍照的情景，边兴鹏的脸上便浮起一层笑意。

边兴鹏吃够了没有文化的苦，劝家长重视教育这件事，他从进村委会当计生专干的那天就想做了。

1999 年，32 岁的边兴鹏在村干部的反复劝说下进入村委会成为一名计生专干。在此之前，他没有像其他年轻人一样外出打工，而是留在村里种粮食、搞养殖，靠勤劳一点点改变着穷困的生活。

在过去，盘街村的老人们常说的一句话是："读不起就不读了，出去打工吧。"在村主任黄德洲的印象中，这个小村子里走出的第一个大学生是他的大伯黄天舜，那还是在 1949 年以前。而第二个大学生，则是 1970 年后才出现的。到 2008 年，这个有 568 户 2463 人的村庄，总共也就出过 4 个大学生而已。

不是不想读书，而是长期陷于贫困的煎熬之中，挣钱和填饱肚子是更迫在眉睫的事，以至于到后来，人们便对教育这件事不再关心，也不再抱有期待。但是，边兴鹏每次碰上困难或感到无助时，总会暗自后悔当初自己没能多读点书。

进入村委会后，边兴鹏便有了想法。不过，那时他只是计生专干，还有不少本职工作需要完成，那个愿望只能暂时放在心里。9 年过去，边兴鹏从计生专干到文书，再到后来被推选为村支书，他离自己的愿望越来越近了。

2008 年，边兴鹏走马上任后的第一件事，就是动员村民们搞好孩子们的教育。他挨家挨户地走访，与村民们推心置腹地聊天，不断重复着教育的重要性。但他也知道，必须让家长们有最直观的感受，才能激发人们对教育的渴望。

什么最直观？奖励是最直观的。边兴鹏去思旸镇找到当时的镇人大主席，表达了自己的想法，他想找一笔资助，用于奖励努力的学生。镇里的这位老干部听完边兴鹏的想法后被深深触动，便帮他牵线搭桥，在县财政局申请到一笔 5000 元的资助。有了这笔钱，边兴鹏感觉自己似乎更有底气了些。

转眼到了临近高考的时候，边兴鹏将应届考生叫到村委会来，开了村里的第一场动员会。那时，全村参加高考的学生寥寥无几。边兴鹏绞尽脑汁地鼓励着这几位难得的考生，许下承诺，要是考上大学，村里一定会有奖励。不仅是参加高考的学生，即将升初中的小学生，以及参加中考的初中生也能享受到同样的奖励。

然而，那一届只有一名学生考上了专科学校。这个结果并没有让边兴鹏感到失望，反而认为这是一个不算太差的开始。当年的 8 月 25 日，在村小学的操场上，热闹的表彰大会拉开大幕。盘街村的人们过去从未见过这样的场景，考进班级前 3 名的小学生，考上县里重点高中的初中生，以及那位考上专科学校的高中毕业生，依次登上领奖台。孩子们在台上端正地站着，边兴鹏和村干部们在节奏激昂的音乐声中，将奖学金郑重其事地交到孩子们手中。

表彰会过后，该上学的去上学，该打工的继续打工，该干农活的继续在土地里挥汗如雨。但变化已经发生，有一种渴望在人们心里悄然滋生。"读不起书就去打工"的声音渐渐消失，夜灯下埋头苦读的身影多了起来。

到了 2009 年 8 月 25 日，村小学操场里的领奖台上，人多了起来。除了成绩优秀的中小学生，还有 5 名即将成年的孩子迎来了自己的高光时刻。这 5 位高中生中，有一位考上了一本院校，另外 4 位考上了二本院校。

这显著的效果让边兴鹏信心大增。但为了让效果持续，他不得不找更多资助来履行自己的承诺。在此后的几年中，他反复出现在镇里和县里的各个单位，像"化缘"一般四处申请资金。回到村里，他又像一个贴心的父亲，随时随地对孩子们嘘寒问暖。

边兴鹏只有两个孩子，但他几乎每年都会在考场外体验一次等待孩子走出考场的焦急滋味。那时，村里的大部分中小学生都在离盘街村不远的学校上学，但中考需要到县城去考试。很多家长并不太清楚考试流程，从村里到县里又路途遥远，边兴鹏索性做了个决定，送孩子们去考试。

大约从 2009 年开始，每逢中考、高考时，边兴鹏和村干部们总会起个大早来到村委会给应考的孩子们做早餐。吃过早饭后，三四辆面包车便排着队从盘街村向县城驶去，打头的那辆车的驾驶员通常都是边兴鹏本人。到了县城，边兴鹏和老师、村干部们把学生送到各个考点，便去找吃午饭的地方，为学生们准备一顿营养丰富的美味午餐。

在过去的很多年里，边兴鹏除了管理村里的大小琐事之外，去乡镇或县城里"化缘"，以及送学生考试这两项工作从未间断。但日子久了，他自己也感到有些不好意思，总是这样向村外的人寻求帮助并不是长久之计，他得想一个更好的方案。

2014 年，边兴鹏挨个儿打电话给在外闯出一番事业的村民。

坐在村委会的会议室里，擅长聊天的边兴鹏和大家"摆门子"（聊天），天南海北地吹了老半天，其实主题只有一个：希望大家从支持教育开始，为村里的建设出一分力。

多年相处，边兴鹏的付出都被人们看在眼里，他们当即一致同意了这个想法。"乡贤教育基金"很快成立，有能力的村民们共同撑起了孩子们读书的希望，第一年就筹集了 8000 元，全部用于当年的考前动员会和表彰会。此后，这个基金像雪球一样越滚越大，而盘街村考上重点高中和重点大学的学生也越来越多。

2020 年，正在读大学三年级的村民钱宏在假期时回到村里。这位稚气未脱的年轻人来到村委会，将 800 元递到边兴鹏的手中。

"书记，我今年拿到奖学金了！我也给村里出一分力。"

边兴鹏心里升起一股暖流，他把钱硬塞了回去："你的好意我们心领了，你家什么情况我不是不知道，等你读出来了再帮大家也不迟。"

钱宏的家境并不太好，但在读书上从未放松过，2017 年时，他就以理科全县第一的成绩考上了心仪的大学。这位曾多次拿过"乡贤教育基金"的孩子，如今竟用这种方式表达了自己的感谢，这让边兴鹏无比欣慰。

从 2008 年到 2020 年，盘街村已经走出 91 名大学生、4 名研究生。在读的高中生、初中生和小学生有 360 多人受过表彰，村小的教师也有 32 人受过表彰，仅发放奖学金和奖励这两项，金额就达 23 万元。

近两年，边兴鹏不用再专程开车送孩子们去县里考试了。村里早已形成了一种比拼教育的风气，每位家长都把孩子的教育当成了头等大事，不少人在镇上或县城租了房子，日夜陪伴着孩子读书。人们已经熟悉了中考、高考的流程，不再需要边兴鹏一手一脚地帮他们备考了。

孩子们纷纷去往村外读书，村里的小学也渐渐冷清下来，边兴鹏又有一个新想法。在盘街村的《村规民约》中，"弘扬尊师重教、敬老爱老传统美德，弘扬互帮互助、文明节俭传统乡风"是最醒目的几句话。"尊师重教"如今已基本实现，"敬老爱老"也要跟上步伐。过去，村里每逢"老年节"都会为老人们过一次集体生日，逢年过节时也会挨家挨户送去粮油米面，以示慰问和祝福。现在，小学的校舍渐渐空了，边兴鹏想将其改造为村里的"老年大学"，让老人们有一个集中娱乐的地方。

2021 年高考前的第 4 天，清早 6 点，边兴鹏的电话响了。

"书记，我打电话来就是想向您汇报一下，今年我会努力考。我的目标是清华大学！"

打来电话的人名叫熊国锦，是今年参加高考的学生。这通电话大概是边兴鹏当天最开心的事，他对熊国锦说："你有这个实力，放松心情去考，别的都不用担心，有我们在！"

仙鹅落在她衣袖

杨丽仿佛是为刺绣而生的。当我在华润希望小镇见到几十位打扮相同的绣娘时，几乎一眼就能在人群中锁定她。

那是6月初的一个上午，我来到位于剑河县仰阿莎街道章寨村的华润希望小镇。这是一个在2020年12月才正式落成的旅游小镇，幼儿园、村民活动中心、苗家工艺传习所、精品酒店和商业街区将过去破败的章寨村完全覆盖。当我到达这里时，一群绣娘正随意地坐在风雨桥的两侧飞针走线。靠河流的一边，大部分是头发花白的老人，几乎都戴着老花镜，手里的绣片闪着银光，这是剑河苗族独有的锡绣。另一边，则多了许多年轻的面孔，亮布上的红色纹样十分显眼，手中的绣片也以红色为主，这便是我此次要探访的剑河红绣。

我要在人群中找到一位名叫杨丽的女性，她年龄不大，但是个"资深"绣娘。

绣娘们之所以聚在这里，是因为当天剑河县非遗中心和几家媒体需要拍摄一些绣娘的视频和照片，这也算是我的意外收获。我跟着她们从风雨桥走到望江楼，一路上经过华润希望小镇宽大的广场，和一栋漂亮的精品酒店，等绣娘们拍完最后一组照片，杨丽终于有空和我聊天了。

"我从小就喜欢绣花，喜欢得连书都不想读。"回到风雨桥上，就着夏日上午的微风，1991年出生的杨丽先向我讲了一个不太寻常的故事。

杨丽出生在柳川镇公俄村。那是一个不足千人的苗族村寨，也是剑河红绣比较集中的地方。红绣纹样在苗家人的生活中无处不在，大到女儿出嫁时穿的盛装，小到一条腰带，只要是上身的穿戴，几乎处处都要用红绣独有的纹样打上烙印。绣花，对于杨丽母亲辈的女性来说，是一种平常的生活必备技能之一，和吃饭、唱歌、做农活没有差别。但到了杨丽这一代，愿意钻研刺绣的女孩便少了。山门被打开，山里的姑娘见到了外面的世界，女孩们更想去遥远的地方干那些新鲜的工作，而华丽的嫁衣和育儿用的背扇都能用钱换来，不必在刺绣这件事上花费太多时间。

绣花对大多数人来说都变得不太重要，却让杨丽为之深深痴迷。她从记事起就被母亲手中的针线牢牢吸引，随着那些细密的针脚，她看到神话故事中的神兽、图腾和苗家人的建筑符号从传说中走来，一点点附于布片之上，像讲述了一段史诗。和母亲一样，杨丽从小就拿起针线，但她比大多数人更沉迷其中，几乎每个寒暑假，她都会完成一块绣片作为自己的"作业"。到了14岁，杨丽彻底放下学业，每天在家里埋头于针线和布片之间。

气急了的母亲递给杨丽一把锄头，把她赶到地里去，呵斥道："不愿意读书就种地！绣花不能当饭吃！"

杨丽拿绣花针的手倔强地握紧了锄头，一下一下地砸向坚硬的土地。一直到夜幕降临，那片并不算大的土地并没有开垦出多少能用的地方。杨丽扛着沉重的锄头回到家中，把磨起水泡的双手藏在身后，一言不发地走到饭桌前。

"种地苦不苦？"母亲冷声道。

"苦。"杨丽垂着眼回答。

"那要上不上学？"母亲以为计谋能够见效。

"不上。"杨丽稚嫩的脸上仿佛写了一个"犟"字。

母亲拿她毫无办法，中学的校长也来家里劝说过几次，可杨丽仍然一意孤行。父母失望至极，同时又迫切想要改善贫困的生活，索性离开公俄村，去往外地打工。家里只剩下嫂子和杨丽两个人，这让杨丽彻底放飞了自我。

2006年，村里传来消息，多彩贵州能工巧匠选拔大赛要在县里举行，优秀的选手能去贵阳市参加全省的比赛。年仅14岁的杨丽此时正迫切地想要找一个能证明自己才能的舞台，便毫不犹豫地报名了。

结果，整个公俄村就只有她一个人报名。杨丽毫不在乎，她背上背篓，装上自己做的盛装以及针线、布料，与邻村报名参赛的阿姨一起，踏上泥泞的山路向县城走去。

2005年之前，柳川镇是剑河县人民政府的所在地，公俄村虽然离县城不远，但依然需要翻山越岭。好不容易到了县城，眼前的一切却突然让杨丽紧张起来。比赛现场的人实在太多了，她说起话来支支吾吾，紧张的心情更让她词不达意，这是杨丽第一次为自己放弃读书而感到后悔。

坐在比赛现场，杨丽的手有些微微发抖。环顾四周，30多位参加比赛的绣娘，有不少是头发花白的老人，也有一些中年妇女，只有她一个人看起来稚嫩无比，是现场年龄最小的参赛者。但当她拿起针线时，心情似乎慢慢平静下来。在走出公俄村之前，她每天只做刺绣这一件事，就连吃饭都要嫂子招呼好几遍才会"挪窝"，拿针和线几乎成了她的本能。

杨丽平心静气地完成了比赛，结果让她感到惊喜，她拿到了县里比赛的三等奖。当1000多元的奖金交到杨丽手中时，她激动的心情无以言表，不过即便在那时，她也未曾想过，绣花能当饭吃。

那次比赛虽然没能让杨丽去到省城贵阳，但让她结识了不少从事非遗保护传承的工作人员，并和很多手工艺人成了朋友。在那之后，杨丽频繁地参加各种比赛和展会，从2013年开始，杨丽在多彩贵州能工巧匠比赛黔东南赛区，以及省妇联举办的"巧手脱贫·锦绣圆梦"妇女手工技能比赛等大赛中频频获奖。一次次走出村庄、走进城市，杨丽的眼界逐渐打开，也有不少人为了她的手艺慕名而来。

在杨丽成家后不久，县旅游局的领导带着一位陌生人来到杨丽家中。这位客人表明来意，愿意高价收购杨丽出嫁时穿的盛装。在当地苗族的风俗中，女孩盛装的裙子上围的绣片越多则表示这个女孩越贤惠，而杨丽的这套盛装有10多层绣片，看起来十分隆重。不少女孩的盛装都是母亲为其制作的，而杨丽的盛装则是自己亲手缝制的，她当然尤为珍惜。

这位客人诚意十足，表示希望将这套盛装作为作品收藏，出价9000元。最终，杨丽同意了。虽然不舍，但这也让她看到了希望——绣花或许真的能当饭吃。

此后，通过展会、比赛或者朋友牵线搭桥找到杨丽订货的人越来越多，最庞大的一笔订单是需要8件盛装。不仅如此，随着剑河县旅游业的开发，一些少数民族风情景点需要绣娘在现场进行活态演绎，人们也找到杨丽，希望她帮忙组织绣娘。杨丽逐渐忙不过来，2014年，她开始找身边的绣娘寻求合作。

杨丽分发了不少订单给各个村寨的绣娘，让不少苗家女在家也能挣到一笔满足生活的报酬。2016年，杨丽被黔东南州评为非物质文化遗产州级传承人，人生更上一个台阶的她在当地妇联的引导下，与另外两位剪纸非遗传承人和锡绣非遗传承人共同成立了妇女手工产业协会。杨丽和两位传承人一起建了一个微信群，将县内各乡镇的数百位绣娘都召集到一起，一旦接到订单，便在微信群中派发任务。

成为传承人后，杨丽的生活变得更加忙碌。除了参与各种比赛、展会，承接各类订单之外,她也要参与到当地文旅部门和妇联等开办的培训活动中,将红绣手艺教授给更多的人。与过去最大的不同,或许就是现在绣花的时间少了。长年埋头绣花,让杨丽患上了较为严重的颈椎病,虽然依旧热爱这手上功夫,可肩颈传来的疼痛常常扰得她无法安宁。她将一些作品放到巫包苗寨或华润希望小镇等景区进行售卖,同时,也在华润希望小镇的传习所开辟了一片区,算是她作品的一个展示点。

杨丽有 2 个孩子,都是儿子。这让她有些小小的失落,毕竟,到目前为止,当地还没有一个男孩对刺绣产生兴趣,她的手艺无法传递给自己的后代。不过,在各高中和职校开展的培训又让她看到了希望,这些原本是为了培养学生非遗传承意识的课程,竟让许多女孩产生了浓厚的兴趣。有女孩私下悄悄问杨丽是否愿意收徒,杨丽回答:"当然愿意!跟着我学刺绣我不收你们钱,但前提是,要先把书读好,无论如何都不能放弃学业。"

见到杨丽的那天,30 多位绣娘中有 2 名大学生、2 名高中生,都是跟着杨丽学习刺绣的女孩。杨丽看着这些充满活力的女孩,向我讲述了当地关于"仰阿莎"的传说。在她所说的版本中,"仰阿莎"是一只仙鹅化身而成,此后,当地人为了纪念仰阿莎,便将仙鹅的形象绣在服装显眼的位置。她指了指自己的衣袖,抽象的仙鹅似乎在扇动翅膀,从一只演变成无数只,在苗族姑娘们的衣服上蔓延开来。

做一只种西瓜的候鸟

榕江县口寨村

听说古州镇的口寨村是榕江县最发达的村庄之一,可当我来到村委会的办公室时,却感到有些意外。村委会在口寨大桥桥口处一栋并不起眼的小楼里,设在

3楼的办公室只有小小的一间，两张办公桌、两个档案柜和一张沙发就能将其填满。

一位看起来非常朴实的村干部给我们递来水杯。他穿着一件藏蓝色起暗花的短袖衬衫，黑色长裤，胸前别着党徽，利落的板寸显得人精神又干净。"你们想了解些什么？"他开口道。经旁人提醒，我才知道，眼前这位总挂着客气笑容的村干部，就是口寨村的村支书。友人只介绍他姓杨，直到他拿出夹在记事簿里的银行汇款单给我看时，我才知道他的名字叫杨灿灿。"嘿嘿，这是我的名字，杨灿灿，长大了也没法改了。"这名字与他侗家汉子的形象似乎有些反差，他有些害羞地笑了起来，倒显出几分可爱。

与杨灿灿朴实的打扮比起来，汇款单上的金额和文字都显得尤其惹眼。数十万元，汇款方来自老挝。"我们村有200多人都在国外做生意，我还会说老语和佤族语言呢！"杨灿灿特意强调了"200"这个数字，这是从1997年就开始发展起来的数字。

这门生意是榕江人的"老本行"——种西瓜。

杨灿灿在家里5个兄弟姐妹中排行老二，聪明伶俐又爱整洁，是父亲最疼爱的孩子。虽然他小时候也跟着长辈一起种西瓜，但这个重视教育的家庭却从未想过要让孩子也靠种瓜吃饭。

杨灿灿1986年从贵阳高等师范专科学校毕业后，一直留在贵阳工作。如果不是1996年老乡杨胜余的突然来访，或许杨灿灿如今已在贵阳准备迎接退休生活了。彼时，榕江县与西双版纳达成技术合作，杨胜余以西瓜种植技术员的身份与西双版纳的老板达成协议，抽取利益的10%作为报酬。

"10%能挣多少？"脑子灵光的杨灿灿隐约感觉这是一门不错的生意。

"我4个月挣了2万元吧。"杨胜余吐出了一个让人羡慕的数字。

4个月2万元，平均每个月5000元。杨灿灿想想那曾经让自己感到满足的工资条，顿时好像感觉一文不值了。

1997年，杨灿灿果断辞掉工作，收拾好行李，带着工作几年攒的积蓄，跟着杨胜余向西双版纳奔去，此后，又遇到一位彭姓商人，提出要带他出国种西瓜。

出国？从农村到省城，又从省城去往省外，如今还能到国外去种西瓜？杨灿灿果断答应。几经辗转，最终，他在老挝的琅勃拉邦稳定下来。在老挝，杨灿灿才知道自己并不是第一个到国外种西瓜的人。口寨村的老支书杨灿喜，早在1995年之前就被评为高级农业技术员，长期在广西等地做技术指导，于1996年，在中国政府支援缅甸、老挝农业建设的背景之下，成为跨国技术团队中的一员。

老挝的热带、亚热带季风为冬天种植西瓜提供了有利条件，也为口寨村的技术员们提供了便利。杨灿灿等口寨人顺应气候变化，养成了"候鸟式"的行动规律。每年国庆节过后，他们便结伴去往老挝，开始冬季西瓜的耕种，到了第二年3月8日，必须将所有的西瓜全部卖光，然后回到榕江，把心思都放在自己的土地上。为什么是3月8日？杨灿灿说，这是他多年摸索出来的经验，过了这个时间，市场开始回落，老家的西瓜也来不及下苗。他多年坚持在3月8日准时回乡，除了规律的种植计划之外，还多了一点仪式感。

杨灿灿的收入像滚雪球一样越滚越大。他头脑灵活，很快摸到了销售门路，到了2005年左右，他便不甘于只做技术员，拿出大部分积蓄学着别人搞起了投资。一开始，杨灿灿流转了200亩土地，从单纯的技术员摇身一变成为懂技术的农场主。收入从农场收益的10%猛然上涨，杨灿灿一年能有数十万元进账，这不仅让他尝到甜头，更让口寨村的人看到了新路子。

2009年，当越来越多的村民去往老挝时，杨灿灿却回到了口寨村。一方面，是因为年迈的父母身体逐渐衰弱，另一方面，老支书杨灿喜也在召唤他。杨灿喜想尽办法劝说这位聪明能干的青年进入村委会当会计，劝说的理由也花样百出，甚至说："我最放心你的原因，不仅是你聪明会算账，还有你在外挣了不少钱，肯定不会贪污腐败了。"杨灿灿哭笑不得，但转念一想，自己在照顾父母的同时，确实也能为村里做点事，便答应了下来。

进入村委会，杨灿灿才发现自己过去并不了解这个村庄的全貌。虽然像他一样去老挝做技术员，甚至承包土地种西瓜的已有上百人，但仍有一大部分人只能依靠传统农业或着外出打工维持生活。走在口寨村里，连成片的木屋看起来显得有些破败，不少人家甚至连个像样的厕所都没有，在家务农的村民见到杨灿灿等人从国外凯旋时，脸上有意无意地流露出羡慕的神情。杨灿灿有些心痛，他想找到解决这个问题的根本之法。

回想自己过去10多年的经历，因为读书而进入省城工作，因为掌握种植技术而去到西双版纳乃至国外，又因为摸到了门路，开始在老挝承包土地当上了老板。这条康庄大道有一块最稳的基石，就是知识和技术，没有知识和技术，这一切完全不可能实现。

杨灿灿意识到，只有人才才是让口寨村完全"活"起来的关键，而他要做的第一件事，就是把这些人才都集中起来。

2013年，老支书杨灿喜正式退休，杨灿灿成了新一任的村支书。他开始想尽办法四处搜集村中人才的信息，同时，他也在思考：到底什么样的人能算是人才？

二组的老党员杨永质，以前也到过老挝，现在回到村里自己种了几亩黄瓜。他种的黄瓜和别人还不太一样，也使用了一项新的种植技术，选育的品种也非常不错，每亩地能产四五千公斤。这样的人，当然是名副其实的人才。

那退伍军人刘中义算不算呢？他虽然书读得不多，在种植方面也没有什么技术，但他走南闯北，在贵阳、铜仁和凯里等地都在做果蔬批发，掌握着市场的最新动态和资源。作为口寨村人，他也常常回到村里，帮村民们卖掉那些滞销的产品。这样看来，有门路、头脑又灵光的刘中义应该也算是个人才！

杨灿灿一边盘算一边四处打听，按照他不限学历、不限资历，只突出专业性、创造性和实用性的标准来看，口寨村能罗列出上百个人才。他将这些人的详细信息都录入表格，最终统计出有高级职称、中级职称等级别的农艺师、农民技术员等共54人。这个数字让杨灿灿感到欣喜，他将被录入表格的村民定义为"农村实用人才"，并想办法让他们发挥更大的作用。

2014年至2017年，是口寨村向国外输出技术人员数量最多的时期。有200多人以技术员或农场主的身份去到老挝，在那片没有冬季的土地上度过富足的春节。而其他村民也在悄悄改变，有人在地里种下了草莓，有人建起大棚种温室西瓜，就连杨灿灿也闲不下来，用家里的土地研究黑黄瓜，仅用2个月就挣了好几千元。

转眼到了2021年，口寨村早已大变样。曾经500多栋木屋已经陆续被3层以上小楼所取代，甚至还有11栋别墅。而杨灿灿也已快要步入花甲之年，再过几年就要退休。不过，他每年都有一笔收入，金额起伏不定，得看老挝的农场收成如何。那是他当年离开老挝时留下的产业，当初以20万元入股，如今每年都能得到几十万元的分红。

我见到杨灿灿时，恰好是榕江西瓜丰收的8月。可惜的是，我在口寨村连半个西瓜都没看到。村里所有的土地都被一家农业公司流转去建设了高效大棚，到现在还没有投产。不过，杨灿灿一点儿也不着急，他已经计划好了，等到了9月左右，村里就会和这家公司协商反租倒包，到时候，村民们种的就不是传统的榕江西瓜了，而是价格更高的麒麟瓜。"现在我们也不着急靠这点土地吃饭。你一会儿可以去楼顶上看看，那里可以看到大半个口寨村的样子。美得很！"杨灿灿指了指楼上。

我爬上顶楼，站在这个不起眼的小楼上向远处眺望，目之所及是一个发达的村庄，小楼林立，街道宽敞。紧靠着村委会办公楼的口寨大桥，将这个村庄与外界连接，河水从桥下缓缓流向远方，昼夜不息。河水没有流回来的时候，但"候鸟"有往返的规律，2个月后，口寨人又将在老挝相见了吧。

去山野，做一个画中人

如果未来隐居，我想我会选择去大利侗寨。

首先，这里完全符合"隐"的必要条件。从县城出发，顺着356国道向宰荡村方向行驶，到了丰登坳便径直向人迹罕至的深山里驶去，一路上只有路边的草木作伴。当你向上攀爬路过崖边的树梢，再向下滑行钻进树皮斑驳的山林，最后爬上一个缓坡，待眼前豁然开朗时，便能长长地舒一口气，并露出会意的微笑。你眼前会出现一座层层叠叠的侗家寨门，寨门前有一块巨石，上面刻着4个红色的大字：大吉大利。

这就是大利侗寨，藏在山野之间，极其隐蔽，极致静谧。

当然，足够隐蔽不是吸引人在此隐居的绝对因素，只有将自己置入这个古老侗寨间，亲手将那些故事层层剥开，才能发现其中迷人的魅力。

去大利侗寨的那天是一个工作日，又由于新冠肺炎疫情防控，不少旅行团被迫取消，我便成了这个寨子里唯一的访客。没有那些带有表演形式的迎客仪式，大利侗寨回归到最古朴的日常状态中。寨门口的停车场旁有一座风雨桥，桥的那一端便是村民们聚居的地方。穿过这座桥有一种莫名的仪式感。老人们坐在桥两边的长椅上乘凉，他们有一搭没一搭地聊着天，有的手里握着长长的烟杆，时不时咂巴两口，吐出一团带着苦味和草药气味的烟雾，见有人经过，便撑起皱纹密布的眼皮好奇地打量着来客。我在这沧桑的注目中低头穿过，感觉像是翻开了一本书的前言。

进入侗寨，这本书的故事也被一页一页地翻开。在去村委会的路上，同行的朋友向我大致介绍了大利侗寨的过去。这是一个拥有600多年历史的侗族村寨，最大的特色是保存完好的连片侗族传统干栏式建筑。2012年，大利侗寨就被列入第一批中国传统村落名录，当地为了保护村寨最原始的风貌，明令禁止在寨子内修建新式建筑，就算老屋摇摇欲坠，不得不推倒重建，也只能采用侗族传统的木构建筑营造技艺，在原址上建造传统民居。

向着鼓楼方向走时，在路边见到了几位老妇。她们梳着同样的发髻，穿着同样的青布衣衫和黑色长裤，光着脚坐在矮凳上，正低着头用简易的工具编织布条。她们一言不发，听见有人走来，也只是匆匆抬头瞥上一眼，然后继续忙着手上的活路，似乎对我这样的陌生面孔早就习以为常。攀爬上鼓楼前的堡坎，友人指着溪流对岸的一处建筑，说："那就是寨子里历史最悠久的一处民居，是个四合木屋，大概有200多年了吧。"他匆匆向鼓楼背后走去，向我招呼道："我们一会儿再过去看，先去村委会找支书。"

不过，当我们急匆匆地走进村委会时却扑了个空，村支书杨秀康压根儿没在这里。跟着杨秀康在电话里的指引，我们向望乡客栈走去，路过那段石板路时，那几位老妇竟一点也没挪动过地方，仍旧保持着同样的姿势，头也不抬，忙着织布。

"大利村有5座风雨桥，6口古井，10个古粮仓。村里历史最悠久的四合木楼是1781年建造的，那是杨显周家的宅子，现在依然有人居住。"在一座经过改造的木房子里，杨秀康把村里的"宝贝"细细数了一遍。这座木房不是望乡客栈，而是客栈主人的另一处产业——写生创作基地。这处基地已经开了好几年，但它的主人杨再祥却迟迟没有为其挂一个正式的牌子，理由是"想不到合适的名字"，不过，都柳江书画院已经等不及了，先将书画院写生创作基地的牌子挂在了大门一侧。

屋子里非常空旷，一侧摆放着茶台和书画台，另一侧则展示着一个侗族榫卯结构建筑的模型，屋子里的其他地方则大多被书画作品占据。在对着大门的那堵墙上卷着一块屏幕，显然是为了举办艺术活动而准备的，这块屏幕和屋顶的新式吊灯，大概是这栋木房子里最有现代感的物件。

"大利村虽然早就通了柏油路，但始终还是比较偏僻，以前只有一些零星的'背包客'来寨子里玩。后来有很多做遗产保护研究的学者，以及来采风的画家、摄影家和美术生来寨子里，所以才开了这么一个写生基地。"杨再祥三言两语道出了开办写生基地的原因。他说起话来十分松弛，我想，他应该在外闯荡过。

"大利村以前很穷困，不通路、不通水，也不通电……"杨秀康极其清晰地简述了整个大利侗寨的发展脉络，记忆力让人惊讶，直到聊起个人经历时，他才完全松弛下来。

杨秀康和杨再祥是穿一条裤子长大的发小，不过两人走的路并不相同。杨秀康从卫校毕业后，在村里当了一段时间的乡村教师。直到27岁左右，外出打工的杨秀康才在广东与儿时的好友杨再祥重逢。虽然同样在广东，干的也同样是客运行业，但他们并不在同一个城市工作。杨秀康在广州芳村客运站，专门守着榕江至广州往返的客车售票窗口，而杨再祥则是在深圳客运站干着同样的工作。

大利侗寨土地不多，在以农耕为主的村寨中，打工成了大多数年轻人的选择，全村800多个劳动力，有500多个都在省外过着打工的生活。但杨秀康只在广东待了一年，就在春节回家时被上一届的老支书留了下来。

杨秀康1994年就入了党，老支书就是他的介绍人。2002年，为了照顾在外读大学的两个孩子，老支书辞掉职务，向镇领导推荐了杨秀康。尽管心里惦记着省外的生活，但在镇领导和老支书的反复动员下，杨秀康最终还是留了下来。

在外见过了发达城市的面貌，杨秀康一直也想让大利村发生一些变化，便陆续推动了鼓楼重建和自来水项目。这些细微的变化让当地政府对这个古老的村寨越发关注，分管旅游的部门提醒杨秀康："这些古建筑都是宝贝，要好好保护，将来肯定能发展旅游。"这个提醒被杨秀康记在心里，但他知道，仅靠自己的力量，既要处理村里的大小事务，又要让旅游业在这里落地开花，肯定是不可能完成的任务。

当发展旅游的想法诞生之时，杨秀康心里几乎已经确定了一个最佳人选。

杨再祥是杨秀康眼里的"奇才"。20世纪90年代，初中毕业后的杨再祥便在县城找了个裁缝师傅拜师学艺，学成后便回到村里开了一间裁缝铺。大利村是一个纯侗族村寨，过去人们穿的都是侗族传统服装，但随着孩子们走出村寨在外读书，花花绿绿的时装自然吸引了年轻人的眼球。杨再祥成了村里唯一一个会做流行服饰的裁缝，生意自然好得没话说。此后，他又跑客运、货运，做餐饮店，做木材生意，销售成衣……尝试过的行业可能10个指头都数不完。这样一个有生意头脑的人怎么能错过？

2005年，随着当地旅游部门对大利侗寨的宣传越来越广，不惜翻山越岭也要来一睹侗寨真容的游客也多了起来。时机成熟，杨秀康郑重其事地向杨再祥发出邀请，请他回乡用自己的老房子开一间客栈。那时，留在村里的人以老年人居多，没人想过要去操心一家客栈，杨再祥知道这是一片"蓝海"，便欣然应允。

然而，仅靠一间客栈就想撑起一个村寨的旅游显然太过天真。在那段时间里，大利侗寨的旅游陷入一种稍显尴尬的境地，游客留不住，稀少的客流量也勾不起人们经营的兴趣。

在一次接待中，杨秀康认识了几位贵州省内做文化遗产保护研究的学者，为自己打开了一扇新的大门。2007年，受到一些相关研究学者的邀请，杨秀康叫上杨再祥等客栈老板多次去往各地考察学习，最近的地方是四川，最远的地方是泰国。在这些地方，杨秀康看到了各式各样的乡村。川藏线的壮美风光让他印象深刻，泰国长颈族的风俗让他倍受震撼，总结下来，这些吸引眼球的东西都指向两个字：文化。杨秀康在为这些村庄赞叹不已的同时，心里对大利侗寨的描绘也逐渐清晰。

回到大利之后，杨秀康决定从文化着手，首先就要把村民们唱歌的热情激发出来。那时，村民们已经没有了唱歌的兴趣，杨秀康反复动员也无人响应。他一气之下，请来了外村的侗族大歌队，敲锣打鼓叫村民们来看别人的精彩表演。一曲唱罢，杨秀康问："这歌你们会不会唱？不会我就请老师们教！"村里的男女老幼瘪着嘴一脸不屑："怎么不会？我们从小就唱！"激将法生效，村民们开始愿意走出家门唱起歌来。

此后，2007年，政府支持大利村修通了柏油路；2009年，杨秀康又争取到资金重修了侗戏台；到了2015年，村里的污水管理系统开建……大利村的外观从未有丝毫变化，依然是一栋木屋连着一栋木屋，但这些木屋的内部已经与现代化的生活方式接轨。

长年经营着客栈，同时也在外做着生意的杨再祥，此时也遇到了"贵人"。

2015年，凯里学院美术与设计学院院长陈明春来到大利侗寨。陈明春随意挑了一间客栈住下，在村里闲逛时从杨再祥家客栈门口路过。坐在屋里的杨再祥热情招呼："吃饭没？来一起吃饭！"这一声招呼，让两人结下了深厚的缘分。

那顿饭一直吃到深夜。酒过三巡，两人在微醺之间聊了很多，杨再祥也提起了这些年的不易。陈明春有些动容，便给杨再祥出了个主意："你就做个写生基地，专门联系艺术院校和书画院，一定比现在好！"

这似乎是个不错的提议。从村里的游客类型来看，专程来搞学术研究和艺术采风的人确实占了大多数。杨再祥果断拿出积蓄，盘下一间闲置的老屋，将其改造成了写生基地。陈明春也相当仗义，真心诚意地想拉这个年轻人一把，便为杨再祥介绍了不少艺术院校的资源。

一时间，杨再祥的写生基地"火"了起来。此后的几年里，杨再祥的写生基地每年接待的学者、艺术家和美院学生多达数千人。随着基地被一幅幅书画作品填满，大利侗寨又增添了一抹艺术气息。

不过，此时的杨秀康也逐渐陷入另一种困惑。随着接触的专家、学者越来越多，他对传统村落保护的思考也变得更加复杂。早在2008年，北京大学考古文博学院学术委员会主任孙华教授和李光涵博士来到大利村时，就曾向杨秀康指出过一个不可回避的现实：一方面大利村的人们期盼通过保护古村落来发展旅游，但另一方面，村民们对于更便利的现代化居住条件的需求也同样强烈，这两者之间的矛盾如何解决？

当初，两位教授郑重地提出这个问题，杨秀康也从未放弃过为村民们争取合理的权益。幸运的是，在那之后不久，村里就得到省级单位的批准，在村外另辟一处土地，让有需求的村民得以修建现代化的新房。虽然这些年来这个愿望还未最终实现，不过在杨秀康看来，应该也快了。

除了村民住房的问题，杨秀康还在不断探索新的旅游产品。他和杨再祥商讨，在写生创作基地的基础上，衍生出新的研学产品，目标客群就是那些放寒暑假的孩子以及他们的父母。除了深挖村里的历史故事，带着孩子们走村串寨，他们还打算在寨门外开辟一块土地，用于开办"开心农场"……

杨秀康和杨再祥聊起未来时，眼里都闪烁着兴奋的光。结束了畅想，他们又带着我去参观了村里新建的精品民宿，盛情邀请我在那里住上一晚。此时，已是下午5点，太阳还未躲进云里，屋外竟毫无预兆地下起了瓢泼大雨。

"人不留客天留客！今晚留在这里吃饭，尝尝我们侗家酿的米酒！"还未等我回应，栽麻镇的干部已经在打电话给村里的一位致富能手，准备晚饭了。

从走进大利村的那一刻，我心里就滋生出一种难以言喻的感受。这种感受迫使我整个人的反应都慢了半拍，以至于当乡镇干部盛情邀请留下来吃晚饭时，我也没有立刻谢绝，即便我订的回程动车票是当晚8点，而从这里去往榕江高铁站还需至少半个小时。那顿丰富的晚餐结束时已是8点，我已悄悄地将车票改签至最晚的一班。直至坐着飞驰的汽车驶出寨门，将那片灯火留在身后时，日常工作的迫切感才突然回到我的身体里。那一刻，我突然明白了那是一种什么感受：穿过那座风雨桥进入侗寨时，我似乎就被凝固到一个古寨的时空之中，大利侗寨更像是一幅画，每走一处都是在画中漫步，而作画的人也在画中。

飞扬的青春

台江县望虎屯村

到达老屯乡望虎屯村时是上午10点多，苗人匠心染坊里有不少人，几位看上去五六十岁的苗族阿姨围坐在工作台边，手里正裁剪着布料，一位穿白T恤的短发姑娘在一旁不时地指导一下。见有人进来，姑娘冲我们打了个招呼，说："飞扬买菜去了，你们先休息会儿，或者随便看看。"

从一个人常居的地方也能揣摩出他的大致性格。我在染坊里转悠，试图寻找关于这间染坊主人的更多线索。

这是个不算很大的染坊，装修方式和空间布局完全是当下"创客"最喜爱的开放式风格。绕到后院，我的眼前出现了一个巨大的池子，足足有4米多长、2米多深，池子里装满了黑蓝色的染料，一个黄色的开关吊在顶棚上。"这是什么新奇玩意儿？"这和我之前见过的染缸完全不同。

没过一会儿，一个年轻小伙子两手提着袋子走了进来，与我想象中的唐飞扬形象重叠。寸头、单眼皮、纯白 T 恤，看起来比实际年龄更年轻些。没等他开始讲述自己的故事，我先把刚才参观之后产生的疑问一股脑儿地抛了出来："那几位绣娘是在上培训课吗？老师很年轻啊！还有，屋后那个染池很特别，好像和传统染缸不一样？"

听了唐飞扬的回答，我感觉自己抓到了重点。绣娘们正在制作的粽子形状的小香包，将在施秉县即将举行的龙舟大赛中作为伴手礼。而那位年轻的老师，则是唐飞扬专程请来的朋友，名叫龙沁洁，在贵阳开文创公司的雷山人。像这样的订单制作培训，在唐飞扬的染坊已经算是常态。屋后那个染池是唐飞扬耗时一年多研究出来的改良之作，已经申请了实用新型发明专利，而唐飞扬的手上已经掌握了 3 项实用新型发明专利，分别是一种手工银手镯加工用的定位夹具、一种可调整倾斜角度的苗绣绣架、一种带有手部防护设计的绣花剪刀。

尽管和唐飞扬见面不过十几分钟，但结合此前我对他极为粗浅的了解，我几乎能够确定，眼前这位年轻人的身上一定藏着不少故事。

唐飞扬大学学习的是与传统文化毫不相干的生物化学专业，但这个专业又在他后来的探索中起了不小的作用。大学毕业后，唐飞扬进入深圳的一家公司，每天待在实验室里做着枯燥的生物实验，这与他的兴趣爱好完全不沾边。没过多久，他便辞职回到黔东南州，在凯里开了一间画廊。画廊生意不错，很快，他又在台江县城的姊妹街上开了分店。

在这条民族风情浓郁的商业街上，唐飞扬见到不少儿时常见的苗绣、银饰。出于文创从业者的直觉，他对这些传统设计逐渐有了自己的想法，但从未付诸实践过。直到在一家反排村人开的餐馆门口听到 4 位精心打扮的苗家美女一展歌喉时，唐飞扬突然被这悠远的歌声打动，内心产生一种强烈的冲动，想要进一步探索自身民族的文化。

2015 年，利用几年来开办画廊积累的设计师人脉和资金，唐飞扬迅速组建起了团队。唐飞扬尝试过传统绣片的再创作，也想通过影像的方式记录传统手艺人的技艺，还涉足电商行业，年销售额一度突破 500 万元。4 年的摸爬滚打，团队成员来来去去，他尝过小有成就的喜悦，也感受过计划"流产"的失落。直到2019 年，在文创行业摸爬滚打了 4 年的唐飞扬，逐渐抓到了问题的根源。在他看来，产品作为文创的核心，除了有让人惊艳的设计之外，还需要产能上的保证。传统手工艺固然是不可改变的根本，但能不能在效率上进行提升，从而提高产能？

他又回到了自己老家，老屯乡望虎屯村，将自己创立的"苗人匠心"品牌带来这里。不同的是，这次他不再专注于设计的突破，而是抱着一种破釜沉舟的心态，完全脱产进行技术上的改良研究。

他和团队的几位核心成员成了望虎屯村村民家的常客，主要学习蜡染技术。"放入大量能染色的植物，草木灰少许，糖少许……"对于掌握了植物染料调制技术的苗族妇女来说，调制的过程是个只可意会不可言传的技巧，原料的具体用量全凭经验。"大量""少许"这类无法精确的计量方式，让唐飞扬的小伙伴们完全无法理解，学了一个月也没法掌握调制方法。

但对于学习生物化学出身的唐飞扬，这种看似高深莫测的过程不过只是简单的化学反应罢了。他带着各类有精确刻度的量杯和检测仪器来到染娘家，很快便掌握了调制染料的精确剂量，再通过检测 PH 值，掌握了染料最佳呈现数值。不出一个星期，唐飞扬便轻松掌握了调制染料的技能。

接下来，便是对生产技术的改良。在银饰和苗绣制作方面，他对剪刀、定位夹具、绣架等小物件进行了改良，先后申请到实用新型发明专利。但最重头的，还是染布用染缸。传统的染布方式中，染娘们将布匹浸入巨大的染缸，待着色后便拿出来堆放在一旁。一位染娘一天大概只能将 14 米布染出中等色阶。唐飞扬用了一年多的时间反复琢磨，先扩大了容器的面积，建造了一个 4.5 米长、1.2 米宽、2.5 米深的染池，又在池子上方装了一个几乎同等面积的钢架，用于晾晒布匹，以加快氧化。此外，这套设备可电动升降，便不用再耗费人力来晾晒布匹。这样一个实用的发明，能让一个人在一天之内完成五六百米的布匹染制，效率的提升显而易见。

技术得到突破，唐飞扬又回到文创产品设计和生产的起点上。他与周边各村寨的数百位苗族妇女建立合作，一有订单便分派到各处请人完成。但是，在与这些善良的苗家阿姨的长期合作中，竟又产生了新的问题。除了容易拖延工期之外，平均年龄五六十岁的阿姨们常常"好心办坏事"。一次，唐飞扬分派了一个需要绣一朵花在产品上的任务给绣娘们，设计师只需要符合现代极简审美的花朵，但在阿姨们看来，红花需要绿叶衬，便好心地为这些花朵加上两片绿叶。这样的产品显然无法向客户交代，但也不能辜负绣娘们的好意和辛劳，唐飞扬哭笑不得地给绣娘们付了报酬，又叮嘱她们按照设计师的要求再做一次。

这样的情况并不鲜见，这让唐飞扬意识到，必须为绣娘们开展相关的培训。

2020 年，苗人匠心非遗扶贫就业工坊在染坊里开班。这次培训由台江县文体广电旅游局主办，主题是植物染色。唐飞扬将植物染色搭配、现代蓝靛制作方法、创新设计等苗族服饰植物染色技能，以及植物染的软装系列产品等一一向绣娘们介绍。这样的培训一共开办了 2 场，有 100 多位绣娘完全接受了效率更高、更符合现代实用性和审美的设计理念。

2021 年，共青团台江县委联合"苗人匠心"成立了台江县大学生创业就业示范基地，8 月中旬染坊正式揭牌。作为典型的创业青年，唐飞扬一直活跃在青年人的圈子中，曾经担任过共青团台江县委兼职副书记，而团县委及相关部门也在他的创业之中给予了不少帮助。

临近饭点，唐飞扬抓紧时间给我看了他的新计划。这是一间即将在凯里市开业的民宿，内部装修是当下最受年轻人喜爱的极简风格，房间内的所有物品都是带有苗族元素的植物印染产品。这家民宿最大的特色，是几乎所有物品都可以售卖，这不失为一种新的营销模式。

在染坊里，除了蓝色的布匹之外，还陈列有各种不同色彩的布匹，包括苗族制作服装时最爱用的亮布。唐飞扬对这种不太经得起折腾的亮布也进行了改良，通过加入食品级的化学品提升了亮布的色牢度，让这种价格颇高的布料成了设计师们钟爱的产品之一。虽然植物印染的本质就是化学作用，但在唐飞扬看来，这科学的背后藏着奇妙和浪漫。"能用于印染的植物有上百种，植物的选择、剂量的多少，最终能呈现出不同的色彩。这个过程常常让人意想不到。"唐飞扬热衷于这样的试验，况且，这试验的成果还能为他创造出更大的价值。

唐飞扬在微信上发了一条朋友圈。配图是两张质感独特的大地色亮布，印有树叶形状的花纹。他在这条朋友圈中说："无意间成就的面料，出乎意料地受欢迎。"从望虎屯到省外读书、就业，又从凯里回到台江，最后又回到望虎屯，带着生物化学的知识背景回到传统手工艺中的唐飞扬，看似回到了起点，但这显然是一个新的起点。不同于母亲当年原封不动地销售老绣片，唐飞扬所做的事情更加复杂。他仍在不断试验，不断摸索，不断迎来如那些大地色亮布一样的意外之喜。

施了"魔法"的森林

"这个产业带来的收益很不错。林下土地租金非常低，种子三四千、肥料七八百、人工每个 1000 元……七七八八加起来接近 1 万元，老百姓能从中得到 1000 多元的工钱，而我加工后能产生更高附加值，还能带动税收……"余成荣像一台敏捷的计算器，在一分钟之内就把这片魔芋基地带来的种种收益清楚地算了一遍。我有些晕头转向，这不能怪我，作为一个平时买菜都要按计算器的人，面对这样复杂的运算，是绝对插不上嘴的。

"我之前在贵阳做了近 20 年的会计，主要服务的都是地产公司。"大概察觉到我有些走神，余成荣不好意思地笑了起来。

曾经的城市地产行业会计，现在却和我站在施秉县双井镇的一片松树林下，围绕农业侃侃而谈。跨界如此之大，迅速勾起了我的好奇心。

仔细想来，打从和余成荣见面的那一刻起，他就已经不自觉地流露出一名会计的特质。当我们跟在他身后走进这片松林时，女生们都被掉了一地的松果和这林间摇动的清风吸引，而他所关注的则是这片林地下生出的粗壮植物，那些植物叶片宽大饱满，枝茎笔挺，长有斑驳的花纹，全都是他的得意之作。"这些都是珠芽魔芋，比种水稻划算多了。水稻产量就算从每亩 500 公斤提升到每亩 1000 公斤，每公斤也只能卖到 4 元钱。魔芋粗加工利润是 15% 至 20%，深加工还能翻几倍！"就算在介绍这片林下产业时，余成荣也是用利润数据来说明其价值。这些动人的数据，显然也是吸引他毅然放下会计师工作，从城市转向农村的重要原因。

当然，他并不是第一次接触到魔芋种植。早在他的童年时期，勤劳的父亲就在老家雷山县承包土地种过传统品种花魔芋。不过，受到技术和土地等各方面的限制，余成荣家并没有靠种植魔芋走出贫困，当他进入初中时，依然还需要靠母亲卖苞谷换来的 20 元钱勉强交上学费。

农业并不在少年余成荣的未来规划范围之内。在过去近 20 年的时间里，余成荣大部分时间都在银行或房地产行业从事会计工作。他曾是一个极其腼腆的人，甚至在刚开始踏上工作岗位时，能一整天都不和同事说一句话。直到后来继续读书、找新的工作时，余成荣才意识到，沉默并不是金，甚至会大概率让自己被埋没，他开始说话、表达、发表自己的意见，逐渐让人们认识自己。

或许是因为性格上依旧有腼腆的底色，让他显得温和可亲，余成荣在后来的10多年里结交了不少朋友。随着地产行业出现下滑趋势，2015年，余成荣辞掉大公司的工作，在36岁的年纪选择自主创业，他开了超市，也办了一家财务公司，迎来了新生活。

至此，他也从没想过自己有一天会住在河边、走在山林，成日为农作物的生长操心。直到2019年，凯里市人大开展扶贫工作的干部想考察魔芋产业，便联系上人脉甚广的余成荣，请他帮忙牵线搭桥。余成荣与贵州重庆商会荣誉会长左华林联系，一同前往织金县参观了左华林在当地办的魔芋基地。正是这次参观，让余成荣与魔芋结下了不解之缘。

一次偶然的机会，他与施秉县的一位领导表达了自己看好魔芋产业的想法。让他没想到的是，这位年近花甲的老领导竟对魔芋种植如此了解，不仅知道全国各省的种植情况，连哪里有一位擅长种植魔芋的90多岁的老人他都能叫得出名字。一番长谈后，这位老领导似乎对余成荣十分满意，他语重心长地说："年轻小伙子，我给你们个机会，你们去双井试试看。"

那时，施秉县双井镇黄琴村有人种了50亩珠芽魔芋作为试验，大概是在为招商引资大面积发展这项产业做准备。余成荣得到这一宝贵信息，便毅然决定停下贵阳的大部分事业，向双井镇奔去。

对于成本、利润等复杂数据的计算，他当然是专家，但对于土地里的东西，他完全是个外行。多年的会计师经验让余成荣养成了谨慎的做事风格，他不打无准备之仗，决定先去考察一番。

在魔芋行业里，有一个标杆式的品牌：西大魔芋。这是以西南大学为科技支撑，联合国内外多家营养健康及医疗机构单位成立的研究院，诞生于2012年。要想了解魔芋，余成荣知道自己必须先与西南大学接触。

几番辗转，余成荣终于与西南大学魔芋研究中心主任张盛林取得联系，在这位魔芋专家的带领之下，他打开了新世界的大门。

他们去往云南、广西等地反复考察。在云南省普洱市的景谷傣族彝族自治县，余成荣内心感受到了震撼。遥远的景谷甚至没有高速可以直达，但这里却藏着全国最大的珠芽魔芋优质品种繁育基地，带动了景谷10个乡镇大面积种植。而其中一位名叫熊正伟的技术指导员，虽然只有中专学历，却对一种高效繁育技术颇有研究，通过这种技术，每亩土地能产出三四百公斤种子，能极大地降低成本并提高产量。

在云南找到种植方面的技术指导员，余成荣胸有成竹地回到双井镇，而在日后与镇干部的交往中，他更加信心百倍。

魔芋基地有好几处，除了成片露天的土地之外，有相当大一部分是在松林里。大面积种植之前，需要将所有土地翻耕、起垄，这项工作虽然技术含量不高，但需要大量人力。几乎每天早上余成荣到达基地时，镇干部们就已经在地里开始干活了。干部不坐办公室，却都下到了地里，这让余成荣有些疑惑，也十分动容。干部们挥汗如雨的身影让余成荣清晰地感受到他们对产业的期待，也让他底气更足了些。

很快，珠芽魔芋的种子都被埋进了土里，到了来年11月便能持续采收。忙完品种选择和种植的余成荣及其团队，便开始着手粗加工的问题了。然而，余成荣又一次碰壁。

他请来技术员为工厂配置了加工设备，但由于技术不过关等种种原因，加工出来的魔芋精粉呈黑色，而且能耗成本极高。余成荣因此遭受了不小的损失，只能再次前往云南寻找"高人"指点。种植专家容易找，加工方面的专家可不太多。在当地的交易市场上，一行人正愁不知该从何处开始打听，余成荣的合作伙伴、某房地产企业负责人雷忠桥灵光一现，给大家出了个主意："魔芋种植规模比较大的农户通常会搭网，我们去问问谁买的网比较多，不就能找到种植大户了？"多番打听之下，终于找到一位从湖北恩施来的汪姓技术员。在那间工厂里，这位技术员设计的加工设备耗能竟能控制在3000元以下！

余成荣向这位汪师傅发出邀请，希望他能到贵州帮忙提供技术支持。"贵州山区的人们很需要这项产业，我们也是刚入行，很多东西不明白，但确实是真心诚意地想把这个扶贫产业做起来……"余成荣的坦诚打动了原本不愿外传技术的汪师傅，最终将他请到了贵州。

余成荣驾着自己的小车辗转于云南、广西和本省各地，半年多的时间，那辆小车就已跑了4万多公里。松林下的珠芽魔芋苗壮生长，加工技术也日渐趋于完善，几乎没有时间回到贵阳家中陪妻儿的余成荣终于能稍稍缓一口气。2019 年下半年他开始入驻双井镇，种植的魔芋从最初的 50 亩逐渐发展到一两百亩，再到后来带动黄琴村等各村寨共同种植多达 6000 亩。2021 年春天，采收完最后一批魔芋之后，余成荣也打算让自己的重心从种植转到加工上，公司将筹建一个产能更高的全新加工厂。

初秋的太阳从东边渐渐升到我们头顶，松林里依旧清风阵阵。余成荣饶有兴致地带着我走近那片林地，向我招呼道："你看，这就是珠芽魔芋的种子，一株植物上能长很多颗，每一颗都能长出一株魔芋。"

他看着这些褐色的、如珍珠般圆润的种子感叹道："之前干旱了 40 多天，还好都挺过来了。再过几个月，就能采收了！"

他脸上又泛起自信的笑容，但又夹杂着一丝腼腆，说："我今年给镇上做出承诺，要完成四五千万元的产值，这是我经过计算的结果，我有信心。"

离开时，他又回头看了看那片松林，林下的植物枝茎呈现出深深浅浅的花纹，叶片在阳光下熠熠生辉，仿佛施了魔法一般。他喃喃道："以前在贵阳，喷水池一带哪栋楼最高我就去哪栋楼工作。现在，心境变了……"

回到甜蜜谷的小蜜蜂

黄平县永爱村

我和张晓慧坐在上塘镇朱家山的山谷间一处新建的办公室里聊天，聊天的过程中，她的眼眶红了两次。一次，是谈到 2 个月前病逝的母亲；另一次，是提起黄平旧州中学的老校长陈振纲。当然，她也提到了很多其他的人，比如她的父亲、儿子、养女、妹妹和婆婆，以及亲如母女的侄女侯茜然，还有决定养蜂后认识的研究生张明华和他带来的小伙伴们。

1995 年，张晓慧从贵州省人民医院护士学校毕业，因成绩优异顺利留在了这所三甲医院工作。她工作后所做的第一件事，就是买邮票。这些邮票都是送给黄平旧州中学的老校长陈振纲，用于奖励学生的。彼时，已经 68 岁的陈振纲被返聘回校任教，而从偏远的永爱村来到县城读书的张晓慧，则住在了这位慈祥的老教师家中。陈振纲的家里常年住着两三名贫困学生，直至他 90 多岁病逝之前依旧如此。平时督促学生读书时，陈振纲会将自己珍藏的邮票送给学生作为奖励，这些邮票似乎也化作一种善良的符号，贴在了张晓慧的心里。

　　她反复强调，陈振纲老校长对她产生了十分深远的影响，这也让我更能理解她后来的人生选择。

　　张晓慧在贵州省人民医院只工作了 5 年，便为了有更多时间照顾两个孩子而选择辞职，转而在太慈桥石灰窑附近开办了一间诊所。2018 年，儿子考取了中国民航大学，养女也进入医院工作，张晓慧并没有闲下来，而是决定回永爱村，承担起照顾父母的义务。

　　她毅然关掉诊所，独自一人回到了阔别已久的永爱村。此时的她不过 40 岁而已，"总得干点什么吧？"她想。

　　宁静的朱家山原始森林，鸟叫虫鸣终日做伴，漫山遍野的古老树木之间，有不少野花盛放。其中最多的是五倍子，一种能治疗多种疾病的中药材，花朵呈白色，一簇簇开满枝头。张晓慧想起儿时的一些场景，父亲从传统蜂箱中割下浓稠的蜂蜜，以此作为药引，让那些难以下咽的药汤变得容易吞服。

　　养蜂？不仅不会破坏原始森林环境，甚至能帮植物授粉，或许这是一个不错的选择。张晓慧灵光乍现，打算重拾父亲当年的爱好。

　　养蜂谈何容易？从未接触过养蜂的张晓慧，成立了贵州苗疆蜂业科技发展有限公司，养了 273 桶蜜蜂，请来村民们帮忙养殖。未曾想，这迈出的第一步就踩进了"坑"里。

　　村里的老人们显然没有应付如此多蜜蜂的经验。到了当年八九月本该割蜜的时候，老人们胸有成竹地向张晓慧保证："再等等，过段时间的蜜会更好。"结果，这一等就等来了雨季，不能出门采蜜的小蜜蜂们只能留在蜂箱里吃掉"库存"，后来，又因为操作不当导致不少蜜蜂都飞走了。张晓慧的"头炮"不仅没有打响，还让她遭受了 20 万元的惨重损失。

　　"看来土办法不管用，还是要相信科学。"张晓慧灰头土脸地四处打听，想找个专业人士来帮忙指导。就在一筹莫展时，张晓慧因缘际会认识了一位名叫张明华的年轻人，他刚考上贵州大学动物科学学院的硕士研究生，对养蜂颇为着迷。在贵阳龙洞堡机场，张晓慧见到了这位皮肤黝黑的大男孩。两人碰头后便直奔主题，一边吃饭一边聊起了养蜂的点点滴滴，张晓慧将自己的遭遇和疑惑一股脑儿地倒了出来，而张明华当即表示："现在就去你的基地看看！"张晓慧带着张明华直奔150多公里外的永爱村，心情颇为激动："小蜜蜂们现在有救了！"

到了永爱村，张明华便在张晓慧家的老木屋里住了下来。此后，他又叫来在辽东学院和湖南农业大学读硕士研究生和本科的4位同学，5个年轻人一起在那座小小的木屋里挤了大半年，一边做课题，一边进行技术指导。很快，科学养蜂的技术被普及到这个偏远的山村中，苗疆蜂业的蜂箱迅速扩展到1000余箱。科学养蜂让张晓慧尝到甜头，此后，她又依托贵州大学动物科学学院和辽东学院的专家学科技术资源优势建立了一个"贵州苗疆蜂业中蜂良种繁育研究中心"，与贵州大学等多所高校建立了深度合作关系。

随着产业快速扩张，公司也出现了行政人员短缺的问题，而在此时，另一位苗家姑娘来了。

23岁的侯茜然，从贵州大学艺术学院毕业后，一直在贵阳市某中学担任形体老师，同时自己与同学开了一所舞蹈培训学校。她是张晓慧的侄女，因父母长期在外打工，从小跟着爷爷奶奶在贵阳上学，张晓慧的家就是她的家了。对张晓慧来说，这个个子高挑、皮肤白皙的漂亮姑娘，就和亲生女儿一样亲。侯茜然得知张晓慧的公司缺少人手之后，便毅然决定放弃城市里的舞蹈事业，回到这山谷里与张晓慧一起并肩作战，原因也只有一个：报恩。

两位年龄相差近20岁的苗家女，一位曾是常年为人把脉问诊的医生，一位是用足尖舞出美丽人生的舞蹈老师，如今双双在这山谷间，挑起扁担，担着重达几十公斤的蜂箱，趔趔趄趄地向原始森林里走去……苦和累是必然的，但她们依旧向山谷走去。

张晓慧对蜂蜜的品质要求极高，她坚持只养中华蜂，并且每年只在季末才采收一次蜂蜜。为了让小蜜蜂们安稳繁殖和过冬，她流转了大片土地，用于种植马鞭草等各类花卉，尤其是有利于蜜蜂繁殖的油菜花。蜜蜂们采的油菜花蜜她都保存下来不对外销售，全部用来喂养蜜蜂。

但在流转土地这个问题上，她也遭遇过让人心痛的打击。在村里选定一片土地后，20 多户村民都愉快地签下了流转协议，却偏偏有一户土地处于核心区域的农户始终不愿松口，甚至对她恶语相向。张晓慧反复去这位农户家协商过多次，甚至惊动了镇里的干部一起来帮忙协调，却依然无功而返。张晓慧只能硬着头皮损失掉已经支付的 2 万多元租金，另外找了一片土地用于基地建设。如此种种委屈，她尝过不止一次，不过，最终她还是熬了过来，到目前，已流转山林及耕地 1000 余亩。

上塘镇政府了解到张晓慧的养蜂事业后，多次到山谷里考察了解情况。此后，永爱村越发热闹了，这片中华蜂养殖基地被县里命名为"甜蜜谷"，而张晓慧的苗疆蜂业也进一步扩大了规模。当地的蜂箱已多达 6000 箱，还通过技术推广、统一标准等手段，在镇远等其他县域内，与黔东南各地的 40 多个合作社建立了合作关系，利益联结贫困户 2800 多人⋯⋯

山谷里的蜂箱数量不断增多，但那条通往山谷里的路却依旧泥泞不堪。张晓慧每天驾着那辆白色 SUV 顺着车辙在泥泞的道路上颠簸，这条路她开了 2 年，爆了 8 个轮胎，也让她练出了一手好车技。2020 年 7 月，在当地政府的支持下，那条扎破张晓慧 8 个轮胎的山路终于开始动工修建。见到挖掘机开进山里时，张晓慧竟坐在路边哭了起来。

如今的永爱村沙田湾已经变成了一个"百草园"，从养蜂延伸出的鲜花、菜籽油、蜜蜂天然授粉的水稻等产品逐步增多，蜂蜜相关加工产品也有不少。从那栋崭新的办公楼里出来，张晓慧邀我坐上那辆白色 SUV，向她住的房子驶去。"正好这几天开始割蜜了，给你尝尝正宗的蜂巢蜜。"她熟练地把方方向盘说道。

曾经挤下近 10 个人的小木屋还在，木墙外表已显斑驳，张晓慧说这栋房子已有 200 多年历史。而在这栋木房子的两边，她还修了两座平房，用于当作公司的厨房、餐厅。一只白色大狗听见张晓慧说话的声音便兴奋地迎了过来，这只忠诚的大狗每天早上都会在家门口等着晨跑归来的张晓慧。

在种满马鞭草的养殖基地里，全副武装的蜂农小心翼翼地揭开蜂箱，取出一整块灌满蜂蜜的蜂巢，轻轻扫走附在上面的蜜蜂，将其迅速转移到另一个箱子里。张晓慧的父亲熟练地割去表面上的蜂蜡，然后将其放到一个长桶中，桶的上方有一个可以旋转的支架，蜂农只需要转动支架，便能靠离心力将蜂蜜摇出来。我正看得入神，张晓慧突然拉着我凑近一个蜂箱，放低了声音像是怕惊扰了正在工作的蜜蜂一般，道："你看，这些飞回来的小蜜蜂腿上都裹着花粉，像穿了两只小鞋子。蜜蜂这种小动物很神奇的，门口这些负责站岗，腿上有花粉的负责采粉，采花蜜的又是另外的一些，都有各自的分工，从不出错。是不是很可爱？"她抬起头冲我笑了起来，深邃的眼眸好像闪着微光。

第一书记接力跑出电商加速度

黄平县学坝村

  距离黄平机场仅 5 公里，离当地著名的飞云崖景区也不过 2 公里，出发之前，地理位置优越的新州镇学坝村在我的想象中是一个已经被完全开发成旅游景区的村落。然而，真正到了这个地方，除了路边独立规划的"学坝·山泉水世界"之外，村里依然是一片宁静的田园风光，没有半点旅游景区的建设迹象。

  "学坝原来是贫困村，直到 2019 年才开始建起水上乐园，村里还有葡萄采摘园。实际上，我们的另一块重要收入来源于电商。"见到学坝村村支书程方时，这位身材瘦削的村干部解释道。谈起学坝村这些年的发展，程方很少提及自己的功劳。在他的记忆中，村里发生实质性变化，还得从驻村干部的到来说起。

  学坝村虽然处在旅游景点的必经之路上，但在过去多年里始终没能吃上旅游的红利，不是不想，是心有余而力不足。

  程方曾是众多外出务工者中的一员，2013 年回乡时，恰好学坝村进行换届选举，作为村中"能人"的程方被推选为新的村支书。那时的学坝村，唯一的便利就是那条穿境而过的国道，除此之外，处处是农田、黄土地和木房子，就连如今村委会办公楼所在的地方，当时也是一片种了辣椒等农作物的土地。程方从未接触过乡村工作，心里自然没底，恰逢村里搞"一事一议工程"，计划在村里修硬化路，他便组织党员们开会共同商讨，也正是这场会议让他发现了学坝村多年未有新发展的原因。

全村 26 名党员，其中有 11 位的年龄都已超过 65 岁，党员队伍老龄化问题十分明显。花了一年多时间，说服并带领村民们将路和路灯的问题解决，程方便迎来了到学坝村开展脱贫攻坚工作的驻村干部们。2014 年，最先到来的是从黔东南州下派的领导。这位领导引进资金为村里修建了一批蔬菜大棚，至于种什么作物，还得大家另想办法。

　　程方在村口附近的加油站旁，恰好见到一位在此处种植西瓜的浙江商人，经过协商，双方达成合作，便将西瓜产业做了起来。有了产业，程方当然感到欣喜，但这欣喜很快被现实冲淡。村里虽然诞生了几个种植大户，但大多数村民依旧靠传统农业糊口，村集体经济也并未得到发展。程方看着相距不远的景区十分眼馋，总想找机会搞旅游，却又苦于没有启动资金。

　　到了 2018 年，村里来了一位山东人。

　　这位说着普通话、戴着眼镜、模样斯文的人看起来很年轻，他自我介绍道："我叫吴剑，今年 40 岁，是中国农业银行网络金融部的高级专员，被派驻到学坝村当第一书记。"

　　"40 岁，大城市来的人是不一样，看起来也太年轻了。"程方得知吴剑和他年龄相差无几，心里暗暗惊讶。程方客客气气地招呼着这位北京来的第一书记，心里却不由得为对方担心起来："这位从城里来的贵公子，在乡下住得惯吗？农村的这些活路恐怕他都不太懂吧？他能干些什么呢？"

　　程方的忧虑并不多余，吴剑在学坝村住下后不久，便遭遇了很多问题。

　　首先，是水土不服。常年生活在北方的吴剑饮食以清淡为主，可贵州人偏偏嗜辣，这让吴剑的肠胃遭到了前所未有的挑战，嘴角也长了水泡。

　　相比起身体上的不适应，语言上的障碍更让吴剑举步维艰。学坝村有 85% 的村民都是苗族人，留在村中的又多为老年人，只会说苗语和方言。吴剑忍着身体的不适挨户走访时，热情的村民们用苗语招呼他进家坐坐，他却只能尴尬地微笑着挥挥手，完全听不懂对方在说什么。程方见状，便充当起翻译的角色，几乎陪着吴剑走遍了整个学坝村。

　　吴剑几乎每天都工作到深夜，一个多月后，他逐渐适应了学坝村的饮食和生活习惯，在程方的陪伴下也大致掌握了村民们的情况。而在这一个多月的相处中，程方也与吴剑成了无话不谈的朋友，这位城里来的干部比他想象中坚强得多，显然是一个真心想干实事的人。

程方提出了自己一直以来的设想：发展旅游。他如数家珍般列举出学坝村的种种优势资源，不仅距离县城很近、交通便利，更重要的是，那片老茶山上有一处清澈的山泉穿村而过，周围的大小山头上也有多处泉眼，水资源尤其丰富。"搞个水上乐园，肯定受欢迎！"吴剑和程方一拍即合，很快向中国农业银行总行提交方案。2019年，学坝村以水资源入股，在中国农业银行总行的资金支持下，通过"支部＋合作社＋农户"的模式，建设起了"学坝·山泉水世界"水上乐园项目，当年就取得了十分可观的收益，村里每户分到了1700元效益分红。

"水上乐园收益有季节限制，村里还需要更长效的产业。"和当年程方不满足于西瓜种植带来的效益一样，吴剑也很快指出了水上乐园的缺陷，并提出了更多解决方案。他和程方两人针对村里党员力量薄弱的问题，有针对性地发展了党员和入党积极分子，并在产业上有了新的思考。

当时，分布在台江、雷山等多个县的第一书记组成了脱贫攻坚团，成立了"D球村"品牌，抱团对各地农产品进行线上线下的集中销售。原本学坝村也计划加入这一行列，但考虑到交通成本等问题，便只能作罢。不过，这倒为吴剑提供了新的思路。他建议学坝村发展电商，只需要在县内找一个懂技术的人进行合作即可。

很快，程方联系上一位开网店的村民，双方达成协议，对方以技术入股，学坝村则以村集体经济形式提供资金支持，共同创立品牌"苗丫丫"，主要销售当地的农特产品。

吴剑和程方对这个项目万分期待，品牌推出的第一个月，几乎每天都在关注销售情况。然而，受推广等各方面限制，"苗丫丫"这一电商品牌只接到3个订单，收入惨不忍睹，程方有些灰心。

"总不可能开一个月就熄火吧？没事，我来想办法！"吴剑虽然心里焦虑，嘴上依然安慰道。

他与中国农业银行总行进行联系，希望能借助单位的力量帮忙解决问题。"苗丫丫"推出后的第二个月，订单量突然飙升，一下子卖出了2头牛，还有若干其他农产品。通过分散在全国各地的中国农业银行职员们的推广，"苗丫丫"的运行终于步入正轨。

好景不长，该品牌推出第一年后，那位技术合作对象不满于当初约定的分成，要求退出公司，带走"苗丫丫"品牌。程方没有过多挽留就答应了。如此有底气，是因为他在当初达成合作时就给学坝村留了一条后路。

杨秋平，从学坝村走出的"90后"女大学生。在程方和吴剑决定发展电商行业时，就动员这位苗家姑娘参与其中，在这快速发展的一年里，她早已把电商的方方面面都掌握了。

通过从各方筹措资金，学坝村成立了贵州且兰产销服务有限公司，由村集体经济贵州省黄平县金穗农文旅发展有限公司作为最大股东。这次转变，让学坝村的电商之路走得更宽了。产销公司先后进驻了"扶贫832"、一码游贵州等网络销售平台，不仅销售村里逐渐发展起来的蔬菜、草莓、葡萄、花卉、毛冬瓜、稻田养鱼等产品，还收购各地农特产品进行销售，收益逐年上涨。而学坝村也早已今时不同往日，当年的贫困村如今多了"贵州省少数民族特色村寨""全省民族团结进步创建活动示范村""全省文明村"等好几个招牌，学坝村党支部也被评为"全省脱贫攻坚先进党组织"。

2021年7月，吴剑驻村期满，即将离任返回北京。此时的吴剑早已习惯了这个苗族村寨的饮食，也能听懂几句简单苗语，依依不舍的村民自发组织起来，在祝福与告别声中将吴剑送上了驶向机场的汽车。

吴剑在离开贵州前，将他在当地买来用于代步的小汽车捐给了公司。有时，程方驾着这辆小汽车心里总感觉空落落的，但仔细想想又觉得十分充实，毕竟，吴剑留给学坝村的不仅仅是这辆汽车。

就在吴剑离开的同时，另一位年轻人也抵达学坝村。他热情地向程方伸出右手："您好，我是姜世超，是中国农业银行派驻学坝村支持乡村振兴的第一书记。"姜世超同样来自山东，来到村里的第一天就马不停蹄地去往村民家做入户调查，这场景让程方感到十分熟悉。程方看着这位小伙子感到颇为亲切，见他对着食堂里的大米饭悄悄叹气，程方转身便开车去往县城，买了许多包子和馒头回来。

老山辣椒映红天

循着一阵干燥而辛辣的香味，我们在一处厂房门前停下。红色的辣椒铺满一地，身着深色服装的人们围坐一圈，各自面前放着一个白色长方形托盘，强烈对比的色彩构成一幅丰收景象。这十几位少数民族男女无暇顾及来客，正埋头于这辛香气味的源头，手上忙个不停，将辣椒一根根拾起，检查是否完好，然后摊放进托盘之中，准备接下来的进一步加工。香味是从烘制车间里传来的。肉质饱满的辣椒在高温里逐渐失去水分，红色更深了一度，待到烘制完成，辣椒重量变轻，香气释放在空气之中，有些呛人，但更让人食欲大开。

在这勾人的香气里，姚家勇姗姗来迟。"这里呛人得很，我们去办公室坐坐。"话音未落，便带着我们离开了这个香气四溢的工厂。

姚家勇是凯里市龙场镇渔山村知青农场的主人，年龄不过40多岁，无论怎么看，也不可能是当过知青的人。"为什么叫知青农场？"我按捺不住好奇。

"这里以前就是一片知青农场，我哥在这里当过知青。"谜底揭晓，但又有了新的问题。

"那你怎么又回来把农场重新做起来呢？"

"还不是因为住在这里的那家农户。认识几十年了，他们家生活一直没有起色，过得太苦，实在看不下去，就想帮一把。"姚家勇好像在说别人的故事，语气里没有半点负担。

姚家勇当然没有当过知青，但他们一家都与这片农场的缘分极深。他的父亲当年从山西来到贵州，和他大哥都曾在渔洞监狱工作，不仅大哥曾在这里当过知青，父亲去世后，也被安葬在这片山谷之中。

姚家勇所说的那家农户是刘伯忠一家，早在大哥当知青时，两家人就已相识，且交情不浅。但刘伯忠的几个兄弟，因身患残疾等各种原因，家里没有什么劳动力，10口人挤在一栋破旧的小木屋里，几十年如一日地在温饱线上苦苦挣扎。姚家勇的父亲去世后，两兄弟每年都会来这片农场扫墓，顺道也会去看望一下刘伯忠一家。年复一年，曾经的渔洞村和老山村合并为渔山村，新农村建设也让这个村庄发生了不少变化，但这一家子像被困在时间里一样，几兄弟只有日渐增多的皱纹，和被岁月摧败的旧屋，除此之外，没有任何新鲜事发生。

姚家勇在凯里市经营着不少生意，每次回到此地见到刘伯忠一家，都会有一种恨铁不成钢的感觉。他常常想帮这家人一把。他找来工人，将旧木屋前凹凸不平的石子路铺平，又和刘伯忠一家人闲聊，看看他们想做点什么能挣钱的事。然而，长年困于乡间，让这一家人对生活失去了想象力，始终找不到未来的方向。

"不急，我们慢慢想办法。"姚家勇安慰道，他打算自己来替这一大家子找到答案。2012年，连白菜种子都认不出来的他特地去了江西、福建等地，目的是寻找一个不需要太多劳动力，又能快速挣到钱的项目。在外走了一圈，学了不少技术，姚家勇再次来到刘伯忠家里，开口道："老刘，我打算在这里搞养殖，你们几个帮我一起搞。"

村里大多数年轻人都外出打工去了，不少土地丢了荒，曾经的知青农场早已辉煌不再。姚家勇的提议，犹如在刘伯忠一家死水般的生活中投入了一颗石子，让他们被凝固的心境泛起层层涟漪，也让这片农场逐渐恢复了昔日的热闹。

60多头猪，7000多只鸡，姚家勇承包了部分当初农场的土地，开始像模像样地经营起来。刘伯忠家几兄弟在农场帮忙养鸡，每个月能拿到两三千元，生活有了极大的改善。没过几年，兄弟几人陆续搬出了那栋破旧的木屋，在木屋旁建起了新房。

从姚家勇提前去各地考察学习养殖经验就可以看出，他决定回到这里经营农场，绝不仅仅是为了做慈善而已。养殖步入正轨之后，不仅刘伯忠一家的生活得到改善，姚家勇作为农场的创办人也尝到了甜头。他尽心尽力地通过微信等途径销售猪肉、鸡肉，也售卖腊肉等加工制品，几年后便积累了一批稳定的客户，养殖规模虽然不足以让他们大富大贵，但也能衣食无忧了。

养殖场风生水起，姚家勇的胆量也放开了些，陆续承包了一些坡地，开始尝试果树种植。就在此时，脱贫攻坚工作陆续推进渔山村，村民们也在政府的组织下开始种植一种当地特有的辣椒。然而，村民们却没有姚家勇的运气和能力，大面积种植的辣椒无处可销，有不少都烂在了地里。

渔山村的人们很郁闷，转而回到传统农作物的种植，但姚家勇却一眼看到了问题的关键。他知道政府倡导种植的品种名为老山辣椒，在当地有200多年的种植历史，特点鲜明、口味独特，按理说应该能闯出不小的市场，所以，村民们失败的关键就是在于销售。而对于姚家勇而言，销售并不算什么大问题，他流转了50亩土地，打算尝试一下这门人人嫌弃的产业。

得知姚家勇在种植老山辣椒之后，龙场镇政府以及凯里市成立的辣椒专班也来了兴致，隔三岔五便派技术人员来农场提供技术指导。姚家勇倍受鼓励，就叫上几位朋友和当地村民，共同成立了凯里市自强种养殖专业合作社，除了此前养的猪和鸡，以及种的各种水果之外，老山辣椒更是合作社的一大主角。

有技术人员的支持，姚家勇很快做大了辣椒种植的面积，从50亩迅速扩张到150亩，又增至250亩，到了2021年，知青农场的辣椒种植面积已达450亩。很快，他意识到鲜辣椒不易保存，并且加工后的辣椒利润空间更大，便再次投入资金，建了一座辣椒加工厂，每天能加工1万多公斤的辣椒。

当然，他售卖的方式依旧和过去一样，主要靠微信朋友圈。2020年，由于跟着姚家勇一起种植辣椒的村民越来越多，他承诺对村民们进行收购，然而，辣椒丰收时工厂一天1万多公斤的加工能力已经跟不上收购的速度，仓库里的辣椒已经堆成了小山。渔山村的村民们不由得担心起来，他们害怕当年辣椒滞销的场景重现，每天都忧心忡忡。

姚家勇也别无他法，只能向龙场镇政府求助。龙场镇纪委为此列出"问题清单"，在向镇政府反馈的同时，还同步提交市农业农村局、市商务局等职能部门。最终，市镇两级政府协调联系到一家食品加工企业到知青农场实地考察辣椒种植情况，签下了一笔大订单，并承诺在保证质量的前提之下，可以收购知青农场的所有辣椒。

姚家勇长舒一口气，这一次，他清晰地感受到"爱人者，人恒爱之"的道理。

当我见到姚家勇时，他早已渡过重重难关，并与亮欢寨等知名企业达成长久的合作。他计划将辣椒扩大种植到1000亩，同时要扩大加工产能，把老山辣椒的品牌打得更响。

他看起来十分轻松，向我提起的都是那些经营农场时的趣事。"你知道吗？有去国外留学的人还经常惦记着我们家养的鸡，让我一定要用本地辣椒炒好之后给他邮寄过去。这怎么可能？就算是真空包装，寄过去恐怕口感也不好了，再说，邮费都够他吃几顿了……"他说起这段"奇葩"的经历时笑得合不拢嘴，回味了一会儿，又流露出感激的神色。他指指门外，道："那边那栋旧木屋已经没人住了，但我也没让他们拆，那是老刘家的老房子。新房就在对面，这样对比起来看，是不是会觉得这幸福特别来之不易？"

一把芦笙闯天下

凯里市曼洞村

与厦蓉高速连接的凯羊高速上有一个出站口，名为青曼。这听起来像是个女孩的名字，透着一种温婉沉静的气质，实际上，这是一个寨名。

青曼是个苗寨，就在凯里市舟溪镇曼洞村。这里所有的吊脚楼都顺着山势而建，一层层往上铺开，直到半山腰。歇山起翘的屋顶连成一片不太规则的扇形，颜色比背后墨绿色的山坡更深一些，民居之下则是一片广袤而平坦的稻田，黄灿灿的稻谷与青黑色的屋檐形成强烈的色彩对比，浓郁得像一幅画。

当我抵达这里时，正是上午 10 点，夏末秋初的阳光依旧热烈，早起的人们已经将收割并处理完毕的高粱秆堆放在空地上。要见的人还没有回来，村干部带着我在村里走了一圈。常说人如其名，而走在青曼苗寨，我突然感觉寨也能如其名。这是一个在 1984 年就被列为第一批贵州民族风情接待点的村寨，在过去的30 多年中，不少欧洲、日本等地的游客被这里的传统建筑、民族文化和传统手工艺深深吸引。按常理来说，在长期持续的关注下，当地的旅游发展大多会主动顺应游客需求，开辟出热闹的商业街区和民宿等，但青曼苗寨却依旧保持古朴的模样，像一个从未被尘世打扰过的温婉少女一般。

"出于对村寨原貌的保护，村里不能新建房屋，所以一直没有多余的地方开办民宿。寨子里的人大都有一门手艺，有做芦笙的，也有做织锦的，每年都能靠这些手艺接到不少订单。"寂静的村子里只有我们一行人的脚步声在回荡，村干部对这略显冷清的景象做出解释。显然，青曼苗寨的人们也在吃"旅游饭"，只是卖的产品有些不同。

当见到罗健时，我更确定了刚才的判断，这位30多岁的苗家汉子，就是一位靠手艺吃饭的人。

罗健驾着一辆小轿车从高速公路出口驶进村庄，从车上下来的还有几位和他一样穿着黑色苗族服装的男人。"不好意思，久等了。刚搞完一个活路，一晚上没睡。"虽说如此，但罗健看起来却很精神，他一头钻进老房子里，奔上二楼工作间，那里有他尚未完工的订单。

说起来，罗健的工作可不止一件。制作芦笙是他的主业，而之前所说的"活路"，则是邻村的一场白事，算是挣的外快。不过，在当地芦笙制作行业中，罗健还算不上是"老师傅"。舟溪镇的芦笙远近闻名，从400多年前就开始自发组织芦笙节，芦笙文化持久延续、影响广泛，制作芦笙的手艺人也多不胜数，罗健虽然从小就在耳濡目染中掌握了吹奏芦笙的技艺，但制作芦笙的手艺却是几年前才出师的。

"年轻的时候跟着餐饮店老板去贵阳吹芦笙。分店很快开到了省外，哪里有新店我们就去哪里演出，上海、昆明、重庆……算是打前锋的人。"罗健所说的餐饮店是20多年前在贵阳市红极一时的酸汤鱼馆，开在龙洞堡机场附近。这位餐馆老板想法很超前，知道招揽顾客不能只靠美食本身，还要调动起人们的视听感官，最直接的方式就是在餐馆里还原苗家迎客、祝酒的场景。所以，他来到因芦笙而闻名的舟溪镇，在青曼苗寨找了不少能歌善舞的青年男女，其中就有罗健。

在罗健快满30岁时，那位头脑灵活的餐饮店老板却犯了思想激进的错误，店铺扩张太快导致生意失败，走南闯北9年多的罗健也不得不收拾行囊回到老家。年轻力壮的他此时已经成家，总要找点能糊口的活干，回想过去9年，除了吹芦笙，别的也不会干，他在镇上一番打听，终于在青杠村找到一位做芦笙的师傅，决定拜师学艺。

虽说师傅包了吃住，但作为学徒的罗健能拿到的工资并不多，尽管他对芦笙制作手艺兴趣浓厚，却不得不迫于生活压力另谋出路。一年多后，他和妻子又在一位福建老板的召唤下，去到当地的旅游园区，重新干起了芦笙表演的老本行。

"跟着老板混饭吃没有安全感，家里还有年岁已高的老人要照顾。"随着年岁增长，罗健的顾虑也多了起来，"天干饿不死手艺人，不如我还是回去学做芦笙算了。"他又从福建辗转回到老家，再次登门拜访那位老师傅，决心沉下心来好好学。

终于，在2013年前后，他等来了师父那句话："你可以出师了，跟着我挣不了钱，单干去吧。"

罗健回到老家，心想着好日子总算近了。然而，现实哪有这么顺利？刚出师的罗健没有半点名气，一个订单没有。他也不知应该如何推荐自己，只能守在老屋子里，细细打磨做好的芦笙。直到那年暑假，一位在凯里学院学习芦笙专业的亲戚登门拜访，罗健才正式迎来了真正意义上的第一个订单。

待到芦笙制作完成，罗健兴奋地发了一条朋友圈，他的生意也慢慢打开了局面。

订单慢慢多了起来，不仅有附近村寨的乐手前来下单，来青曼苗寨游玩的人也开始对他的手艺产生了兴趣。从无人问津到门庭若市，罗健的时间越来越不够用。但他无法在村里找到更多人帮忙，毕竟，曼洞村不像青杠村那样几乎家家户户都会做芦笙，曼洞村的男人们更愿意外出打工，留下妻子在家做织锦等传统手艺挣点零花钱。找不到帮手，罗健竟诞生了一个大胆的想法。

他想改良芦笙制作方法，用铜管代替竹制的笙管等部分，这样便能简化不少工序，提高效率。当然，专业芦笙演奏者是绝不会拿正眼瞧上一眼这种铜管芦笙的，但这可以当作旅游产品，要是有愿意尝试新事物的初学者，也大可拿去研究研究。

自从这个想法诞生之后，罗健便开始做各种尝试。他在网上订购了一批铜管，又买来了一些加工设备，其中有一台还是产于1969年的老车床。这台老旧的车床看起来像个古董，表面的油漆掉了不少，透出斑斑点点的锈迹，在罗健遇到它之前，不知已经被转手过多少次了。罗健费劲地将这个大家伙弄回家放在院子里，把一只待打磨的木棍塞进去，鼓捣了好一阵，终于，这个"老家伙"喘着气开始运转，发出了撕心裂肺的轰鸣声。

有了这件工具，罗健多少能省点事儿了，就算铜管芦笙研究失败，这些机器至少能让他的制作工序简化一些。罗健一有空闲就在琢磨如何创造一把不同于以往的芦笙，当第一把铜管芦笙制作完成时，他小心翼翼地吹了一下，不出所料，他自己都被那沉闷甚至有些嘶哑的声音吓了一跳，显然，乐器改良这条路还十分漫长。

当然，他的主业仍是完成接二连三的芦笙制作订单。除此之外，他还与当年一起在贵阳吹芦笙的朋友组建了芦笙队，这个并不算庞大的队伍中，有人和他一样安心回到寨子里做起小生意，也有人依旧留在贵阳，转行干起了电力工程的施工队，他们戏称这位在贵阳的朋友为"青曼苗寨芦笙队驻贵阳办事处主任"。周边乡镇、村寨，甚至其他县市有什么红白喜事或大小活动，往往会联系他们去吹奏一场，罗健等一辈子与芦笙做伴的苗家汉子便去挣一份"外快"。

就在我到来的这天，罗健的父亲一直在忙前忙后，他杀了一只鸡，又捉了几条稻田鱼，到了中午时便端上一桌可口的农家菜肴。数十人围坐一桌，有几位村干部，有芦笙队的几位演员，也有我这位刚刚认识的新朋友。村干部在吃饭时聊起青曼苗寨的未来，虽说一直以来，苗寨为了保护村落原貌没有多余的地方开办民宿，但他们依旧在为丰富这个古老村寨而努力。相比过去，村里不仅村容村貌焕然一新，还多了一个梅花鹿薰衣草生态园，而罗健这样传统手工艺的传承主体，更是村里的"重点保护对象"。

罗健慢慢发现，自从回到青曼苗寨的老屋后，内心的慌乱感在一点点消失，如今更是怡然自得，不再为明天如何打算而焦虑。他甚至又诞生了新的想法："要是能在村里弄一个传承基地，平时带游客体验一下芦笙制作技艺就好了。"说罢，他拿起芦笙和朋友在老屋前的空地上吹奏了一曲，音乐响起时，这两位苗家汉子仿佛又回到当年在外演出的日子，显得年轻而富有活力。

流动的银匠

雷山县控拜村

虽然已经过去了 3 个多月，但我仍记得见到杨光宾时的那个清晨，晨光透过雕花窗户柔和地勾勒出他的轮廓，他说："我们被叫作'流动的银匠'。"眼镜的镜片在光线下有些反光，看不清他的眼神。

那时正值盛夏，但绿植丰富的雷山县城谈不上炎热。我穿过县城的民族文化广场，沿着台阶拾级而上，到了一座颇有气势的大门前，便见到两栋5层高的苗族风格建筑，古朴而华丽，又多了几分静谧。院子里十分空旷，有细细敲击金属的"叮当"声隐约传来。友人凭声音就能断定："杨老师在呢！"

踩着这似有似无的敲击声，我竟不由自主地放轻了脚步。见到杨光宾时，他的注意力全在一个大银锁上。听见有人进来，他停下手上的活路，抬起头，红框眼镜顺势滑到鼻尖，眼神跨过镜框落在我们身上，"来了？来这里坐。"他笑着招呼道。作为国家级非遗传承人，杨光宾对这样的来访早就习以为常，无论是初次见面还是老相识，他给出的热情都一样。

还未等我引入正题，他先聊起了近况："前不久，省里带着我们去杭州、上海这些地方搞旅游推荐，这样的活动几乎每年都办。我从13岁做银饰到现在，现在和以前确实有很大不同……"具体有什么地方不同，他没有说。

"整个控拜村，无论男女，都会做银饰。"杨光宾虽然常常待在县城的工作室里，但对老家西江镇控拜村现在的情况依然十分了解。"以前银饰制作手艺传男不传女、传内不传外，改革开放之后男女平等了，现在也有不少女银匠。大家都以此为生，算是把控拜的品牌打响了。"

远去的，不仅是"传男不传女"的老思想，还有银匠们招揽生意的方式。过去的谋生方式十分古老，让杨光宾现在想起来都觉得心酸。"从控拜到开觉，从开觉到西江，西江到乌尧，乌尧到黄里，黄里再到陶尧，这才算进了县城。进了县城还不算完，还要在县城周边一个村一个村地问人家要不要做银饰，像叫花子一样……打完田、插完秧，就和我父亲挑起风箱和工具出门，等到禾黄了才回来，收完谷子，11月份又走。从控拜到雷山，一路上我要哭几场才走得到。"

走上做银饰这条路，最初并不是杨光宾自己的选择，而是父命。杨光宾13岁时就守在火塘边跟着父亲学手艺了。控拜村的银饰制作技艺可追溯到400多年前，杨光宾的父亲杨文刚作为掌握这门手艺的老人，自然要找一个儿子来接班。大儿子去当兵了，重任便落在了杨光宾的肩上。

沿着山路从一个村走到另一个村，父子俩的生计全在一条扁担上。是否有生意完全靠运气，随机敲响一户人家的门，要是对方恰好有制作银饰的需求，便能借此机会找个落脚的地方，吃住都在这户人家里，完工后还能收到一点工钱；要是运气不好，那只能挨家挨户地问过去，最远时到过湖南、广西等地。工期最长1个月，工费最多30元，这是20世纪七八十年代的市场价，遇上付不起工费的人家，只能自认倒霉，让对方拿布票来抵扣，到了下一家再将布票卖出去。

杨光宾很羡慕台江县施洞镇的银匠。听说，施洞的银匠不仅坐在家里就有生意找上门，甚至还能挑剔客户，要是拿来的银子不好，他们有权拒绝加工。但控拜的银匠就完全不同，他们被称为"流动的银匠"。走村游寨的"流动"让年轻的杨光宾苦不堪言，长途跋涉的劳累，以及长时间无法更换的脏衣服让他感觉自尊心受到伤害，制作时也没有挑剔的权利，"哪怕对方拿来一块铁，也得给他做出来。"他的回忆里带着苦笑。

"手艺要是学得不好，给人家做坏了还要吃人家饭，这样不好。"杨光宾曾对父亲抱怨道。

"要是你学不好，我们家这手艺就断在你手上了，你的下一辈就更不会做了。"父亲答。

"这个活路太辛苦了，又挣不到钱，还有做的必要吗？"杨光宾依旧疑惑。

"你不要怕，你学会了这门手艺就不怕找不到路走，就算现在看不见路，总有一天路也会来找你。"父亲仿佛在说一个预言。

杨光宾从没外出打过工，农忙时在家种地，农闲时便挑上扁担游村打银。转眼到了2005年，一群扛着摄影机、打扮入时的年轻人出现在村里。他们显然已经走了很多路，毫不掩饰一脸疲惫的神色。走过杨光宾家门口时，细细敲击金属的"叮当"声让人群中的一位男人竖起了耳朵，他三步并作两步奔进杨光宾的老屋，问道："你这是在做什么？"

杨光宾脸上挂着礼貌的笑容，答："在做银饰。"

对方仿佛不敢相信似的，再次确认："真的是在做银饰吗？"

杨光宾很疑惑，甚至感到有点尴尬，点点头："真的啊。"

这群年轻人像看到天底下最新鲜的事一般，一股脑都涌了进来。"我们可以拍下来吗？"刚才那个男人问道。他们确实走了很远的路，从凯里一直找到雷山，就想拍下一个传统银匠制作银饰的过程，可年轻人都外出打工了，老匠人则忙着带孙子孙女，没有人再做银饰了……

这群年轻人拍的什么内容，杨光宾并不太了解。他猜想，或许是用来制作集市上售卖的那种光碟，又或许是集市上露天电影院里放的那种电影，5毛钱就能看上一场。杨光宾没有拒绝他们的请求，大方地让他们随意拍摄，自己又转头干起了手上的活路。这套头饰是锦屏县的一户人家给女儿订的嫁妆，不能误了工期，他想。

这群年轻人住在西江镇，每天一早吃过早饭就乘车过来，直到晚上才收拾东西离开，每天如此。整整一个星期之后，他们与杨光宾告别，并承诺影片制作完成后会给他寄一份过来。杨光宾的生活又恢复平静，他并没有将这次拍摄放在心上，直到一年后，他接到了对方打来的电话："中央电视台科教频道，您的纪录片会在那上面播放。"与此同时，他也收到了一个光盘。

不是集市上几块钱一张的光盘，更不是 5 毛钱一场的电影，杨光宾在面向全国播放的中央电视台上看到了自己，这让他有些难以置信。

又过了一年，贵州省文化厅（现贵州省文化和旅游厅）直属的贵州省非物质文化遗产保护中心的工作人员与杨光宾取得联系，请他填一个极为详细的表格，内容包括从事银饰制作手艺的时间、家中有几代传人等内容。因为文化部（现文化和旅游部）已将雷山县苗族银饰锻制技艺列入第一批国家级非物质文化遗产名录，而中央电视台科教频道摄制组千辛万苦找到的杨光宾则被评为第一批国家级非物质文化遗产代表性传承人。那年，杨光宾 43 岁，第一批国家级非物质文化遗产代表性传承人有 226 位，他是最年轻的一个。

接到省非遗中心工作人员的电话后，杨光宾突然想起父亲那句预言："总有一天路也会来找你。"

成为国家级非遗传承人后，杨光宾的生活发生了细微的变化，除了订单增多，闻讯而来找他做采访、搞学术交流的记者和高校专家也多了起来。他很快习惯了这些变化，却没有想到还有一个意外的惊喜在等着他。

一年多后，远在深圳振华集团工作的儿子杨昌杰打来电话："爸，我看到你的片子又重播了。我以前认为，避免你们老人操心，我能在工厂挣点钱养活自己就行了。但看到你的这个片子，我觉得学会手艺自己做点东西来卖也挺好的，流水线上毕竟只能做一部分零件，不能掌握真正的技术。"

杨光宾没有像父亲一样执着于"传男不传女、传内不传外"，并不强求儿子和自己学手艺，在外收了不少徒弟。但现在，大学毕业就在深圳工作，并已经升为技师的儿子，竟然主动提出请求，这让他震惊之余也很欣慰。

杨昌杰回来了，就和杨光宾小时候一样，跟在父亲身边从拉风箱，到上手一些小物件，逐渐掌握最难的技术。

儿子能出师了，杨光宾想。他让儿子去自立门户，"毕竟是两代人，思想不同了。你有见不惯的地方，不说吧，自己心里难受，说了，又影响父子关系，干脆各做各的。"杨光宾很理性，但也没有放松对儿子的鞭策，"有的订单我也要你帮我一起做，年轻人不能放松懒惰，不然这手艺还是会荒废。"

杨昌杰回来不久后，文化部和苏州工艺美术学院联合举办了一个高级研修班，贵州争取到两个名额。省非遗中心安排杨光宾和六盘水的一位传承人去进修，但杨光宾拒绝了："我不懂电脑，又不会画画，更不会什么3D，学不了了。可以让我儿子替我去吗？"听说杨昌杰是大学生，省非遗中心的工作人员热烈欢迎，立刻让杨昌杰去进修了半年。此后，杨光宾又为儿子争取到去贵州民族大学美术系民间班的学习机会，杨昌杰飞速成长起来。

杨昌杰顺利出师，在凯里开办了自己的工作室。而杨光宾的徒弟们也有不少能独当一面，各自去到不同地方发展。随着银饰锻制技艺的传承规模越来越大，控拜村又恢复了往日的生气，年轻人不再去往远方漂泊，回到老家重新拾起这门手艺。

此后的许多年里，杨光宾的意识也在随着时代更新。他将自己的名字注册了商标，又在省非遗中心推广知识版权保护时，为自己独创的20多个设计申请到版权。他依然在承接订单，但制作银饰已不是他唯一的工作，他还要承担起培养年轻手艺人、传播非遗技艺的任务。2021年7月2日，贵州民族大学举行了一场开幕式，杨光宾的银饰锻制工作室和蜡染、刺绣、陶瓷、漆器等工作室同步拉开帷幕，他的手艺会在大学里传播开来。

"不要去想倒膜等流水线技术，我们是做传统手艺的，要坚守，不能让手艺断在我们手里。"他常对如今已被评为高级工艺美术师的儿子说。杨光宾已近60岁，视力慢慢下降，动作也没有年轻时那么敏捷，做一套盛装用的银饰或许会花上更长的时间。博物馆外侧那栋楼的一层，是他的作品展厅，里面陈列了不少他几十年来的得意之作，每一件的背后都藏着一段回忆。

讲完这些故事后，杨光宾又坐在窗边的工作台前，借着窗外投进来的光线，细细地敲打银器。他不再说话，空气里只有细细的敲打金属的"叮当"声，曾经在村寨里"流动"的银匠，依然在时间里"流动"。

三代人与一颗银球茶

雷山县丹江镇

　　我见到毛鹃的时候，她正在给员工开会。我坐在雷山县毛克翕茶业有限公司的会客区等待，桌上有个挺大的茶台，洗干净的茶具整齐地收纳着，树叶形状的木碟子里放了几颗墨绿透着银灰色的小球，圆滚滚的，像中号的弹珠，这就是雷山县著名的银球茶。

　　会议接近尾声，毛鹃对员工们嘱咐了几句，便起身向我走来。她与我年龄相仿，留着当下年轻女孩间最流行的"锁骨发"，印满桃心波点的粉紫色连衣裙以及蕾丝边衣领看起来少女感十足。如果不是提前知道她的身份，我断然不会将这有着瓜子脸、月牙眼的可爱形象与雷厉风行的公司执行董事长联系起来。这形象，也和她在开会时说一不二、雷厉风行的风格形成了强烈反差。

　　和毛鹃聊天的主题一定是围绕银球茶展开的。在她一家三代人的人生里，银球茶始终扮演着举足轻重的角色。因为毛鹃的爷爷就是银球茶的发明人——毛克翕。

　　"对爷爷印象最深的，大概是他一个人坐在办公室搞研究时的样子。"这个场景是在青春期就烙在毛鹃脑海里的。此时的毛克翕已退休，但仍在雷山县毛克翕茶叶发展研究所里孜孜不倦地研究着与茶叶相关的一切。毛克翕退休时，银球茶才诞生了10余年，但这10余年间，他已经拿过两次国家发明专利，并获得贵州省科学技术进步三等奖等多个奖项，享受国务院特殊津贴。如此看来，毛克翕人生的高光时刻是在50岁后才开启的。

　　毛鹃出生时，银球茶这一新产品已经在国内打响了名号，父亲和爷爷不是在农村的茶山上，就是在加工厂里，她也常常漫山遍野地跑，童年里裹着浓浓茶香。关于银球茶的发明历史，她几乎都是从爷爷口中听来的。

　　20世纪80年代，雷山县委、县政府开始在雷公山腹地大力发展茶产业，而在县科委供职的毛克翕此时已年近五十。在一次工作途中，他路过丹江镇洋排村觉散苗寨一片几近荒废的茶园，园中杂草丛生，茶树几近枯萎。毛克翕感觉十分可惜，心里竟冒出一个大胆的想法：离开县科委办公室，去将这个茶园重新做起来。

在当时政策的支持下，毛克翕在苗寨中安营扎寨，一点点让茶园恢复了生机，还开办起了茶叶加工厂。

从种植到加工，毛克翕全程参与其中。在炒茶时，一些叶片卷曲抱作一团，形成了一个个圆球，毛克翕将它们细细剥离开来，继续炒制，可没过多久，这些叶片又合在了一起，像弹珠般在锅内滚动。虽然不知道为什么这些叶片如此固执非得抱作一团，但这些调皮的茶球却让毛克翕灵光一现："为什么不能把茶直接做成球状呢？"

他立刻展开研究，发现这些叶片之所以会黏在一起，是因为雷公山独特的地理条件和气候条件所种植出的茶叶富含果胶，炒制时果胶受热释出，便让茶叶黏成了球状。经过反复试验，以雷公山区海拔 1000 米以上山区的一芽二叶初展优质"清明茶"茶青为原料，诞生了全新的绿茶品种。那时，中国乒乓球国家队正迎来鼎盛时代，拿下不少冠军，而雷公山腹地居民又多以苗族为主，银铃铛作为苗族姑娘的主要饰品也被外人所知，毛克翕将这两个当下最有特点的要素融在一起，将这种茶球命名为"雷山银球茶"。银球茶就此诞生，毛克翕也因这创新之举而受到国内广泛关注。

毛鹃的父亲毛华也曾是国家公职人员，为减轻父亲负担，毛华也辞掉公职，投入到茶叶生产和销售中来。

那时，银球茶已经远销到全国各地，北京是其中一个重要的市场。在物流和高速公路都不发达的 20 世纪 90 年代，毛鹃的父亲只能和公司员工一起驾驶货车去往数千公里之外的首都，通常要颠簸好几天才能到达。

在毛克翕掌管公司时，研发新品是公司最重要的任务，而到了毛华接管时，重心则转移到销售和管理上。随着银球茶的名气越来越响，公司也逐步走上正轨，高速公路的兴建，以及物流业的逐渐发达，毛华的工作也能轻松一些了。

虽然从小就生活在茶香中，但毛鹃并没有想过自己未来会接下父亲和爷爷的衣钵。她大学学习了自己感兴趣的旅游专业，毕业后在西江工作，后来进入雷山县旅游局。

结婚生子，又有一份稳定工作的毛鹃，以为生活会这样平静地延续下去。然而，家庭的种种变故让父亲分身乏术。家里商量，不如就此让毛鹃来接替毛华的工作，让公司保持正常运营。

毛鹃认为辞职回家管理企业是义不容辞的责任。过去这 30 多年里，雷山县的茶叶已经扩展到 10 余万亩，覆盖了雷公山腹地的所有村寨，茶产业已成为雷山县产业扶贫、产业振兴的支柱产业，作为制茶历史最悠久的雷山县毛克翕茶业有限公司，自然应该担起更重的社会责任。2017 年，毛鹃辞掉县旅游局的工作，接过了父亲的担子。

虽然从小泡在茶香里长大，又有 10 年社会经验，但真正开始掌管公司时，毛鹃还是不知该从何处入手。这对她来说依然是个全新的行业，从种植、加工，到销售、推广，每一个环节都有很多专业知识需要掌握，她决定从头开始。

那时已近冬季，早就过了茶叶加工和销售的时候，公司里只有几个人维持正常运作，毛鹃有些犯难。直到第二年春天茶园开采时，毛鹃终于正式投入到学习中。从采茶到制茶，毛鹃一点点从零学起，光是将茶叶捏成球这一个步骤，她都花了一年的时间才学会。

她的执着让婆婆另眼相看，婆媳关系缓和，得到了老人的支持。而掌握了银球茶制作技艺的毛鹃，在 2019 年通过申请成了银球茶第三代非遗传承人。

好产品如果有了文化的注入便会更加厚重。长期从事旅游业所积累的经验，以及年轻人紧跟时代潮流获取的信息，都让毛鹃清晰地明白一个道理：在这个网络发达、信息爆炸的世界，银球茶要跟上时代步伐求得突破，还需要有一些改变。

她开始学习一些更新鲜的东西，比如茶艺、名茶品评等，在她看来，这些能为银球茶的发展带来更多提升。在包装方面，她在过去华丽而高端的包装的基础上进行改良，拓展出精巧时尚、符合年轻人审美品位的小罐包装，这一改变，又扩大了银球茶的受众群体。而在销售上，她也通过曾经积累的旅游资源，与西江等景区开展合作，吸引游客品茗，从而进一步推广银球茶。

除此之外，网络平台，是她运用得更为熟练的工具。不仅在淘宝等网络购物平台开通网店，2019 年，毛鹃在字节跳动扶贫团队的建议下，还开始学习短视频制作，在抖音上开通了账号"@阿鹃说茶"。

她精心拍摄了几条视频上传到平台，视频中，她穿着色彩艳丽的苗族服饰，或穿梭在雷公山的茶海之间，或展示揉捏银球茶的技艺。然而，令她没有想到的是，最初几条视频竟引来了很多争议。由于她总在视频中提起这是爷爷传承下来的茶，一些不明真相的网友误以为她是社会新闻报道中在微信上卖天价茶的小妹，竟在视频留言区冷嘲热讽，让毛鹃又委屈又生气。所幸的是，有懂茶的朋友在留言区为毛鹃正名，顺便普及了一下雷山少数民族风情和银球茶的故事。而毛鹃也不再理会这些非议，继续发布更多的视频。虽然有一些不和谐的声音，但短视频的推出也为银球茶带来了更多订单。不仅如此，她还拍摄了身着苗族服饰推广银球茶的照片，印在企业宣传页上，以银球茶第三代传承人的身份，进一步对外推广爷爷的茶。

在她看来，那些因误会而无中生有的非议会如一阵风般很快过去，而每年收茶时，茶农们脸上绽出的笑容是给她的最大的鼓励。如今的雷山县，茶叶种植现已发展到 16 万亩，实现了"人均一亩茶"，那些勤勤恳恳的茶农，以及直到临终都还挂念着银球茶的爷爷，才是她最该在乎的人。

虽然下午还有不少工作，但毛鹃还是不紧不慢地请我喝了一杯茶。她端坐在茶台前，细细地将茶具洗净，热水在瓷器上蒸腾出淡淡雾气。投入一颗墨绿透着银灰色的茶球，她抬头问我："你想看看银球茶舒展开来的样子吗？"我探过头去，只见茶球在热水的浸泡之下，缓缓舒展，如一朵花般绽放。

做蜡染的男人

丹寨县龙泉镇

王方周的蜡染体验馆有两层，一层是只有 10 多平方米的小门店，两侧的墙壁上摆满了蜡染服饰和各种文创商品，但沿着楼梯往上，你会发现楼上别有洞天。二楼十分宽敞，能容下 10 多张长方形桌子，每张桌子上都铺了玻璃，还放了两个加热蜂蜡专用的小电锅。布料、工具都整齐地码放在架子上，一张白底布料挂在墙上，布上的两只凤凰绕着太阳扇动翅膀，尾羽上细小的绒毛清晰可辨，仿佛能被风吹动，四周还有数十只锦鸡摆出各种姿态。这张极具特点的布料上还画着几个大字："欧报浪蜡染体验馆"。

欧报浪是王方周的合作伙伴，当天正在另一处工厂赶制订单，我无缘得见，不过眼前的王方周足以让我产生强烈的好奇了。王方周穿着一件对襟盘扣的蜡染中式男装，画工看起来很精细。他个头并不算高，说起话来轻声细语，画花时小心翼翼的样子很难让人将他和建筑工人、装修师傅这样的粗犷形象联系起来。

1980年出生在丹寨县排调镇排�村的王方周，在从事蜡染之前，和大多数当地青年一样，也选择了外出打工。2003年中专毕业的他，先后去过广东、浙江等地，兜兜转转攒了一定积蓄后，又回到丹寨县从事装修行业。30岁前的人生可谓平平无奇，选择行业的标准只有一个：是否能挣钱。就连选择蜡染，最初也是因为看好这个行业的收入潜力才决定的。

那是2011年前后，在外干活时，常常有客人向他打听："听说你们那里有很多人会做蜡染，能不能帮我买一件？"王方周竟因此与装修八竿子打不着的蜡染扯上了关系，越来越频繁的询问和代购，让他对这早就习以为常的物品也渐渐产生了兴趣。

无巧不成书。一年后，一次看似普通的水电维修成了他人生的转折点。需要维修的是一间蜡染工坊，老板竟是一位外地人。"看样子，这门生意确实有赚头。"王方周心里暗想道。王方周从小喜欢绘画、书法，儿时在女性长辈制作蜡染的氛围中耳濡目染，对蓝靛草种植加工、蜡画图案设计、蜡刀制作等也有所了解，如今对染娘们手上的功夫更是饶有兴趣。维修水电之余，他在工坊里看染娘们画花，其中一位技艺精湛的染娘牢牢吸引住他的目光。

这位专心画花的染娘名叫杨而报浪，比王方周年长几岁，老家在扬武镇争光村。杨而报浪也曾在广东打过工，尝尽了在外谋生的酸甜苦辣。她12岁就学会了制作蜡染，却到30多岁回到丹寨时，才开始尝试用这门手艺找饭吃。

这段人生经历与王方周有些相似，两人聊起来自然十分投机。王方周表达了从事蜡染行业的向往，而杨而报浪恰好也想自立门户。两人一拍即合，便于2013年开办起了一间蜡染作坊，同时开了一家蜡染体验店。

万事开头难。这句话在王方周和杨而报浪的创业之初表现得淋漓尽致。这两位在外打工归来没几年，毫无策划营销经验的人，凭着一腔初生牛犊不怕虎的热血，凑了一万多元就开启了自己的创业生涯。创业的前两三年里，他们一门心思都扑在图案设计、布料印染、蜡染制作上，王方周更是潜心跟着杨而报浪学习画花，没有人知道该如何跑市场。而工坊开在人流并不聚集的乡镇，这毫无优势的地理位置更让他们惨淡的生意雪上加霜。两人热火朝天地设计、制作，销售却完全靠缘分和天意，一年下来只能卖出三四万元的货。

不过，点滴积累也能带来质的变化。2015年，有从事旅游策划的公司打听到了王方周和杨而报浪的工作坊，专程前来发出邀请。这是在雷山县西江景区做旅游策划的团队，表示希望他们能到景区里表演蜡染制作技艺，开展互动性很强的蜡染体验活动。连续两年，王方周和杨而报浪在西江景区打响了人气，客源逐渐增多，这两位坚持了3年的蜡染匠人也鼓起勇气向外踏出了一步。

他们来到丹寨县城，租下一间门面开办蜡染制作坊，收入逐渐增多，日子似乎开始有了起色，两人也相继申请成为非遗传承人。而到了2017年，王方周和杨而报浪又发现了新的商机。

这一年，在丹寨县城核心位置的东湖湖畔，一处苗侗风格的旅游小镇正式完工。这是万达集团在丹寨包县精准扶贫的核心产业项目，名字就叫作丹寨万达小镇。除了万达集团旗下的酒店、影城和儿童游乐园等配套设施之外，这个集综合性商业和旅游目的地为一体的小镇里，主体还需靠当地非遗项目、民族手工艺和苗侗美食等特色内容来支撑。

在小镇对外展开招商时，王方周动了心思。他并不图那房租减半的优惠，而是从直觉上感觉到，这会是一个扩大染坊规模的绝好机会。他与杨而报浪很快决定，在商业街上租下了那间两层楼的门面。欧报浪蜡染体验馆正式开门营业。

二层面积广阔，给王方周施展拳脚的空间。早在前两年去西江开展蜡染体验活动时，他就被这种模式震撼过，如今自己也在景区有了一片天地，他也想让人潮在这里涌动起来。开业不久后，海外旅行社来到体验馆与王方周接洽，询问他们是否计划开展相关体验活动。旅行社的主动接洽就像天上掉下来的馅饼，正巧砸进了王方周的计划之中。王方周很快拟订活动计划，蜡染体验如他所期望的一样顺利开展起来。

欧报浪蜡染体验馆经营4年多来，陆续迎来了国内外的不同群体。让王方周印象最为深刻的，是2020年和2021年连续两次来开展研学活动的北大培文学校。300多人的研学团队涌入体验馆，甚至有一部分还排在门外等待。乌泱泱的人群让王方周一时间有些头皮发麻，他很快镇定下来，分批次将这些学生安排到长桌前坐下。他身着画工精致的蜡染男装，站在学生们热切的目光之中，开始讲解蜡染的历史、工艺和制作技巧。"这不就是自己一直以来期待见到的场景吗？"曾经因为看好蜡染产业潜力而决定转行的王方周，为自己在最困难时没有选择放弃而感到庆幸。

当然，从收入上来看，他们在县城边上开办的蜡染工厂承接的订单仍占据了大部分比例，但从推广效果来看，蜡染体验馆既是蜡染文化传播的平台，也是他们优质产品的展示平台。王方周和杨而报浪的分工似乎更明确了些。王方周的普通话更流畅一些，便当仁不让地成为体验馆里的指导老师，教游客画花之外，也负责对外联系研学团队，同时，为了拓展产品种类，他还承担起设计师的职能，设计了不少脱离传统图案的新产品。而从小就掌握了精湛技艺的杨而报浪，则坐镇蜡染工厂，带着周边村寨的妇女们一起用双手画出新生活。

2021年10月4日下午6点，忙了一整天的王方周发了一条朋友圈。照片中，十几位不同肤色的外国游客，开心地举起他们的蜡染作品合影留念，王方周站在人群边上，也绽开了含蓄的笑容。我突然想起此前问他的一个问题："在苗寨里，像你这样做蜡染的男性应该不太多吧？"当时的他，脸上就浮起了这样含蓄的笑容答道："这么说吧，据我所知，整个丹寨县会画蜡染的男人只有4个。但生活就是这样啊！想到了就要去做，不要被老观念限制住。"

当穿盛装成为工作时

丹寨县万达小镇

我在琳琅满目的旅游商品间流连，一阵微弱的银铃碰撞声打断了我购物的兴致。三位身着苗族盛装的女子笑靥如花，在一间蜡染服装店门口的镜子前停下脚步，一边说笑，一边整理自己精心打扮的装束，全然没有在意我好奇的眼神，或许她们早已习惯了这样的注视。

仔细看起来，她们各自的服装样式和头饰还都不一样。一位头上顶着大大的发髻，粉色刺绣衣服显得尤为夺目；一位头上的银饰呈牛角状，大红色的短袖服装上也镶满了银饰、挂着银铃铛；一位则穿着黑蓝色亮布与蜡染结合的长裙，头饰上的银片流苏随着脚步的节奏碰撞出清脆的响声。

这里是丹寨万达小镇，房屋上有标志性的美人靠，蜡染、苗绣、银饰是必不可少的旅游商品，门店里播放的音乐不是侗族大歌就是苗岭飞歌，就连餐馆里飘出的香气也是酸汤味，眼耳口鼻全方位的刺激都在提醒着人们：欢迎来到苗侗文化的世界。在这样的氛围之中，这三位打扮华丽的女子也成了别致一景，让人赏心悦目。

其实，我在 4 年前来过丹寨万达小镇。那时，小镇刚建好，还未正式开业，不过苗侗风格的建筑已经让这个旅游小镇初现雏形。当地的工作人员详细地介绍了景区规划，可时间太久，大多数内容我都记不清了，但不知为什么，有一句话给我留下了深刻印象，她说："开业后，会有很多贫困户和搬迁户在这里工作。"或许这句话在冥冥之中埋下缘分，时隔 4 年再来丹寨，我就是为了见一见那些在景区工作的人们。

就在我琢磨着如何上前去与这三位苗族女子搭讪时，与我同行的工作人员将她们招呼过来，对我说："她们就是你要找的人。"

就这样，我听到了潘华凤、韦小处和张宇的故事。

2017 年夏季，扬武镇排莫村的第一书记组织村民开了一场群众会。"县城万达小镇快开业了，现在要组织一些演员去表演，谁愿意参加？"一位个头不高的女子跳上桌子，激动地挥着手喊道："我报名！我报名！"

这是当时才 23 岁的韦小处，年轻人的活力逗乐了现场的村民们。

韦小处生于三都自治县，也是苗族，属白领苗支系。这一支系的苗族以高超的蜡染技艺著称，韦小处出嫁时穿的盛装背部有一块白色为主调的绝美蜡染，袖子上的"窝妥"纹十分神秘。这套亲手制作的盛装堪称无价之宝，是韦小处最得意的宝贝。而她所报名的工作，则需要穿上这套绝美的嫁衣在景区巡游，把自己的得意之作向人们展示。

这可正中她下怀。年纪尚轻的韦小处没有外出打过工，生活几乎都围着家庭转，小时候学的马尾绣以及嫁过来之后学会的蜡染是她为数不多的乐趣。坐上开往县城的大巴，韦小处毫不掩饰内心的兴奋，哪怕一路颠簸让她的胃里翻江倒海，一路吐到目的地，她仍能很快恢复精神，穿着厚重的亮布盛装、戴着头饰，随人群从卡拉村走到新建的万达小镇。

从未离开过村庄的韦小处可算开了眼。旅游小镇上的一切都让她好奇万分：山里那些看似平常的石头，在城里竟然可以摆出各种奇特的造型；家里做的再普通不过的腊肉香肠，竟也能在餐馆里卖出不错的价钱；家家户户都会制作的蜡染，原来在这里是抢手的热门商品……"真是稀奇。"她一路走，一路感叹，不知不觉就落到队伍的最后，带队的人招呼了好几次，她才加快脚步跟上去。

周末，成了韦小处最期待的日子。她依然无法适应大巴车的颠簸，一路上吐个不停，但一到目的地，她就立刻鲜活起来。没过多久，村里又传来消息，县城里的易地扶贫搬迁安置点有搬迁指标，想要搬家的贫困户可以申请。韦小处第一个递交了申请书。

从位于金钟经济开发区的新家到万达小镇，坐车只需 10 分钟，她不用再忍受晕车之苦。不仅如此，她的新生活也开启了。

金钟经济开发区的易地扶贫搬迁安置点是丹寨县最大的安置点，至今容纳了12000 多人。如此大的社区需要人们共同参与管理，因此，社区设置了不少公益性岗位，在县城开了一家蜡染店的韦小处，申请成为街道里的一名小组长，协助照顾行动不便的独居老人。

和韦小处几乎同时搬到县城移民安置点的，还有曾经住在南皋苗寨的王宇。1984 年出生的王宇身材高大，性格却十分腼腆，一说话就会脸红。她虽然不善言辞，但却是个很能吃苦的人。

王宇和丈夫曾在外打工多年，工作的地方海拔比贵州还要高，在西藏。那是一位温州老板在西藏开的分厂，流水线上的工作和高原上的生活十分单调，王宇的适应能力强，没觉得有什么问题，不过丈夫却受不了那里的干燥气候，嘴唇常常开裂。为了挣钱，两口子咬牙坚持着，直到王宇怀孕，无法适应高原缺氧的环境，最终才选择回家。

2017 年，得知有搬迁指标的王宇，毫不犹豫就递交了申请。她的想法十分简单，县城交通方便，有更好的教育资源和医疗资源，对孩子和老人都好。顾家的王宇带着两个孩子住进城里，丈夫继续在外打工，她则一心一意养育孩子。万达小镇的巡游工作能为她挣到一些零花钱。

南皋苗是丹寨苗族的八大支系中一个分支，有唐宋风韵的盘发方式以及带有许多远古图案的服装，都表明了这一支系的历史特点，在巡游队伍中自然也单独编了一队。为了能多挣一些，王宇在万达小镇干了一年后便争取当上了队长，负责将南皋苗寨的妇女们召集起来参加巡游，每次出场，她能比别人多拿到40元钱。

属八寨苗支系的潘华凤则比王宇和韦小处都来得晚些。她生在龙泉镇的卡拉村，那是当地著名的"鸟笼之乡"，离县城并不算太远。但由于大女儿有先天性心脏病，二女儿又早产，体质较弱，看病吃药花了家里不少钱，潘华凤一家因此曾被识别为贫困户。争取搬迁指标后，她同样立刻搬进了移民安置点。

常常为女儿健康担心的潘华凤，一度情绪低到谷底，"上天对我为什么这么不公平？"她不止一次这样想。搬进新家，是潘华凤生活中最值得开心的事之一。为了补贴家用，也为了让自己充实一些，她申请到公益性岗位，协助街道办事处入户开展不少工作。

这个人口庞大的社区，由来自丹寨县各个乡镇和村寨的人组成，无论是风俗习惯还是思想行为都各不相同，入户工作并不顺利。每次敲响住户家的门前，潘华凤总要给自己做不少心理建设，因为她大概率会面对同样的状况。对方一脸防备地打开一条门缝，冷声问道："你哪个？要干什么？"不过，既然已经得到了这个岗位，她也没有放弃的理由，只能硬着头皮坚持。潘华凤能说会道，笑起来颇有亲和力，时间久了，那一道道大门，从只开一个缝慢慢变成为她敞开，潘华凤心里终于有了小小的成就感。

当然，她也在社区的动员之下，加入到万达小镇的巡游队伍中。每个周末，潘华凤总会起个大早，八寨苗的发型最为复杂，高高的发髻需要耗费40多分钟才能完成。她不厌其烦地对着镜子梳妆打扮，最后穿上自己结婚时才穿的盛装，昂首挺胸踏出家门。

"为什么你衣服上的鸟有3只？"

"因为这代表有爸爸、妈妈和孩子的幸福之家。"

"为什么你们的房屋上有牛角？"

"因为苗族是一个勤劳的民族，自古靠农耕为生，牛能为我们犁田，是我们崇拜的对象。"

在巡游中，很多游客对当地的独特元素感到好奇，潘华凤听到有人询问，总会主动上前，将自己从小听来的传说和故事告诉对方。她总感觉，巡游的那几个小时，是她一周当中最快乐和充实的时间。

潘华凤总爱对社区里的邻居们说："搬了家挺好的。有工厂可以上班，有人组织去山上采茶，有手工艺可以拿回家来做，周末还能挣点奶粉尿布钱……"曾经怨天尤人的情绪早已如阴霾散去，如今的她，说话的语气都明快了些。

上午刚下过雨，湿漉漉的石板路给万达小镇调出另一种清新的色调。三位不同苗族支系的女子你一言我一语，还在讲着她们的故事，艳丽的服饰与深色调的街道形成反差强烈的色彩对比。周末快到了，她们的期待更强烈了些，穿着盛装去工作时，便是她们感到最快乐的时候。说到兴起时，这三位美丽的苗家女摆动双手、身姿摇曳，仿佛已经置身于那近 200 人的壮观队伍之中，向人们展示自己最美的模样。

蓝色浆果之梦

麻江县光明村

见到王庆时，恰好是蓝莓丰收的季节。尽管当天下着大雨，不是收蓝莓的好时候，按理说他应该也能偷个闲，但我们的聊天依然频频被电话打断，他忙得几乎没有功夫搭理我。

看着王庆总是一脸抱歉地接起电话，我反倒有些不好意思起来。我决定不再过多打扰，转而从那些零碎的对话，以及后来在蓝莓园里的所见所闻中，拼凑出这蓝色浆果扎根麻江县的故事。

"麻江蓝莓"是中国国家地理标志产品，麻江县也是全国蓝莓种植面积最大的县，但在 20 多年前，尚处于贫困中的麻江县并不产蓝莓。我所来到的宣威镇光明村，可以算是麻江蓝莓的起点，眼前正忙着接电话处理订单的王庆，则是当地最早一批从事蓝莓种植的人之一。

故事要从 1999 年开始说起。

那时，原产于北美洲的蓝莓在整个中国都算是稀罕的水果，种植省份不多，只有东北三省、山东胶东半岛等地在种植。就在这一年，中科院南京植物所对这种市面上几乎见不到的蓝色浆果进行研究，来到中国西部地区，寻觅一处适合蓝莓生长的土地。在当地工作人员的协助之下，土壤为酸性且气候条件都十分合适的麻江县进入了专家们的视野。

此时的王庆对这些科学研究一无所知，30岁出头的他还在老家光明村种植烤烟。在大多数农民眼中，种烤烟是最烦琐、最辛苦的工作，几乎没有农闲的时候，王庆唯一的动力就是，这项耗费劳力的工作能挣到与付出对等的回报，为了生活，他咬着牙也要挺下去。

蓝莓刚进入麻江县试种时，最初并没有引起农民们的注意，只有刚刚成立的麻江县果品办认准了这种小小的蓝色浆果，开始在光明村开辟试验基地。引入蓝莓后的5年多里，这种少有人见过的水果终于在麻江县扎下了根，经过反复试验与培育，直到实现自主育苗从而降低种植成本之后，才尝试着进行推广。

到了2005年，麻江县通过招商引资吸引来自宁波的资本，成立了麻江县黔甬蓝莓有限公司，基地设在当初试种蓝莓的光明村，并对外发出招聘公告。此时的王庆已是光明村的村主任，对蓝莓不再陌生，也受够了种烤烟之苦，便果断进入了黔甬公司，加入到种蓝莓的行列中。

初入这行，即便有果品办的指导，但无论是公司还是王庆个人，依然缺乏种植经验。开始种植的前两年，幼小的果苗在厚实的土地里根本无法存活，让人很是头疼。在专家指导和反复尝试之下，王庆才逐渐摸索到，小果苗需要先在营养包里进行培育，之后才能稳稳地扎根在大地上。4年多的工作，让王庆不仅掌握了种植技术，也看到了蓝莓发展的潜力。

虽然麻江县一直在尝试将蓝莓产业化发展，也引进了不少外来公司进行种植，但对于思想保守的农民来说，这种市面上没见过的蓝色浆果，个头小又难以保存，轻轻一捏就破得不成样子，实在太娇气了。因此就算蓝莓能在外面的市场卖出每公斤上百元的价格，也难以吸引农民们为之付出汗水。但是，已经进入这个行业的王庆却不这么想。"再苦能有种烤烟苦？况且收益还比烤烟高呢。"王庆的算盘已经拨出一个令他满意的数字，他打算自己干，先用30亩土地试一试。

2009年，时任光明村村主任的王庆成了村里"第一个吃螃蟹的人"。真正要独立完成种植到销售整个流程时，王庆才知道开拓市场的艰难。第一年，王庆的30亩蓝莓迎来丰收，他兴冲冲地收了几筐蓝莓，驾着车直奔贵阳的批发市场。

"省城的人肯定喜欢这些少见的玩意儿。"王庆笃定地想。

批发市场里聚集了不知多少种水果，果农们把那些常见的苹果、西瓜整齐码好，等待水果商贩的到来。王庆也如那些经验老到的果农一样，把几筐蓝莓小心翼翼地摆放在路边，让这小果子尽可能地吸引到人们的目光。然而，他的算盘并没有打响。稳妥的水果商贩们对这种并不常见的水果毫无兴趣，市场价格怎么定？拿到哪里去销售？他们懒得想这些问题，索性拒绝购买。等了整整一晚上，王庆将那几筐蓝莓原封不动地放回车里，灰溜溜地回家了。那500多公斤蓝莓，全都拿给酒厂酿酒了。

这次打击让他感到无比挫败。"明明在公司里的时候，他们都卖得很好啊！"他很纳闷。

公司已有成熟的销路，哪是初入市场的王庆能比的？无奈之下，他只好求助于懂市场的人。综合各方意见，王庆总算弄清楚了其中的门道：蓝莓这种水果在贵阳也不算常见，只有超市等商场有售，还得用小塑料盒精致包装，一盒100多克的蓝莓，能卖出几十元钱的价格。

王庆恍然大悟，他去往南宁淘经验，在当地一个品种齐全的大型水果批发市场摸索出更详细的路子，自此决定调整销售方法，也走上了高端包装的路子。

此后的几年里，他动员村民们跟着一起种植，陆续有不少人加入进来。人们开始相信王庆，相信这脆弱但值钱的蓝色浆果。2013年，王庆被推选为村支书，光明村的蓝莓产业也进一步壮大起来。

王庆曾经碰到过的障碍，也在村民们初入此行时困扰着他们。分散的种植模式注定无法让产业良性发展，甚至可能会导致市场混乱。和蓝莓打了10多年交道的王庆，一眼看到了行业"痛点"，便于2015年和几位朋友合伙成立了黔东南州万佳生态蓝莓有限公司，收购村民的蓝莓进行统一销售，正式推出品牌"万佳蓝莓"。

光明村的蓝莓走向产业化、品牌化，整个麻江县的蓝莓事业也在突飞猛进，全县种植规模飞速扩张，不少麻江人都当上了果农。2016年，"麻江蓝莓"获得中国国家地理标志产品保护，围绕蓝莓而做的文章也越来越多，不仅有产业园，还开展了麻江蓝莓文化音乐节等大型蓝莓文化活动。

而王庆的蓝莓事业也如海水涨潮，一浪推着一浪向前奔涌。随着市场竞争越来越激烈，王庆的忧患意识也越发强烈。种植户越来越多，公司的蓝莓基地也扩张到数百亩，但不可能人人都当老板，总有一些经济实力不够强的农户需要工作机会。2017年，王庆组织成立合作社，不是为了拓展蓝莓种植规模，而是为了给各处基地输送劳务。而在市场方面，万佳公司也下了工夫，通过出资修建冷库，对蓝莓进行冷藏保鲜，延迟蓝莓上市时间，与激烈的市场竞争打了一个时间差。

到我见到王庆时，光明村已是一个拥有5000多亩蓝莓种植地的主要产地，而整个麻江县的蓝莓种植，此时已近10万亩。匆匆结束了对话，王庆拿起有些发烫的手机，专心回复信息。过了许久，他有些抱歉地抬起头来对我说："今天天气不好，不能采蓝莓，但可以去蓝梦谷看看，离这里不远，那有大片的蓝莓基地……"话没说完，他的电话又响了。

我按他所说，来到蓝梦谷，麻江县第一个国家AAAA级旅游景区。这里目之所及之处，几乎都种满了蓝莓，有酒店，有蓝莓加工厂，还有山地自行车赛道……大雨让这个被蓝莓基地占据了大部分面积的景区显得十分寂静，我走进低矮蓝莓丛中，一些没来得及采摘的果子挂在枝头，被雨滴打湿后焕发出蓝紫色的光泽。在出景区的路上，竟还有一位农户撑着雨棚在路边销售蓝莓，见到我这唯一的客人路过，赶紧招手吆喝道："早上天气好的时候采的！正宗麻江蓝莓，甜得很！今天这条路上可能只有我在卖蓝莓了！"

状元故里花香浓

麻江县高枧村

兴冲冲地赶到贤昌镇高枧村时，却被告知："夏书记临时去镇上开会了，不知道什么时候能回来。"我高昂的兴致瞬间跌入谷底。

之所以来高枧村，一部分原因当然是想来看看夏同龢的老家，但最让我心动的，还是当地朋友的那句话："以前的高枧村什么也没有，还是这个夏书记靠办一场民俗活动挣了 120 万元，才成功赚来村集体发展的第一桶金。"夏同龢是中国第一个以状元身份留学日本的人，又是贵州历史上仅有的两个文状元之一，他的故里当然值得一看。但这位出生在 100 多年前的"大神"级人物，其传奇故事在当今早已不是秘密，反倒是朋友口中那位在一无所有时靠搞民俗活动让村庄"翻身"的村支书，或许也能算是一个"神人"了，而他的故事对我来说，目前还是一个谜。

可惜，他不在。我磨磨蹭蹭地在村里闲逛，其实是想看看能不能等到这位夏书记回来。所幸的是，高枧村的狮子山脚下已经建起夏同龢状元文化产业园，村庄俨然早已化身为景区，有不少值得细品的地方，让我有足够的理由在此消磨时间。同行的朋友也颇为热情，从村口开始便事无巨细地介绍。

不过，直到从九步三孔桥走出西大门，那位神秘的夏书记依然没有现身。无奈之下，我只好记下他的电话先行离开。

直到 3 个月后，我偶然看到夏同龢状元文化产业园国庆节迎来游客大潮时，又想起那位神秘的夏书记，便再次找到他。

"我现在已经不是高枧村的书记了……"这个消息又让我心里一凉。

"我现在到镇里工作了。现在是贤昌镇党委委员，在负责镇人武部、镇退役军人服务站、环保等几个方面的工作……"在我的追问下，他谦虚地笑着解释了自己现在的工作。原来，今年被评为贵州省脱贫攻坚先进个人的他，符合"五类人员"进乡镇党委的条件，已经被提拔成镇里的干部了。

虽然曾经的夏书记已经不再管理村里的繁杂事务，但无论要谈高枧村的过去还是现在，都绕不开这位白手起家的人物。

夏书记名叫夏平顺，是生在高枧村的畲族人。2013 年之前，他的人生和大多数农村青年没有太大差别，只不过是比其他人多了点挣钱的心思，在务农之余，也靠搞工程、开货车挣钱。

那时的高枧村平平无奇，就连夏平顺也没有对今天的旅游盛景有过想象。2013 年他当上村支书后，县里派人下村开发夏同龢状元文化产业园时，夏平顺能做的也仅是配合各项工作而已。那时，他的心思更多放在空壳一般的村集体经济上。

"旅游见效慢，农业似乎才是解燃眉之急的方法。"夏平顺的想法很实际。随着 2014 年脱贫攻坚工作在贵州各地全面展开，夏同龢状元文化产业园开始破土动工后，夏平顺便开始思考寻找能让村民们见到"现钱"的产业。

起步很容易。在当时各项利好政策的推动下，高枧村很快与温氏集团展开合作，发展生猪养殖，村集体经济算是有了一点收入。当然，这还远远不够。

无论要干什么大事业，首先要有启动资金。生猪养殖刚刚起步，高枧村就已捉襟见肘了，一筹莫展的夏平顺看着正热火朝天修建的文化产业园，突然灵光乍现。

黔东南地区有不少民俗节日，麻江县也不例外。2015年农历六月二十四，夏平顺筹备许久的民俗文化节，敲锣打鼓地拉开帷幕。周边参与活动的村民，以及县城里闻讯而来的游客蜂拥而至。折腾了几天，最后盘点时，120多万元的收入让夏平顺心里踏实了许多。

同年8月，早就与麻江县建立帮扶关系的南京农业大学，将当时的学生工作部（处）教育管理科科长施雪钢派往高枧村任驻村第一书记。施雪钢的到来，在夏平顺看来是一个绝好的机会。南京农业大学有世界菊花基因库，在栽培技术方面也有领先优势，这让菊花在高枧村从此扎下了根。

当然，与生猪养殖相比，菊花种植的故事说来话长。无论是施雪钢还是夏平顺，过去从来都没有系统学习过菊花种植。当施雪钢将引进计划种植的想法告诉夏平顺时，夏平顺便立即做出回应，决定和施雪钢一起，结合夏同龢状元文化产业园，在村里建一个菊花谷。

有此前举办文化节积累的资金，加上各项扶贫政策提供的资金和政策，2016年，位于夏同龢状元文化产业园旁的20亩地上，五颜六色的菊花含苞待放。看起来似乎一切顺利，但这20亩地的背后却藏着夏平顺和施雪钢的辛酸。首先，土地流转就是一个巨大的挑战。20亩土地牵涉的村民不多，但对于把土地视为"命根子"的村民而言，土地流转是件大事。好说歹说，夏平顺总算做通了村民的工作，和施雪钢一起小心翼翼地将菊花苗种下，精心呵护，等待着这些花朵在狮子山下绽放。

有南京农业大学提供的技术支撑，这20亩菊花如约盛开，顺利得让夏平顺感到有些难以置信。夏平顺和施雪钢顺势而上。2017年，他们将村里的观赏菊扩展到100亩，同时尝试发展食用菊花。2018年，施雪钢驻村期满，已经掌握了菊花种植技术的夏平顺，决定将高枧村的关坝自然寨打造成为规模更大的菊花谷。

当年6月，夏季刚刚到来，完成育苗的菊花在盆里生机勃勃，再过几天就能全部移栽到土地里了。关坝寨靠近河边，是游客们钟爱的旅游胜地，也是夏平顺眼中的"风水宝地"，将这里打造成菊花谷，必然能带动起更热烈的旅游大潮。光是想想都让人兴奋，夏平顺和积极用土地入股的村民们都干劲十足，不仅培育了300亩菊花苗，还在寨子里打造了观光步道等设施。

　　然而，天有不测风云。6月22日，夏平顺直到今天，都不愿再回忆起那一天。乌云滚滚聚在一起，瓢泼大雨倾泻而下，一夜之间，洪水滔天，上涨的河水和顺坡势滚下的洪水，将那300亩尚未来得及移栽的菊花全部摧毁。一夜之间，夏平顺的希望竟就这样凋零了，望着一地残破的花瓣，夏平顺欲哭无泪。

　　"从此再也不在河边种菊花了。"蒙受巨大损失的夏平顺像泄了气的皮球，整张脸和那乌云密布的天空一样阴沉。仅过了一年，他还是割舍不下这曾经将高枧村推向辉煌的花朵。他重拾勇气，利用扶贫资金和县里大力发展菊花产业的相关政策，建了一座菊花加工厂，同时种植了六七十亩食用菊花，将产业中心转移到加工上。

　　经过几年的磨练，夏平顺已经算是当地菊花种植和加工的"土专家"了，加工厂开始运转后，当年便生产了3000多公斤干花，此后，更面向周边乡镇广泛收购菊花进行加工和包装，顺利完成转型。

　　从2018年起，夏平顺便分不出精力去顾及已经初步打造完成的夏同龢状元文化产业园，索性按下暂停键。那几年里，常有村民试探着询问夏平顺："支书，那个产业园不搞了？"夏平顺总表现出胸有成竹的样子，神秘一笑："还没到时候，再等等。"他心中有数，饭要一口一口地吃，事情也得一件一件地做。

　　到了2020年，高枧村的菊花产业总算平稳运行起来，而这个从县里到镇里都费了大力气的文化产业园，应该也到"火候"了。不幸的是，2020年，新冠肺炎疫情来袭，全国乃至世界的旅游行业都受到重创，夏同龢状元文化产业园也无法启动。

　　不过，随着生猪养殖和菊花产业壮大，高枧村的人们已经不慌不忙地步入更好的生活，夏平顺也能暂时缓一口气。2022年到来，已经46岁的夏平顺喜事连连。他被评为贵州省脱贫攻坚先进个人，随后又借"五类人群"进乡镇党委的政策，在事业上更上了一层楼。这一年，恼人的新冠肺炎疫情也得到有效控制，静悄悄的夏同龢状元文化产业园也张灯结彩，恢复了昔日的热闹景象。在中秋节前，有福建的旅游企业代表受邀来到高枧村，与夏平顺这位昔日的村支书以及乡镇干部、村干部商量合作发展的事。把专业的事交给专业的人来做，夏平顺心里更安稳了些。

一个金秋的夜晚，他回到高枧村，行道树上的彩灯、路边的灯笼、古建筑上镶边的灯光，将他记忆中的村庄照得灯火通明。那时已是夜里 8 点，来此游玩的人潮竟还未散去，这不是什么特殊的节日，甚至不是周末，灯光照得他的眼睛有些微微发热，在这菊花盛开的时节里，似乎还有另一项大事的时机也已到来。

黔南

毕节

遵义
绥阳
凤冈
湄潭
德江
印江
思南
铜仁
江口
石阡

金沙
黔西
大方

纳雍
织金

余庆

六盘水

贵阳贵安
宽安
黄平
余庆
福泉
施秉
黔东南

普定
平坝
贵定
麻江
凯里
剑河

安顺
镇宁
惠水
龙里
雷山
普安
关岭
丹寨
晴隆
都匀
榕江
三都

兴仁
贞丰
紫云
长顺
黔南

黔西南
台江

韦应丽与她的姐妹们

早晨的太阳不算太烈，照得身上暖洋洋的。穿着水族便服的妇女们在太阳底下围坐成一圈，把中间那块红布的边角卷成一个圆形，她们一人拉着一边，低着头，手里的针线在红布上快速翻飞。她们绣这张布已经有些日子了，布上的图案已见雏形，是一个大大的"绣"字。仔细看，这"绣"字竟是用各种形态的龙组成的，不多不少，总共 100 条。而绣这块布的水族妇女，不多不少，恰好 10 人。

这是一条崭新的街道，白墙灰瓦的三层楼房连成两排分立在街道旁，一楼是门面，二楼以上的窗户都挂着窗帘，显然有人居住。这条街叫马尾绣小镇，站在街口望去，两排门面几乎都挂着"巾帼手工坊""妇女之家"这类牌子，能让人大概猜出这条街对当地手工艺妇女的意义。我向一间挂着"应丽马尾绣贸易有限公司"招牌的门面走去，那里有我要找的人。

这间门面像个展厅，柜台里陈列着各种马尾绣工艺品，墙上也挂满了大幅工艺复杂的作品。在店里最显眼的位置，我又看见那幅绣娘们正在制作的那个"绣"字，不同的是，这是一块白布，上面的纹样是画上去的，那些游走的龙被染上各种颜色。显然，这是那幅马尾绣作品的底稿。

见我径直走进这间店铺，一位看起来年纪稍长的阿姨放下手上的针线向我走来。她就是我要找的人——韦应丽，国家级非物质文化遗产代表性传承人。

"这幅马尾绣作品用了一块边长 1 米的红布，我特地找来 10 名绣娘，恰好 100 天完成。100 条龙寓意建党百年，'绣'字代表水族马尾绣这项非遗文化，我用了 56 种颜色，代表中国 56 个民族，铜钱代表的是富民强国……"或许是怕我听不懂三都方言，韦应丽说话语速非常慢，一字一句地向我介绍起这幅为庆祝建党 100 周年而做的马尾绣作品。

"从我 13 岁开始做马尾绣到现在，40 多年了，回想起来有太多要感谢的人，不知道怎么表达，所以才想做这么一个作品。"韦应丽语气轻松，似乎全然不觉接下来讲的这个故事会让人深感震撼。

18 岁之前，韦应丽都算是幸运的。

20 世纪 70 年代的周覃镇恒丰乡集市上，韦应丽带着自己画的纹样在集市上售卖。这是她琢磨出的一条生财之道。

13 岁那年，韦应丽跟着母亲去集市上售卖绣好的衣服。每件衣服能卖出 3 元钱，韦应丽用分得的 5 角钱买来 7 挂彩线，给自己绣了一条围裙。那时，不少水族妇女都会绣马尾绣，但是，大多数人都不会画纹样，韦应丽的母亲亦是如此。不过，韦应丽是一个例外。在她生活的小村庄里，能读书的女孩只有 3 人，而她就是其中之一。会读书、会写字，自然就能用笔画花，韦应丽将纹样画在白纸上，帮母亲省了不少事，这也成了她眼中的第一片"蓝海"。

16 岁开始读初中，韦应丽跑集市的频率越来越高，她将画了纹样的白纸带到集市上，一张能卖 7 分钱。10 多岁的时光都被绣在了布料上，能读书、能靠自己的本事挣点钱，韦应丽的生活可谓充满阳光。

到了 1980 年，一位外村人的到来改变了她的生活。

"跟我回家。"这句话在 1980 年已经算是大胆的求婚了。说这句话的人，是从中和镇三洞乡（现为三洞社区）来这里修水库的。情窦初开的韦应丽与这个年龄相仿的青年朝夕相处，自然便生了感情。听了这句话，年轻的韦应丽义无反顾地跟他去往三洞乡的杨柳村，那时，除了知道对方的姓名、年龄，以及勤恳耐劳这个优点之外，其他一概不知。

然而，到了杨柳村，韦应丽傻眼了。这个诚恳的男子父母早逝，在村里没有一处居住的地方，甚至连一口做饭的锅都没有。可木已成舟，韦应丽也不后悔，跟着丈夫在村里落脚。工地食堂的厨师见夫妻俩可怜，送了两口锅给他们做饭，村里也不能坐视不管，答应把村里的旧粮仓卖给他们当房子居住。没有土地也没有收入的夫妻俩，在回村的第一年过得极其艰难，村民们每家送了他们 2 公斤大米，凑起来竟有 200 多公斤，让韦应丽和丈夫渡过了难关。

日子怎么过？她和丈夫一筹莫展。那时韦应丽还不到 20 岁，天性要强的她当然不愿一直靠救济生活。她决定养猪，东拼西凑终于攒够买一头猪的钱，一咬牙，买来一头母猪，好生伺候着，就盼着这头母猪下猪仔了。这头母猪也十分争气，每年会下 3 次猪仔，每次至少有 14 头。韦应丽抱着猪仔去集市上售卖，日积月累，日子终于慢慢好了起来。

养猪的同时，韦应丽也没丢下自己的手艺。和在恒丰乡时一样，她一边自己绣花，一边帮人画纹样。她心里一直记着那 200 多公斤大米的恩情，便从不问报酬地教村里的姐妹们画花、绣马尾绣，还常常带着大家一起跑乡场，和村里的妇女们关系越来越亲密。在她嫁到杨柳村之后仅仅过了 4 年，村里就推选她为村妇女主任，又过了一年，便推选她为乡妇女人大代表。

当 1998 年和 1999 年她被推选为县人大代表时，县里的领导常向她建议，可以利用自己的影响力进行创业，带动当地群众增加收入，韦应丽也十分心动。然而，2001 年，丈夫却因患病瘫痪在床。家里的主要劳动力突然倒下，韦应丽感觉支撑自己坚强生活的支柱也轰然倒塌。此后的 6 年里，她每天都围着家里转，没有心思再去想别的事情。

尽管她精心照顾，丈夫还是在 2007 年走了。此时的韦应丽才 44 岁，经历了丧夫之痛的她看着年幼的孩子，知道还要为将来打算。此时，那头为她家"服务"了 18 年的母猪也死去，家里的收入来源又少了一项。

"孩子要读书，日子还得接着过。"韦应丽又买来 7 头母猪饲养，总算保障了家里的经济来源。此时，马尾绣已被列为国家级非物质文化遗产，县里也在动员韦应丽想办法带动更多人掌握这项技艺。2008 年的"三八"妇女节，韦应丽在当地开办了马尾绣技能培训班，正式开启了自己的传习之路。

跟着韦应丽学做马尾绣的妇女越来越多，而韦应丽往镇上和县里跑得也越来越勤，四处筹集资金开办培训班，或者带着当地的妇女们一起制作马尾绣进行售卖。到了 2010 年，逐渐增多的绣娘让韦应丽有了新的想法："如果有一个组织能让姐妹们都聚起来，有活一起干，有课一起上，那不是更好？"

她把能找来的绣娘聚在杨柳村，一共 48 人。她向这些姐妹们讲了自己的想法，不出意料地得到了支持。很快，三洞乡杨柳村马尾绣协会成立，从周边 7 个村寨闻讯而来的成员一下子增长到 84 名。随着三都对马尾绣这项技艺的重视，韦应丽也得到更多外出学习和培训的机会，到了 2012 年，已经 49 岁的她做出一个令人惊讶的决定：创办企业。

随着马尾绣协会的发展壮大，协会成员每年都成倍数增长，韦应丽也越来越忙碌。为了让绣娘们能更方便地与她联系，她在县城租了一处门面，办起应丽马尾绣贸易有限公司，在带绣娘们学习刺绣的同时，也为大家的作品寻找销路。

这一年里，她不仅租了一个新的店铺，还换了一台新的智能手机。成立贸易公司后，她所面对的交易已不只是乡场上面对面的买卖，不少外地客人更愿意通过微信等互联网社交软件与她联系。显然，这些突破地域限制的新兴社交工具更加便利，不仅能在网上交流，还能随时发布最新产品。已近 50 岁的韦应丽，对这些新兴工具抱着极大的热情和好奇，很快就学会了如何用微信与客户进行沟通。

很快，韦应丽的公司接到了第一笔订单。这笔来自上海的订单，需要绣娘制作一种衣服上装饰的吊坠，一共 300 件，每件 300 元。这笔订单给了韦应丽极大的信心，她开始频繁出现在各类展会、对外交流活动的现场，不遗余力地对外推广三都马尾绣。4 年过去，韦应丽又成立了马尾绣产业发展农民专业合作社，吸收了更多绣娘加入这支队伍中，当地有 2000 多人次都通过这个合作社找到了一份工作。而她的公司也在逐渐壮大，固定员工近 70 人，其中有 90% 以上都是当地妇女，而马尾绣协会吸纳的会员人数，也早已从当年的 84 人增长至 700 多人。

故事还没讲完，太阳已经爬上头顶，热气开始蒸腾。韦应丽看了看窗外，那几位绣娘还坐在太阳底下绣那幅作品，阳光照在银针上有些晃眼。韦应丽转过头来问我："你还要拍照吗？不拍的话我请她们进屋里来绣，外面有些热了。"

将古老水书带入当代的杨胜昭

三都水族自治县羊瓮村

与杨胜昭见面有些匆忙，我来不及提前了解他的故事，以至于当他说"其实我也不懂水书"时，我竟差点把这谦虚当真了。直到结束了那场漫长的交谈后，我才回味过来，杨胜昭所说的"懂"和我理解的"懂"或许不是一个意思。

我们见面的地点在县城里的非遗体验中心。这是一个近几年新建的体验中心，马尾绣、水书等水族的非遗项目在馆内各占一处空间。在水书陈列区域中，相关出版物填满书架，一方书法桌在采光良好的隔间内放着，笔墨纸砚齐全，四周墙壁上挂满了水书文字的书法作品。不过，在这个汇集了水书文化的空间中，被返聘到黔南州水书文化研究院从事水书译注和水书抢救及申遗工作的杨胜昭，频繁提起的却是另一个空间——羊瓮村。

"羊瓮太远了，在山旮旯里，从这里过去要1个多小时，现在村里几乎都还全是木房子。"都江镇羊瓮村古寨是杨胜昭出生的地方，2020年被列为第五批贵州省少数民族特色村寨。尽管许多年过去，村寨与他出生时相比早已发生了诸多变化，但他对故乡最深刻的印象依然遥远而古老，这和大多数水族人对水书的认识一样。

羊瓮村是杨胜昭成为水书先生的起点，也是他付诸了大半辈子心血的地方。

杨胜昭的父亲是水书师，而杨胜昭本人也在13岁时被伯父杨锦村收为徒弟。在过去，水书师在水族农村是一个神秘且令人敬畏的职业。水族文字如天书一般，像甲骨文又像金文，水书师可通过寥寥几十字为人们解决生活中大大小小的问题，婚丧嫁娶、立屋建房，甚至春耕开种的时辰都要根据水书中的提示来决定。在大多数人连认识汉字都有些困难的年代，懂得水族文字的人相当于掌握了与神明对话的钥匙。

正因蒙上了这层神秘面纱，"传男不传女、传内不传外"也成了水书师迭代传承的首要原则。而即便在一个家族中，也不是人人都能学习水书的，需要水书师亲自挑选一名德才兼备且秉性善良的人，才能将这来自远古的"密码"传授下去。显然，杨胜昭就是伯父眼中符合条件的人，而这种"被选择"也让他与水书之间的缘分多了一些宿命的意味。

被选择的杨胜昭尚在懵懂的年纪，但传授水书的过程能让他清晰地感受到一种不可违抗的仪式感。几乎每个农闲的夜晚，晚饭过后，伯父便来到家里，掏出纸张泛黄、写满神秘文字的书卷，一个字一个字地教他认读。

不过，认识水族文字并不是最难的部分。水族文字算起来只有几百个字，但一字多音、一字多义，且在不同的组合和语境中会产生不同的含义，但就算认全了那些水族文字，也无法破解水书卷本中所记载的秘密。水书最大的难点在于，卷本中所记载的内容往往是记一半、藏一半，文字所记录下的都是高度凝练的内容，真正要读懂背后的文章，需要水书师来唱诵，而这唱诵的部分没有任何文字记载，需要一代代水书师通过口传心授让其延续。

如果说《正七卷》《分割卷》《壬辰卷》等水书卷本中所记载的文字内容已经涵盖了水族的天文地理、神话传说和民族历史，那口传内容则涵盖了更为广阔的知识范围。此后的10年里，那些与水族生息繁衍息息相关的秘密，跨越不知多少个世纪进入杨胜昭的脑海中，学习水书的过程犹如破解历史密码，他只能通过死记硬背来记下伯父口传的内容。

到了第一次被允许为村民运用水书时，杨胜昭已是 30 岁的青年，在羊瓮小学当了许多年的乡村教师。到了 20 世纪 90 年代，村外的世界对水书的认识正在悄然发生着变化，身处水书"世界中心"的杨胜昭自然也感受到这微妙的不同。

伯父和父亲都已老去，放眼全县，与他们同辈的水书师也陆续离开人世。改革开放之后，"打工潮"将青年人带出村庄，曾经神圣且神秘的水书师成了人们敬畏但不再向往的职业，身为教师的杨胜昭成了羊瓮村唯一一个水书师，他不希望自己是最后一个，他想做点什么。

后来，在羊瓮小学的课堂里，这种来自远古的神秘文字出现在黑板上，那低沉而优美的吟诵，也加入了稚嫩的声音。精通水族习俗，又掌握了大量水书文字的杨胜昭，知道水书并不仅是用来占卜良辰吉日的工具，那些文字背后蕴藏的内容，囊括了水族的起源、迁徙等历史，甚至囊括了水族人对宇宙万物的理解和智慧。而此刻，他却无法像伯父和父亲一样，在家族当中精心挑选一位德才兼备、品性善良的人来传承，那就只能打破千百年来"传男不传女，传内不传外"的不成文规定，先让水书活下来，再来谈规矩的事。

羊瓮小学的不少学生多少认识了一些水书文字，更重要的是，他们开始懂得这文字背后的价值和意义。直到杨胜昭于 2015 年退休之前，羊瓮小学的水书传习课几乎没有间断过。

不可阻挡的是时间，杨胜昭最终还是到了退休的年龄。但他没有想到，退休之后的生活反倒更加忙碌起来。

早在 2002 年，水书就已被列入首批"中国档案文献遗产名录"，2006 年，水书又被列入第一批国家级非物质文化遗产名录。在那之后的 10 余年里，杨胜昭常常陷入一种复杂的心绪中，他时常听闻年长的水书师相继离世，全县的水书师人数从 300 多人减少至 200 多人，但他也常常听到一个新词："抢救性保护"，这是三都县乃至整个贵州民族文化学界正在做的事。他从羊瓮小学校长的职务上退休时，黔南州水书文化研究院向他发来邀请，贵州民族大学也向他抛来橄榄枝，请他正式参与水书的抢救保护工作。

杨胜昭的退休生活就是这样忙碌起来的。他时而在研究院里整理自己毕生所学，时而又对着贵州民族大学的摄像机记录下伯父和父亲口传的吟诵内容。

2016 年，杨胜昭在一次县里有关水书保护的会议上情绪激动、言辞激烈。他主张，像自己在羊瓮小学时那样，开办传习班，让更多青年人掌握这种正面临失传的文字。然而，这一主张遭到不少年迈的水书师反对，他们始终认为"传男不传女、传内不传外"的规矩不可破。

　　"中国 56 个民族，拥有自己的文字的少数民族有多少个？水书作为我们水族人自古传下来的文字，记录了我们的民族历史和祖先古老的智慧。现在，各位的家族中还有几个年轻人愿意主动学习水书？如果再不打破陈规，水书的传承还有什么希望？"杨胜昭慷慨激昂的讲演，压下了那些反对的声音。很快，"水书习俗少儿弟子班"正式开班，8 名十二三岁的水族少年拜在杨胜昭门下，其中有 4 名都是女弟子。实际上，在开这个传习班之前，他早已于 2015 年破例招收了县档案史志局的女局长潘中西为弟子，潘中西也因此成为三都县首个水书女弟子。

　　在我见到杨胜昭时，他已经 66 岁，唇上的胡须开始发白。谈到县里的水书师时，他有些忧伤："去年，中和镇的水书师杨胜凡也走了。他是国家级非物质文化遗产传承人，懂的比我多多了。他活了整整 100 岁……"杨胜昭眼神黯淡，100 岁的高寿对于一个精通水书文化的老人而言依旧太短。

　　当我们正因为杨胜凡的离去陷入沉默时，一群大学生模样的年轻人走了进来。他们在一块荧幕前坐下，投影仪开始播放水族文化的内容，讲师和杨胜昭打了个招呼。"这是黔南师院的学生，他们应该是来这里做研学的。"杨胜昭的情绪又提了起来，"这里也经常搞水书文化的研学活动，我也来讲过。"他又提起在贵州民族大学担任的工作："我在民大（贵州民族大学）还担任着特聘讲师的工作，现在有不少博士生也学会了水书文字。要翻译和整理的内容太多了，我尽量做，做不完的还有后面的人接着做。"

　　在见到杨胜昭的一个多月之后，我在网络上看到了他在三都县民族中学开展"民族文化进校园"活动的消息。照片里，他刮掉了发白的胡须，穿着黑色的水族服装，神采飞扬。不知在吟诵出那些伯父口传的古老文字时，杨胜昭是否有某个瞬间感觉自己回到了羊瓮小学的课堂，与那稚嫩的童声一起，将祖先的智慧带到这个现代化的世界中。

螺丝壳山上的“试验场”

都匀市江边村

“我家三代做茶，不过我在读大学的时候还从没考虑过会干这一行。但现在，已经15年了……”话音没落，卢永乾又大笑起来。他的笑声被自己一个突如其来的哈欠打断：“每年春茶开采，我都会连着一两个月睡不好觉。”不用说也能看出来，他确实很疲惫。

或许大笑能让睡眠不足的卢永乾打起精神，也可能他本就天性乐观，无论是聊起快乐还是悲伤的往事，他大多都会以一阵大笑作为对话的结尾，只是这笑声有时表达着快乐，有时又能从中听出无可奈何。这次见面的时间碰巧在清明节之前春茶开采时，卢永乾几乎没有一天空闲。所以，此前我与他联系并说明来意时，他便用毫不客套的语气提议道：“那我就正好带你去茶山看看。”

就这样，我们从都匀市区出发前往螺丝壳山。全程大约1个小时，有部分路段正在维修，一路上尘土飞扬。我们在颠簸之中有一搭没一搭地聊着，他断断续续地讲完了自己的过去，中间穿插了无数次带有不同情绪的大笑，且不时地站在客观角度做出评价，像在讲别人的故事一般。

卢永乾刚满40岁不久，但他成立的都匀市匀山茶叶有限责任公司已有15年历史，在都匀和荔波共有3间茶叶加工厂和大面积的种植基地。这次，我们去的就是位于螺丝壳山上的二分厂，用他的话来说，“螺丝壳这个基地让人又爱又痛”。

“长得太慢了！”一提起螺丝壳山上茶叶基地的收成，卢永乾的音调都要高几个度。

海拔1000多米的螺丝壳山，雨水丰沛、云雾缭绕，是一个适宜种植高品质茶叶的好地方，也是都匀毛尖的主要种植地之一。卢永乾用来开发茶叶种植基地和厂房的毛尖镇江边村虽然也在螺丝壳山上，但比其他茶园海拔更高，有1900多米。江边村曾是一个省级贫困村，有1800多人，可利用耕地面积仅有1178亩，荒山倒是不少，可是没人愿意来开发。

2015年，卢永乾通过当地招商引资进入村里，在租来的1000多亩荒山上种下茶树。前期流转土地的种种困难都可按下不表，唯独这高寒气候让茶树生长更为缓慢，成了卢永乾最焦虑的事。他从创立企业之初就对效率颇为重视，凡事求好的同时也要求快，然而，这片茶山偏偏要同他唱反调，任凭他想尽办法催茶树生长，茶树仍旧我行我素，按自己的节奏孕育枝叶。

"行吧，长得慢就长得慢，我就用这里做生态循环现代化茶园，搞点高品质的东西出来。"招数使尽之后，卢永乾心态反倒平和了。从企业生存的角度出发，也是为了拓展现代化茶园的可能性，他从 2017 年开始与这片茶园达成和解。从此以后，他不再过度干涉茶树的生长，而是在茶园旁建设了养殖场，养起了小香猪和黑山羊，形成一个生态循环系统。设想相当完美，但实施起来总会遇到种种问题。在很长一段时间里，卢永乾和他的团队做了许多功课，为这处基地投入了多倍的时间、精力和资金，其中还包括帮江边村村民修路、改造房屋等。

难啃的骨头最终还是啃下来了。螺丝壳基地像卢永乾的试验场，他不仅在这里建成了生态循环现代化茶园，也购买茶叶生产线和茶酒生产线投入生产，并研制投入使用领先的智能化都匀毛尖生产线及都匀红茶生产线，通过程序编程实现自动化大规模的生产，提高产量的同时也保证了茶叶品质。而他所做的这一切，都指向同一个目标：农业现代化。

卢永乾对农业现代化的执着让我感到好奇，自然也引出了他踏入这行时的故事。此前，他说他一家三代都做茶，我以为这会是一个子承父业的故事，然而，事实却恰恰相反。

从小生活在茶山，跟着爷爷和父亲在有上千名员工的国营茶厂里转悠，卢永乾 6 岁多就学着帮炒茶师傅添柴加火，甚至某个师傅内急时也会叫他上灶来顶替一阵。说起这段回忆，卢永乾笑得十分畅快，仿佛回到了童年。他对茶无比熟悉，但也并不愿意重复父辈的老路，那些炒茶师傅从早到晚守在铁锅边，以至于炒最后一锅时双手麻木，几乎快感受不到茶的好坏，这种辛苦程度让人望而生畏。

从江西财经大学企业管理专业毕业后，22 岁的卢永乾并没有打算回家。他来到厦门，想在沿海城市闯一闯。厦门有不少茶企，卢永乾突然起了好奇心，心想："我倒要看看，是不是所有地方做茶都这么辛苦。"这种单纯的好奇心驱使他应聘了一家茶企，然而，进入公司后，他关于制茶的经验几乎都被颠覆了。哪有什么挥汗如雨的手工制茶师？哪有什么要凭经验把控温度的大铁锅？茶叶加工厂里都是自动化的加工设备，工人们穿着统一的白色服装摆弄着机器，成吨的茶叶倾泻而下……

干了没两年，家中发生变故，卢永乾必须回家，他要在短时间内挣到足够的钱来帮母亲渡过难关。

那时，母亲早已囊中羞涩，只有一间销售茶叶的店铺。卢永乾能想到的办法也只有卖茶这一条路，但没有启动资金，买不到茶青，一切也是空谈。卢永乾犹豫再三，吞吞吐吐地向邻居借来 11 万元。

适逢清明节前后，卢永乾迅速在他熟悉的固坝镇明英村收来一批质量上乘的茶青，又找来几位炒茶师傅，在借来的村民家中支起 3 口铁锅，每 3 名师傅为一组，炒完两轮便去休息，让另外 3 名师傅来顶上。几名师傅加班加点地炒制茶叶，每炒出一锅，卢永乾就迅速将其包好带到母亲的店铺里去销售。那是 2006 年，卢永乾将借来的 11 万元"炒"成了 50 万元。

初出茅庐就大获成功，可借房子给他炒茶的村民却眼红了，拒绝再出借房子。同时，他主张现代化标准加工的观念也得不到父亲认同，卢永乾一气之下，索性成立了都匀市匀山茶叶有限责任公司，自立门户。

第一个加工厂就建在固坝镇明英村。当地人并不相信这个只有 26 岁的年轻人能有足够的钱来流转土地，卢永乾带上好酒与当地村民套近乎，喝到兴起又打电话请同学用他的卡去取来现金，挨个儿把租土地的钱付给村民。结果，第二天酒醒之后，几户村民又反悔了，不顾卢永乾已经开来了挖掘机，把租金退还给他，死活不让他用那块土地建厂。最终，卢永乾的第一个加工厂建成了三角形，不过，好歹算是起步了。

挣来的钱都投入到前期建设上，很快就全部用光。没钱购买设备，他便到云南、福建等地考察学习，研究先进的生产设备，打算自己仿制，甚至差点因此被电击伤。用了整整 3 年，公司才逐步走上正轨，第一个加工厂也投入到正常的生产流程中。

"科技是第一生产力。"企业管理专业出身，又频繁在外学习的卢永乾十分坚定相信科学的信念，"管理要科学，生产也要科学，现在的生产设备可以把控茶叶品质，你想做什么样的茶都能设定。手工制茶是情怀和传承，能卖出更高价格，这是毋庸置疑的，但市场，特别是出口市场的需求可等不了你一锅一锅地炒"。卢永乾义无反顾地在现代化生产这条路上继续探索，2010 年就成功建成了都匀毛尖茶电脑自动化茶叶生产加工流水线设备，只需 3 个人操作，就能完成过去 70 人用传统方式制作的产量。

2011 年，卢永乾的公司被评为贵州省黔南州龙头企业，这距离他创办公司仅过了 5 年而已。3 年之后，"匀山牌都匀毛尖茶"被确认为贵州省名牌产品，卢永乾也在群雄逐鹿的都匀茶产业界叫响了名声。

对农业现代化的执着，以及短短几年所取得的成就，让这个当时只有 30 多岁的年轻人备受关注。在脱贫攻坚全面铺开之后，作为都匀毛尖重要产区的毛尖镇便与他频频接触，于是才有了前文中所提到的他与螺丝壳山的亲密缘分。不过，他坚持现代化加工的同时，并没有否定传统手工制茶。"这要分开来看。外国人喝茶，他们喝的是质量认证，并不太在意什么一芽一叶。但那种一芽一叶初展的茶青，味道才是没得比的。"对茶多年的了解，让他抓住了不同群体的味蕾。就拿 2020 年来说，卢永乾的公司出口茶销售了 700 吨，内销的则只有 20 吨，但由于加工方式和茶叶品质不同，内销的利润与出口的利润竟不相上下。不过，挣来的钱又有一大部分投入新的生产和人工中。

"茶企业就像个大漏斗，挣来的很快又全都漏出去。"他的笑声里满是无奈。"做茶产业，最先受益的其实是农户，他们种茶、采茶有现钱可以收。现在大部分人一天能采 150 公斤茶青，能挣 600 元钱，不要说老人了，年轻人都愿意干！"他叹了口气，继续说："但企业需要承担的则多得多，人工、水电、加工设备……不过能力越大，责任越大，也没有什么好抱怨的。"

汽车穿过扬起的黄土，驶上山顶，引擎盖上铺了一层薄薄的灰尘。还没有到厂房，车却走不动了，"水温过高，我得叫人来接我们了"。卢永乾看了看仪表盘，无奈地拨通了电话。在等待的过程中，他指着前方伸向山间的一条路对我说："那条路就是我们当年开着挖掘机挖进来的。以前搞这片基地的时候，山上连条路都没有，我还买了个装载车，连挖掘机我都学会开了，莫名多了很多技能……"顺着他指的方向，那条蜿蜒的白色水泥路在葱郁的群山之间显得尤为惹眼，像一条长长的手臂一直伸进大山深处，仿佛要用尽全力把什么拉出来。

给农业种上科技"芯"

都匀市良亩村

时隔近半年，我终于见到了朱子丹。

"一年 365 天，我可能有 300 多天都在村里，办公室不常来。"在都匀市区内的老式办公楼里，朱子丹抱歉地说。朱子丹确实太忙了，我们这次见面定在周日，她前一天晚上才刚从距离都匀市最远的一个村寨回来。

"算起来，我工作也有 29 年了。"回想自己的从业生涯，这个数字似乎让她有些感慨，"10 多年前还没这么忙，后来产业结构调整、脱贫攻坚开展，要负责的工作就多了起来。"朱子丹是长期从事蔬菜技术推广的高级农艺师，现在在都匀市农业农村局种植业发展中心任副主任，贵州省产业革命专家团队建立以后，她也成了茄子、菜豆小分队的一员。

她所说的"10 多年前"大概是指 1992 年至 2012 年期间。1970 年在都匀出生的朱子丹从小在城市长大，1992 年从原贵州农科院园林专业毕业后，便一脚踏进泥土里，开启与土地和种子打交道的生活。她一直把心思都放在技术攻关、技术指导和基础设施的管理上，直到 2012 年，朱子丹来到墨冲镇良亩村。未曾想到，她在此扎根后所做的工作成为推动黔南州成为大湾区"菜篮子"的重要一环。

这一年，产业结构调整的浪潮在都匀市刚刚掀起，当地要求先找一个合适的地方做蔬菜基地试点。良亩村是都匀的粮区，历来以种植水稻为主，得天独厚的地理条件和资源优势让良亩人引以为傲。人们习惯了自给自足的小农经济模式，朱子丹及其团队的到来让他们无法理解。

朱子丹和乡镇干部、村干部一起挨家挨户动员村民流转土地，目标是 1000 亩。然而，听说要在土地上改种蔬菜时，部分村民的头摇得像拨浪鼓，一口回绝了朱子丹等人的请求。在以水稻为生的农户看来，不种水稻改种蔬菜，简直就像在砸人饭碗。一番辛苦下来，目标只完成了不到 2/3，朱子丹等人别无他法，只能先用眼下这六七百亩土地开启试验。

茄子、玉米，这些市场需求较大的蔬菜在良亩的土地里安了家，朱子丹又马不停蹄地考虑销路问题。拉着蔬菜去批发市场碰运气的传统方式肯定行不通，那对农户来说不够有保障，对口的销路才是解决办法之道。

那时，广东省是黔南州的对口帮扶省份，广州这个对蔬菜需求量极大的一线沿海城市自然成了朱子丹的目标。她与团队前往广州最大的江南果菜批发市场，打算在那里找一个与良亩有缘分的人。这个创建于1994年的市场，是全国乃至东南亚果菜销量最大的批发市场之一，琳琅满目的商品堆积在各个档口，人流穿梭，叫卖声此起彼伏。置身于这个喧闹的市场之中，朱子丹心潮澎湃，感觉希望近在咫尺。一个档口很快吸引了朱子丹的注意，这里堆满了市场上能见到的各类应季蔬菜，仿佛彰显着档口老板的雄厚实力。就这样，朱子丹与林炳锡结识，对方来到良亩，愉快地与当地合作社达成合作协议，将那600多亩土地打造成为茄子基地，由朱子丹团队全力提供技术支撑。

此后的几年中，朱子丹的工作就像在滚雪球。涉足招商引资领域，引进了外地企业入驻，便要配合企业需求筛选蔬菜品种、提升合作社规模、提升农民种植技术；规模扩大，就要继续拓展市场，所以要继续外出对市场进行考察；蔬菜业务范围拓宽，引进的企业也要得到提升，所以必须带着企业参加各类展会，必要时还要参与销售……同时，为了提升基地品质，良亩村的基础设施也在一点点改变，产业道、机耕道一条接着一条铺进村里，乘着新农村建设的东风，村里的房屋也与这现代化农业示范地的气质匹配起来，村寨面貌焕然一新。

朱子丹不再是过去单纯的科技人员，倒像那几年流行词里所说的"斜杠青年"，销售、招商、技术攻关，围绕蔬菜产业展开的各个领域她都涉足了。她忙得不亦乐乎，那些曾经拒绝流转土地的农户也默默开始"跟风"，把自己家的土地交给朱子丹的团队全权负责。

2014年后，脱贫攻坚全面展开，产业结构调整的节奏更快了，工作内容只多不少。朱子丹几乎天天都要往农村跑，但仍觉时间不够用，她和团队索性做了一个决定：收拾行囊，住到乡下去。

打包好行李，连被子、床单也全都带上，朱子丹提着大包小包住进了良亩村的农业服务站，彻底成了良亩村的人。住进村里，更多是为了能与村民们打成一片。根据过往的经验来看，动员村民流转土地、改变种植习惯是工作中最难的环节。通常，朱子丹会选择在晚上开院坝会，村民们在地里忙碌了一天，恰好能在晚上的院坝会里反馈劳作时遇到的技术难题，这是她与村民们搞好关系的最佳时机。

几年过去，朱子丹总算啃下了墨冲良亩1000余亩蔬菜试验地这块"硬骨头"，也将过往经验传递到都匀市的其他乡镇，推动了多个蔬菜责任田的发展。这片试验地无疑是成功的，也吸引了省农科院蔬菜专家的关注。到了2018年，蔬菜专家李桂连、孟平红及她们的科研团队专家们来到都匀与朱子丹见面，提出由朱子丹领衔组建科研团队，承担贵州省蔬菜产业科技扶贫"321"项目（2018—2020年）的想法。

"天将降大任于斯人也，必先苦其心志，劳其筋骨……"此时的朱子丹可用这句孟子名言来形容。此前所付出的一切正为她换来更大的机遇，在蔬菜领域探索的这20多年，将她推上了一个新的平台。

"321"项目是贵州省委、省政府制定的《贵州省发展蔬菜产业助推脱贫攻坚三年行动方案》中提出的作为蔬菜产业扶贫的科技支撑。简单来说，该项目是省农科院在全省高、中、低海拔进行多年试验示范的一项科研成果，采用间作、套作、复种等多种模式，配套高产栽培技术，以达到亩产3万元、2万元、1万元的产值。而都匀良亩则作为中海拔地区的代表，要打造出一个项目示范地。

生活更加马不停蹄。朱子丹一边在良亩基地不停做品种试验，筛选优良蔬菜品种，一边撰写各种项目方案、规划、调研报告。项目初期，她筛选出茄子、辣椒、白菜等六七个品种进行套种，先用一二十亩土地进行试验，成功后再在基地广泛推广，用了2年多时间，筛选出50多个优良蔬菜品种和适应都匀市种植"321"高效栽培模式11套。

扎根在良亩村的几年里，朱子丹还有另一个令她欣慰的收获。

李国香，一位与朱子丹年龄相仿的良亩村农妇。她很早就开始在良亩蔬菜基地打工，几年过去，已经成为一位"职业农民"。因为"321"项目的推广，基地几乎没有农闲的时候，李国香几乎一年四季都有工作干。而长期跟在朱子丹身边，李国香不仅学到了不少种植技术，也学会了如何管理基地、管理农民团队，只要基地有用工需求，李国香便能立刻找来不少村民前来工作，可以说是一呼百应。

像李国香这样的"职业农民"在良亩这个现代化的农业基地里还有20多位。这个群体的诞生，可算是朱子丹20多年来推广蔬菜技术中最令她感动的成果。"做科技推广的目的就是为了让农民掌握更好的技术，李国香他们就是最好的代表。不是吗？"她满脸笑意地说。

2019年，贵州省蔬菜产业科技扶贫"321"项目在都匀的试验区取得不少突破性成果，朱子丹和她所在的单位也因此获得贵州省科学技术进步奖二等奖。当然，这并不是她从业生涯中获得的唯一奖项，早在 2016 年，她就因那几年的工作成效获得过农业部（现农业农村部）授予的全国农业先进个人，除此之外，从黔南州到贵州省的各级奖项她也有不少。

"你看现在的良亩村，真的很漂亮。"朱子丹打开手机，很快翻找出在良亩工作时拍摄的大量图片，广袤的蔬菜基地，一片郁郁葱葱的景象确实十分喜人。"现在良亩的环境变好了，接下来我们还计划在那里打造观光步道，向农旅融合的方向来推动。"朱子丹像回到良亩的基地中一样，脸上写满了憧憬。

两代人的茶缘

贵定县云雾镇

到了云雾镇，便处处都能见到当地的招牌产品：云雾茶。在一条商业集中的街道上，连着几家门店的招牌都与云雾茶有关，而我到这里时，恰好又是春茶上市的季节，各家商铺更是热闹非凡，竞争激烈。

不过，我们并没有走进其中任何一家，而是绕到公路边的一处房子前，敲响了这家人的大门。

走进屋内，墙上的风采尤为惹眼，放眼望去一片红灿灿，全是奖状、证书、聘书等，有 20 多件，还有一块金色牌匾上清楚地写着"云雾镇省级非物质文化遗产云雾贡茶手工制作技艺传承基地"。没想到，这栋房子竟然内藏乾坤，颇有些大隐于市的意味。

一位个头不高的阿姨从里屋迎了出来，身后跟着一位挽着发髻的年轻姑娘，从有几分相似的相貌来看，她们应该是一对母女。

阿姨名叫潘英翠，是州级非物质文化遗产传承人。"现在的年轻人的选择太多了，不一定会去干炒茶这种辛苦活。我 16 岁的时候哪有这么幸运？不干活就没饭吃。"这话听起来像在抱怨，但潘英翠的脸上满是笑意，显然，她并不后悔踏入这行。

潘英翠小时候对茶并不陌生，她的父亲曾在当地水管所任所长，见到云雾湖边有 20 多亩几近荒废的茶园，便将其流转过来种植。但生于 1969 年的潘英翠，童年过得并不富裕，甚至和当时大多数农村女孩一样，进入学堂的机会不多。到了 16 岁，她便不得不出门找工作，挣钱帮补家用。

受落后的交通和通信限制，加上年纪也很小，潘英翠没有选择遥远的沿海城市，而是在亲戚的引荐下到离家不远的云雾湖茶厂。当她站在当时的厂长面前时，对方像看一个小孩子一样看着她。年纪太轻，身材也很瘦小，16 岁的潘英翠实在让人无法相信她能承担起种茶、制茶的工作。亲戚在一旁极力推荐："别看她个子小，很勤快的！让她试一试吧，不行就让她回来。"

厂长勉为其难地留下了潘英翠。大多数时间，她都跟着其他人一起去茶园种茶，加工厂里炒茶铁锅的锅边她都摸不到。种茶之余，打扫宿舍卫生，或其他一些杂务，潘英翠都随喊随到，没有半句怨言。

20 世纪 80 年代，贵定云雾茶的独特炒制工艺刚刚诞生，而工艺改良的背后有一位"灵魂人物"，名叫李金石。李金石在云雾湖茶厂指导生产，勤快、机灵的潘英翠入了他的眼。

"看你还挺机灵的，来跟我学炒茶，以后还能送你去参加比赛。"比潘英翠年长约 30 岁的李金石语气和蔼可亲。

"好的！"潘英翠不知接下来会面对什么，但生活有了变化，工作有人赏识，总归是开心的。

年仅 16 岁的潘英翠站到铁锅前，柔嫩的双手伸进了滚烫的锅里。杀青、揉捻、做形、提毫、烘焙……整套炒制工艺中，有不少环节都需要在滚烫的环境下完成。潘英翠的双手翻炒着锅里的茶叶，一不小心，指腹就碰到灼人的锅底，很快便起了水泡。

泪水在眼里转了几圈，又生生被憋了回去。放眼望去，整个加工厂里炒茶的师傅大多是男性，双手常年在铁锅里翻滚，早就练得皮糙肉厚，偶尔被烫一下忍一忍就过去了。而瘦小的潘英翠不过是个处在青春年华的小姑娘，竟也要扛起这让人汗流浃背的工作。想放弃吗？当然是想过的。可潘英翠不敢，她心里明白：

"自己别的都不懂，好不容易有这样的机会了，不做就没有饭吃啊！"

李金石耐心指导，也如承诺所说，带她参加了炒茶大赛。第一年，经验不足的潘英翠没能入围。她铆足了劲要把炒茶的技术拿下，白天在茶园种茶，在茶厂制茶，夜晚也偷偷跑到厂里研究技法。到了1988年，她再次登上赛台时，终于摘下了一项大奖。

此后，潘英翠在云雾湖茶厂的工作越发顺利，1995年，被聘为茶厂管理人员。而此时的她，也已从一名16岁少女，成长为两个孩子的母亲，生活的压力悄然袭来，逼迫她做了一个大胆的决定。

"在厂里做得再好，每个月也就那点固定工资，不如自己出来做试试看。"1996年，潘英翠终于决定辞职，转而自己承包茶叶种植和加工。此时，大女儿雷敏已经能跟潘英翠身后帮忙采茶，虽然年幼，她却已经掌握了小小的生财之道，采了茶便送到制茶厂厂长面前，为自己换来一些零用钱。

在雷敏的记忆中，童年是在茶香里度过的。但在潘英翠的记忆里，想让这茶香飘得更远，还有些困难。潘英翠知道什么样的茶能卖出好价钱，但她不知道这些茶该如何卖出去。情急之下，她找到茶厂厂长杨启林，把炒好的茶带过去摊放在对方眼前，提出请求："杨叔，请您帮我卖掉这些茶吧。"

起初，杨启林并不相信一个27岁的女人能独自做出高品质的茶叶，但与自己厂里的茶叶对比之后，他欣然许诺："以后你的茶就拿过来，我帮你卖！"

此后的3年里，潘英翠的茶不愁销路。而雷敏和弟弟雷家祥，也在父母的庇护和茶香之中度过了快乐的童年。潘英翠一家的生活有了不小的改善，他们在公路边建了新房，既用来居住，也用来加工茶叶，大门永远为路过的客人敞开，有人踏进家门，潘英翠便会递上一杯好茶任其品尝，甚至帮忙把对方茶杯里的旧茶换掉，泡上一杯香气四溢的云雾茶。

打开门来做生意，总会遇到贵人。一次，一位驾车路过的矿场老板被屋外的5口炒锅吸引，踩下了刹车。这位老板姓李，进门便向潘英翠要了一杯新茶，品尝之后，立刻下了单。李姓老板成了潘英翠家的常客。在一次购茶时，他进里屋挑选茶叶，把一个包随手放在屋外的沙发上。潘英翠瞥见这个鼓鼓囊囊的包，赶紧拿起递给李老板，道："大门敞开的哩，要是被人拿走，不仅坏了我家名声，我还丢了你这个老顾客。"

李老板心里一惊，一边念叨着"这是我给工人的工资呢"，一边赶紧打开包检查，露出了不少百元大钞，这也让潘英翠吃了一惊。虽然是件小事，却让李老板记在了心上，此后，逢人便推荐潘英翠的茶，为她带来了不少客户。

客源越来越广，潘英翠的茶园也扩大了规模，日子开始富足，雷敏和弟弟也逐渐长大成人。雷敏初中毕业后未能考上高中，潘英翠并不想女儿像自己一样过早接触社会，便向村支书打听，有什么机会能继续学习。

恰好，云雾镇引进的贵州经典云雾茶业有限责任公司正在招募学员，输送到贵州省茶技术茶文化学校进行学习。得知这个消息后，潘英翠不由分说地将雷敏送到了位于贵阳的学校去。

走出小小的云雾镇，雷敏来到了更大的世界。学校里教授的内容与她过去的制茶经验并不相同，更多的是与茶文化有关的知识。女儿在省城读书，潘英翠则和丈夫有更多精力投入茶场。2012年，小茶园扩大成为贵定贡茗茶种植场，在茶园工作的村民越来越多，夫妻俩还义务开展了手工制茶技艺的传承培训。

而远在省城读书的女儿雷敏，3年后正式毕业。年轻的女孩对外面世界产生了更多向往，决定去北京闯荡一番。雷敏来到北京，先后在茶叶销售公司和茶馆里工作。和不少北漂女孩一样，她穿着旗袍，展示茶艺，闲时按老板要求阅读与茶有关的书籍，但心里时常感到空虚和无力。云雾缭绕的青山时时入梦，家里茶香若有似无地勾起她的思念。

"在北京也就这么回事，还是回家吧。"母亲潘英翠向女儿发出召唤。雷敏也不再执意留在北京，回到了每天都很热闹的云雾镇，和父母一起打理家里的生意。

"炒茶实在太辛苦，我虽然掌握了技艺，但也只能偶尔炒一锅，主要还是做销售。"正如潘英翠说的那样，现在的年轻人选择更多，不一定非得执着于掌握技术。在外见识过的雷敏对茶有了新的理解，她懂得如何制茶，但并不仅限于传承技艺本身，而是打算在茶文化上再下点功夫。她回家后，家里的小店也添了不少色彩。有客人到来时，雷敏便坐在茶台前，煞有介事地表演一番，泡出一杯香气四溢的云雾茶，送到来客面前。

与潘英翠一家告别之后没几天，她在朋友圈发了一条喜庆的消息："儿子省茶校毕业，走进社会和多年老师傅一起参加茶叶加工比赛，取得鼓励奖，下次继续努力！"照片里，年轻的雷家祥手捧证书，腼腆地笑着。看来，潘英翠家的茶场又将多一员大将。

唐世海的四步棋

与我过去认识的大多数村支书相比，牛场镇朵郎坪村党支部书记唐世海确实有太多不同。他是名大学生，还曾经在广东的职业院校当过老师。

"你要是周末来，就能看到这里有多热闹了！"到了牛场镇朵郎坪村河湾组，唐世海把我们领进一家农家乐，热情中又流露出几分遗憾。

房屋旁有宽阔的荷塘，观赏步道浮在水面，连接到荷塘中心的凉亭前。荷塘外是连绵的青山和一个宽大的广场，广场也并不单调，里面有不少游乐设施，还有一排长廊专供游客自助烧烤。当然，更为显眼的，还是荷塘边房屋上那些红色标语："抱团发展户户受益，团结一心家家富裕。"

这显然不是某一户人家开办的农家乐，它产生的收益可能牵连着这个村民组里的每一户人家的利益。

唐世海也没有绕弯子，很快证实了我的猜想——这农家乐是河湾组的集体经济。

唐世海说话很有条理，善于提炼重点，配合他身上浓浓的书卷气，让人感觉像在上课。他毕业于天津工业大学纺织学院，毕业后便去往广东，在中山市沙溪理工学院任纺织品检测专业的教师。这显然是一个令人艳羡的职业，待遇也算优厚，可他在 30 多岁时，竟选择了回乡！

唐世海没有解释回乡的具体原因，只说是为了家庭。他住在老家瓮安，通过公务员考试进入福泉市牛场镇社会事务办工作。2017 年，全国从上到下最重要的任务就是脱贫攻坚，基层公务员的任务尤其繁重，初入此行的唐世海尽力去适应这样的节奏。

正当唐世海逐步适应了乡镇的工作时，牛场镇朵郎坪村也正在悄然掀起波澜。朵郎坪村是福泉市内面积较大、人口较多的村庄，有 14 个村民组，管理起来并不容易。其中，依山傍水的河湾组拥有较好的地理位置和自然资源，村里便组织村民们种植草莓。谁知，2018 年的一场大雪，种下的草莓全军覆没，村民们眼看钱财和辛劳都付诸东流，当然气不打一处来，一定要找一个人来负责此事。

朵郎坪村的村干部年龄较大，面对风起云涌的脱贫攻坚任务完全难以应对，一度落得一个"软弱涣散党组织"的评价。2017年，虽然摘掉了这个难看的"帽子"，但涣散的人心仍难以收回，年老的党员出不上力，年轻的党员又要外出谋生活，牛场镇便决定安排一个"外来者"来破解朵郎坪村的难题。

此时的唐世海，在镇社会事务办的办公室里屁股还没坐热，就被派到双龙村驻村。而双龙村的工作刚上手一年，他又接到镇里安排的任务：去朵郎坪村当支书。

唐世海没有多问，2019年3月便收拾好行李走马上任。刚到朵郎坪村，河湾组的村民们就找上门来，吵嚷着要新上任的书记给个说法。架势着实有些吓人，一头雾水的唐世海在吵嚷声中终于弄清楚了来龙去脉，高声说道："给我两个星期时间，到时候你们派一个代表来谈！"

唐世海虽然书卷气很浓，但严肃起来也颇有几分强势和威严。众人见再闹下去也毫无意义，便作鸟兽散。此后的两周里，唐世海走遍了村里的每一个角落，不仅是河湾组，其他十几个村民组也没有落下，就连河湾组后面无人踏足的高山，他都爬上去看过。

"主要问题出在四个方面。一是组织架构不明确，村民自发成立合作社，没有明确的组织架构便没有规范性；二是发展规划严重不足，想一出是一出；三是盈利模式没有考虑好，短期利益和长期利益没有结合起来；四是资金严重不足，仅有的20万元都亏在草莓上，百姓已经没有信心了。"在河湾组的村民派来的代表面前，唐世海开始"上课"了。他总结的四大问题仿佛一拳接着一拳打在村民们的"痛点"上，讲完问题，他又开始讲起自己的破解之法，条条款款、行云流水，那位村民代表不得不折服。

唐世海计划先以村委名义牵头成立合作社，动员人们参与其中。之后，他还带村民们出去"旅游"。说是旅游，实际上是到黄丝村等几个改变较大的村庄去参观考察。那些环境整洁、风光优美的村寨成功激起了河湾组村民们的好胜心。回到村里后，看着自己生活的地方也有好山好水，交通同样很便利，越发渴望能打造出一个同样舒适的居住环境。人人心里都憋着一股劲，等唐世海再来动员人们改造村容村貌时，大家都干劲十足，规划了寨子里的布局，也开始自觉地养成了良好的卫生习惯。此时，唐世海再定下规矩，村中的红白喜事一律不允许放鞭炮，无论喜事丧事，都由合作社来承办酒席，定好的"八大碗"菜谱也写进了村规民约中，人人都必须遵守。

村民们欣然接受，承办酒席的场所也渐渐变成了人们休闲娱乐的地方。唐世海见时机成熟，有意无意地提起："大家也可以叫上外村的亲戚朋友过来吃饭、烧烤。"这个看似随意的提议，其实是他下的第三步棋。

此前在村中走访调查时，唐世海大致已经摸清了朵郎坪村的情况。朵郎坪村面积不小，总体来看可分为3个片区。其中，北部片区因资源优势拥有化工企业，当地村民的生活不用太担心，而矛盾较为集中的河湾组处于南部片区，其实也是有优势的。河湾组有山有水，且距离福泉市仅30多公里，如今有了组里独立的合作社，可谓万事俱备，不发展旅游还等什么呢？

河湾组变得热闹起来，此前成立的组级合作社也派上用场。合作社流转了90亩田土，迅速打造出一片荷塘，并修起了赏花的步道。河湾的名气从朵郎坪村传到附近村镇，又陆续传到福泉市里。眼见荷花即将开放，唐世海频繁地出现在市文化广电和旅游局以及牛场镇政府里，还拉来了市摄影家协会。2019年7月，唐世海赶制出一张海报，"翰林故里 荷美河湾"几个红色大字尤其醒目，首届赏荷观光乡村文艺节呼之欲出。

启动自己的小车，唐世海带着一批海报出发，跑遍了福泉市的七八个乡镇，把海报张贴到各处。这种近乎"原始"的宣传方式竟收获了意想不到的效果，当年的7月20日至7月27日，整整一周的时间里，河湾组的景象可谓盛况空前。从各处赶来的摄影家、摄影爱好者以及游客涌向村里，把镜头对准摇曳生姿的荷花，当然也为组级合作社开办的农家乐带来了丰厚的收入。

正如唐世海所预料的，河湾的美景通过那些专业摄影作品的展示，名气就此一炮打响。

河湾仿佛一夜之间就变成了旅游胜地，60户村民喜出望外，而盈利颇丰的合作社也开始感受到了"走红"带来的压力。唐世海心里明白，这还没到改变的终点。他在广东工作时，除教学之外，也负责校企合作的管理，对企业运营的方式有所了解。如今，摆在眼前的合作社实际上也与企业类似，运营管理需要进一步规范。

合作社的运营需要更加专业的人，因此，唐世海让合作社聘请了职业经理人负责日常经营管理。而面对如此多的股东，也需要拿出一个方案来杜绝可能出现的混乱。"1+9+N"层级管理模式应运而生。"一个领导核心，就是河湾组的党小组；9名理事会成员，其中包含一位镇级包村领导担任的合作社发展顾问，和8位村民股东代表；N个合作社股东。这样一来，合作社开什么决策会议便能由党小组和理事会成员先行商量，再下达到其他股东。"唐世海思路清晰，这种简易放心的模式也得到了村民们的拥护。

朵郎坪村不仅河湾组有自己的合作社，其他村民组也根据自身情况成立了不同类别的合作社，形成了"组社合一"的模式，这在福泉市也属于走在前面的案例。

唐世海上任村支书仅一年后，朵郎坪村河湾组的合作社就获得了120多万元的收入，而他本人也获得了"全省脱贫攻坚优秀基层党组书记"的称号。

又是一年春风里，河湾组种下的荷花正静静生长。唐世海又有了新想法："现在我还在考虑北部片区的提升，那个组级社就是以劳务机械为主。组里靠合作社挣了钱，就能用来挖掘北部片区的传统文化内涵。"他聊起未来时心情大好，带着我在广场上参观了一圈。广场的围墙上挂着几块展板，展板图文并茂，条理分明地呈现出每个项目的设计理念、项目负责人和社会效益分析。他指着一幅在山林中拍摄的照片对我说："这照片还是我在后面那座山上拍的，那地方，村里有好多人都没去过。"

梨花再开放

福泉市双谷村

姚其学和李福泉坐在圆桌旁，身后是一片修剪整齐的梨树林。李福泉把手搭在桌子上，手掌宽大，骨节突出，手背上布满青筋，指甲缝里还有长久难以洗去的泥土。两人脸上刻满了深深浅浅的皱纹，不过，姚其学显然更年长一些。

他们在聊天的时候不时回过头去望向那片梨树林，那是他们梦开始的地方。

姚其学呵呵笑着，指着身后道："当年最早开垦的就是这一片，186亩，那时候我才30来岁。"李福泉笑眯了眼，搭话道："我更年轻，才22岁，还什么都不懂哩。"

双谷村美如画卷，偶尔会让姚其学和李福泉感到有些梦幻。在回忆往昔时，他们不时停下来感叹："当初谁能想象双谷会变成今天这个样子？"人在陷入温饱的挣扎时，确实不敢产生这样越级的"妄想"，所以，当初姚其学决意要加入生产队成立的果林场时，家人的极力反对实属合情合理。

"你怕不是疯了？饭都吃不饱你要去种果树？管好家里的土地吧！"30多年前，无论是父母还是妻子，"战线"都非常统一，认为姚其学这30多年算是白活了，竟然做出这种异想天开的决定。姚其学却不这么认为，他并不是在孤军奋战。

1985年，乡政府安排成立果林场，派技术人员试种果树。尝遍了世间酸甜苦辣的姚其学，虽不知道种下的东西能否带来收益，不过，他依旧乐观，心想："社会总是在发展，无论好与坏，总归会有一个结果。"而此时，20岁出头的李福泉还是个涉世未深的年轻人，他每天只顾得上眼前的温饱。"再苦也不会比现在更苦。"李福泉加入到姚其学的队伍中。两人带着护林员们一番折腾，这片山坡换上了新衣，姚其学和李福泉却并没能缓口气。

刚种下梨树后的那几年，姚其学和李福泉一直在苦熬。梨树最快3年挂果，但人每天都要吃饭，他们便在果林间种下西瓜、玉米等短期收益的蔬果，勉强维持着生活。为了便于看护树林，姚其学和李福泉等人在果园旁边用空心砖搭起简易棚屋，4个人轮守在那里。入夜，山坡上的亮光便只剩天上的月亮和点点繁星，年轻力壮的青年只能对着棚里昏暗的光线陷入无尽遐想。白天的日子也不好过，渴了便到田里舀水，一边喝一边数着面前的蝌蚪，累了便在林子里找一个大南瓜当凳子坐。1987年，姚其学打算修一条毛路方便运输水果，也只能和生产队的副主任一起挥着锄头自己挖，夜里回去吃饭，手抖得连筷子都拿不起来。村里人见他们终日守着这片树林，明里暗里都在嘲笑，4人团队中开始有人动摇，唯独姚其学和李福泉在咬着牙坚持。

李福泉的坚持大半是靠一双凉鞋支撑起来的。某年夏天，他和妹妹抬着西瓜去乡镇上卖，在市集上蹲守了一天，最终用卖西瓜的钱给自己换来了一双凉鞋。穿着凉鞋回家的李福泉心里美滋滋的，卖出去的西瓜是他每天坚持不懈起个大早抬着有机肥来浇灌的，如今这双凉鞋算是给自己辛苦一年的奖赏，能把过往的辛酸苦楚一扫而空。

3年挂果，5年丰产。不过，在迎来丰产的1992年，销路又是个问题。

姚其学等4人想出了一个"笨"办法。他们装了满满4背篓梨子，每个背篓约13公斤，一人背上一个，便向马场坪走去。从双谷到马场坪约有10公里的路程，只能靠双脚走，走了一个多小时，4人终于在马场坪坐上了去往都匀的班车。班车在山路间摇摇晃晃一个半小时，终于停在了都匀开发市场门口，姚其学等人背着沉重的背篓一头钻进热闹的市场中去。

4位风尘仆仆的农民给市场里的每个水果摊摊主免费送两个梨，邀请品尝。在市场的尽头，一位年迈的老太太坐在路边，摊位前摆放着一些水果，沉默不语。姚其学照例掏出两个梨子，恭谨地递到对方手中，老太太并没有接，不屑地说道："我从民国活到现在，什么没有吃过？你这梨子太硬了，咬不动！"

姚其学不急不恼，找来水果刀削下一块递给对方："您就尝一小口。"

老太太勉为其难咬了一口，顿时脸上的皱纹都舒展开来，浑浊的眼神也明亮了几分，道："你这味道我从民国到现在都还没吃过哟。你还剩多少？我全要了！"

姚其学摆摆手，笑着说："你要是喜欢，这里也没剩多少，我都送你了，以后再来卖！"

这趟都匀之行虽然一分钱没挣，但在不久之后，便有人从都匀专程赶来，以每公斤2元的价格收购梨子。那时，猪肉也才卖4元钱一公斤。

果林场终于走上正轨，村里冷嘲热讽的声音不知何时已全然消失，但这片果林也越来越不清净。姚其学和在这里务工的农民们抓了好几回偷梨子的人，其中一个让他尤为震惊，一晚上竟"坚持不懈"摘了70多公斤的梨。愤怒之余，姚其学也感到无奈，"日子太困难了，村民们吃不饱饭，当然会眼红。"他知道问题的根源，而作为当时生产队的队长，他自然也有责任和义务从根本上解决问题。

1995年，果林场的梨子供不应求。姚其学开始不计回报地动员村民们种植这种被命名为"金谷富梨"的品种。双谷的梨树林漫山遍野铺开，果林场里的"盗梨贼"也从此不见踪影。

转眼到了2004年，双谷乡变成了双谷村，在福泉市的重视下，大小项目陆续向双谷倾斜，梨树林扩张到了数千亩。每到春季梨花开放时，漫山雪白美不胜收，此时已是双谷村村支书的姚其学，望着这丰收的预告，心里有了新的想法。

在乡镇领导的提议、福泉市旅游部门的支持下，2005 年，双谷的白色花海迎来了不少游客，福泉首届金谷春雪梨花节成了这里旅游发展的起点。此后的发展就如滚雪球一般，游客蜂拥而至，就必须有路可走，2008 年，5 公里多的柏油路通向双谷，姚其学等人终于告别了昔日的泥泞。

到了 2009 年，国家体委组织的山地自行车冠军赛将双谷村列为其中一站，省外的运动健将在被梨树包围的赛道上飞驰。2015 年，双谷村又在脱贫攻坚等各项工作和政策的支持下，陆续建设了道路、广场和举办活动的主会场等基础设施。曾经人们吃不饱饭的双谷村，如今已然变成一个像模像样的旅游小镇。而在 30 年中不断更新迭代、持续优化的"金谷富梨"，也于 2018 年以"福泉梨"的名字被农业农村部正式批准进行农产品地理标志登记保护。也就是在这一年，已经年过六旬的姚其学正式退休。在退休前的两个月，金山街道的领导专门找到他，说："退休之前，还要再辛苦你做一件事。你是最了解双谷的人，所以要先帮我把村里的班子搭建起来。"

姚其学陷入沉思。回望这 30 多年，跌宕起伏的生活和双谷村翻天覆地的变化，无一不与那满山的梨子有关。他与和自己合作多年的李福泉长谈，这位曾经不谙世事的年轻人，如今脸上也爬满了皱纹，他和自己一样，大半辈子的时光都在梨树林里度过。30 多年的相处，让姚其学对李福泉无比信任，便力推由他来出任双谷村的新支书。而其他村支两委班子成员，也都是这些年来勤恳经营果园的带头人们。

李福泉虽然也已经 50 多岁，但想法非常新鲜，他在涌入双谷的人潮中看到了新的商机。"梨花只在 3 月开，梨果只在 8 月结，但游客一年四季都想来。如果能让大家四季都能体验采摘乐趣，双谷的热闹就不会消失了。"有了这个想法，李福泉便着手开干。2018 年，他专程去了一趟修文县，在这个猕猴桃种植大县里学习技术，引进了猕猴桃的种植。水晶葡萄、巨峰葡萄、杨梅、猕猴桃……各类水果陆续在双谷生长起来，游客对采摘乐此不疲，而回到双谷村经营农家乐、种植果树的村民也越来越多。

姚其学乐于看到双谷村热闹的情景。"梨子好了，外出打工的人就少了，留守儿童和空巢老人也少了，人均年收入有 13000 多！你晓不晓得，我们双谷现在是全国农业旅游示范村、国家 AAA 级旅游风景区、全国一村一品示范村，梨花节都办了 14 届了！"他脸上溢满喜悦。

"是头牛你就来种果树，要是狐狸那就算了。"30多年前，果林场一分场场长李声益说的这句话，李福泉一直记到现在。50多岁的他，笑起来依然带有一丝腼腆，他自认自己就是那头牛，埋头耕耘，最期待的就是见到来年满山梨花再开放。

农妇张远琴的剧本

瓮安县白水河社区

关于张远琴的故事，我大部分是听杨俊松说的。

在2021年春天刚到，天气开始回暖时，杨俊松带我来到张远琴家。这是一栋建在乡村公路边堡坎上的平房，屋前的水泥地刷得发亮，屋旁的猪圈也几乎没有异味。在张远琴家里，我的注意力几乎都被那有些反光的煤炉吸引，深红色的铁炉子上上下下一尘不染，连伸出窗外的烟囱竟也没有一点烟熏火燎的痕迹。

张远琴把长发一丝不苟地束在脑后，穿着普通的红色衣裤，给自己系上一条碎花围裙，便动作麻利地开始张罗起来。"来，请坐。""来，请喝茶。""你们慢慢聊。"把我们安顿好，她便像完成了任务一般，默默退回到厨房里去，仿佛今天的主角并不是她。

"我先来给你说说张姐的各种身份。"杨俊松郑重其事地介绍道，"她现在是白水河社区文联副主席、社区文艺演出一队副队长、刘家院村民组组长，还是县民协理事、县作协理事。她创作了一些散文和小品剧本，陆续刊发在我们县文联主办的杂志上。"

我被这个介绍打破了陈旧的认知，继而产生了无边的猜想，难道这位张远琴是看尽繁华后回归田园、隐于乡野的文艺家？然而，在后来听到的故事中，我的这个猜想逐渐被否定，得到了一个更为合理又出乎意料的解释。

4 年前，杨俊松还不认识张远琴，而张远琴也与文艺几乎无瓜葛。

2017 年 9 月，任瓮安县委宣传部副部长、县文联主席的杨俊松来到永和镇白水河社区，担任社区脱贫攻坚工作队队长。过去的白水河社区并不算一个贫困的地方，却是一个藏着不少矛盾的村庄。白水河拥有丰富的煤矿资源，瓮安煤矿厂就设在此地，随着社会发展、资源减少，国家对煤矿行业进行不断整顿和规范，诸多矛盾也因此衍生。

杨俊松对白水河社区的情况略有耳闻，他知道这里最大的问题不在物质上的贫困，而是民风困境，改变民风最好的办法还是要从精神层面来进行。他邀请刘明远和张登星两位老人帮忙，与他一起在社区开展入户摸排。这两位老人都是当地的退休教师，不少村民一家三代都曾做过两位老人的学生，他们说话一定是有分量的。

在了解村民的过程中，杨俊松无意中发现了张远琴经营的小店。此时的张远琴年龄不到 50 岁，3 个儿女都已成年，2 个大学学习设计的儿子分别在杭州和广州工作，小女儿正在中科院读研究生。没有了供养孩子的负担，张远琴多出不少时间干自己喜欢的事，不仅经营着小店，还在家里喂了几头猪。

"你这些小玩意可以拿到外面去卖。"杨俊松不仅提出建议，还把她做的小物件带到村外，帮她卖出了不少。两人因此结识，频繁交流后，杨俊松惊喜地发现，张远琴竟还是白水河社区文艺演出队的一员。

早在 2014 年，贵州省文联动员各县（区、市）文联成立文艺志愿服务队，在乡镇和村寨培养出不少民间文艺爱好者，白水河社区也不例外。当时，白水河就成立了演出队，偶尔组织起来在村里的大小节庆中露一手。

张远琴是 2017 年初才加入队伍的。某天，她照例去开店，路上遇到邻居田孃，田孃神采飞扬地拉着她道："跟我走，县文联来教大家唱歌，你也一起来听听嘛！"

"唱什么山歌？"张远琴一脸疑惑。她跟着田孃来到瓮安中学的培训会现场。会场里音乐响起，老师悠悠地吟唱起来，那歌声把张远琴迷住了。后来，她才知道，上课的人是瓮安县民间文艺家协会副主席杨胜兵，而他教的歌曲是瓮安独有的茅草调和茶山调。

从此，张远琴的生活乐趣又多了一项。回到白水河后，她很快便加入了社区的文艺演出队伍，一有时间便和演出队的朋友们聚在一起唱歌，还和队员们一起参加了县里组织的比赛。

此前，在刘明远和张登星不辞辛劳的帮助之下，杨俊松已对白水河社区居民们的文艺爱好有所了解。刘明远和张登星就是书法和文学爱好者，如今还有像张远琴这样的文艺演出队队员，越来越多的线索都在给杨俊松一个提示：可以从文艺的角度，来破解白水河社区的民风困境。

此后，文艺志愿服务队越发频繁地来到白水河社区，白天支教、晚上助农，张远琴也在社区里再一次见到了当初引她上路的杨胜兵。张远琴的生活愈加忙碌起来，她不仅要照顾好家里养的几头猪，编织一些毛线工艺品继续在网上售卖，还要频繁地参加各种文艺培训和演出。

而杨俊松的驻村生活则更加繁复。相比起来，他不仅要给演出队寻找各种展示平台，还有村里大大小小的问题亟待解决。驻村工作可谓事无巨细，通村路、通组路这样的统一项目要具体落实，房屋改造、靓丽外观的工程也要抓紧推进。

白水河社区有几位住在深山坳里的养殖户，由于山高路远迟迟未能用上电，驻村工作队费了九牛二虎之力引来项目给他们通了电；村里用水不稳定，驻村工作队也申请修建了水厂，为人们引来了水库里的水……就连张远琴的舅妈家那扇用胶纸封的窗户，因为常年有猫钻进钻出而破了个大洞，驻村工作队也默默地运来玻璃帮她换上。

这些点点滴滴张远琴都看在眼里。加入文艺演出队 2 年后，她又多了一个习惯：随身带着一个笔记本，在上面写写画画。

2019 年的某一天，张远琴忐忑地将一沓稿纸交给杨俊松，她要投稿。

其实，这并不是她第一次发表文章。在此之前，张远琴写过一个名为《远离赌、毒》的小品剧本。偶然看到这个故事的杨俊松惊喜不已，他完全没有想到，初中毕业、从未从事过文学创作的张远琴，竟能写出这样一个质量尚可且相对完整的小品。杨俊松很快帮张远琴将这个剧本发表在了瓮安县文联主办的杂志《瓮水长歌》上，而剧本作者本人自然也备受鼓舞，创作的欲望如泉水喷涌，提笔写字也成了习惯。此后，她又陆续写了《我的山歌情怀》《关于文艺那些事》等散文，同样发表在《瓮水长歌》中，文章的感觉越来越好，写作也渐渐摸到了技巧。

这一次交给杨俊松的，同样也是一个剧本，不同的是，故事是根据真实内容改编的，其中的台词也大多是当地方言。扶贫队伍为白水河打通水、电、路、讯的故事，为舅妈补窗户的故事，一一被收入到这台小品中，张远琴给小品命名为《村里来了驻村工作队》。

这个不加过多文辞修饰的小品剧本，很快出现在《瓮水长歌》上。不仅如此，社区文艺演出队还将这个剧本排练成了真正的舞台作品，从社区演到了镇上，每一场都收获如雷掌声。

从2018年开始，张远琴便逐渐迎来了身份的转变。她被推选为刘家院村民组的组长，以及文艺演出一队的队长。白水河社区文联成立之后，她又被推选为副主席。

比身份变化更让她感到满足的，是接二连三的荣誉。曾经，张远琴家里有厚厚一沓荣誉证书、奖状，不过都是3个争气的孩子努力换来的。但自从与文艺沾边之后，张远琴也捧回了不少写着自己名字的奖状和证书。

那些奖状和证书，有不少是社区颁发的。2020年，社区治理已初见成效，不少居民如杨俊松期望的一样转变了陈旧思想。"这种时候就应该给大家肯定和鼓励，才能将这些转变形成习惯保持下去。"杨俊松开始着手各种评先选优的活动，"党员先锋示范户""通情达理户""清洁示范户""富民兴社示范户""生产发展先进个人"……奖状交到居民手里时，杨俊松能清晰地感受到对方发自内心的自豪。

"这还不够，获得的荣誉要让他们亮出来，约束自己的同时，也能带动他人。"杨俊松和驻村工作队连续讨论了很长时间，想要拿出一个更优化的方案，扩大这些荣誉产生的效应。

2021年春节前，杨俊松来到张远琴家，半开玩笑地说："张姐，你家这么多奖状、奖牌，应该找个地方挂起来展示展示。"

张远琴不可置信地瞪大眼睛，连忙摆手道："这怎么行？人家看了还不笑话我啊？说我一天爱炫耀得很！"

"这哪里是炫耀，荣誉都是你实实在在获得的，就应该亮出来给大家做榜样。"看似在拉家常，实际上杨俊松是在动员张远琴成为他计划中的第一个试点。

几天后，驻村工作队的年轻人来到张远琴家，一番忙碌，将客厅里的两面白墙装饰起来。喜庆的红色剪纸造型围出框架，一个红底 Logo 在上方尤为醒目，Logo 上是"白水河"三字托起一个"文"字，寓意县文联与白水河社区的紧密关系。在 Logo 旁边，则有5个大字表明主题："家庭荣誉墙"。在这两面"家庭荣誉墙"上，贴满了张远琴收藏的大部分奖状和荣誉证书，最显眼的位置，都是她3个儿女带回的荣誉。

看着这两面墙，张远琴心里有些激动，喃喃自语道："不贴出来，我还真不知道得了这么多奖呢……"或许，她的剧本又有新素材了。

杨老二回乡

瓮安县白花村

杨老二的本名就是杨老二，他身份证上就是这么写的。白花村的村民是这样识别他的：那个头顶上扎"揪揪"的就是杨老二；车牌尾号是"711"的就是杨老二。他们私底下还称杨老二为"杨百万"。

在玉山镇白花村路边的一个农庄里，这位顶着一个小"揪揪"、披着牛仔衣的年轻人给我们倒了几杯蜂蜜水。不用问，他就是杨老二，标识非常明显。身世坎坷、尝遍人间疾苦、回乡创业、赡养与他毫无血缘关系的残疾人……在来之前，瓮安县委宣传部门的朋友给我讲了不少杨老二的传奇经历，要点太多，我一时不知该先问哪一个。

不过，杨老二暂时也没给我开口的机会，他一直在接电话。

"车牌号711，记住了哈，今天不是我来接。"

"你就让娃娃在路边等起，会有人过来接他的。"

"你要接孩子放学？"我试探性地问道。

"是村里的几个小孩，父母在外面打工，我就每天帮他们接送孩子。"杨老二划拉着手机，答道。

"免费的吗？"

"不收钱啊！这要收什么钱？"他依旧没有抬头。

电话彻底没电，他翻箱倒柜寻找充电器未果，只能先暂时放着。这下可算清静下来，他抬头看向我，问："要说点什么？"

那就从坎坷的身世开始说起吧。

杨老二是穿青人，白花村不是他出生的地方。他尚在襁褓之中时，母亲就已去世，父亲在打工时断了条腿，之后便来到白花村与当地的一位妇女结婚，把杨老二扔给奶奶照顾。年迈的老人自顾不暇，自然也没有能力再抚养他。杨老二七八岁时上山挖了些药材，背到集市上换了些钱，便独自一人走出了大山。一个年幼的孩子，夜里睡在公园里，白天就在街上游荡，很快，他认识了一些卖报纸的小孩，跟着他们在城里卖起了报纸，总算能让自己不再饿肚子。

杨老二记得自己读小学的时候用过一个"正规"的名字，叫杨云，但这个名字只跟了他两年不到。他卖报纸挣了些钱，回到老家看望奶奶，老人告诉他："你爸爸来找过你，他现在在白花村，你去和他过吧。"于是，杨老二回到父亲身边，此时已近 10 岁。父亲送他上了小学，让他在作业本上写下"杨云"这个名字。

坐在课堂里，杨老二浑身不自在。环顾周围，全是比他小几岁的小孩，他感觉那些孩子看他的眼神有些奇怪。读了一年多后，杨老二的腿突然患了病，走不了路。丧失了劳动能力的父亲将他带到山下河边的电站，也没说什么，便独自走了。过了一晚，父亲又来到河边，默不作声地把他接回家去。

经过了那一晚，杨老二不再抱有希望。结果，那条腿奇迹般地自愈，他便独自出门，头也不回地向村外走去，此后不再用"杨云"这个名字。

虽然只有 12 岁，但杨老二显得比同龄人成熟许多。在城里寻寻觅觅，终于找到一家做汽车美容的厂肯收留他。杨老二跟着师傅们搬搬抬抬，学到了一些本事。两三年后，修车厂老板因为妻子离世，无心再经营生意，竟把厂盘给了这个尚未成年的小孩。

没读过几年书，又对政策法规一窍不通，那时的杨老二甚至连身份证都没有。他一门心思往前冲，修车厂也曾红火过，但很快，就因为种种因素无法经营下去。有了一点积蓄，10 多岁的杨老二开始往更远的地方走去。北京、天津、浙江、福建……走过大半个中国，杨老二终于在广东找到了落脚地。

他在一个宵夜摊上遇到了一位开工厂的老板。一番攀谈下来，对方说："我们厂里不招人，但你要吃饭随时来。"话是这么说，但杨老二最终还是在这里觅得一份工作，主要业务就是做酒店装修的销售。凭借能说会道和丰富的社会经历，年纪轻轻的杨老二的业务能力让老板大加赞赏，不仅升他做主管，还配了 2 个助手协助这位不懂电脑的年轻人跑业务。

20 岁左右，杨老二回乡了，是玉山镇政府工作人员打电话来叫他回去的，他的父亲得了重病。

　　杨老二回到阔别了近 10 年的村庄。村里似乎有了些变化，过去稀疏的山坡如今已变得茂密，一些人家盖起了新房子。但有一样东西没有变——村民们看他的眼神。他们都不说话，也不愿和他对视，但从这些人身旁走过时，杨老二仍能感觉到身上被刀子刮了一下似的。

　　他知道人们为什么会如此看他，一个消失了近 10 年的人突然回村，改变的可不仅仅是容貌。到了父亲住的房子里，杨老二更明白那些眼神的含义。这屋子可以用家徒四壁来形容，房屋里只有几样简单的家具，屋顶也有破损。而这间房子还是村里利用扶贫政策帮他修的，不然，或许这位病入膏肓的老人连个遮雨的地方都没有。

　　杨老二安顿好父亲，挣来的钱全用来给父亲治病了。5 年后的某一天，正在贵阳跑业务的杨老二接到村里的电话，通知他父亲已经离世。杨老二带着妻儿回到村中，为父亲操办丧事。深夜的白花村，杨老二家的灵堂亮着幽幽灯光，屋里静悄悄的，完全没有农村白事的喧嚣。父亲的灵前只有 5 个人，杨老二和他的妻子、两个孩子，以及继母。4 天里，只有几个村民短暂出现过，送了帛金便匆匆离开。而杨老二 4 天都没有睡觉，日夜守在灵前，向陌生的父亲做最后的告别。

　　父亲的离世让一些人失去了焦点，便将关注都转移到杨老二身上，他怪异的发型、张扬的作风，都成了他们评判的标准："这个杨老二也完蛋了。"

　　原本可以永远告别这里的杨老二，此时却更加频繁地回到旧屋。父亲去世之后，继母也另嫁他人，留下一个下肢残疾、无人照顾的侄子。村里把侄子的亲戚叫来聚在一起，问他愿意和谁一起生活，他指了指杨老二。

　　杨老二是唯一一个认真照顾过他的人。之前，杨老二在照顾父亲之余偶尔会去河边钓鱼，见这位没有自理能力、只能天天待在家里的男子实在可怜，便带上他一起去河边透气。杨老二背着这位没有血缘关系的哥哥上山下山，坐在河边一边钓鱼一边和他聊天，感觉像朋友一样。

　　杨老二没有拒绝这位老哥的请求，无论走到哪里都把他带在身边，也正因如此，这位从未走出过玉山镇的男子，终于在 30 多岁时体验了高铁、飞机，见过了大海。

　　父亲去世一年后，杨老二开着新车回到村里，4 个圈的车标刺得人眼睛发酸。

杨老二的耳朵里钻进了一些声音，"肯定是租来撑面子的吧"。他并不理会这些嘈杂的声音。此时的白花村里，有不少人外出打工，而杨老二则在附近的城市承包了一家工厂，回到村里贴出招聘的告示。不少人跟着杨老二在厂里挣了钱，荷包满了，话也少了许多。

村里的变化也越来越剧烈。脱贫攻坚工作在这个省级二类贫困村里遍布每个角落，因村民外出打工而闲置的土地，也被村支两委统筹起来发展经济作物种植，少数民族文化广场等硬件设施逐步完善，白花村的面貌焕然一新。

在外经营工厂的杨老二更想回乡了，他认为这是一个抹去那些眼神的好机会。他回到白花村，爬上几座山，又来到河边，从未如此认真地观察过这个陌生却也熟悉的村庄。漫山绿树、河流清澈，白花村处处散发着生机。"这是个搞生态养殖的好地方。"他心里盘算着。

杨老二在网上搜寻，了解到广西的特种禽类养殖比较成功，便开着那辆奥迪车来到广西。他把车停在马路边的停车位里，徒步走进了那个远在山里的养殖场。养殖场老板看着这位20多岁的小伙子，顶着一个小"揪揪"，看起来像个"愣头青"，问道："年纪轻轻的……2000元一个月你干不干？"

杨老二乖巧地点头："干！"

"真的？"这位老板见他没有讨价还价，有些不敢相信。

"真的啊！"杨老二表现得很坚定。

他就这样在养殖场里安顿下来，当起了杂工。养殖技术哪有这么好学？喂食、打扫这些苦力活谁都会做，最关键的环节是骟鸡、防疫等技术活儿。年纪不大，却早已有10多年社会经验的杨老二当然知道其中的人情世故，他找准了一位好打交道的技术员，不时递上2包烟，又时常请对方吃饭，一来二去，关系便越来越好。

某天，这位技术员在房里骟鸡时，突然神秘地探出头来，冲杨老二招呼："小伙子，你进来。"杨老二悄悄钻进去，虽然没有插手任何一个环节，但那些手术技巧都已尽收眼底。

2个多月后，杨老二向养殖场老板请辞，而这位老板也当他是还未定下心的毛头小子，便随他去了。

2018年，杨老二回到白花村，流转了30亩土地，建起了特禽养殖场。

"养这些鸡也能挣钱？别被饿死了噢。"村民们见这些长相奇怪的鸡，无不冷嘲热讽。

杨老二依旧没有理会，只管干自己的活儿。虽然学习了2个月掌握了一些技术，但实际操作起来依旧困难。他引进了5000多只珍珠鸡鸡苗，小心翼翼地培育，但由于设施简陋、设备不全，5000多只鸡苗只存活了40多只。杨老二也不灰心，又买来新的鸡苗补上，同时四处打听、学习养殖技术，鸡场终于慢慢稳定了下来。

嘲讽的声音仿佛随着杨老二销往各地的鸡一起远去。此后的几年里，杨老二受到的关注越来越多，当地村委会、驻村干部、农村信用社工作人员为他提供了不少支持和服务。2019年，新来的驻村工作队队长王康文，还动员他带着村民们一起干。

几经动员后，杨老二似乎想明白了一些事情。他把鸡苗发放给村民们，对于经济困难的农户，他也不计较成本，让对方先养殖，他再来回收。发放鸡苗之后，他还全程跟踪为村民们提供技术服务，指导大家如何养殖这些特殊禽类。

走南闯北这么多年，杨老二积累了广阔的人脉，不仅养殖的特禽不愁销路，还能把普通的鸡蛋、鹅蛋卖出个好价钱。渐渐地，村民们有卖不出去的东西就来找他，他统统照单全收，有时甚至会给出比市场价更高的价格。从小就浸泡在网络世界中的他，对当下的互联网营销也深谙其道，每周六下午他都会在QQ上进行3个小时的直播，在直播间里销售村里的鸡蛋、腊肉等农产品。

2021年1月1日，杨老二的凤歌鱼舞生态农庄开业。他没有大摆宴席，只是说请村民们一起吃顿饭。结果，不仅几乎全村人都自发前来祝贺，还有许多其他乡镇的朋友也纷纷前来捧场，那一整天他都忙得脚不沾地。他网购了600把雨伞，印上了农庄的名字和电话，送给一些朋友，也想借此做一做推广。

农庄就在公路边，不仅有供人聚会的小木屋，也养了一些特禽作为展示。他几乎每天都待在这里，那些步行走向村外学校读书的孩子们吸引了他的注意。这些小孩看起来实在可怜，每天都要步行几公里去读书，下雨天连把伞都没有。杨老二想了想，翻出那些尚未送完的伞，一把把撑开，将上面的宣传信息覆盖掉，然后一股脑儿地都送给学生们。

这还不够。他又开来新换的越野车，把无父母看管的孩子们都招呼上了他的车。"记住，我的车牌号是711。"他对孩子们的父母说，"以后我接送他们上下学。"

2021年，是杨老二正式回到白花村创业的第4年，1个农庄、2个养殖场，带动数百位村民养殖，但这些并不是他的终点。这一年的秋天，杨老二在朋友圈里晒出一张职业技能等级证书，这是他前年花了不少时间去学习的中式烹调师证。他说他还有很多事想做，把农庄的菜做好，还想就着这个场地搞一个照顾留守儿童的地方，不仅负责帮忙接送，还能帮忙照顾。

"为什么要做这些？"我应该不是第一个问这个问题的人。

"可能因为我自己吃过那些苦，就特别不愿意看到别人有和我一样的遭遇吧。"杨老二甩了甩头顶的小"揪揪"，故作潇洒地说。

起飞吧，豌豆尖儿！

龙里县湾寨社区

走在湾滩河镇，每处景色都让人倍感舒适。湾滩河现代高效生态示范园区里，高效大棚整整齐齐地一字排开，宽敞的产业路笔直延伸，一眼看不到尽头；弯弯曲曲的河流上方建起大桥，与周边的田园风光构成一幅诗意画卷；热闹的集市上，餐馆生意红火，不少深谙美食之道的饕客专程来到小镇寻觅这里的美食……

5年前，罗英就是被这番景象所吸引，从而坚定了再次回到家乡的念头。

齐肩短发、黑色底衫、格纹西装，不施粉黛，只有细细的眉毛能看出雕琢的痕迹。在湾寨社区的一处蔬菜基地旁，罗英以这样的形象出现在我面前，招呼我们落座，又请人摘来一些樱桃。40多岁的人生阅历让她的热情恰到好处，既能照顾所有人的需求，又不让人感到被过度关注。这让我产生一种预想：她应该是我近期见过少有的，提起辛酸往事不会流泪的女子。

事实确实如此。刚坐下不久，她便先揭开了当年最痛的一个伤疤。

"2014年，我在这片山上种的中药材全被大火烧光，损失了好几十万元。兜兜转转，还是回到这里种起了蔬菜。"罗英的开篇叙述引人入胜，顿时激起我想要快点听到后续的欲望。

罗英是湾滩河镇湾寨社区花椒寨人。过去，她在广东打工、恋爱、结婚。后来，为了迁就不能适应广东气候的丈夫，夫妻俩便留在四川成都做水果批发的生意，生活过得平静而富足。

2013 年，她偶然回到家乡，在老家住了没几天，当地突然刮起飓风。躲在屋里的罗英听着窗户被飓风摇晃得吱吱作响，心理和身体都在止不住颤抖。飓风过后，世界归于平静，推开大门，罗英被眼前的景象惊呆了。山坡上的松树横七竖八地倒了一地，残枝败叶凌乱地铺满山坡，土地里只剩下光秃秃的树根。罗英觉得可惜，但好像还能做点什么。

她想起曾经听说的一种中药材，专门依附于松树而生，名叫茯苓。"是不是可以把这片荒山利用起来？"她和丈夫商量。得到支持后，罗英立刻找到镇里的相关部门提出自己的想法。既然这片松林已经如此，那不如让它衍生出新的价值，镇里很快同意了罗英的想法，将土地流转给她。

是偶然也算是必然，罗英就这样留在了老家。茯苓在土地里迅速壮大，有的重达四五公斤，这个灵光一现的想法给了罗英一把打开财富宝箱的钥匙。

不过，丰收的喜悦只持续了短短一年。2014 年，在茯苓即将采收时，山上突然燃起大火，火焰迅速席卷整面山坡，烤红了罗英的双眼。大火扑灭之后，罗英和工人们爬上山坡挖出茯苓查看，那些即将收获的宝贝黑得像烤熟的土豆，内部早已成了稀软的一团。

损失惨重的遭遇，在不久之后竟又发生了一次，让罗英的茯苓几乎全军覆没。短短不到一个月，竟损失了几十万元，欲哭无泪的罗英决定和丈夫离开这个伤心之地。

她和丈夫在贵阳继续做水果生意，直到 2016 年再次回到湾滩河。短短 2 年多，湾滩河的变化令她感觉像来到另一个世界。龙里县湾滩河现代高效生态示范园区气势恢宏，人们用上了自来水，农田水利设施也日趋完善……这令人惊喜的景象让罗英舍不得离开。

"我觉得还能再试试。"罗英再次和丈夫商量，"镇里发展环境挺好的，但现有的企业大多是从外地来的，好像还没有本地的企业。"夫妻俩从四川邀请了几位朋友入股，迅速流转了 400 亩土地，筹备水果和蔬菜的种植基地。

豌豆尖，湾滩河镇盛产的蔬菜之一，市场行情好的时候每公斤能卖出 10 多元的价格。罗英潜心研究，带着村民们种植豌豆尖。很快，她便发现，技术问题不难攻破，难的是市场问题。

龙里县的领导带着罗英去往上海找市场。走在这个国际都市的批发市场里，罗英并未将注意力完全集中在提前联系好的商贩身上，她四处观察，直到一位面相和蔼的菜贩进入视线。"或许可以碰碰运气。"罗英佯装成收购商的模样，上前与对方攀谈，成功要到对方的联系方式。

那位提前联系好的菜贩由于种种原因未能与罗英达成合作，短暂的上海之行看似无功而返。回到湾滩河后，罗英拍了一些豌豆尖的图片发在朋友圈，但滞销的问题始终未能解决。她想起那位和蔼可亲的上海菜贩，决定碰碰运气。

"我们的豌豆尖品质不错，能帮忙销吗？我先寄一点样品给你尝一尝。"罗英寄过去一些样品，期待着对方答复。

不久之后，那位上海菜贩来到湾滩河，亲自查看了一遍罗英的蔬菜基地。一番考察之后，这位菜贩嗔怪道："你怎么不早点拿来？赶紧发给我，有多少我都帮你销！"

罗英喜出望外，没有一丝犹豫地迅速找到物流公司，装了100箱豌豆尖发往上海。她实在过于心切，以至于忽略了物流成本的问题，每件货物的运费算下来需要50元，她硬生生付出去5000多元，几乎一分钱没挣。

这不是办法，她想。第二批货物订单很快到来，这次，罗英学聪明了。她带着货物去往贵阳龙洞堡机场，打算直接走空运。在人来人往的机场里，她提出要见一见物流部门的主管。"我们是代表龙里县湾滩河镇来发货的，货物要运到上海，但物流费用太贵了，实在承受不起。现在脱贫攻坚任务太重，您看看能不能通融通融？"罗英将平日里听说来的各种政策都融到自己的说辞中，果然击中了对方。物流价格迅速降至每公斤1.5元，为湾滩河的人们让出了利润空间。

从那以后，湾滩河的豌豆尖坐上了飞机，从基地到上海人的餐桌通常只需要一晚上而已。上海人对豌豆尖的钟爱，让湾滩河的人们不再为销售发愁，人们每天准时出现在基地中采摘，种植面积也一再扩大。

罗英的基地面积广阔，用工需求与日俱增，各村的人闻讯而来，有两位80多岁的老奶奶也加入了采摘的队伍。

罗明珍、王习芝2位老人来找罗英要工作时，罗英原本是不答应的。"你们年纪大了，要是不小心摔倒来我怎么负责？"她谢绝道。

老人很不服气："我们干了一辈子农活，摘点豌豆尖哪里就累了哦？每天大家聚在一起有说有笑的，心情还要好点。”

老人强硬的态度为自己争取到了一份工作。每天100多元的报酬，甚至都不用经常弯腰，就能采摘到几十公斤豌豆尖，这活儿对一辈子务农的老人来说权当锻炼身体罢了。老人们在基地里干得不想回家，闲时与罗英吐露了心里话："我家儿子也不答应我来做活路，但我每天和这几个老人，你说一句，我说一句，开心嘛。回家我都要吃三碗饭！自己挣了钱，我想买花戴就买花戴，谁也管不了我。"

看着老人一脸满足的样子，罗英心里的忧虑也逐渐消散，说："那你就慢慢做！做多做少没关系，开心就行！"她拍了一些视频发在朋友圈，收获了无数点赞。看着这几位老人的身影，她心里豁然：这个基地种下的并不仅仅是属于自己的财富而已。

由于与上海菜贩合作愉快，豌豆尖的生产季节过了之后，对方又向她透露了当季上海市场的蔬菜需求。龙牙白菜、糯玉米……上海需要什么，罗英的基地里就长出什么，蔬菜丰收之后，便又乘飞机去往数千公里之外的超级市场，被端上人们的餐桌。

仅过了2年，罗英的蔬菜事业便稳定下来，她也成了当地小有名气的能人。考虑到农民务工难的问题，镇里动员她成立劳务公司，利用自己的人脉资源和管理能力，为人们寻找外出务工的机会。2018年，贵州百顺劳务工程有限公司正式剪彩。由于公司不收招聘企业的中介费，镇里便下拨一些小项目交给罗英的公司来完成，加上一些政策补助，让她得以维持公司运转。

籍贯四川的丈夫曾向罗英流露过小小的情绪："其实，我们在四川批发水果也干得挺好，生活还没这么辛苦。"虽有情绪，但丈夫在干活时却从不含糊，从当初流转土地，到后来收购豌豆尖发往上海，每个环节都照顾得十分妥帖。罗英明白丈夫的心意，她也明白自己心底的愿望。这个小小的布依族村庄，是她难以割舍的家乡，见过了花花世界，始终还是家乡更香。

夜幕降临，罗英换上布依族服饰，与文艺志愿服务队的伙伴们唱起了山歌。悠悠歌声里，细小的灰尘在灯光下飞向天空，她似乎听见了飞机飞过的声音。

"农民画家"兰开军

龙里县平坡村

见到兰开军时，他和照片上的形象出入不大。他穿着蓝色的苗族风格布衣，脸颊上依然有两团红晕，大笑起来隐约能见到右脸上浅浅的酒窝。在短暂的两三个小时交谈中，数个兰开军不同时期的形象，如一幅幅人物工笔画般，生动地浮现在我的脑海中。

兰开军生于 1972 年。过去，在偏远深山中的平坡苗寨，苗族妇女会将苗绣纹样设计画在硬纸板上兜售，屋外总会不时响起"卖花样喽！"的吆喝声。兰开军喜欢听这样的吆喝，他更喜欢看母亲画的花样。读小学之前，他就开始抓着笔画简笔画。到了小学，更是一发不可收拾，他照着连环画临摹，画《三国演义》《西游记》，画完带去学校给同学们传阅，凭这个本事，他也成了班上最受欢迎的小孩。

原本怀揣着专业美术院校之梦的兰开军，却因为家中贫困，无法继续追梦。直到高中毕业后的某一天，曾经的历史老师联系上他，透露了一个信息："县职业学校的工艺美术班正在招生，老师何苦是从中央美术学院毕业归来的，你这么喜欢画画，去报名吧。"

1993 年，兰开军生活中消失的色彩又回来了。一年后，工艺美术班结业，兰开军的美术之路正式开启，他成了何苦的徒弟。

彼时，何苦在县文化馆工作，常年走乡串寨开展文化活动，还将三元镇的河边寨打造成农民画艺术之乡。兰开军向何苦提起自己的老家平坡："平坡的苗族文化和风俗都保留得很好，我想，是不是也能在那里做一个农民画艺术之乡？"兰开军瞄了一眼何苦的反应，老师似乎轻轻点了点头。

很快，何苦就向县里申报了这个项目，让兰开军带路前往平坡。此后的一个多月中，师徒 2 人白天组织百位村民学习绘画，夜里便住在兰开军并不宽敞的家中。即便条件艰苦，却并不影响两人发现惊喜。

一个苗族人骑在马背上，肩上却有 3 个脑袋，中间那个脑袋正面向前，两边则是一左一右两张侧脸。何苦见到这幅画不禁拍案叫绝，立即找到作者聊了起来。

这位名叫依朵的姑娘十分羞涩，怯怯地解释道："我就是想画一个人骑在马背上东张西望，不知道怎么去表达，就画了3个脑袋……"

"这手法简直像极了马蒂斯和毕加索！"何苦再次欢呼。

如此高的评价让兰开军惊喜不已，他隐约明白了该如何教授苗族老乡们创作农民画。"苗族妇女从小画花，那些流动的线条几乎都已经刻进了肌肉记忆。画画对她们而言，就像装在瓶子里的酒，有丰富的内容，但需要引导她们把'酒'从瓶子里倒出来。"

密集培训了一个多月，何苦与兰开军两人便回到县城。兰开军在县城既没有栖身之所，也没有一份工作，口袋空空的他只能偷偷住在何苦的办公室里。每天早上，人们上班之前，他便赶紧起身出门，到文化馆外四处转悠，一直等到何苦来上班，才装作上门拜访的样子回来。那时，只要何苦在龙里，两人便终日创作，何苦一点点指导徒弟技法，天南海北地聊艺术那些事，饿了便买来几个包子囫囵吞下。可如果何苦出差几天，那就苦了兰开军。他不敢待在办公室里，只能在公园等地找张长椅躺一躺，甚至两三天都吃不上一口饭，饿得眼睛冒绿光。

见儿子全然成了一个无业游民，父母的忧虑早就写在了脸上。兰开军内心当然愧疚无比，可画笔的魅力势不可当，他对父亲说："你们就当自己生了个傻子、憨子，暂时不要为我考虑了。"

有时，他也会颠簸两个多小时回到平坡，背起画板，戴上斗笠，一边吹着竹笛一边在村里游荡，四处询问人们是否需要画像，多少能靠自己的技艺挣到一些钱。直到1997年，一直无条件庇护着兰开军的何苦被调往黔南州文联工作，师徒两人不得不分开，兰开军也必须走出那间住了4年的办公室。后来的5年里，他在林场的工艺品厂工作过，也在集市上为人画像，靠手中的笔糊口。

2002年，知道兰开军难处的何苦给兰开军介绍了一份乐队的工作，兰开军有些疑惑，问道："我去学习音乐，会影响画画吗？"

何苦宽慰道："音乐和美术都是艺术，希望你能画出如歌的画，唱出如画的歌。"

兰开军进入乐队，卖力地学习吹号，练习得嘴唇发紫。后来，他又被推选去当了歌手。再后来，县里组织多彩贵州旅游形象大使选拔赛的海选时，兰开军特地将父亲带到现场。那位从不赞成儿子搞艺术的父亲，撑着一把破旧的雨伞站在广场的台阶上，远离人群，一脸严肃，亲眼见证了儿子拿到了海选的第一名。

兰开军对自己十分"疯狂"，但对平坡的农民画画师们却十分细心。

当初培养的年轻画师陆续南下打工，村里最终只剩10余位年纪较大、出不了门的老画师。兰开军去县里相关部门求助，又向恩师何苦吐露心中的焦虑，终于邀请了电视媒体去往遥远的平坡做新闻报道。此后，新华社、人民日报、中央电视台也闻讯而来，兰开军一遍遍地带着记者驱车驶上颠簸的公路，摄像器材在车里"咣啷"作响。

"快看，你们又上电视啦！"兰开军时常指着电视里的新闻向村民们吆喝，人们脸上有了显而易见的光彩。兰开军的目的似乎达到了。

2006年，平坡村成立了贵州首个村级农民画协会。2007年，兰开军倾尽积蓄，同时向县里提出申请，在县城开了一间画廊，专门售卖平坡苗画。他知道，兴趣、荣誉固然能点燃人们作画的激情，但贫穷会限制人们的创作欲，只有让大家看到，画也能换来钱，或许才是让平坡苗画持续生存的方法。

回乡培训、收购苗画，再放到画廊里销售，这确实让平坡的画师们来了兴趣。为农民销售作品的举动，也让兰开军在2007年获得了贵州省十大杰出青年称号。两年后，他作为特殊人才被引进县文化馆工作，这也为他后来推动平坡苗画继续发展提供了更大便利。

他与何苦时常通过文联、美协等途径，向各类展览推荐平坡苗画。2010年，他们组织平坡画师创作作品参加全国农民画展，有7件作品收藏于浙江美术馆，2件作品刊发在《美术》杂志上，作者获得了收藏的费用。2018年，有两幅平坡苗画被江苏美术馆典藏，典藏费用为每幅画2万元。兰开军将这笔钱交到作者手中时，对方差点惊掉下巴，感叹道："我在外面打工，一年都挣不了这么多，一幅画这么值钱吗？"

画师们热情高涨，创作的作品也越来越多。2017年，兰开军被派回老家驻村。他换了一个角度，重新审视自己生长的地方。人们不仅在纸上作画，也开始在刷了白漆的墙上作画，平坡苗画不再局限于绣娘之间，同时也走进了学堂。

"老家这么美，想让更多人来看看。"2018年，龙里县被确定为全国新时代文明实践中心建设试点县之一，平坡村也获得"贵州民间文化艺术之乡"称号，兰开军心中又萌生出一个更长远的愿望。他希望平坡村能变成一个旅游村寨，人们来这里看最具特色的乡村，画师们也能画下每天都在变化的新农村。

不久之前，兰开军突然每天都更新一条微信朋友圈，每一条都是一幅画作，统一命名为《我的驻村日记》。12 幅画作，以独特的风格记录了他驻村时的所见所闻，那支紧握了 30 余年的画笔，至今仍紧握在他的手中。

30 余年，恍如昨昔，其中冷暖，只有兰开军自己体会最深。每次当他深感无力时，总会梦回高中最后一节历史课的课堂。那位为他指引了梦想之门的老师站在讲台上，沉默良久，吐出一句话："今天最后一堂课，我不再讲什么知识，只送你们一首莱蒙托夫的诗。"他转过身去，黑板上出现工整的字迹：

假如你的生命曾有一段虚度的时光，
请不要以空洞的叹息作为补偿，
面对人生痛苦的回忆，
重要的品质是意志坚强。
明天的时光长于逝去的时光，
行动的动力是我们不死的愿望，
不管何处是生命的尽头，
活一天就要有一天的希望。
只要胸中有不灭的理想，
生命就永远充满新鲜的血浆，
只要每天都在为理想做点什么，
再苦的生活也甜如蜜糖。
成功者不断在追求中奔忙，
胜利者也要不断把新的目标酝酿，
追求吧！
即使从来也没有获得过荣誉，
我们也同样幸福地迎接死亡。

"好花红"的文旅效应

惠水县好花红村

贵州上万个村寨，或以方位命名，或以地标命名，唯独惠水县的这个村是以歌来命名的，这在全国都极为少见。

好花红镇的好花红村，过去叫作辉油村。2001年，辉油村和邻近的岩上村、努力村合并为辉岩村，6年后，又正式以"好花红"来命名。这个名字让人们对这村寨的历史一目了然，脍炙人口且已被列入国家级非物质文化遗产名录的《好花红调》就在此地发端。

在此之前，我虽没去过好花红村，但也常常在文化和旅游新闻中看到它的名字。"2014年，好花红村被授予'全国首批少数民族村寨'""2017年，好花红乡村旅游区正式批准成为国家AAAA旅游级景区""2020年，叶辛好花红书院正式揭牌，著名作家叶辛任名誉院长"……诸如此类，都是对当地人而言能称得上"大事件"的新闻。

一首歌而已，竟能作出这么多文章？好奇心驱使我来到这里一探究竟。

涟江河水在村中蜿蜒而过，村口的辉岩桥横架于河流之上，往村中走去，沿途有大片花田，五彩斑斓盛放正欢。先去收藏有叶辛手稿和他的120余部作品的叶辛好花红书院"打卡"，再到有200年历史、记录了村中故事的"中华布依第一堂屋"寻找这里的脉络，顺道又去旁边的枫香染文化陈列馆，了解一下惠水枫香染技艺的精妙。走马观花后，我看到了一个成熟的乡村旅游景区，但仍想象不出这里过去的样子。

后来，我在村口的"咆汤农家乐"见到了店主王科国。他坐在院子里的长椅上，斜靠着身子，轻巧地哼唱："好花红来，好花红诶，好花生在刺梨蓬诶……"似乎与这景区融为一体，眼神中却有几分疏离。

"他就是我们这里的国家级非物质文化遗产项目《好花红调》代表性传承人。"带我在村里参观的村干部介绍。我内心有些惊讶，说实话，仅从外表来看，他略显粗犷的外形与布依族的柔美曲调反差不小。

"以前村里完全不是这个样子，我的日子也没这么安逸。"王科国唱歌时的声音清澈柔亮，但说起话来竟带有一丝沙哑，"大概是在第一届好花红艺术节举办之后，村里才开始有了游客。"那年 11 月，在临时搭建于村中的隆重舞台上，王科国见到了蒋大为、李丹阳、龚琳娜等知名歌唱家。闻讯赶来的各地观众挤满了这个并不富裕的小村庄，"我有个嬢嬢，她挑井水来在路边卖，一天挣了 300 多元！"那两天的盛况直到现在还深深刻在王科国的脑海中。

　　希望靠明星效应吸引游客的当地旅游部门，又鼓励村民开办农家乐，凡愿意开办的村民，村委免费为他们置办四五套桌椅。住在村口的王科国就是那时候开办起农家乐的。

　　小小一间屋子，几套桌椅，连招牌也来不及想，旁边还保留着自己家的农田，王科国的农家乐就这么毫无章法地开了起来。那时，刚合并的辉岩村依旧是一个普通的布依族村寨，好花红艺术节虽然制造了一场轰动，但这种效应却没有维持太久，王科国的农家乐也没有多少客人。还好，王科国还年轻，不过 30 多岁，他有另一份赖以生存的工作——卖猪肉。这是一份体力活，每天凌晨三四点，他就必须起床将处理好的生猪洗干净，然后运到镇上销售。

　　王科国知道，之所以能办那场让人刮目相看的艺术节，完全是因为那首红了许多年的《好花红》。而这首诞生于 20 世纪初的古老民歌，与王科国之间又有十分密切的关系。

　　《好花红》是布依族民间小调好花红调中的一首歌曲，旋律简单，歌词朗朗上口。布依寨里的男女老少对唱歌这门技能无师自通，在王科国的记忆中，似乎从自己会说话开始就已经能跟着长辈哼唱几句了。爷爷常给王科国提起自己的光荣往事："1953 年的时候，乡政府叫我们去唱《好花红》，后来好花红调就在全国传唱起来了。"那时，中国作曲家罗宗贤和贵州省歌舞团的黄江帆、曹玉凤等，在惠水偶然听到了《好花红》这首民歌，觉得十分悦耳，便请到王科国的爷爷等人现场演唱，后来又根据好花红调创作歌词，推出了《桂花开放幸福来》，在全国迅速传播。两年后，黄江帆、曹玉凤等省里的音乐家再度邀请村民演唱，将这首歌进行修改、整理，最终让《好花红》流传至今。此后，村里的秦跃珍、王琴慧 2 位布依族妇女，先后在贵州省第一届工农业余文艺会演、全国第二届民间音乐舞蹈艺术会演中演唱了这首歌，再度让这首歌传遍大江南北。在随后的几十年中，这首歌频繁亮相于各种场合，不仅在受国家领导接见时演唱得到好评，也在民间文学遗产抢救中，被收录到《布依歌谣集成》中，既登上了全国杂志，也作为影视配乐，出现在电影《山寨火种》和电视剧《布依女》中，还被创作成歌舞作品登上全国舞台，摘得第十届文华新剧目奖……

爷爷当年的演唱算是将《好花红》推向全国的起点，而王科国遗传了爷爷的好歌喉，每年"六月六"布依族歌节时，他总会亮一亮好嗓子，惊艳众人。到了1985年前后，年轻的王科国得到县文化馆的培训机会，并参与到县里组织的文艺宣传队中，走村串寨四处演唱，《好花红》当然是他的必唱曲目之一。

王科国的歌声是出了名的，但在开办农家乐之前，他还没有想过这首民歌能为生活带来什么样的改变。

直到2003年，他似乎察觉到了一些不同。这一年，辉岩村所属的毛家苑乡更名好花红乡，以一首歌来命名一个乡镇，让村里人感到十分新鲜。仅仅过了4年，辉岩村也变了，王科国熟悉的歌曲《好花红》竟成了这个村的名字，又过了一年，《好花红调》被列入第二批国家级非物质文化遗产名录。

王科国感觉，辉岩村更名多少与《好花红调》被列为国家级非遗有关。他亲眼所见的村寨变化，似乎也在印证着自己的猜想。那些古老的布依族木屋成了游客们观赏的对象，乡村小道竟也能让人们体验到乐趣，最重要的是，他唱歌时，围观的人越来越多了。

王科国唱歌从不讲究场合和舞台，兴致来了，走在路上也能放声高歌一曲。随着好花红村的游客越来越多，那间昔日冷清的农家乐便成了他的"舞台"。站在院子里，刚一打开歌喉，人们便迅速以他为中心围成一圈。他隐隐感受到，"好花红"3个字不再仅是一首乡间小曲，已经成为一种现象，一个品牌。

过了40岁，王科国的孩子们便劝他放下卖猪肉的生意，专心经营农家乐，过点轻松的生活。而好花红村也如他期待的那样，几年里迅速改头换面，越来越像一个旅游景区的模样。

不再经营猪肉生意的王科国多了不少时间，也多了一些新的身份。《好花红调》成为国家级非遗之后，王科国也顺理成章地成为非遗传承人，承担起了教授《好花红》的责任。2011年3月，他换上一身布依族传统服饰，登上小学课堂的讲台。过去，他都是在山坡上唱，在田野间唱，如今，却走进了教室，面对着一群学生演唱。他感觉有些奇妙，一时不知是《好花红》在传播他，还是他在传播《好花红》。

《好花红调》曲式简单，演唱时可即兴填词，教授起来并不算难。王科国断断续续培养出不少年轻人才，在后来的各种比赛和演出中，屡获奖项。到了2017年，省文旅厅非遗中心的工作人员来到好花红村，与王科国见了一面。

"申请国家级非遗传承人？"王科国有些惊喜也有些惊讶，没有想到自己年过半百，还能有一个"国字头"的新身份。

会熟练运用《好花红调》的年轻人越来越多，那首曾经频繁"出圈"的《好花红》也常演常新，村里接二连三迎来大事，王科国却萌生了退居二线的想法。"我店里还有一套价值4万多的音响，平时营业时兴致来了也会唱上2首，但演出就算了，机会留给年轻人。"他的笑容里夹杂着一丝羞怯，"我文化不高，现在很多年轻人已经比我强了，他们能熟练地用好花红调唱出党的最新好政策，我怕我一知半解，不敢乱唱，闹笑话。"

时间早已过了中午饭点，王科国的"咆汤农家乐"里没有客人，游客都进入村庄在花田里拍照、在古建筑里参观去了。王科国把桌椅摆放整齐，打扫了一下院落。餐桌旁的木柜上，摆放了不少他曾经演出的照片，还有那张国家级非物质文化遗产传承人的证书。在我们的强烈要求下，他又羞怯地坐在那张长椅上，哼唱起不知唱了多少遍的《好花红》："好花生在刺梨树，哪朵向阳哪朵红……"

青春裂变式

长顺县核子村

核子村的村委会办公室在一所小学旁。和村主任金小刚聊到一半，小学里响起了下课铃声，孩子们涌出教室，安静的窗外顿时哄闹起来。金小刚看着雀跃的孩子们，突然一扫刚才的激昂情绪，感性地说道："有时候，看到这些小孩我总会想起我小时候。我们那时要穿着水胶鞋来上学，一路都是坑坑洼洼的，底盘低的车经常会坏在半路。"

金小刚仅仅30岁左右，说起话来不仅十分老练，甚至带有几分沧桑。他语速很快，又能说会道，在我抛出第一个问题之后，便毫不间断地说了半个小时，开头第一句是："我从没想过自己有一天会做农业。"结尾时又说道："我做梦都没想过自己会这么沉迷于农业，小狗骗你！"

不仅是他，整个核子村的年轻人可能都有类似的感受。过去一心向往外面花花世界的年轻人，如今都一脚踏进农田，摆弄那几百亩辣椒、茭白、折耳根，还能架起手机搞网络直播，足不出户就把货卖得一干二净。这种改变的诱因有很多，其中最大的诱惑就是逐年翻倍的收入，户均10万元、人均2万元的年收入，这不比在外打工更有动力吗？

这些都是从2019年开始发生的。

曾经的核子村问题不少，尤其是社会治安等方面十分让人头疼。2019年，在外承包工程做得风生水起的金小刚回到村里待了两个月。那时，村里出现了一张新面孔——长顺县公安局政委王昌国。王昌国到核子村任脱贫攻坚队队长，对于这个社会治安问题颇多的村庄来说，他的到来有几分"对症下药"的意味。

王昌国到村里之后便马不停蹄地召集群众会，没有想到，村里人对这位县公安局派来的干部依旧"不买账"，会议现场几乎没有出现一个人影。王昌国耐着性子在村里走访摸底，到基昌组的金小刚家时，他向这位刚回村的年轻人提出，请他当村民组组长，并推选他为折耳根合作社的理事长，让他带着村民们发展产业。金小刚有些犹豫，但看着自己的家乡，他思考再三，最终答应了下来。

当上村民组组长，金小刚有了一定话语权。在他看来，王昌国之所以一来就碰了一鼻子灰，症结还是在于村民们的思想。他强势地定下规矩：每次群众会每户必须派一个代表参加，不参加的就交150元罚款用于村里的公益事业建设。此外，60岁以上的参会者，可以发言提建议，但不参与投票，决定权都掌握在中青年手中。

效果立竿见影，村民们至少动起来了。而作为合作社理事长，金小刚也有选择理事的权利。他让大家毛遂自荐，不单看自荐者的经济实力，还要考察他们的人品。"我不听你们自己说，给我两天时间，我自己去村里打听。如果一个人说你不好，那可能是他的问题，要是10个、100个人说你不好，那可能就不是别人的问题了。"不少主动提出想担任合作社理事的人，年纪都比金小刚大不少，可金小刚面对他们说这些话时丝毫不露怯，说完便真的去村里四处打听去了。

很快，合作社的6名理事确定。年龄最大的，是一位50岁左右的退伍老兵，在2019年之前，是经常给村里"找茬儿"的村民；年龄最小的，1991年出生，和金小刚一样在外见过不少世面。金小刚清晰明了又细致入微地向大家讲解了合作社分红模式，理事不拿工资，收益的25%用于理事分红，其余的根据村集体、农户、社员等结构按比例分配。虽然这种理事的结构看起来很年轻，但分配模式又让人无话可说。

脱贫攻坚队经过多番考察，除村里原有的折耳根产业之外，又瞄准了茭白产业。帮扶干部们组织了20多名群众代表去浙江考察种植技术和市场，与浙江一家龙头企业达成产销合作协议后，便回到核子村迅速流转了1000亩土地开干。

出去考察热热闹闹，可真正干起活来便冷清了。金小刚早上6点半起床，7点多出门，他认为自己已经很勤快了，可每天去到基地，王昌国等脱贫攻坚队的干部们早已经在地里挥汗如雨1个多小时。金小刚内心有些动容，看看这些过去与核子村没有半点关系的人们，金小刚对村里那些睡到日上三竿才起床的年轻人开玩笑道："人家脱贫攻坚队的队长为了我们村的产业能每天坚持这么做，你们年纪轻轻的，什么都不做，整天只想着去外面打工。在外面打工一个月挣几千块，你在家做农业怕挣的不仅是几千块哦！就是懒，不想干农活。"

村民们不想干，那就由合作社带头干给他们看。年轻的理事们每天埋头于田间地头，各自发展了20亩折耳根，金小刚也不例外。除了种植，他还四处寻找销路。路子广，经济实力雄厚，为了给村里的茭白、折耳根等农产品找市场，常常湖北、广东、重庆到处跑，光是路费都垫付了不少钱。

很快，产业见到了成效。眼见农业收入可观，一直抱观望态度的年轻人也坐不住了，或在合作社打工，或自己流转土地自谋发展。年轻人开始投奔农业，这是金小刚希望见到的，而当人们忙于劳作，麻将桌上、酒桌上的人也越来越少，村里的邻里矛盾、治安问题也逐渐得到改善。

2019年底，金小刚被推选为村主任，事情更多更杂，不仅要管理合作社，还要处理村里的大小杂事。核子村共有11个村民组，人口多达3000多人，村干部寥寥数人，无论如何也不可能做到面面俱到。为了解决这个难题，核子村推出了"组管委"这个新颖的组织，由村民自己推举自认为办事公道、善于处理矛盾的人物担任"组管委"成员，起着上联下达的作用，组里的小事尽量由"组管委"解决。

很快，"组管委"的效果便得以显现。村里要拓宽公路，需要村民们自筹资金，"组管委"便出面动员。待到村里的干部们在每个组展开工作时，村民们一呼百应，迅速筹集了417600元用于公路修建，被占了小部分土地的农户也毫无怨言。这件事让金小刚印象深刻，也更加意识到小小"组管委"的大能量。

2020年，核子村的茭白种植面积达3000亩，折耳根2450亩，辣椒5000亩，村里的环境、民风得到极大改善。短短一年多，核子村仿佛发生了"裂变"，呈现一种全新的状态。"组管委"帮金小刚解决了不少琐碎的事务，让他腾出时间去思考规模扩大后的产销对接问题。他组织几位具备实力的村民共同发起成立了核子草根发展有限公司，专注为农产品找市场，又与长顺县的一家供销社进行合作，拓宽了销售渠道。

"不够，不够，还远远不够……"金小刚依旧觉得心里不够踏实，他又盯上了另一个能做出大"蛋糕"的领域。

核子村的茭白坝区背后有一片开满鲜花的山坡，麻线河从村中蜿蜒而过，风景十分宜人。不久前，一位本土"网红"来到核子村拍摄视频，金小刚联系上对方，直截了当地说："你下次再来，就直接来住我家，想拍多久都行，我好吃好喝地招待你。但我有一个条件，你要帮我们村带货，想让村民怎么配合、需要哪些道具我都能提供，但我没有佣金，只能给你提成。"

电商，是他盯上的另一块"蛋糕"。他早已尝过电商的甜头，将新鲜的折耳根洗净、打包，每个泡沫箱只装0.5公斤以保证新鲜，一番处理后，每公斤折耳根的价格能往上翻10多倍！虽然成本不低，但商品品质和销售收益都十分可观。见识到电商的威力之后，金小刚又请来相关领域的老师，为在家带孩子的妇女们进行培训，计划引导妇女们开设网店，在合作社领取任务进行销售。此外，他也和本土"网红"打得火热，一次，一位"网红"在村里直播带货，现场销售了3500多公斤的折耳根。

2021年刚过去一半，金小刚就已经向上级部门提交了新的报告。除了开拓电商渠道之外，他还计划建一个折耳根初加工厂，与湖北一家集团公司进行紧密合作，为对方提供折耳根粉末等原料。此外，他还有发展乡村旅游的想法，想让那条清澈的麻线河成为吸引游客的招牌……

金小刚的想法确实很多，不过，两年前的他，根本没想过答应当村民组长后，人生会发生如此大的转折。他常说，年轻人有闯劲，年轻人有思想，年轻人胆子大，年轻人有决心。一带十，十带百，百带千千万，年轻的"核子"们让曾经满是问题的"核子"发生了裂变，这是金小刚所坚持的年轻的力量。

黔西南

绥阳
凤冈
德江
毕节   印江
金沙   遵义 湄潭
大方   铜仁
黔西   余庆   忠南
江口
纳雍   石阡
织金   宽安
贵阳贵安
六盘水   黄平 苏巩
福泉
普定   施秉
安顺 平坝   黔东南
普安   关岭   贵定   麻江 凯里 剑河
镇宁   惠水   雷山
兴仁   惠水   龙里
贞丰   黔南 都匀 丹寨   榕江
黔西南   紫云 长顺   三都 台江

专注旅游的村寨

沿着蜿蜒的三岔河岸边行驶，窗外的风景大致勾勒出者相镇纳孔村的模样。

统一风格的布依族民居，结合现代审美，既有实用性也不落俗套。常见的波斯菊有一米多高，游人一头扎进花丛中，像潜入一片五彩斑斓的海洋一般。工作日的露营基地游客稀少，帐篷随意散落在视野开阔的草坪上，仿佛还能感受到天亮前的狂欢氛围。

显然，这不是一个普通的村庄，无论是地里种的、村里建的，还是河里游的，所有的东西都在明确地为一件事情服务，那就是旅游。一切以发展旅游业为基本原则，让这个贵州西南地区的布依族村寨懂得如何经营自我，就连路边经营小店的村民，也因常年与游客打交道而早已习惯了天南地北的口音，和谁都能聊上两句。

见到村支书岑立江后，他果然三句话离不开"旅游"二字。

"村里有好几个公司，县里的旅游平台公司最早入驻，对纳孔村的旅游进行开发和管理；浙江商会的公司主要经营客栈、酒店。有一个水上娱乐公司，开发水上项目。还有个公司专门开发'夜经济'。我们村级合作社在 2015 年就成立了，打造了花海，也参与一些项目开发……"岑立江滔滔不绝，将参与纳孔村旅游开发的机构如竹筒倒豆子般细数来。

据岑立江所说，纳孔村的旅游发展意识早在 2004 年就已经觉醒。得益于当年的一场"贞丰布依族风情节"的举办，纳孔村的人们很早就尝到了旅游的甜头，在后来经历了并村、基础设施改造之后，这里的旅游业似乎顺理成章地逐渐成形。

这不免让人感到好奇，纳孔村的村民认识都这么先进吗？对于我提出的问题，岑立江流露出几分得意，说："可以说，在整个者相镇，我们纳孔村的发展一直都是走在前面的。要问原因，我认为多少和村民们见多识广有关系。"

过去，纳孔村老屋场组是者相镇的集市所在地，赶"老屋场"早已成了者相镇人们的共同记忆。南来北往的人们汇聚于此开展交易，在讨价还价中不断打磨，纳孔村的人所掌握的生意之道或多或少比其他人多一些。"早在（20世纪）90年代，我们村的人就懂得用反季节的水果来提高收入了。"岑立江毫不掩饰对这套"生意经"的赞赏。

那时，不少地方兴起一阵种植椪柑的风潮，消息灵通的纳孔村人也掌握了这把"致富钥匙"，把地里的玉米都换成了椪柑。每年十一二月，椪柑大量上市，但很快就因为产能过剩导致跌价。聪明的纳孔村人并没有被市场左右，他们很快联想到在城里见过的反季节水果，便通过地窖等将椪柑进行储藏保鲜，一直等到春节到来，各家各户需要置办年货时，才推到集市上进行销售。如此一来，过去每公斤只售2元钱的椪柑，在春节能售出每公斤6元钱的高价，巧妙的时间差，让纳孔村人挣得盆满钵满。

这种举一反三的能力，在岑立江看来已经刻入了纳孔人的骨血里，包括他自己也十分善用这种思维。

1997年，岑立江便与其他年轻人一样选择放下农活，在外寻找生计，不过，他选择的行业比较少见。那时，城镇化建设正在各地铺开，新房子一栋接着一栋拔地而起，对建材的需求直线上升。他看准时机，投身于建材制造行业，专门从事罗马柱的制造，这种充满异国风情的建材在当时并不多见，岑立江自然能占领不小的市场。

在这行干了10年，岑立江过上了不错的生活。他回到村里，花了不到5万元修起一栋平房，这也是纳孔村在当时建起的第二栋具有现代风格的砖瓦房。新房建起不久后，他也被推选为村主任，便索性回到村里不再离开。

此时的纳孔村，在整个贞丰县已小有名气。这个布依族村寨临近绵延10余公里的三岔河，每逢佳节，村民们便会自发来到河边唱山歌、演奏乐器，浓郁的民族风情加上2004年"贞丰布依族风情节"的助推，吸引了不少县城游客。过去，唯一阻拦此地旅游发展的，就是交通问题，泥泞的小路让不少人望而却步，直到2008年并村之后，贞丰县提出将三岔河打造成景区，纳孔村的基础设施建设才陆续开始启动。

回乡当上村干部的岑立江，亲眼见证了村里的变化。新的房屋开始修建，小路也一点点被拓宽成大路，短短几年，县里的统一打造让纳孔村彻底换了一副面貌，一些嫁到村外多年的妇女，回乡探亲时甚至找不到娘家的老屋了。

2013年，贵州省浙江商会被引进村投资，客栈、民宿的兴起也勾起了纳孔村人们的兴趣。一时间，紧跟潮流的村民迅速"就地取材"，将自家的房子改造成了农家乐和客栈，到了2015年，村里的农家乐已有二三十家。

岑立江也不太记得清，纳孔村的人们是何时"觉醒的"，包括他自己，都像一片小舟，被这股"旅游潮"的力量推上了发展的浪尖。有丰富生意经验的岑立江，眼看着村里的游客越来越多，哪肯放过这个机会。他和妻子决定赶一趟"时髦"，定制了一辆餐车，推到景区里售卖炸洋芋、凉粉等小吃。这类小吃在景区里备受欢迎，岑立江和妻子从早忙到晚，仅一年的时间，他们竟挣了10多万元！

当然，这一年里，村里也没有歇着。由于景区内项目单一，不利于长远发展，村里便筹资成立了村级合作社，流转土地，开发花海项目。这个项目需要流转100多亩土地用于鲜花种植，在流转土地这个问题上，岑立江等村干部可以说是胜券在握。仅需简单开会动员，村民们便积极响应了，原因非常简单，纳孔村的村民们很早就意识到，种植粮食只能填饱肚子，却难以让生活富足，还不如把土地进行整合，还能增值。

花海打造成功，村里的基础设施同步得到进一步提升，就在此时，岑立江见到了一位老朋友。

这位老朋友是隔壁猫坡村的村民黄汉权。他在部队当了8年兵，2011年退伍回乡，此后，便与父亲在纳孔村经营一家民办学校。2016年，民办学校由于种种原因停办，黄汉权也审时度势转了行，在纳孔村租来一片土地开办起了农家乐。到了2017年，他再度找到岑立江等村干部商量，提出希望再将民办学校的那块土地租过来，开办新的农家乐。

双方一拍即合，曾经的校舍被改造为16间包房和8间民宿，操场也被一分为二，一边用来停车，一边摆了15张桌子，农家乐的名字则定为"珉权山庄"。贞丰县和者相镇对纳孔村不遗余力地宣传，间接让黄汉权的生意做得风生水起。很快，他的山庄便为10余位村民提供了岗位，每人每月能挣到2600元到3000元不等的工资。黄汉权早在退伍时就对乡村生活心生向往，他自己也没有想到，短短几年，就能在老家用这种方式回归田园。

离开珉权山庄，岑立江带着我登上横跨三岔河的那座大桥，桥头精心设计了停车的区域，桥上也标示了拍照最佳视角的位置。三岔河的河水在我们脚下向东缓缓流去，推出层层叠叠的波纹。桥下，有人静静坐在岸边垂钓，桥上，游客举着手机拍下美景。岑立江又说起了旅游的事："你知道的吧？2015年时，纳孔村就获批为贵州省首个民族文化旅游扶贫试验区，去年又入选了世界旅游联盟减贫案例。我们不打算把心思花在其他种养殖产业上，就算要种点什么，那也是要为旅游服务的。"他说这话时，看起来无比坚定，显然心里已然有了一个计划。

"大米哥"黄生辉

贞丰县岩鱼村

湛蓝色的天空与金色稻田上下辉映，在远方青山连绵之处交汇，铺开了一幅浓墨重彩的油画。在永丰街道的岩鱼村，这样的秋收美景很难让人不流连，以至于我把镜头对准那片稻田，拍了好几张照片都还舍不得走。

"'大米哥'来了，一会儿他还要去参加一个现场会。"随着友人的提醒，只见一位身材壮实、皮肤黝黑的男子迎面走来。圆寸发型显得他的额头更加饱满，两鬓有些斑白，眼角的鱼尾纹很深，看起来像是总带着几分笑意，但他并未显出一丝老态，反倒是脚下生风、声如洪钟，见到从县城来的老熟人，眼角的鱼尾纹瞬间挤在了一起，第一句话便是："晚上去我家整两杯？新酿好的紫米酒！"

友人笑着婉拒，向我介绍："这位就是'大米哥'黄生辉，岩鱼村糯稻的故事都得问他。"

黄生辉的鱼尾纹刚舒展开又聚在了一起，谦虚地摆了摆手，却又掩不住自豪地说道："别的不说，我们岩鱼的糯稻是真的好。"奇怪的是，正式坐下来聊天时，他却并没有立刻向我介绍那些糯稻种植的来龙去脉，而是兴致勃勃地讲起岩鱼村的布依风情。

"根据记载，我们岩鱼始于元代末年，兴于明代，从那时起就开始种植水稻。你知道的，布依族的稻作文化源远流长，我们岩鱼有99%的村民都是布依族……"黄生辉似乎没有转换话题的意思，继续说道："我们村里的传统文化保留得很好，唢呐、长号、刷把舞、插秧舞热闹非凡，能唱能跳的妇女都有200多人，'六月六'布依风情节就是发源于岩鱼，后来县里拿到三岔河去举办，我们村的人每次都会去参加演出。老年协会的那帮老人家分成两个阵营，一边是老奶奶，每逢赶集就会来村委会唱山歌；一边是老爷爷，晚上就聚在亭子里唱布依八音……"

直到我迫不得已岔开话题后才知道，黄生辉过去当兵时，也是这样滔滔不绝地向战友们介绍岩鱼村。他绘声绘色的描述，引得战友们至今都对岩鱼村念念不忘，逢年过节总会来村里游玩一番。

在2014年回到岩鱼村之前，黄生辉的经历十分丰富。他当过兵，退伍后去广东打过工，之后又在贵阳做生意，但无论走到哪里，老家岩鱼村既放在他的心上，也总是挂在他的嘴边。到了2014年，脱贫攻坚工作开始展开，村里也恰好到了换届的时候，镇里的领导将黄生辉召唤回乡，鼓励他竞选村主任的职务。黄生辉此时才30多岁，在外的生意经营得风生水起，但来自老家的召唤他是无论如何也不可能拒绝的，便毅然回到了日夜思念的岩鱼村。

黄生辉会用电脑，会算账，还懂得经营之道。2015年，他便牵头成立了贞丰县岩鱼观光农业专业合作社，将村里的旅游资源和传统稻作文化结合起来，大兴旅游发展。

但是，担任村主任仅3年，到2017年再次换届时，黄生辉不干了。

他不是不想，而是没有时间。这一年，贞丰县下重本发展"一县一业"，全力打造"中国糯食之乡"的招牌，而被紫色河滋养出肥沃土地的岩鱼村，自古就是种植糯稻的古老村庄，种植的"岩鱼糯"素有"一家蒸米百家香"之说，岩鱼村自然也当仁不让成为贞丰糯米的核心产区。作为"一县一业"的重点打造区域，岩鱼村流转了大量土地给县里的平台公司，同时，农户们自己也进行种植，以"公司＋合作社＋农户"的模式进行合作，大力种植糯稻。

作为合作社负责人的黄生辉，心里明白鱼和熊掌不可兼得，一旦全情投入产业中，必然无暇顾及村里那些大小事务，他很快做出了选择。卸下村主任的职务后，黄生辉便终日与稻田作伴。早在2014年，黔西南州喀斯特研究院就岩鱼村形成结对帮扶关系，为村民们提供水稻种植技术指导。到了2017年，上海市农业科学院的张辉博士在贞丰县挂任县委常委、副县长职务，为岩鱼村带来更多新的信息和技术。此后，提供东西部协作帮扶的宁波农业科学院、贵州省农业科学院等单位也陆续进驻岩鱼村，提供新的育秧技术，带来新的糯稻品种。

种植技术日新月异，需要农民跟得上步伐。把自己扎进土地里的黄生辉，便当起了农民"试验员"。他流转了几十亩土地，不仅将种植技术成熟的品种用于销售，还用更大一部分土地搞起了试验田。2017 年，他就一口气在地里种下了30 多个品种，希望从中挑选出品质优良的糯稻，进而向村民们推广。

品种试验是一个漫长且必须不断面对失望的过程，黄生辉不仅广泛搜集各帮扶单位提供的品种，自己也去云南等地四处打听。在所有土地都被用于种植稻子的岩鱼村，黄生辉的稻田是最容易辨认的。他那十几亩试验田被不同品种划分成若干不规则的小块，颜色深深浅浅，他推崇生态种植，稻田里常常夹杂着来不及人工除掉的杂草，看起来也比其他人的稻田杂乱些。不过，黄生辉的稻田也是岩鱼村人的"风向标"，每年育秧之前，人们都得先看看黄生辉的试验成果。

黄生辉种的土地并不算多，因为除了种地，他还得想办法帮人们把丰收的糯米卖到山外去。

黄生辉一直反对村民们当"甩手掌柜"，他劝村民们不要做"洗脚上田"的打算："农民不种地，光靠土地流转费和打工的收入，你富不了。"他想激起大家一起种田的兴趣，便四处找机会拓宽销路。

过去，岩鱼村的糯稻虽说小有名气，但也仅限于贞丰县内。2015 年，贞丰县开始计划"黔货出山"后，便带着各乡镇、村寨的农产品去往县外乃至省外。近到兴义市、贵阳市，远至重庆、上海、北京，给予的待遇也颇为优厚，不仅帮农民们负责路费和住宿费，有时参加展会，还给每家发放 200 元的摊位费。

黄生辉在 2015 年时第一次跟着县里组的团前往贵阳市。在那场展销会上，一家卖汤圆的参展商让他惊掉了下巴。人们在这个摊点前排起长龙，参展商忙得不可开交，那口煮汤圆的锅从早到晚一直沸腾，把黄生辉的心烧得滚烫。展销会结束的那天，黄生辉数了一遍口袋里的钱，喜滋滋地准备打道回府，拍了一张照片发在微信朋友圈里，与贵阳告别。还没等他踏上回程的汽车，微信就响了起来，一名在展销会上留下他名片的客户问道："还有米吗？年底给我发个几百斤，我给单位员工发福利。"

从那以后，黄生辉几乎没有错过任何一次这种免费宣传的机会，也因此积累了大批回头客。而在后来的几年中，贞丰县的电商馆开馆运营，中国供销集团电商公司负责建设运营的"扶贫 832"销售平台上线，中国农业银行的线上扶贫商城开始运营，岩鱼村的糯米也开启了线上线下同步销售的模式。

作为合作社的负责人，黄生辉打通销路之后，便在村里以高于市场价的价格收购农户们自己种植的糯米，统一包装后进行销售，为不少人解决了后顾之忧。但是，受地形限制，岩鱼村的种植成本较高，在售价上不占优势。黄生辉从未想过打"价格战"，而是另辟蹊径，选了一条更特别的路。

在他的试验田中，总有一些颜色更深的稻谷在一片金黄里显得尤为醒目，那是他的"宝贝"。"既然在产量和价格上不占优势，那我就搞差异化，占领小众市场。"黄生辉很清醒，他测算过，种植紫糯米、红糯米，虽然产量不高，但价格能翻好几倍，这样也能占领属于岩鱼村的市场。在黄生辉的几十亩土地里，最好的农田都种上了紫糯米。但他并没有向全村广泛推广，理由十分简单，村民们难以接受高成本，也担心销路问题，唯有他来做"先行者"。

聊到一半，穿着职业装的工作人员匆匆敲响办公室的门，通知黄生辉："活动要开始了，你还有多久？"我跟在黄生辉身后，穿过村委会的走廊来到屋后，眼前顿时豁然开朗，金灿灿的稻田晃得人睁不开眼。沿着田坎往深处走去，路过一片颜色深浅不一的稻田时，黄生辉停下脚步，侧过半张脸来，鱼尾纹又挤在一起，道："这就是我的试验田，你看，什么颜色都有。"

说罢，他丢下观摩的人群，大步流星地向稻田深处走去，很快便不见踪影。我向他的方向追去，小心翼翼地沿着独木桥般狭窄的田坎往前走，只见一辆小型收割机从稻田后缓缓驶出。黄生辉笔挺地站在机器上，黝黑的皮肤沁出汗珠，在阳光下闪闪发亮。他仿佛驭着一匹铁马驰骋在这片金色之中，所到之处，弯腰的稻谷都俯首称臣。

邓明金的"规划墙"

在去往大山镇老里旗村的路上，一个小时的崎岖路程让人昏昏欲睡，可在踏进村委会办公室的那一刻，我的困意瞬间被一扫而空。总体产业发展规划与空间结构图、2021—2025年实施项目分布图、麻窝村一二三组实施项目分布图、村庄范围……各种各样的规划图将整整两面墙变成了"规划墙"，看上去实在让人震撼。

村主任邓明金听见屋外汽车熄火的声响，端着一碗面条从食堂里跑出来，隔着碗里冒出的热气招呼道："吃早餐了没？来吃碗面！"听说我们都吃过了早饭，便急急忙忙地退回厨房，胡乱扒拉几口，来到了办公室。

邓明金年纪不大，看起来40多岁，说起话来语速很快。见我对墙上的规划图好奇，他解释道："村里前不久刚被列入贵州省特色田园乡村·乡村振兴集成示范试点建设第一批试点村，要抓紧时间做规划。老里旗以前是深度贫困村，现在成了试点村，要抓紧时间把计划拿出来，一分钟都不敢耽误。"

"以前的贫困程度有多深？"从深度贫困村到乡村振兴示范试点建设村，这个惊人的跨度引起了我的兴趣。

"我1993年高中毕业就在外工作了，2016年才被老支书叫回来，具体有多贫困其实感受不算深，但当时老支书的那番话让我印象深刻。"20世纪90年代的老里旗村，能读上高中的人凤毛麟角，邓明金好不容易乘上知识的快车，当然要到山外去看看。他走过不少地方，最后在广西开办铸铁厂时，收到了老同学的邀请。

2016年春节，邓明金回乡过年。他的高中同学、大山镇党委书记邀请他到家里做客。围着火炉，这位老同学向邓明金诉起了苦："老里旗的在任干部年龄都很大了，现在脱贫攻坚任务这么重，他们跟不上节奏。你要不要考虑一下，来村里当主任？"邓明金当然知道村里的情况，干部老龄化严重，思维跟不上改革的步伐，通常都是镇里安排什么任务，村干部就照葫芦画瓢地完成，村民们生活不见改善，自然也对村支两委失去了信任。

见邓明金还在犹豫，镇党委书记又推心置腹地说："虽然和你在外挣钱相比，村干部的收入可以说是九牛一毛，但把老里旗的村民们带出贫困，这意义是完全不同的……"邓明金最终点头同意。但过去这些年，他并不常常回乡，很多村民对他并不熟悉，所以，他提出："先进村当个委员干着再说。"

村里的换届选举很快到来，邓明金票数过半，被推选为村主任，这让他有些意外。可即便是村民们自己推选出的村主任，邓明金在村里也不太受待见，村民们迎面走过甚至都不愿和他打个招呼。邓明金知道问题出在哪里，但也只能通过日复一日的群众会、院坝会、入户走访等各种会议和谈心活动，一点点让村民对村干部恢复信心。

没过多久，邓明金发现自己每天接到村民的电话越来越多。七八个到八九十个，再到一两百个，大部分都是一些鸡毛蒜皮的小事，小到夫妻矛盾、邻里扯皮，邓明金有些招架不住，但也从来不敢关机。再后来，一些村民发现电话总是占线，索性直接上门来找他解决问题。那年冬天的某个清晨，邓明金早上起床刚一开门，竟发现屋外站着好几位等着他的村民。这让邓明金哭笑不得，他向老支书诉苦："每天处理这些琐碎的小事，我工作都没法干了。"老支书却宽慰道："这是好事啊！说明村民们开始信任你、依赖你了。"

邓明金可算是尝到了"痛并快乐着"的滋味，他决定制定新的办法，最终实现村民自治。村干部只有几个人，加上各村民组的组长，也不过10多人，邓明金提出："人人有事干，事事有人干。"无论年龄大小，学历高低，只要是村干部就要齐心协力担起责任，完成各自分工的工作，小事尽量在组内解决。

经过一段时间的协调和动员，邓明金感到稍稍轻松了一些，他终于有时间考虑为村民们谋产业的事了。

转眼到了2018年，12月6日，村里来了一位外地干部。他名叫侯毅，是公安部科技信息化局通信保障总站机动勤务队副队长，由公安部派往老里旗村任第一书记。侯毅是重庆人，饮食习惯和说话口音都与贵州相似，很快融入老里旗村的生活。邓明金见到这位从公安部来的干部也分外欣喜，很快与对方建立了深厚的友谊。

侯毅来村里不久之后就到了春节，邓明金邀请他来家中过年。除夕夜，邓明金准备好酒好菜招待这位远道而来的客人，两人的聊天三句话不离老里旗村的产业。他们聊到邓明金高中同学刘峰开办的养鸡场，便提议："哪天去他家先看看养鸡的效果如何。"

侯毅的双眼突然闪过一丝惊喜，果断决定："不要等哪天了，明天就去！"

大年初一，邓明金和侯毅便来到了刘峰的养殖场考察了一番。大年初二，侯毅便拉着邓明金开始谋划建设养鸡场的相关事宜。老里旗村建设的并非普通的养鸡场，他们利用中国人民警察大学的帮扶资金，租用了50亩林地，修建起养殖区、道路、水电、鸡舍等相关设施，养的还是一种特殊的品种——乌金鸡。养殖场采用了最常见的"村委会＋合作社＋致富带头人＋贫困户"的模式，由村级合作社进行管理，村民可在养殖场务工，销售所获利润将根据比例进行分红。

村里终于迎来了产业，但并不知该将这些优质产品销往何处。虽然牵头发展起这项产业的侯毅已经向公安部打了报告，承诺会购买这些乌金鸡，但邓明金知道，这并不符合市场规律，无法让产业长远走下去。

邓明金对侯毅毫无保留，将自己的忧虑和盘托出。很快，邓明金等人便启程前往昆明、重庆、成都、贵阳等地，与当地的盒马鲜生超市洽谈合作。生态饲养的高品质乌金鸡得到超市认可，老里旗村的产业得以拓宽销路。

对邓明金和侯毅来说，这都是一次不小的成功。但仅有一项产业，依然无法满足这个曾经十分偏远而落后的村庄。其实，老里旗村还有一项传统作物，过去由于交通等各方面限制一直未能受到重视，那便是薏仁米。

兴仁薏仁米早在2013年就获得国家地理标志产品保护，也是老里旗村的传统作物。但是，因为收割薏仁米往往恰逢山中雨季，作物容易发霉，因此常常被商贩压价，这让邓明金和侯毅感到惋惜。

"不如建一个加工厂，把薏仁米烘干、包装，既能延长储藏时间，还能提高售价。"侯毅提议道，正有此意却苦于没有资金的邓明金当然举双手赞成。很快，村支两委便用争取到的公安部科技信息化局帮扶资金和国家配套资金共200万元，启动建设集薏仁米种植、加工、仓储、销售于一体的薏仁米产后服务中心。村民们的种植兴趣重新被激活，每年采收季节，薏仁米产后服务中心的工厂里便热闹起来，甚至吸引了周边村寨的村民也投入这项产业中。

2021年，早已顺利退出贫困村行列的老里旗村，经过层层筛选被推到省里，参与贵州省特色田园乡村·乡村振兴集成示范试点建设第一批试点村的最终角逐。此时已兼任村支书的邓明金，带着厚厚的资料前往省城贵阳，他要将这几年来发生在老里旗的故事讲给省里的领导听。

交谈中，邓明金还提起一个故事。前几天，他发现了一个山洞，请了两位村民去打探，看是否能开发成景点。可是，村民们在里面从早上9点一直待到下午5点还没出来，吓得他连忙报警。还没来得及通知消防队，两位村民就从洞里出来了。"太美了，舍不得出来，要不是怕手机没电，我们还想多看会儿。"两位村民全然没有意识到邓明金的慌张，兴高采烈地自顾说着刚才的见闻。说起这个故事时，邓明金觉得又生气又好笑，沉默半晌，他突然感性地说："这5年，和村民们的关系越来越好，有些事情想起会心酸，但大多数时候是幸福的。"

说到这里，他有些激动地站起身来，大步跨到贴满规划图的墙面前，在项目实施分布图前比画着说道："县里的'十四五'规划中，巴百大道这个扶贫大道项目会从老里旗村穿村而过，到时候我们发展山区旅游的愿望可能就要实现了！"尔后，他又指着另一面墙上的"村庄微改造总平面方案设计"图，畅想道："以后，你一定要再来老里旗看看，那就是我们未来的样子。"

踩着舞步出深山

晴隆县阿妹戚托小镇

过去几年里，我到过阿妹戚托小镇3次，从一片工地到如今的小镇，我见过这里三个不同时期的形态。但每次都是匆匆一瞥，想要真正了解这个从荒地上"长"出来的小镇，还得问当地人。第二天，我抱着这样的想法，见到了文安梅。

文安梅从工厂区的一处办公楼里走出来，她刚结束演出队的排练，气还没喘匀，便接到了我们的电话。"去金门广场吧，这里没地方坐。"她疾步如飞，向远处走去。

文安梅身材修长，双腿笔直，说话总带着灿烂的笑容。长期跳舞似乎让她的双脚已有了肌肉记忆，连走路都踩着节奏。这双脚跳出了难以掌握的"阿妹戚托"，带着她登上大小舞台，捧回奖杯，如今，也带着她走出大山来到新家，站在了更广阔的土地上。

如果时间倒回到 20 年前，那个瘦小的文安梅或许从没想过自己的双脚能走出这样的路来。

那时，文安梅还住在距离阿妹戚托小镇 40 多公里的三宝彝族乡。那是个被高山围困的地方，很长一段时间中，公路到不了那里。文安梅所居住的地方，村落建在山坡之上，人们靠开垦坡地种植粮食为生，"干活路要走到好远好远的地方"。具体有多远，文安梅没有计算过，只知道那漫长的跋涉让人苦不堪言。

文安梅的母亲王国英是当地为数不多的会跳"阿妹戚托"的人，但文安梅直到 14 岁都从未见过这支舞蹈的真正面目。其实个中缘由并不难理解，贫苦的乡民都忙于耕种，饭都吃不饱，谁有心情和力气跳舞？鲜少的几位老阿姨掌握了舞蹈技艺，也从不肯对外传授这"舞林秘籍"，如此一来，三宝彝族乡的"阿妹戚托"一度差点失传。

在文安梅 14 岁时，县里突然来了几位领导，由三宝彝族乡政府干部带着，挨家挨户走访、动员年轻的姑娘们学习"阿妹戚托"，这支舞蹈将被送去参与县里组织的文艺活动。文安梅果断加入学习的队伍。

终于见到了"阿妹戚托"的"真面目"，文安梅却叫苦不迭。原来，这神秘的舞蹈动作大多集中在双脚上，且没有伴奏，完全靠双脚踏地发出热烈的声响，舞者不仅要记住节奏，还得与同伴形成高度默契，在完成脚上动作之余，还得变换队形……整整一个月，文安梅每天提心吊胆地练习，最终登上了舞台，跟在几个姐姐身后勉强跳了一回。

这次舞台"初体验"虽然有浑水摸鱼的成分，但依然给文安梅留下了美好的回忆。她越发痴迷这支舞蹈，不知不觉间，竟像开了窍一般，将所有舞蹈动作全部掌握。2002 年，县里组织首届火把节，文安梅作为主演之一，带着队伍登台，完整地演绎了这支她琢磨了好几年的传统舞蹈。

文安梅隐约感到"阿妹戚托"为生活带来的改变，她登上的舞台越来越大，去到的地方越来越远。但在交通闭塞、生活窘迫的三宝彝族乡，文安梅只是一例个案。2006 年，县里组织多彩贵州旅游形象大使选拔赛海选，文安梅叫上伙伴们参加比赛，可到了演出现场，不少姑娘身上的演出服或破旧不堪，或满是污渍，一问才知，她们的父母根本不同意女儿参加这种既不挣钱又浪费时间的演出。文安梅感觉有些心酸，但她也不过是一个刚刚成年的女孩子，除了靠自己的双脚跳出大山，其他的什么也做不了。

经过层层选拔，文安梅作为彝族姑娘代表来到了省城贵阳，站上了决赛的舞台。从大山到城市，从露天舞台到专业剧场，文安梅感觉自己的双脚像踩在棉花上一样，飘飘忽忽的。在才艺展示环节，她壮着胆子对着麦克风亮开嗓门发表演讲，虽然看起来镇定自若，可只有她自己能感受到，不仅双腿抖得厉害，就连嘴角也跟着抽搐。

这次省城之行，让文安梅收获了一个"新苗奖"，也让她更加渴望走出大山。第二年，她又参加了多彩贵州舞蹈大赛，一路过关斩将，最终摘回了"银瀑奖"。

可是，凯旋的文安梅并没有持续风光下去。那时，由于种种原因，"阿妹戚托"舞蹈文化的挖掘和包装未能提上日程，好不容易组建起的舞蹈队也逐渐分崩离析，读书的读书，打工的打工，而初中毕业的文安梅此时已成年，便在县城的超市里找了份工作维持生计。

曾经轰动一时，如今却又归于平静。三宝依旧是那个三宝，仍然偏远、贫穷，那里的人们还是重复着爬坡耕地的生活。文安梅体会过舞蹈为自己带来荣耀的时刻，总期待着生活能再起波澜，但在此后的近 10 年中，她和大多数姑娘一样按部就班地结婚生子。县里偶尔组织外出演出，成了文安梅平淡生活中为数不多的惊喜，她太渴望走出去酣畅淋漓地跳一场了，以至于怀胎 7 个月时，也壮起胆子坐上开往凯里的汽车。身材修长的文安梅穿上演出服，根本看不出怀孕的迹象，她站在舞台中心的位置，卖力地踏着双脚，享受着这最快乐的时刻。

直到 2017 年，县里开始进入三宝彝族乡动员人们搬出大山。不是一两个村，是全乡整体搬迁，声势如此浩大，这在全国都没有先例。消息传来，乡里简直如炸开了锅一般，各种声音此起彼伏，有人赞同，也有人反对。不少老年人认为故土难离，到了城里，一根葱都得花钱买，没有土地种也感觉生活空荡荡的；外出打工见过世面的年轻人却对土地不再有如此深重的依赖，倒感觉城里的医疗、教育条件更适合老人和小孩，处处皆便利。

各种声音僵持不下，文安梅是站在赞同搬迁的那一边的。她不仅劝说自己的父母搬家，也劝说左邻右舍，理由很充分："儿女长大了在县城安家，买套房子也要几十万，这钱难挣，现在有现成的房子为什么不要呢？"一些老人动了心，但最关键的还是当地下了一招"妙棋"。

2017 年，三宝中小学率先完成搬迁。学校搬了学生就必须跟着搬。为了孩子读书，家长们也不得不搬进了社区。学校距离社区只有 10 分钟路程，崭新的校舍、优美的环境，都让学生们对新学校倍加喜爱。在小镇里住习惯了的家长们，对新家的评价也渐渐只剩下夸奖，不再有抱怨。

三宝彝族乡一天天冷清下来，阿妹戚托小镇则越来越热闹。文安梅知道，走出大山的姑娘们有些迷茫，看着正向旅游景区方向打造的阿妹戚托小镇，她心里隐约产生了一个想法。

她向县文化馆提议，成立一支艺术团，对外招募专业演员和群众演员，不仅依托阿妹戚托小镇景区开展表演项目，还能承担起县里送文化下基层的工作。这项提议很快获得认可，"阿妹戚托艺术团"成立，除了一些专业舞蹈演员之外，搬迁进小镇的人们也应聘成为群众演员，跟着文安梅学起了这支并不容易的舞蹈。

文安梅登台的时间越来越少，却越来越忙碌。除非参加重要的比赛或演出，否则，她大多数时间都在扮演着严厉的幕后导师角色。2019 年 3 月，艺术团移交给旅游公司进行管理，文安梅担任团长，团里除 21 位专业演员外，还有 100 个群众演员名额，群众演员每演一场能得到 100 元报酬，表现优异还能签约成为专业演员，每月能拿到 3000 多元的工资。

这场浩浩荡荡的搬迁，不仅让三宝彝族乡的乡民变成了"新市民"，也让文安梅成功转换了角色，她不再是一人独舞，而是带着一群年轻人，将"阿妹戚托"跳到贵州各地。2018 年，文安梅被黔西南州推选为省人大代表，2020 年，她又被推选为国家级非遗项目"阿妹戚托"的省级代表性传承人，身份越来越多，她的双脚每一步都踏在了节奏上。

2021 年 10 月，贵州省政府对黔西南州政府对《关于晴隆县部分乡镇行政区划调整的请示》作出批复，同意撤销晴隆县三宝彝族乡。三宝彝族乡撤销后，其原所辖行政区域划归晴隆县三宝街道管辖。同时，三宝街道也被命名为 2021—2023 年度"中国民间文化艺术之乡"。

夜幕再次降临，灯又被点亮，距离阿妹戚托小镇 40 多公里外的三宝彝族乡已成为过去式，曾经的三宝乡民聚在金门广场中央，跳起了热烈欢快的"阿妹戚托"。文安梅没有登场，她还惦记着自己抖音号上没有录制完成的教学视频，"以前我妈妈那一辈学的时候，老师没有耐心教，妈妈看几遍都学不会。现在，我想录个分解动作的视频便于教学，没想到竟然这么难，还得慢慢来。"闪烁的灯光中，文安梅的脸庞忽明忽暗，她的双脚似乎又不由自主地踩起了节拍。

泛着金光的脐橙

晴隆县桥头寨

车驶入鸡场镇的一个岔路口时，路边有一排撑着红色四脚伞篷的水果摊，摆满了金黄的脐橙，果农们向路过的车辆招揽生意。司机沿着上山的那条岔路驶去，沿途路过一个村庄，村口竖着一块牌子，上书"桥头寨——贵州省特色田园乡村·乡村振兴集成示范建设第一批试点村"。

一直沿着山路往上开到近山顶的一片空地，车终于停了下来。空地被圈在一片林地之内，水泥路面光洁干净，一个大水泥台边刻着几个烫金大字"晴隆县柑桔场"。下了车，眼前赫然出现一栋 20 世纪 90 年代风格的办公楼，灰白墙壁已略显斑驳。

场长易洪芳从楼里快步迎了出来，他穿着绛紫色毛呢外套，头发花白，背微微佝偻着。易洪芳非常热情，邀请我们上了 4 楼的办公室，又张罗着泡茶。他打算把门掩上，问："冷不冷？办公室旧了点，没有空调，也没有取暖的东西。"

忙活了一阵，易洪芳终于坐在茶几边的椅子上，双手抱着肚皮放松下来。听说要聊这个农场的故事，他顿时来了兴趣，毕竟，没有人比他更了解这个农场了。

晴隆县柑桔场的前身是知青农场，种了不少柑桔树，这 1300 多亩土地归附近两个村所有。1985 年时，土地被划为国有，不到一年，易洪芳就从兴义地区农业学校（今已与多个学校合并为黔西南民族职业技术学院）毕业，被分配到这里工作。35 年里，他中途调往县城工作了 10 年，后又调回柑桔场，直到现在。可以说，他用自己的职业生涯见证了这个国营农场的跌宕起伏。

易洪芳对第一次踏入柑桔场的情景印象深刻。山上只有 2 栋曾经给知青居住的瓦房，一条像样的路都没有，他和另外 2 名同样被分配到此地的同事坐着拖拉机上山，与原本就驻守于此的几名县农业局职工会合。进出不方便，他们只能睡在"知青房"，至少一个月才回一次县城，有时拖拉机没空带他们出去，便只能靠一双脚，一走就是三四个小时。

六七名年轻人悉数在山上安顿下来。专家根据地质和气候进行了评估，认为当时收益较高的华脐橙在此地也有比较不错的品种表现，这六七名年轻人便决定种植这一新品种。砍掉老树，翻耕土地，再种上新苗，易洪芳等六七名年轻人几乎每日都带着周边村民重复着同样的劳动。山上不通水电，也没有公路可通挖掘机，只能靠人工完成。

脐橙基地建成没几年，1990 年，易洪芳便被调往县城，先后在发改局、政府办等单位工作过，但他所分管的工作依旧与这片林地有关。2000 年，易洪芳又被调回柑桔场任副场长，管理 1986 年自己亲手种出的那片果林。这 15 年里，柑桔场因 1994 年国务院印发的《国家八七扶贫攻坚计划》发生了很大变化，建起了像样的办公楼，当地以"镇政府 + 村集体 + 柑桔场"的三级联办模式共同经营基地，但随着时间流逝，收益越来越少，人们又逐渐离开。而易洪芳此时已步入中年，那片橙树林比易洪芳老得还快，失去了当年的新鲜活力，只能重新换上新的果树。

国营农场一度步入高峰，如今又跌入谷底，唯有易洪芳和几名编制内的员工留了下来。由于种种改革，农场如今需要自负盈亏，种下的树苗要苦等三五年才能迎来收获期，期间便只能在林地里间种一些短期收益的蔬菜、水果维持收入。果林一点点地换上新树，老树的果子也要寻找销路，易洪芳感觉自己仿佛老了好几岁。2007 年，他当上场长，此后也在兴义市找到经销商，连开了 3 家专卖店，贴上"晴隆脐橙"的标签，把那些果子卖出了好价钱。

易洪芳紧蹙的眉头总算舒展了一些，虽然员工日渐减少，但好歹有了收入，1000 多亩林地的更新计划也在有条不紊地进行着。然而，农场员工该退休的退休，要辞职的辞职，最后，柑桔场里剩下不足 10 人。人手严重不足，兴义市的专卖店便也没有专人对接，易洪芳最终失去了这条销售路径。

年轻人即使不出去打工也不愿去地里干活，整个晴隆县的柑桔种植面积只剩下 3000 余亩，其中有 1300 多亩是易洪芳负责管理的这片柑桔场。眼看这项产业日薄西山，易洪芳坐在那栋 20 世纪 90 年代建起的办公楼里，心里不禁升起一丝悲凉。

不过，柑桔场也有时来运转的时候。虽然过去人员流失严重、管护力度不够，但晴隆脐橙的名声却在外越来越响，在一些地方，甚至还有商贩打着"晴隆脐橙"的旗号兜售相似的品种。尽管人手不足，但柑桔场的产量也在易洪芳等人的精心管护下逐年提升，2010 年前后，柑桔场年产量可达一两百万公斤。易洪芳打算再去跑一跑。他带着样品，坐了几个小时的车去往贵阳，在沃尔玛超市将那些黄澄澄的果子递给采购经理。对方尝过后赞不绝口，提出需要直径 7 厘米左右的果子，问易洪芳有多少货品。易洪芳吞吞吐吐道，符合要求的也就 10 多万公斤而已。对方瞬间失了兴趣，摇摇头："这还不够我们销一天的量。"

易洪芳打道回府。他感到自己和柑桔场陷入一种进退两难的境地——明明有好产品，却又不够人手种出足够的量，依然只能靠辛苦零售，或是外来果贩登门收购。

易洪芳的兴趣逐渐转移到来柑桔场打工的乡民身上。这些辛勤的农民，有的跟他干了好几年，有的则是明摆着学技术来的。其中有一位名叫张道文的，是附近学官社区桥头寨的村民，在乡镇上打过零工，干起活来手脚勤快，脑子又灵光。易洪芳有意无意地向张道文提起，可以尝试自己种一些。"村里的土地不多，每家每户就那么一亩三分地，许多人都出去打工了，地丢荒了好可惜，不如向他们流转过来种橙子。"张道文深以为然。2011 年，他便真的一口气流转了几十亩土地，和妻子两人一点点翻耕起来。

易洪芳眼见这两口子勤快，感觉自己的脚步也轻盈了许多，没事就去张道文的地里看看，为他提供果苗，又常常给予技术指导。张道文夫妇也不含糊，彻底沉下心来埋头于那几十亩土地中，用了整整两年时间，才将土地平整，种下了成片果林。

桥头寨的村民似乎受到感染，开始悄然兴起流转土地的热潮。几个人联合申请成立合作社，或是一家几口单干，几年下来，整个桥头寨的村民几乎都拥有一片属于自己的脐橙林地。

2018 年，名声在外的"晴隆脐橙"终于守得云开见月明。晴隆县整合了 2000 多万元的东西部扶贫协作资金和州级植被恢复费，全部投入"晴隆脐橙"的产业发展。计划将鸡场镇到三宝乡一带打造成为经果林产业带，面积高达 1.5

万亩。而将20多年时光都投入柑橘种植上的易洪芳，自然也深度参与了这个计划。

虽然已年近六十，但易洪芳仍强烈感受到转型带来的兴奋。他感觉自己不再是那个守着员工寥寥的柑桔场苦等政策安排的场长了。带着村民发展产业、打造经果林产业带，这些新的任务直接带来了产量的成倍增长，这自然也破解了他当年在超市里面对产量不足的窘境。柑桔场作为经营主体，掌握了渠道和技术，完全可以向品种研发、技术指导和市场营销的方向转型，未来的天地似乎已不局限于这1300亩之间。

易洪芳兴致勃勃地带着我们去往柑桔场的基地参观，沿路随手采摘了几个不同品种的果子。"柑桔品种实在太多，还能通过嫁接、杂交繁殖出新的品种，这里面的课题很多。"踏进果林里的他，感觉似乎年轻了几分。他轻巧地摘了一个果子塞进我手里，提议道，"一会儿吃完饭，我带你去张道文的地里看看，他种的那个，好得很！"

车又行驶在山里的公路上，这些宽敞平整的山路，大多数都是2017年前后修成的。到了一片正在开荒的坡地边，易洪芳按下车窗向挖掘机旁的男人招手。身形单薄的张道文双手和裤脚都沾满泥土，不好意思地笑着推辞道："我开三轮车过来，身上太脏了。"易洪芳才不在乎，推开车门将对方拉上了车："怕哪样？"

一路上，两位老友聊得火热。

"你今年搞了多少？一家人最多管50亩，多了搞不过来，你要听我的。"易洪芳的声音低沉厚重。

"我晓得的。我又流转了一些土地，现在有80多亩。今年女儿结婚，分了一半给她当嫁妆，让他们年轻人自己去管。"这句话的尾音向上扬起，不用回头看都知道，张道文脸上的笑容一定像窗外的脐橙一样泛着金光。

乡村"带货女王"邓倩

普安县龙吟镇

邓倩换上一身苗族服饰，对着化妆镜戴上耳环。她身上穿的是普安县独特的喇叭苗服饰，与其他苗族支系的服饰相比起来更显朴实，粗黑的辫子绕在白色头帕外沿，额上紧贴着一圈镶了银饰的苗绣头饰，还插了一朵粉色的花，衣服是天蓝色底的，衣襟和肩上有苗绣纹样。

整个打扮的过程不超过 10 分钟。点开支架上手机里的直播软件，她的五官立刻舒展开来。她随手拿过刚剥开的柚子，介绍产地和口感，又像是突然想起什么似的，转身在货架上抓过一包百香果干，对着镜头隆重推荐起来。这场没有预告、突如其来的直播才刚开始没多久，竟已有不少观众为她刷了"礼物"，折合下来价值 200 多元。

只播了 20 多分钟，她便匆匆下线，约好下午 2 点再回来开播。"我还是接受不了别人给我刷礼物，有这个钱我宁愿他们找我买点东西。"邓倩蹙着眉头，像是真的有点生气，听见玻璃门有响动，脸上又明朗起来，"诶，有客人来了。"

来客是前两天在她微信朋友圈里看到百香果干上架的消息，特地过来帮亲戚、朋友购买的，他一口气就要了 10 包，塞满了 5 个纸袋。邓倩一边装货，一边和客人聊着闲天，看起来两人似乎相识已久，实际上，客人方才踏进门时还一脸迷茫地问："请问……谁是邓倩？"

后来再想起这个细节时，邓倩依旧笑得前仰后合。她说，这种情况不是第一次了。之前在龙吟镇，有位老人背着一大袋农产品，从村里走了很久的路来到镇上的集市，见人就打听"谁是邓倩？""我要找邓倩！"人们往街边指去："那个对着手机在搞直播的就是！"老人快步上前拉着她，情绪有些激动，气喘吁吁地说道："总算找到你咯！"邓倩吓得一激灵，脑子里飞快搜索是不是得罪了什么人。还没等她找到答案，老人已用力挺起像弓一样的背，把包袱顶了下来放在邓倩跟前，说："我想请你帮我把这些货卖出去！"

早在两三年前，邓倩在龙吟镇已经算是一个名人，如今，这名气也蔓延到了整个普安县，甚至有向外扩张的趋势。不过，用"网红"来定义邓倩似乎也不太合适。她并不靠直播间的礼物挣钱，更多的时候，她都穿梭于龙吟镇下的各个村寨，搜罗下一季能销售的货品，还要管理镇上的3家店铺。最近这一个多月则更忙，她在普安县城开了一家农特产品销售中心，从装修到选货品耗掉了她大量精力，还让她不得不开启龙吟、普安两头跑的生活模式。

把店铺从镇上开到县城，从一个普通的小镇姑娘变成乡亲们眼中的名人。邓倩如今握在手里的这一切，都是过去5年一步一步走出来的，而源头则是普安县过去对电商的普及与扶持。

2016年之前，微商悄然流行，20多岁的邓倩也跟着这股风潮行动起来。彼时，普安县正与阿里巴巴合作推广农村淘宝，在各村镇广招"淘小二"，"背靠大树好乘凉，你会做微商，不如去试试淘宝！"父亲提出建议。听了父亲的提议，已怀孕几个月的邓倩报了名。

邓倩最终通过考试，成了一名农村淘宝的"淘小二"。农村淘宝的模式并不复杂，就是帮有网络购物需求，但不懂相关操作的村民在淘宝上代购商品，通过关联"淘小二"的账号，可以得到部分提成。模式简单，但操作起来困难重重，最关键的问题在于，许多村民并不相信通过看不见的网络能买到东西。

镇上的农村淘宝店铺装修完毕，邓倩的孩子也已出生。刚出月子，她就每天背着孩子走村串寨。龙吟镇7个村遍布了邓倩的足迹，她逢人便介绍农村淘宝的便利，直到很久之后，发现怀里的孩子竟比刚出生时晒黑了好几个度，家人纷纷劝她不要再如此奔波。邓倩只能暂时作罢，安心待在店里等着顾客上门。

几个月的奔走十分有效，邓倩的小店很快热闹起来，她和丈夫两人渐渐忙不过来。做农村淘宝并不是"躺着挣钱"的轻松行当，有的村寨地处偏远，村民们难得去一次镇上，邓倩只能用电瓶车载着货物给对方送过去。小店才开了3个多月，中央电视台来普安拍摄关于当地电商发展的新闻，年轻、漂亮的她就被推到了镜头前，被记者称为"淘宝西施"。

龙吟镇是普安县经济发展较好的乡镇，当地有不少人都在外承包工程做，邓倩的父亲年轻时也干这一行，后来，她的表哥、堂哥们接过父亲的资源，也在外干得风生水起。春节，这些表哥、堂哥悉数归来，从小被宠到大的邓倩拉着他们去最地道的本地馆子吃了顿好的。饭桌上，表哥回味着家乡饭菜说，在外面什么都好，就是馋这口家乡味。这句闲聊像一道灵光，在邓倩的脑子里点亮了一个灯泡,她掏出手机说:"不如我建个微信群,以后你们在外面想吃什么老家的东西,我给你们买!"

龙吟土特产代购群就这么建起来了,邓倩一口气拉了200多人进群,都是平时要好的同乡或亲戚。邓倩建这个群纯属帮大家一解思乡之苦,并未打算从中赚取差价。群里的人越来越多,请她代购的东西更是五花八门,甚至连老家的食盐也要托她去买。日积月累,邓倩慢慢感觉自己像一座桥,一头连着在外思乡的龙吟人,一头连着想把山货卖到省外的村里人。

走在镇里的集市上,看着不少因为货品无人问津而愁苦的脸庞,邓倩动了恻隐之心。她微信里好友人数正急速上涨,这是许多人梦寐以求的客户资源,或许,可以利用这个渠道帮到大家。

那是2017年,网络短视频刚兴起不久,直播带货也并未如此普及,邓倩也没有想过把自己推到台前。在帮村民们代购之余,她骑着自己的小摩托出入各村寨,见到应季的、品质好的农产品,便统统买下,再通过自己的微信朋友圈以及其他网络平台进行销售。

本来就不是为了挣钱,所以,邓倩销售的农产品价格非常实惠,质量也有保证,很快积累了更多"粉丝"。她知道自己停不下来了,索性又开了两家店,同时签约了几家快递公司,安安心心干起了买卖山货的生意。

邓倩的名字被越来越多的人记住,当地人都知道,镇上有个姑娘很厉害,山货到了她手里,没有卖不出去的。慢慢地,她的名声传出了龙吟镇,其他乡镇的人也找上门来,邀请她去帮忙销售农特产品。

此后的几年里,中国电商行业风起云涌。淘宝、京东等购物网站的销售额一年高过一年,微信里也冒出了更多微商,抖音、火山、快手等短视频平台快速占领市场,孵化出"网红主播"的同时,也炒热了"直播带货"这种销售方式。本就从事电商行业的邓倩当然也要尝试。2020年6月,她在抖音号里发了第一条视频。此后,她又尝试着直播卖货,却被直播间里疯狂刷礼物的人吓了一跳。

2021年,邓倩刚满30岁,人生却好像已经跨过个好几个重要的转折。她被推选为普安县龙吟镇商会第一任会长,随后,又在县城里租下一间门面,开办了普安农特产品销售中心,陈列架上摆满了普安县的各种优质产品。这是她又一次转型,从龙吟镇的"带货女王"转向整个普安县的"带货女王"。

在这间刚装修好一个多月的店铺里,邓倩送走了那位第一次见面的老顾客,转过头来对我说，她刚来县城这家店的时候，其实非常不适应。"刚来的时候，我想出去走走，可站在外面空荡荡的街上左看右看，不知道能去哪里，只好回来在店里大哭了一场。"邓倩说，她还是喜欢待在龙吟，那里一出门就能见到熟人，陪了她几年的员工，每天早上都会给她做好吃的。

短暂的沉默之后，她的眉眼又舒展开来，说："不过，这个店是必须开的，除了方便龙吟之外的客人找到我，我们还打算再做点提升的事。"她打开手机，翻出两张产品包装设计样稿递给我，道："也请你帮我参考一下，感觉哪个比较好看？这是给农产品做的包装。"说罢，她又再细细端详起手机里的设计稿。这就是她所说的"提升的事"：不仅卖山货，还要卖有包装、有品牌的漂亮山货。

岑开文的千年古茶情

普安县布依茶源小镇

"老人说，有福娘在的地方，3 年成村，5 年成镇，10 年就能成一座城。"尽管这只是个传说，但在此刻从岑开文的嘴里说出来，竟多了几分现实意味。他抬手指向窗外，笑着说："你看，下面这个社区，不就是从小村变成小镇了吗？"从福娘阁的三楼向外望去，可看见整个茶源街道的布依茶源小镇，这是个移民搬迁社区。万亩茶山将其环抱，布依族元素的房屋鳞次栉比，宽敞的道路两旁停了不少车辆，行人如蚂蚁般细小，匆匆穿梭于四通八达的街道中。

他又给我添上了茶。经过数次冲泡，琥珀般的茶汤色泽已越来越淡，可岑开文胸中的感慨却越发浓郁起来。望着楼阁外的小镇，四通八达的街道似乎与岑开文记忆中儿时的山路重合，他还是那个背着背篓去卖茶青的孩子，走在泥泞的山路上，呼吸同连绵的林间小道一同起伏。他的目的地是茶神谷，那里有国营茶场设的收青点。

岑开文出生在茶源街道下辖的联盟村，是普安县的一个传统种茶村。生于1979年的岑开文，儿时尚不知普安拥有世界唯一迄今200多万年的四球古茶籽化石，只是听老人讲，普安种茶的历史可追溯到明末清初时期，而联盟村所倚靠的群山之间，也为那段历史留下了些许证据，如人们熟知的茶神谷，以及一座曾经由历史人物孙可望捐建的茶庵寺。

　　传说和历史故事都是茶余饭后的消遣，岑开文更关注眼下的生活。24岁以前的岑开文，生活一直过得较为富足。爷爷早在20世纪70年代就拥有了一个200多亩的茶园，后来，由于当地全力发展万亩茶园，便将这200多亩茶园归为国营。作为回报，靠种茶为生的爷爷，以及父亲、三叔、幺叔等家中男丁，均进入国营茶场获得一份工作，父亲还在1994年时被分派到茶神谷附近带头建设分场，成了国营茶场二场的场长。

　　还光着屁股的时候就跟着父辈在茶山上打滚，岑开文18岁读完初中后，便也理所当然地进入茶场，成了一名技术工和质检员。不过，他没有赶上好时候。普安红茶经历过20世纪七八十年代的辉煌，却在2000年开始逐渐走下坡路。2002年，岑开文被列入下岗工人的队伍中。

　　此时的他不过24岁，下岗带来的失落很快被养家糊口的焦虑替代，年轻力壮的岑开文决定自谋出路。他很快联系上几位朋友，远赴浙江重新开始做茶生意。2003年，他接到老家打来的电话。老人火急火燎的语气听得岑开文心里一阵阵发紧，对方告诉他，老家的茶场气数已尽，茶农们靠种茶再也挣不了钱，纷纷毁茶改种，那些生长了几十年的老茶树即将不保。"茶树越老越值钱，你是知道的，挖掉了多可惜！"这近乎哀嚎般的声音仿佛化作鞭子，抽打着他催他返乡。

　　实际上，县里相关部门早就看清症结所在，普安县政府也已推出召唤人才回归的计划，岑开文的机会来了。回家那天，岑开文刚走到村口，就见不远处站着黑压压一片人，正冲着他的方向伸着脑袋张望。待靠近时，人群里爆发出惊呼："开文来了！开文！"随之而来的是一片掌声和欢呼。这突然沸腾起来的气氛，让岑开文感到意外，又有些羞怯，自己并非大富大贵地凯旋，竟赢得老乡的夹道相迎，仿佛自己是一个逆流而上的勇士一般。

　　听说岑开文要回来建厂，联盟村的茶农原本萎靡的情绪都如乌云被大风吹散。待到2003年国庆节，厂房正式动工时，茶农们自发集结在工地前。建厂的地方离大路有200米的距离，从浙江开来的卡车装着岑开文购买的炒茶机，无法进入工地，茶农们挥着锄头、肩挑背驮，硬生生将那条 200 米的小路拓宽了一米多，让那辆大车得以驶进工地。岑开文擦着脸上的汗水，那汗水很咸，似乎还夹着眼泪的滋味。

100 多平方米的茶叶加工厂，烘烤着联盟村茶农的希望，岑开文第一年就靠自己在外积攒的人脉换来了 7 万元的收入。很快，越来越多的茶农向岑开文请教办厂经验，此时的岑开文正与河南一家做进出口贸易的大型公司合作，正愁无法满足客户庞大的需求，当然立刻答应。

不过，建厂需要制茶设备，但茶农们的资金捉襟见肘。岑开文思考再三，决定刷一次"脸卡"试试看。他联系上与之交好的一位浙江老板，对方是专做茶机销售的，向对方"赊"了一批机器。机器到手后，岑开文便发放给有需要的村民，联盟村的茶香日渐浓郁起来。

与此同时，普安县对私人加工茶叶的态度也在转变。到了 2006 年 10 月 31 日，《中华人民共和国农民专业合作社》法正式出台，明确农民可以自己成立专业合作社加工、销售农产品。同时，普安县也出台文件，提出原则上放开私人企业加工茶叶及销售。岑开文大喜过望，于 2007 年与当年请他帮忙建厂的几位村民一起成立了茶叶合作社。2009 年，他又牵头成立普安县细寨布依人家茶叶专业合作社，60 户村民成为社员。

几年来闪烁在联盟村土地上的星星之火，瞬间形成燎原之势。合作社社员从 60 人逐渐扩展为 600 人，原本不到 8000 亩的核心种植区，逐渐扩张到 2 万亩、3 万亩、5 万亩、8 万亩……直到今天，整个普安县的茶叶种植已达 18.3 万亩之多。

从 2004 年到 2015 年，联盟村的茶产业虽在发展，但始终举步维艰。毕竟，这里只是中国西南地区的一个小小山村，在"打工潮"的席卷之下，不少年轻人才志在四方，并未受到茶香的诱惑。而这远离发达地区的村庄，无论在信息还是技术上，始终落后于外界，产能和技术都难以跟上时代步伐，只能游走在产业金字塔的中下阶段。

直到 2015 年，贵州省领导在普安县调研茶产业，对普安茶的历史底蕴和品质大加赞赏，提出"普天之下、安定祥和、红红火火"的"普安红"品牌，为普安县点亮了产业发展的灵感。

自此，普安县陆续引进了多个来自浙江、福建等地的茶企，带动产业与全国接轨。"普安红"的名气也逐渐为人所知，2016 年，成为中国国家地理标志产品。

普安红逐渐走入大众视野，尘封在大山之间的历史和传说也在悄然揭开面纱。

一次偶然的机会，岑开文从父辈那里了解到"福娘茶"的传说，一位老人与岑开文一起查阅各种文献，整理成文章，将"福娘茶"的故事发表在《黔西南日报》，把这个传说重新带到世人眼前。岑开文根据文献记载，将这种工艺复刻到产品中，开发了"福娘茶"产品。而这件事也引起了不少茶商关注，还有茶商抢注了"福娘茶"的商标。

2015年，"福娘茶"被"普安红"这一公共品牌替代。而挖掘出"福娘茶"传说的岑开文，则被这奇妙的际遇激发了探索更多故事的欲望。而此时，贵州日报社派往普安县挂职副县长开展扶贫工作的左国辉，恰好也是一位对茶文化兴趣浓厚的人。他与岑开文结识后，时常请对方带着去探寻古茶树、访老茶人，两人结下了深厚的友谊。

一次，两人前往乌龙山，寻找传说中福娘在山中发现的那棵古茶树。两人跋山涉水，路上遇到一位放牛的老农，老农听说他们的来意，笑吟吟道："我知道在什么地方，我带你们去！"跟着这位老农，两人爬上山去，竟真见到一株古茶树，可惜不少树枝已被砍掉，令人惋惜。岑开文随即上报相关部门，希望能将这一株古茶树保护起来。

走遍普安县的大山，左国辉将那些故事一一记录，撰写了《茶源密码》一书。而与其同行的岑开文，也感受到历史与传说对普安茶产业的文化价值的提升。最为直观的，就是逐一被挖掘出的福娘茶、四球古茶等产品，名声越来越响，价格不断翻倍。

早在1980年，当地就在普安、晴隆两县西部交界的云头大山笋家箐发现了数百万年前的新生代第三世纪四球茶茶子化石。2011年7月，中国茶叶流通协会授予普安县"中国古茶树之乡"称誉。到目前为止，普安县已发现2万多株千年树龄的古茶树，被认为是"世界茶源地"。曾经只能游走于中国茶产业行列中下端的普安茶，如今已跻身"中华文化名茶"的行列，普安县也连续多年入围"全国产茶重点县"。这些故事、头衔与品质越来越优的茶，让岑开文对茶文化赋能茶产业更加执着，他牵头成立的普安县细寨布依人家茶叶合作社，先后获得省级示范社、省级扶贫龙头企业、国家合作社示范社、全国合作社500强等荣誉，他本人也获贵州省劳动模范称号。

2016年建成的布依茶源小镇，距离联盟村不到2公里。小镇建成时，当地特意在一处小山坡上建了一座"福娘阁"，据说是为了让布依族茶农们延续对福娘的敬意，也是集中展示普安茶产品的场所。

不知不觉已近傍晚，我和岑开文从福娘阁上下来。渐暗的光线中，岑开文回过头来，凝视着一楼供奉的福娘雕像，眼神里有几分虔诚，也有几分笃定。婀娜的福娘昂着头凝视远方，仿佛在看着这座崭新的小镇。如果她对尘世有所感知，必然会对这小镇中的人们刮目相看，或许未来某天，这里会成一座城的。

贵阳贵安

绥阳
凤冈

德江
印江
思南
眉潭

毕节
金沙
大方

遵义

铜仁
江口
石阡

纳雍
织金

黔西

贵阳贵安
宽安

余庆

六盘水

黄平
茶贡

安顺
普定
平坝

福泉

施秉

黔东南

惠水

贵定

麻江
凯里
剑河

吴岭
镇宁

龙里
都匀

丹寨
雷山

普安
晴隆

黔南

三都
榕江
台江

兴仁
员丰
紫云
长顺

黔西南

藏在村史馆里的小事

开阳县田坎村

田坎村村主任杨维洪小心翼翼地从玻璃展柜里取出一杆秤，黄色的秤杆泛着光泽，密密的圆点标记了刻度。"这就是我说的那杆秤，据说是象牙做的，我还用火烧过，点不燃，估计是真的。"他细细摩挲着秤杆，语气里带点神秘。

"这个得找专家鉴定一下，要真的是文物，那要好好保管，玻璃柜还得加个罩子。"第一书记牟光仁，是从贵阳市委宣传部派来驻村的，或许是职业习惯，看待事情更严谨些。

这杆秤是从村民李再兴家里征集来的，据说是他家代代相传的宝贝。杨维洪去他家搜集老物件时，李再兴十分大方地将这传家宝贡献出来，"反正留在家里说不准什么时候也会搞丢，不如放到村史馆去，还能留给后代看看。"

这尚未被鉴定过的秤杆，大概是整个南龙乡田坎村村史馆里最贵重的物品，其余的展品则五花八门。耕地用的锄头、马背上的马鞍、农人雨天穿戴的蓑衣和斗笠、纸糊的花灯……都被挂在了木屋里的墙上。当然，还有一些仿古的年代更为久远的兵器，以及高龄进士朱锦雯的牌匾，都被放在了展厅中央的玻璃柜里。馆内搜集的故事同样包罗万象，乡村大事记固然必不可少，从 1949 年到现在的发展进程一目了然；如今看起来微不足道的小事竟有明确的时间记录，甚至还配了图片；某年某月《贵州日报》重点报道了田坎村，这期报纸也被珍藏起来，就连某个村民做了好事，也悉数记录在案。看似毫无章法，但一间间展厅挨着逛下去，竟有不少滋味。

村史馆里的老物件勾起了杨维洪的回忆，将他带到刚回村时的情景中。2016年，在嘉兴工厂里打了 20 多年工的杨维洪接到时任副支书袁刚的电话，对方让他回村里来。

"回来搞哪样？"

"回来一起干咯！"

"一起干？那是要选我当支书吗？"杨维洪开玩笑道。

"来嘛！"袁刚显得很有诚意。

那时，有 46 个村民组的大田坎村，由于面积太广、人口太多、经济发展又毫无起色，不得不被分为田坎村和佘家营村。分村之后，村干部人手紧缺，又正是脱贫攻坚的紧张阶段，急需能人参与村寨的管理。杨维洪意识到袁刚并非玩笑，考虑到孩子在外读书压力太大，便于 2017 年回到了村里。

几个孩子从小跟着杨维洪在嘉兴的工厂里长大，从未体验过乡村生活，踏上田坎村的泥巴路，仿佛进入了另一个世界，看什么都充满好奇。"连活猪都没见过。"杨维洪摇摇头，"谷子是怎么长出来的他们也不晓得。"尽管在嘉兴工厂里早八晚六的日子过得无忧无虑，孩子也当惯了"城里人"，可真正回到老家住下时，杨维洪才突然意识到，这几个孩子的生命里似乎缺失了很大一块。

田坎村是贵阳市 20 个贫困村之一，村民组分布得比较分散，山里也没有几条像样的路。外面的人不想回来，里面的人都想出去，其中最偏远的一个村民组里，大多数房子都早已人去楼空，只剩下寥寥几户人家守着寂静的村庄。人心涣散，田坎村的管理并不容易。

其实，田坎村曾有不少引以为傲的故事，最著名的当数参与清代乾隆年间贡茶的种植。关于这段历史，杨维洪早已倒背如流，他感慨道："现在，我们又把南贡茶的历史挖掘出来，村里也早就不种烤烟改种茶了，立志要把南贡茶的品牌重新做起来。"

杨维洪回村工作后，当地进行了产业结构调整，鼓励村民们大力发展茶产业，但初期收效甚微。"要种你自己种，谁愿意种茶那种东西？"村民们不买账，杨维洪十分头疼。究其原因，一方面当然是茶叶见效慢，种下后需等三五年才能等来收获；另一方面，还是村里人对南贡茶的历史不再在乎。

无论是产业发展，还是乡村治理，问题重重的根本原因还是思想上的问题。帮扶田坎村的贵阳市委宣传部领导经过多番考察和调研，建立了一套村规民约，又开设一个"励志超市"，通过用积分换生活用品的方式，鼓励村民们做好人好事，维护村内卫生等。与此同时，贵阳市委宣传部还建议村里修建一个村史馆，外观就是传统木屋，展品则是田坎村的过去、现在和未来，以求唤醒村民的认同感。2018 年，筹建村史馆的杨维洪便全心投入故事的搜集中。

听说要将各家的宝贝拿到村史馆去展示，村民们当然不会放过这个争光的机会，老物件的搜集十分顺利。不过，田坎村也就是一个平凡的小村庄罢了，并非每家每户都有象牙秤这样的传家宝，换一个角度来想，也并非只有传家宝才能代表田坎村的记忆。

站在展示"田坎村大事记"的那面墙前，杨维洪的手指从 1949 年慢慢移动到 2018 年，那些六边形的板块上，记录了田坎村建立农村发展互助组、实现男女同工同酬、推行生产承包责任制、推行新型农村合作医疗制度、全村脱贫摘帽等重大事件。

"这些都是我去找老村干部一个一个问来的，有的年代久远，还是从各种史料、文献里翻出来的。"杨维洪又想起搜集村史的那段经历，像终于翻过了一座高山般，长长地舒了一口气。

"这些大事还算好搜集，老村干部们实实在在地开展过工作，印象都很深刻。难的是那些小事。"他又将我带到另一面墙前，4 个红色大字"田坎记忆"尤为显眼。这面墙像放电影一样，图文并茂地展开了一幕幕田坎村的小故事。

"1989 年，田坎村群众建设分散式集中饮用水源点，群众开始使用自来水。"黑白图片里，一位白发苍苍的老奶奶咧着没牙的嘴，手里捧着一个白色瓷盆，自来水从龙头里哗哗流下。

"1990 年，实现全村通电。"同样是一张黑白照片，男女老少欢呼雀跃，还有人将两手交握放在唇上呼哨，屋顶上的灯将这些兴奋的面孔照亮。

"我对这个印象太深了！那天，我正好带老婆去走亲戚，她跟着人们出去看热闹，过了好久才回来。"杨维洪的手指停留在一张火箭残骸纪念地的照片上，这是 1988 年 12 月 22 日，西昌卫星发射中心发射使用通信卫星，长征三号运载火箭一级火箭完成助推任务后，残骸坠落到南龙乡。从那以后，南龙乡及周边乡镇也成了我国卫星发射火箭坠落常地。

看起来都是些小事，但每一件都能让杨维洪如欣赏字画般品评半晌。"还有更'小'的事。"他又将我带到另一个展厅，墙上展示着许多照片，右上角有几个小字——文明乡风。其中有文字记载的一则，是 1982 年，村民杨双富拾得 2 万元主动归还失主的新闻，这则新闻还在当年的《贵州日报》上刊载过。"当时把钱不小心搞丢的是附近一个厂的工作人员，那笔钱是公款。丢钱之后，这人太绝望了，回家打算自尽，临要寻死的时候，他不甘心，又回到原地去找了一回，恰好就遇上了杨双富，才捡回了一命。"杨维洪说起这个故事，仿佛就发生在昨天一般清晰，"如果不记录，现在可能很多人都不知道这些事了。"

2019 年 7 月，由贵阳市委宣传部捐建的田坎村村史馆正式开馆，不少村民农闲时都会进去逛一逛。不过，村史馆的建设也不仅仅是为了唤起村民们的认同感，杨维洪透露了另一个想法："我们下一步想向乡村旅游的方向发展，搞茶旅一体化。现在南贡茶种植情况不错，可以供人们采茶游玩，如果有点故事给他们看，或许就能留得住人了。"

不知不觉，我们在这个面积并不大的村史馆里竟停留了许久。在这座传统民居的堂屋里，大门对着的墙上挂着一幅巨大的图片，仔细看，竟是一幅油画。油画中，山路四通八达，茶山郁郁葱葱，统一风格的民居散落在山间，青山与绿水色彩明艳，似乎将这间屋子也增亮了几分。

"这是在这里驻村的县委宣传部干部吴兆刚画的。"站在堂屋中央凝视这幅画许久，杨维洪感觉自己又回到 2018 年那个寒冷的冬天。他提着一笼火炭进屋，吴兆刚在这最冷的一个月中，几乎每天都待在这间屋里，手上忙个不停。见杨维洪进屋，吴兆刚无意识地抹了一下流出来的鼻水，把冻僵的双脚挪到火炭边。"歇一会儿，暖和一下。"杨维洪关上门，将寒风挡在屋外。"来不及了，过完年就要筹备开馆，要抓紧画完。"杨维洪不再打扰，静静地看着田坎村的未来在一无所有的画布上被一点点晕染开来。

新乡贤黄丹的水果王国

息烽县堡子村

在我来养龙司镇堡子村之前，黄丹已经是被省内外媒体聚焦的人物了。她被关注似乎是必然的事。

首先，堡子村是"半边天"文化的发祥地。1953 年，这里的女性通过与男社员开展劳动竞赛等方式，争取到同工同酬的权利。当地的事迹被全国报道后，得到国家领导人的认可，指出"男女都一样，妇女能顶半边天了！""半边天"文化就此传扬至今，成了堡子村的一个符号。

其次，从 2020 年 8 月起，息烽县便开始实施"新乡贤回归工程"，接连出台了一套实施意见、实施方案和评选办法等。"新乡贤"，顾名思义就是生于当地的年轻人才，出台这套措施，则是鼓励这些"新乡贤"们回到家乡参与建设。

黄丹是息烽县新乡贤会的副会长、养龙司镇新乡贤会会长，她的娘子庄园又设在堡子村，而她本身又是一名女性，如此多的符号集中在一个人身上，很难不引起人们的关注。当然，我也不能免俗，在充满果香味的闲聊中，我还是问了那个大多数人都提过的问题："在'半边天'文化发祥地，作为一名女性新乡贤是什么体验？"

"其实真没什么特别的体验。"黄丹没有半点高谈阔论的意思，甚至不认为男女平等在当今社会会成为一个问题，在她眼中，女性与男性不过是性别不同而已，最多有体力上的悬殊，"现在都是男女持衡的状态，共同撑起这一片天。"她说。

但是，撇开对于性别的关注，从小没有体验过农耕生活的黄丹，如今成了一名务农的"新乡贤"，这背后的经历仍旧精彩。

黄丹的父母都是当地供销社职工，父亲对她宠爱有加，当然也舍不得她远嫁。因此，在黄丹到浙江打工并结婚生子之后，父亲便强烈要求小两口回到老家来。

2013 年，黄丹回到贵州，在贵阳找了一份工程管理的工作，并把父母接到贵阳居住。工程管理需要与各种做工程的老板打交道，不久之后，黄丹积累了一定经验和人脉，便决定自己单干，先后在成都、贵阳等地开办公司。

公司开了几年，黄丹明显感受到建筑行业发展态势正在下滑。恰好，一次，黄丹和丈夫去浙江找种植"象山红美人"橙子的朋友玩耍，尝到了这种口感独特的水果，便动了干农业的心思。回到贵州，小两口便在毕节七星关区找到一片荒废的老果林，一口气将这片 300 多亩的林地流转到手，通过朋友的技术指导，采用高位嫁接技术种植了这种让自己心动的果冻橙。

原本只是一次尝试，没想到，到了 2017 年时，这片果林竟真的存活了。黄丹决定回老家，将果树种植作为自己的长期产业。

夫妻俩与几位朋友合作，来到息烽县温泉镇的一个村庄。当地有一片 2000

多亩的土地，全种上了老品质椪柑。黄丹与村干部商量，表示希望通过"三变"模式流转600亩土地种植果冻橙。见有人愿意投资，村干部当然积极配合，向村民们做起了动员工作。前期相对顺利，她仍旧采取挂果周期更短的高位嫁接技术，这种技术只需等待一年多就能迎来丰产，黄丹回乡发展水果种植的心愿似乎很快就能得以实现。

这位从来没有接触过农业的女性，此时早已甩掉了过去坐办公室穿的高跟鞋和小包裙，换上容易打理的水鞋、长裤，每天蹲在地里砍旧枝，接插新苗。黄丹种植新品种的消息，很快通过她的表叔传到堡子村果农张娅的耳朵里。这位种了许多年椪柑的农妇，正为老品种销量不高而发愁，便请表叔引荐，认识了黄丹。

黄丹带着果冻橙来到张娅的果园，给对方尝了尝自己种的新品种。不出黄丹所料，张娅也和她当年一样，被这橙子的口感深深折服。张娅带着黄丹来到果园，精心管护的椪柑树此时长得正旺，黄丹只问了一句："你敢改不？"张娅想想自己辛苦一年才能挣上一两万元，一咬牙，只答了一个字："敢！"

第二天，黄丹再来到张娅的果园时，只见那片旺盛的果树已经有一半都被砍掉了树枝，光秃秃的，显出几分萧瑟。张娅那两口子还在奋力地砍着剩余的果树，而黄丹此时心里已经有了一个结论："这两口子能成事。"

张娅如愿改良了那些果树，等待着嫁接的新枝开花结果。但是，此时的黄丹却陷入痛苦中。由于种种原因，她不得不放弃温泉镇那片投入了全部心血的果林。彻底死心的黄丹，想找一片合适的地方自己干，在一次与省农科院一起调研的活动中，她认识了县农业农村局的领导，闲聊之中说出了自己的想法。对方当即向她推荐了一个地方，说："我让镇长和你联系，你去看看。"

当天晚上，养龙司镇的镇长便打来电话，邀请黄丹去堡子村看看。来到堡子村，大片平整的土地让黄丹满心欢喜，她当即便决定在养龙司镇安家。2019年底，黄丹和丈夫与当地签完土地流转合同，便陆续将自己的果园铺开，先种了一些百香果，随后是她经营过多年的果冻橙，此外还有柚子、猕猴桃等，陆陆续续，这几百亩土地上竟种了上百个品种。

黄丹终于安定下来，但到了2020年开春，她的父亲突然病重，被紧急送往贵阳市的医院治疗。守在病床前的黄丹，往事突然像电影一样在脑海中回放。父亲似乎总是默默陪在她身边，读高中时，搬到县城去陪她；在温泉镇搞种果冻橙时，父亲也在身边帮忙；如今来到养龙司镇，父亲依旧陪伴左右。就在发病前不久，父亲说自己感觉身体有些不舒服，忙着种植果树的黄丹像个任性的小女孩，只说了一句："不舒服就去医院看。"便没有时间再过问。"做什么不好，要来搞农业？"病房里只有黄丹和她生死未卜的父亲，这句话是她用来责怪自己的。

放下手里所有的事，黄丹不顾一切地求医生抢救，终于将父亲从死亡线上拉了回来。经历了这场痛苦，黄丹一夜之间内心似乎开阔了许多，挣钱已经不再是人生中的第一主题了。

2020年8月左右，息烽县开始推动"新乡贤回归工程"，各乡镇在当地挖掘回乡创业的"新乡贤"。黄丹的出生地虽然不在养龙司镇，但在这里创业的她，注册了息烽娘子军农业科技有限公司，吸纳了不少当地女性在果园务工，由于公司女性比例占95%，果园还因此得名"娘子庄园"。不到一年时间，黄丹在养龙司可谓"战功赫赫"，迅速成了当地政府关注的人，所以，在"新乡贤回归工程"推动之后，她便于2021年被推选为县级"新乡贤"，并任副会长，随后又主动申请成为养龙司镇的"新乡贤"，任镇"新乡贤会"的会长。

镇里的"新乡贤"共有9人，有开办企业的公司负责人，也有经营烧烤摊的个体户，相对年轻的成员并不多。况且，"新乡贤"对当地人而言完全是一个新名词，这个组织到底该发挥什么作用？没有人能给出一个标准答案。作为会长，黄丹必然要让这个组织动起来，可是和她并肩作战的人却并不多。

首先，需要让人们知道什么是"新乡贤会"。黄丹和另一位镇"新乡贤"、电信公司养龙司片区负责人邓森林一起，制作"新乡贤会"的统一服装，印制相关宣传单，组织"新乡贤"们在镇上广泛宣传"新乡贤会"的性质和功能。简而言之，这个组织能利用集体的力量，帮助会员解决一些经营上的难题，在创业或农业经营中为乡民们传经送宝，甚至还能带着大家一起创建文明乡村、卫生城市等。

养龙司镇的"新乡贤会"创立之初，并无太多人参与，就连部分"新乡贤会"成员也没有适应自己的新身份，以至于只有黄丹和邓森林二人终日为"新乡贤会"的活动奔波。从宣传设计，到物料制作，再到组织人员参与，黄丹和邓森林几乎包办了各项活动的所有执行。随着各种活动开展了几次之后，人们终于理解了"新乡贤会"存在的意义，"新乡贤"们也逐渐适应了各自角色，这个在国内其他地方并不多见的组织，在息烽县和养龙司镇开始常规性地运作起来。

如今，那位曾砍掉果树嫁接新品种的张娅已是黄丹公司的总经理。黄丹谈起她时说道："我是希望，息烽能有更多的人一起做高端精品水果，共同发展才能满足市场需求。"

聊到兴起时，黄丹又顺手在桌上抓来一个猕猴桃。这软化得刚好的果子不似果冻橙那么娇嫩，只见黄丹手起刀落，猕猴桃便一分为二。她又将猕猴桃推到我跟前，道："尝尝我们自家种的猕猴桃，口感还是不错的！"果子软中带韧，散发出一阵清香。

"贵长"往事

修文县平滩村

顺着公路盘山而上，进入谷堡镇地界后，山上的景象变得独特而壮观。青山之上，一个个白色"T"型水泥架整齐排列，从山脚一直延伸到半山腰，巧妙地连成一片看似无穷无尽的几何图形。

这是修文县猕猴桃核心种植区，我们在一处基地见到了宏夏猕猴桃种植农民专业合作社负责人黄林。

"要谈猕猴桃还得问我父亲，他是修文最早种植'贵长'品种的人，我只不过是在他干不动的时候承接了他的事业而已。"简单明了地介绍完后，又是一阵沉默，直到木门"吱嘎"一声被缓缓推开，黄林的父亲黄国祥缓缓走了进来。

"你好，老人家！"我们的热情招呼似乎没有得到回应，黄国祥疑惑地看了看我们，找了张凳子坐下。

"我父亲 78 岁了，年纪大了耳朵不太好，说话得大声点。"黄林露出抱歉的笑容。

大家都提高了音量，包括黄国祥本人。"我以前种板栗种得多一些，但是不得人买，才改种的猕猴桃！"在这高昂的语调中，他揭开了"贵长"猕猴桃的往事。

20 世纪 90 年代初，黄国祥听说离这里不远的上硐村搞了个联户农场，种的猕猴桃能卖到 8 元钱一公斤，这个价格让他差点惊掉下巴。他和几位志同道合的村民商量，联合起来租赁土地搞一个园艺场，就种猕猴桃。他们四处考察，最终在长顺县的一个地方找到人工培育的一个品种，便果断引进了一批回村种植。

那时的红星村，在没有成功案例的情况下，想要劝说村民们一起放弃玉米改种猕猴桃是不可能的事。黄国祥也不去费那口舌，和几位合伙人在租赁的 100 多亩土地上开始试验，打算先做出一个样板来给人们看看。

那是山上不通水电的 1993 年，寒冬腊月的天气更向黄国祥等人提出了挑战。在那一年当中最冷的一个月里，他们每天天不亮就出门上山干活，为了节省时间且能避寒，便在山上挖出一个窑洞，用于生火煮饭，避风取暖。那窑洞里的炊烟连续冒了一个多月，黄国祥等人的奋战终于结束——猕猴桃种下了。

到了第二年开春，黄国祥等人大着胆子向农业银行贷款，用于猕猴桃的种植和管护。农业银行的人来看过之后，在县里的指导下批了 80 多万元的款项，黄国祥等人总算可以大展拳脚。

2 年挂果，3 年丰产，黄国祥等人在试验的多个品种中，最终挑选出当初从长顺附近购来的优良品种。这一品种耐储藏、口感好、抗病能力强，且产量稳定，黄国祥等人联想到这一品种的来历，便将其命名为"贵长"。

猕猴桃种植迅速扩展到 6000 多亩，但又因为销路单一导致滞销，当地的猕猴桃种植盛况犹如昙花一现，唯独黄国祥没有放弃。1998 年，园艺场散伙了，黄国祥分到一股，有 100 多亩地，他精心伺候着这些猕猴桃，静候时机到来。如此到了 2008 年，黄国祥已 65 岁，他不再担任村支书和村主任，却仍旧放不下自己的 100 多亩心血。

此时，已在外闯出一番名堂的黄林回到老家。

黄林小时候性格顽劣，初中刚毕业就闹着不再读书，早早地投奔了在机关单位工作的舅舅。黄林在舅舅的安排下找到一份工作，干了没多久，便自己出来做生意，在社会摸爬滚打 20 多年，总算小有成就。2008 年，贵州发生了一次罕见的凝冻灾害，回到老家的黄林困在山中，看着自己的父母，心里突然升起一股酸楚。

过去，黄林的弟弟尚未外出工作，还能帮着父母一起打理果园，但如今，只剩老两口孤零零地守着几十年的心血，终日劳作让本就年迈的老人看起来更加苍老。"反正最终都是要回老家的，不如现在就回来。"此时的黄林刚到不惑之年，开始能够理解父母操劳一生的苦心，便下定决心不再外出。

栽树、修枝、打桩立"T"型架，这些粗活重活，过去黄林几乎没有干过。咬牙坚持了半年，他逃也似的又离开了老家。可逃避不是办法，家总是要回的，再次见到父母时，两张苍老的面孔和佝偻的身影让黄林羞愧难当，他把心一横，最终还是留在了老家。

黄林家的猕猴桃基地被父亲管护得非常好，几乎每年都迎来丰产。但销售的方式依旧古老，只能等着外面的果贩进村收购。2010年，果贩照例来到黄林家，第一筐果子上称时有20公斤，第二筐放上去有40公斤，第三筐加上去时，秤上显示只有55公斤，到了第四筐时，称上的数字只加了5公斤。这不明显有问题吗？黄国祥很愤怒，指责果贩耍诈，黄林也拦住了对方，怒不可遏地说道："你们都做得了市场，我就做不了吗？不卖了！"

他在外做了多年生意，如今竟有人想用这种低级骗术要弄他，这当然是不能忍受的。黄林一气之下，花了1万多元买了一台"双排座"汽车，装满猕猴桃便向贵阳驶去。

他知道哪里能把果子卖出一个好价钱。他来到曾经居住过的新天寨镇，这里住了一批"三线建设"时从上海来的人，他们有消费能力，也愿意为优质水果埋单，黄林相信，一定能在那里卖个好价钱。果然，猕猴桃在这里大受欢迎，不少尝过黄林家果子的上海人还提出，能否帮忙快递一些水果到上海亲戚家。黄林当然不会错过这种拓宽销路的机会，第一时间发了快递过去。

家里的猕猴桃越卖越好，这让黄林来了兴趣。2011年，他成立了宏夏猕猴桃种植农民专业合作社，集结了村中几十户种植猕猴桃的农户，计划在销售上下功夫，带动人们一起壮大这项产业。到了2013年，频繁往上海寄快递的黄林来了新的灵感，他去了一趟上海，在上海西郊国际农产品交易中心找到了贵州省农委开设的窗口，向那位来自安顺的员工表达了自己想拓展上海市场的愿望。

黄林如愿以偿。一吨重的猕猴桃装上飞机飞向上海，经过包装后，在当地卖出了每公斤24元的好价钱。这让黄林尝到了甜头，也逐渐萌生了壮大资本的想法。在外经商多年的他，对市场始终保持着敏锐的嗅觉。随着市面上进口水果越来越多，包装越来越精美，他也察觉到风向的改变。

2014年，为了避开市场上的恶性竞争，紧跟时代的潮流，黄林开启了电商销售之路。2015年，他成立了果业公司和贵州维果汇电子商务有限公司。2016年，他又去往新西兰考察，见识到了佳沛果业的运营模式，将产品进行工厂化的严格筛选后，按重量和品质进行分级，并通过精美包装，进入水果连锁和商超进行销售，这样一来，"贵长"猕猴桃便不再是"大路货"，而成了精品果。

不过，资本运营这条路对黄林来说似乎有些崎岖。在果业公司成立之时，黄林已是修文县猕猴桃种植领域响当当的人物，盛名带来的关注和各种合作，让只会实在做事的他有些无力招架。最终，2017年，黄林决定退出公司，回到老家安心经营合作社。

在当地，黄林做事实在是出了名的。曾经，他有一批卖给上海客户的猕猴桃已经进了冷库，却在基地清点时发现有一批不合格的鲜果错发给了客户。黄林连夜召集了几十名工人赶到贵阳，在冷库中将所有不合格的果子挑了出来。此举让他和这位客户结下了深厚友谊，也让人们对他大加赞赏。

在那间基地旁的小屋里，黄林谈到今年销售第一单的经历时，突然眉飞色舞起来。他有一位老客户名叫雷刚，是做电商销售的，很有能耐，也很神秘。今年开园时，他来到雷刚在贵阳的办公室，提出想走电商平台销售的想法。对方让他出一个方案，预估一下想在网络上销售多少果子，黄林开玩笑道："是不是我想卖多少就能卖多少？"

对方毫无波澜地答道："可以这么说吧。你回去准备一下。"

黄林认真地设计了一套方案，到了销售的那天，他又来到雷刚的办公室。雷刚说，先发5000件试试看，说完便走出了办公室。黄林刚泡好的茶还没凉到合适的温度，雷刚又回到办公室，道："你回去打包吧，明天一定得发货。"这效率让黄林感到震惊，他马不停蹄地赶回村里，第二天便开始采果。然而，天公不作美，突然下起大雨，黄林自然等不了雨停，便让工人们冒着雨采摘果子，又找来几台大风扇，一边吹干果子，一边打包，终于顺利完成了第一波销售任务。

三五天后，雷刚告诉黄林，果子反馈不错，可以开始第二波销售了，"你准备好，想想要发一万件还是两万件。"此时的黄林已经将主动权都交给了雷刚，喜滋滋地道："你说了算！"

第二波销售9500件，第三波销售2万件……在雷刚的电商销售下，黄林连续多日总共卖出了8万多单，打快递单机器整日忙碌，几乎要冒烟了。

黄林显露出小小的得意，略带神秘地对我说："也不知道他哪来这么大能耐，但他也不是什么人都合作的。"坐在一旁的黄国祥似乎将这句话听得很清晰，皱纹密布的脸上浮出淡淡的笑容，好像还轻轻地点了点头。

守在湖畔的林科忠

清镇市大冲村

　　林科忠披着一件黑色皮衣，目光炯炯，不说话时看不出任何情绪，甚至有些严肃。我们的车刚在村里新落成的里查里诺民宿酒店前停稳，他便迎了过来，把我们邀请到酒店参观。

　　没有过多的寒暄和客套，林科忠陪着我们边走边看，一路上都在介绍这间民宿的来龙去脉。"里查里诺在彝语里是漂亮女孩、漂亮男孩的意思。这家民宿是我们引进的企业打造的，初衷是想给村民们立一个示范，让他们看看乡间民宿也能这样设计。"他指着一片大面积的浅水池说，"如果按照村民们搞农家乐的传统思维，这一大片空地可能就是个大型停车场。"

　　"以前，我喊村民们和我一起在湖边捡垃圾的时候，他们还笑我，问我是不是想出名？"回想往事，林科忠似乎又来到2014年回村时的那一刻。那时的他，开着名牌汽车驶进村庄，建起了自己的独栋小楼房，可谓风头无两。

　　林科忠1993年去云南打工，摸准了门路便转而经商，在中缅边境做对外贸易，开办了自己的企业……这样的林科忠在大家眼里是有能耐的人。他40多岁回到家乡，有自己的身体原因，也是受到村里的邀请。

　　红枫湖是贵州高原上的最大的人工湖泊，建于1958年，早在1988年时就被评为国家AAAA级旅游风景区。过去，红枫湖的主要功能只是防洪、灌溉等，水源保护标准还不算太高，生活在红枫湖畔的大冲村人也能近水楼台先得月，做一些游船、湖边烧烤的营生。但到了2002年，红枫湖被列为贵阳市重要饮用水源，保护标准提高了许多，游船、烧烤等也被明令禁止。不过，湖边的人们早已习惯了靠旅游经营为生，况且水源保护区内也不允许随意开展种植养殖产业，村民便纷纷上岸，用自己的房子开办起了农家乐，林科忠所在的兴隆组便是大冲村农家乐最集中的村民组。

2014年，被推选为村民组长的林科忠也开办了一间农家乐。在外闯荡多年、又干过娱乐行业的林科忠，对村里的环境始终不满意。白色垃圾靠风吹散，地上污水靠雨冲刷，总之，大家都只顾着经营生意，由生意带来的种种垃圾则交给自然去处理。林科忠见不惯，不仅自己去湖边捡垃圾，有时和亲戚朋友聚会，美餐一顿后也会鼓动大家和他一起去捡垃圾。

一个住大房子、开名牌车的人，天天在湖边捡垃圾，这样的反差成了一道"奇观"，村民们百思不得其解，最终得出一条结论：他想出名。林科忠觉得无奈又有几分可笑，他没有激烈回击，只是不厌其烦地解释："把卫生搞好一些，客人也会多一些。"

时间一长，林科忠甚至捡出了经验。他明白，"垃圾生产大户"就是兴隆组这些开办多年的农家乐，而这些垃圾无外乎就是那几类：玻璃、塑料、金属、纸制品，如果能动员开办农家乐的村民禁用塑料，再将垃圾分类，或许能让整体卫生情况上一个台阶。

2016年，在湖边捡垃圾的林科忠在村民眼里显得更"另类"了，他不仅游说大家一起捡垃圾，还想让开农家乐的村民把垃圾分类处理！那时，垃圾分类在全国各地仍处于探索阶段，而对于远离城市的大冲村村民来说，能把家门口打扫干净已经算勤快了，至于把垃圾分门别类，大家一致认为这纯属"吃饱了没事干"。

林科忠作为村民组组长，自有他的办法。他与一位家境清寒的村民商量，由其负责垃圾清运工作，分类整理出的纸壳、玻璃等可回收垃圾都归这位村民处理，换来的钱自然也归他所有。

办法十分奏效，大冲村搞垃圾分类的新鲜事很快传到媒体的耳朵里，这个"百万富翁在湖边捡垃圾"的故事吸引了不少猎奇的人，大冲村的旅游又被添了一把火。未曾想，这一"火"烧得过旺，差点烧毁了村民们农家乐的生意。关注的人越来越多，当地政府开始担心污染加剧，随着对水源保护的力度不断升级，红枫湖镇决定叫停当地的农家乐，甚至安排工作人员站在村口，劝返前来游玩的游客。

林科忠未曾预料到，自己的环保举动会引发出这样的"蝴蝶效应"。正当他不知该何去何从时，恰好遇到一位长期关注并参与环境保护的人士。这位名叫黄成德的人在国内有不小的名气，他曾是一名记者，对环境保护尤为关注。

在红枫湖畔，林科忠与前来考察的黄成德相识。黄成德将过去多年对污水治理的经验和心得向林科忠倾吐，林科忠也将这几年带着村民们施行垃圾分类所遭受的艰辛一一诉说，两位对环境保护近乎狂热的中年男人一见如故，在对方身上汲取了不少灵感。黄成德所提到的污水处理系统勾起了林科忠的兴趣。对于靠水吃水的大冲村人来说，还有什么比让这片湖水保持洁净更重要的呢？如果把污水处理问题也解决了，并非位于水源保护核心区域的大冲村是不是有机会争取到相关经营许可呢？

林科忠通过自己的人脉四处打听，又反复与红枫湖镇的镇党委书记交流想法，甚至抓到一次机会，向市里的领导汇报。林科忠能说会道，提起自己过去几年的辛酸，以及村民们只能靠农家乐为生的无奈，他情绪饱满，极富感染力。况且，当初率先开展垃圾分类已经被传为佳话，如今打算每家每户建污水处理系统，也是一个敢为人先的举动，这些实实在在的行动足以表明大冲村人们保护环境的决心。

如此声情并茂的表态，自然让人十分动容。市里的领导说，林组长说得也有道理，可以考虑放宽政策；镇党委书记则表示，如果能把村里违建的问题处理了，一切符合环保标准，可以考虑给大冲村办理相关的经营许可手续。

林科忠犹如被注入一针兴奋剂，立刻精神百倍地赶回村去给村民们做工作。此时的他已是村主任，说话比过去当村民组组长时更有了些分量。但此事牵涉巨大的经济付出，每家安装一套污水处理系统需要花费10多万元，就算他是村主任也很难让村民们下这个决心。

"用'艰难'这个词并不足以形容当时的状态。"时隔多年之后，林科忠再回忆起那时的经历仍觉得心惊肉跳。领导的口头承诺是他建设污水处理系统的动力，但谁又能保证这承诺一定能够兑现呢？林科忠内心七上八下，却不能在村民面前表现出来。他走进村民家里，信心十足，甚至故作几分神秘地打下保票："装了污水处理系统，我就保证能把经营许可的手续办妥！"

林科忠知道，影响经营许可能否办成的因素非常之多，一旦失败，恐怕他从此以后在村里再也抬不起头来。但是，他早已抱着一种破釜沉舟的想法，污水处理系统是让村民们有可能重新经营农家乐的第一步，无论如何，都要先把这一步成功迈出去。

林科忠放话保证办妥经营许可的举动再度引来村民们的冷嘲热讽。有常年经营农家乐的村民半开玩笑地挑衅道："十几万元对我来说也不算大事，我就要看看，你要是真能办下来，我拿手板心煎鸡蛋给你吃！"也有村民好意提醒："家里人问过许多领导，人家都说在红枫湖这个地方，经营许可根本不可能办得下来。"相比起2年前搞垃圾分类，这一次动员人们做污水处理简直是一场凶险未知的豪赌，林科忠表面波澜不惊，内心早已七上八下，他赌上了自己的名誉和信用，这是比身家更贵重的东西。

村民们陆续安装了污水处理系统。过了没多久，清镇市也开始全面推行这个系统，林科忠又争取融入这个项目之中，为村民们节省了维护成本。折腾了整整两年，大冲村如林科忠承诺的那样达到了各项环保指标，经营许可竟真的批了下来。

大冲村一片沸腾，所有人对林科忠彻底服气。

大冲村获准经营农家乐、民宿之后，企业也被吸引到这里投建民宿，具有"网红打卡地"潜质的里查里诺民宿酒店应运而生，而林科忠也成为人们眼中那个真正有能耐的人。

坐在湖边，林科忠说完了自己的故事。夕阳西斜，里查里诺之外的红枫湖微微泛起水波，将夕阳的倒影拆成无数金黄色的碎片。我提出想给林科忠拍一张照片，他沿着走廊走向宽阔的露台，站在那排拱门造型的围墙前，对着镜头眯起眼睛，突然，又转过头去直视着夕阳，在我镜头里留下一张潇洒的剪影。

好香的村庄

乌当区王岗村

虽然，新堡布依族乡的 7 个村寨各有各的风光，但我此行的目的却并非为了赏景，而是为了一口美食。被誉为"庖汤第一村"的王岗村，距离乡政府只有几公里远，只需 10 多分钟便能抵达。但是，非常不巧的是，我到来的这天，村里正在为一位已逝的长者筹办白事，几乎全村的农家乐都关门歇业。

尽管如此，我依旧见到了那位当年第一批在王岗村以做"庖汤"为业的人。

在村委会，一位瘦高的男人招呼我们坐下，又转身出门招呼来客。带我来王岗村的负责外宣工作的韦登亮说起了新堡布依族乡的故事。

新堡布依族乡大概是贵阳乃至整个贵州最早开始推行全域旅游概念的地方，从 2007 年起，整乡 7 个村庄就已陆续吃上旅游这碗"饭"。7 个村庄各有所长，拥有香纸沟景区资源的陇脚村，最早端起了旅游的"饭碗"；被誉为"高原画乡"的陇上村，凭借当地的农民画特色打响了招牌；据说当地布依族历史能追溯到殷商时期的大寨村，则将古老文化作为自己的标志……此外，还有新堡村、马头村、长坡村等也都有自己的风格。而被誉为"庖汤第一村"的王岗村，其金字招牌就是布依族美食。

正聊到兴起，那位和我们匆匆打过招呼的男人再次走进屋里。这次，他显得郑重其事了一些，客气地伸出右手。韦登亮介绍："这是今年换届新当选的村支书花葵，也是村里最早做农家乐的人之一。"

花葵早在 1998 年就进入村委会工作了。2007 年换届后，他在乡党委、政府的安排下，来到离王岗村不远的香纸沟景区工作。

20 世纪 90 年代初期，在各个村寨的人们还苦苦埋头于土地中，指望多收获一些玉米和水稻时，陇脚村的村民们已经靠景区开发做起了小生意、开起了农家乐。作为贵阳的老牌景区，峡谷幽深、溪流纵横、奇石林立的香纸沟有发展旅游的天然资本，这让其他除了黄土就是大山的村庄只有羡慕的份儿。

来到景区服务中心工作的花葵，每天都在"受刺激"。那些开办农家乐的村民，每天一大早便开始忙碌，打扫卫生、准备食材，到了饭点便站在店门口喜气洋洋地迎来送往。周末更是热闹，鼎沸的人声渐渐散去之后，村民们收拾完残羹剩饭，便谨慎地打开腰包，掏出一堆钞票，将百元大钞、一两元的零钞分门别类地细细清点，点着点着，翘起的嘴角也随着数额的增加越提越高，眼睛都快眯成了一条缝。

那些似乎从未在王岗村人脸上出现过的满足笑容，让花葵心里五味杂陈。王岗村和陇脚村之间的距离只有短短4公里，这4公里却成了一条难以逾越的沟壑，把两个村庄划分成一个天、一个地。

花葵的羡慕并未持续多久，工作几个月后，他就听到消息，乡党委政府计划推动王岗村发展旅游，准备先带动几户村民开办农家乐，给其他人做示范。乡党委政府也向曾经当过村主任的花葵抛来橄榄枝，这正好完美契合了花葵的期待。

那时，虽然"全域旅游"的概念尚未在全国范围内提出，但体验到香纸沟景区带来的绝佳效应后，新堡布依族乡早就对扩大旅游区域范围跃跃欲试，渴望发掘其他村寨的旅游发展潜力。而距离陇脚村最近的王岗村，当然成了最先被关注的地方。虽然王岗村没有香纸沟这样的瑰丽风光，但有一样东西值得做一做文章，那便是"庖汤"。

让村民开办农家乐专做"庖汤"的主意，让王岗人感到不可思议。"谁会来我们村里吃饭哟？还是吃庖汤！"在村民眼中，来旅游的人们尝遍山珍海味，怎么可能会被这土里土气的农家饭菜感兴趣呢？

"庖汤"是布依族人宰杀年猪时吃的第一顿火锅。通常，布依族农家宰杀年猪时会有诸多亲朋好友前来帮忙，辛苦一天后，主人家便会取大块肥瘦相间的好肉，加上肠子等杂碎，以及凝固的猪血，烹制成一锅美味鲜香的火锅，用来招待客人。好客的布依族人，在端菜上桌时通常会客套一番，说："大家辛苦一天，也没有什么吃的，只好请大家吃点庖汤剩水，不要客气！"人们围着这一大锅新鲜的美味大快朵颐，杀年猪的热闹气氛也在鞭炮声中被烘托得更让人心潮澎湃。

把杀年猪时吃的盛宴变成日常招待游客的食物，不少村民的脑筋转不过弯来。那时，乡党委政府和王岗村的村干部们对5户村民展开苦口婆心的动员攻势，除了花葵早就与乡里的计划一拍即合之外，只有花兵和罗应顺两位相对年轻的村民同意尝试。

总算有人愿意做第一个"吃螃蟹"的人，村干部们忙不迭地帮忙筹备。锅碗瓢盆、桌椅板凳，开办农家乐所需要的器具，都由乡里和村里统一提供支持。除此之外，又请来相关专家提供建议，将布依美食的"三盘四碟八大碗"作为庖汤宴的主要内容。王岗村的庖汤盛宴就这样缓缓拉开了帷幕。

花葵的农家乐开办起来之后，新堡布依族乡便想方设法对王岗村进行推广，还打出"去香纸沟游玩，来王岗吃庖汤"的宣传语。花葵等人甚至不用思考如何招揽生意，便迎来了大批前来尝鲜的食客。

很快，农家乐便开始盈利，花葵喜滋滋地一遍遍观看着过去在陇脚村见到的场景，将鼓鼓囊囊的腰包打开，细细清点一天的盈利。眼见3位率先尝试做生意的村民有了收获，其他人也蠢蠢欲动。

谁知，好景不长。2008年，贵州遭遇有史以来最严重的一次凝冻灾害，连香纸沟都被冰雪封锁，王岗村当然也门可罗雀。苦守了近一个月，陆续有跟风开店的村民忍受不住，索性关张。可花葵和另两位最先开店的村民都不甘心，加上村干部们每天提心吊胆地前来打探，旁敲侧击地劝他们"坚持，再坚持！"好歹算是保住了这几家坚守阵地的农家乐。

灾害过后，旅游行业开始回温。2009年，生活得到极大改变的花葵，给自己正在贵阳某家电销售公司工作的弟弟花兴江打去电话。

"你一个月能挣多少钱？"

"600多吧。"

"不要干了，回来搞农家乐。"

花兴江逢年过节回家时，都会去给花葵搭把手，当然知道其中的回报有多丰厚。他和妻子果断收拾好家当，头也不回地辞职回到家乡。花葵通过向上级申请，将自家屋子的柴房改为厢房，扩大了农家乐规模，同一时间可以接待20桌人左右。两兄弟的生意做得风生水起，而新堡布依族乡又有了新动作。

王岗村的变化越发剧烈，房屋变得更漂亮，路也越来越宽，看起来更像一个适合休闲旅游的美丽小村庄了。2010年，贵阳市旅发大会在乌当区召开，东风起，乌当区也借势推出了"泉城五韵"乡村旅游度假区项目，将偏坡、陇脚、渡寨、王岗、阿栗等村镇进行连片打造，每个村镇都有不同的定位，而以"能吃肉是福"为特色的王岗，则被定位成"福韵·王岗"。大量资金投入和宣传攻势，让王岗的名气不断扩大，村里的农家乐数量也飞速上涨，一时间扩充到几十家，没有条件开办农家乐的村民，也靠种植蔬菜、养殖生猪为村里的农家乐提供货源而过上了富足的生活。

2014年，当地引进了旅游企业，依托温泉优势在王岗村打造出枫叶谷景区，主打水上娱乐。2016年正式开业后，生意持续火爆，村里与景区展开紧密合作，王岗村的村集体收入也有了着落。

讲起王岗村化身"庖汤第一村"的这10多年，花葵在喜悦中又生出感叹："如果没有当初乡里的整体打造，也不会有今天的王岗村。如果没有过去这几届村支两委的坚持，许多人可能都挺不过2008年的那个冬天……"眼下的王岗村，早已围绕"庖汤"形成一条产业链，人均收入从过去的2000多元上涨到29000多元。王岗村的名声也早已传到省外，有不少外地食客专程来到王岗村，就为了探一探这"土里土气"却撑起一个村庄的美味。2016年再度进入村委担任村副主任的花葵，如今已被推选为新一任的村支书，他清晰地感受到压力在肩，但也信心十足。

不知不觉已到中午，理应是王岗村最热闹的时候。不过，今天的王岗村有些特别，因为德高望重的老人过世，几乎所有农家乐都关门谢客。带我来到王岗的韦登亮说，这是王岗村人淳朴的习俗，谁家有大事，人们宁愿不做这一天的生意，也要为同村人出一份力。村里安安静静的，空气中弥漫着浓烈的气味，虽然不知是不是庖汤的味道，总之依旧很香。

绿色矿山等风来

白云区靛山村

过了一个弯道，董正邦转动方向盘转入一条只够一辆车通过的小道。路边的树林更密了，繁盛的枝叶交织成一张绿色的天幕笼罩在上空，只留出这条小道的缝隙，透进一道光亮。很快便开到小道尽头，董正邦把车停下，下了车，径直向林间走去。

他准确地找到那条通往密林深处的小路。那是条不知经过多长时间踩出来的林间密道，除了能下脚的地方是被压实了的黑褐色泥土，周围全是直指天空的杉树，以及肆意生长的杂草和灌木。董正邦仿佛心里有一张地图，在林间穿梭的速度像一只灵巧的老猫，飞快地绕过挡路的灌木向更深的地方前进。我踉踉跄跄地跟在后面，几次差点看不见他的身影，每当他感觉到身后没了脚步声，便又停下来回头望向我。

冬天的鸟儿懒得鸣叫，虫子也都钻进了土里，连风也没有拂动树林的意思，一路上只有我自己粗重的呼吸声。不知走了多久，细微的流水声终于打破了寂静。树林仿佛一下子向四周退去，留下中间一片全是石子空地，阳光刺破树梢，从缝隙中挤进来，恰好投射到这片空地上，一股水流从林间缓缓流下，汇入一旁的溪流之中。

"就是这里了！"董正邦长长地呼出一口气，指着那片空地期待地看向我，这就是他计划用来开发林下露营的地方。空地上有两堆熄灭的火堆，烧黑的石块塌了下来，看来，这是当地人早已熟悉的野炊地。

"把周围的杂草和灌木都收拾干净，溪流边的水草也全都割掉，把水位上抬。这里安一个帐篷，树下扎一个吊床，安逸吧？现在可以说是万事俱备，只欠东风。"董正邦又投来期待的眼神，他很想得到肯定的答复。而我已经被这静谧的树林吸引，早已开始想象在这林间休憩的悠闲滋味了。他又带着我往前走了一段。在这寂静的树林之中，他又一次开起玩笑："不是吹牛，靛山村所有的山我都爬过，所有的洞我都钻过，我就是靛山村的'包打听'，什么都知道！"

董正邦是沙文镇靛山村的村支书，45岁，看起来似乎有些严肃，但一开口就颠覆了我对他的第一印象，风趣幽默，笑话不断。他从1994年高中毕业之后就没有离开过靛山村，按他的话来说，对这里的每一寸土地都了如指掌。

杉树大约20年成材，而靛山村的这片山林恰好生长了20年。20年前，靛山村目之所及的所有山坡都是荒草一片，每年还随处可见人们放火烧山，火舌舔过的地方，荒草化为灰烬，露出光秃秃的黄土，这是采矿人最满意的状态。

这些被大火烧过的山下埋藏着极为丰富的铝矿，在对铝矿开采没有严格管控的年代，紧靠贵州铝厂的靛山村，100多户人家全都依附着这些"地下宝藏"生活。董正邦的父辈就是靠采矿将他抚养长大的，到了成年时，他也靠采矿过上了富足的生活。

转眼到了2000年，采矿的管控越发严格，矿区露天可开采资源也逐渐枯竭，昔日红火的矿山，逐渐冷清下来。靛山村曾经的村支书眼看着采矿过程中形成大量的废弃地，十分可惜，而此时，退耕还林工程也在逐步拉开帷幕，他便在林业部门的引导下，与扎佐林场进行联营，用树木覆盖了靛山村所有的荒坡。种下树木几年之后，人们发现树林引来的鸟儿常常飞进地里吃庄稼，辛苦一年的成果全都喂了鸟，索性把为数不多的耕地都改成了林地，只留下房前屋后的小菜园，能让自己有一口吃的就行。

种上了树当然就不能随意砍伐，必须在裸露的土地上进行的矿产开采自然也被叫停。董正邦在1994年就进入村委工作，村里的矿山变成林场时，他不过20多岁。对这个年轻气盛的小伙子而言，那时最难做的工作便是说服人们放下采矿的锄头。

"就像猫捉老鼠，我们在这边抓，他们往那边躲起来继续采。"董正邦现在想起来都觉得一个头两个大。年轻的人们拿得起放得下，不让采矿便收拾行囊下山打工，还有曾经靠采矿修起大房子的人，也不介意放下"有钱人"的面子，在学校旁摆起了炸洋芋的小吃摊，同样也挣到不少钱。可五六十岁的老人就很难改变，他们已经错过了外出打工的最佳年龄，村里又没有多少土地可耕种，便横下心来偷偷摸摸地去山上重拾过去的营生。为了禁止人们私自开采，村里成立了专门打击非法盗采的队伍，和采矿的人玩起了"猫捉老鼠"的游戏。

在村干部们的坚持下，非法盗采的风气最终被遏止。2005年，村里换届选举，董正邦当选村主任，很快，他便体验到这个小小山村中的种种不易。

2005年的冬天，鹅毛大雪覆盖了靛山村的大小山坡。镇里的领导来村里开展工作。在以龟速爬行的车里，几位领导露出担心的神色，道："雪这么厚，这路……"

"不用担心，我们的路是有轨道的，沿着中间开保准没事！"董正邦气定神闲地半开玩笑说。

他说得确实没错，那时的靛山村，盘山而上的泥巴路被运矿的重型卡车反复碾压多年，早已形成两道深深的车辙，犹如两根轨道一般。那辆车几乎有三分之一都陷在积雪中，沿着"轨道"缓缓"爬"进村里，也给来客留下难言的滋味。

2008年，一场贵州有史以来最为严重的凝冻灾害彻底封锁了处在高山的靛山村，村民出不去，外面的人也难进来，最糟糕的是，电线被冰雪压断，全村陷入黑暗之中。

沙文镇的相关领导和部门出于关心，陆续前往靛山村送粮送水、帮忙解决用电等问题。此时的董正邦已是村主任和村支书"一肩挑"了，村里人口本就不多，村干部更少之又少，听说镇里的干部要来，这可难倒了董正邦。

不停接打电话后，董正邦的手机很快就没了电。村里没有电，电话不通，又联系不上领导，董正邦情急之下竟想出一个办法。他在村里走了一圈，把有手机的人的家门都敲了一遍。那时，董正邦便以这样一个有些狼狈，甚至有些滑稽的形象出现在人们眼前：腰间别了五六台手机，用完电量后又忙不迭地拆开后盖，卸下电池，抽出电话卡，再装到另一台手机里，然后再将手机高高举起对准天空，寻找微弱的信号。

凝冻的那一个月中几乎每天如此。董正邦用那五六台手机与进村送物资、安装发电机的干部们保持通话，还得频繁奔波于各个村民组，通知村民组长们准备开会讨论应对灾害的方案。那个冬天，董正邦感觉自己似乎瘦了好几圈，连白头发都快长出来了。

2010年，修路的工程终于开始动工，饱受泥路之困的村民们一呼百应，很快同意让出部分土地，支持修建那条4米多宽的路。不过，村民们的喜悦只维持了短短几年，附近矿区采矿的车辆又将路压坏了。

董正邦有些灰心丧气，前前后后在村里干了这么多年，可始终不见起色，村集体经济也一直为零，他心里默默打起了退堂鼓。不过，随着脱贫攻坚的到来，村里也开始有了变化。房屋改造项目刷新了村里的面貌，冬荪种植的项目也在林场里安家。这些改变让董正邦重新燃起干劲，他想要做点什么。

在一次去大方县见朋友时，董正邦和人们聊起靛山村。"大片的树林，安逸得很。"他心里知道自己多少有点吹牛的成分，毕竟，除了养眼的树林，村里也没有其他值得吹嘘的了。没想到，这片广袤的林场勾起了朋友的兴趣。这位来自修文的朋友，正在大方县搞林下菌产业，正有扩大规模的意图，便向董正邦正儿八经地提出了林下羊肚菌种植的合作意向。

很快，新的林下产业陆续入驻靛山村，不少五六十岁的老人在基地里找到了工作，靛山村的村集体经济也逐渐充实起来。

2019年，在董正邦和镇里相关干部的不断争取下，靛山村终于迎来投入1000多万元的公路项目，9.6公里的柏油路从镇里延伸到靛山村，1.6公里的组组通道路也顺利完成。房屋立面改造、污水处理厂、村里的文化广场等美丽乡村建设项目的进入，将曾经被埋没在山林间的靛山村彻底变了样子。

路上的"轨道"终于被填平，董正邦的思路也和这路一样变得开阔起来。董正邦手机里的短视频软件，透露了他对靛山村未来的想象。大数据的精准分析，为他频繁推送关于乡村治理和乡村旅游的相关视频，在这些来自全国村村寨寨的精美视频，董正邦看到了靛山村更多的可能性。

他想起小时候，学校组织去春游的树林，一条浅浅的山泉，一片被树林围绕的空地，足以让孩子们快活地玩一天。就算到了现在，也时常有人如探险般去往树林深处，用石头搭起简易炉灶，体验一把野炊的快乐。董正邦像个探险家一样，一次次走进山林，去探索林间的空地、隐藏的山洞，一边走，心里一边默默地描绘蓝图。

一片能够眺望大片山林的平地，被他流转到村里改造成"开心农场"，发现效果不好之后，又与一家从事极限运动的公司洽谈合作，计划交由对方开展滑翔伞运动的基地。林间的那片空地他也有了一个完整的计划，在草原露营基地盛行的今天，他要打造一个森林露营基地。如今，基地改造的规划已经拟定，很快能投入建设，他也开始研究短视频的拍摄制作，说不定未来的某一天，靛山村也会成为短视频平台上的"网红村"。

走出那片森林，董正邦驾着那辆 SUV 在山间公路上飞驰，这条路他不知开了多少遍，早就熟悉了每一个弯道和每一个陡坡。似乎这飞快的速度让他想到了什么，他突然笑了起来，说："以前路太烂的时候，大家好像显得很亲热、客气，每次错车，都让对方先走，其实是怕自己技术太差过不去。现在路修好了，那种客套也没有了，两车交错，彼此都开得飞快，开出老远才反应过来'那不是我认识的谁谁谁吗？'"董正邦被自己逗得大笑起来，顿了顿，他又换了一种深沉的语气："这条路太好了。"窗外的树林间突然起了一阵风，摇曳着树枝发出"沙沙"声。

花小莓成长记

　　驾车从贵安大道转入康打路，过了汇入阿哈湖水库的游鱼河，快要抵达打通村时，眼前豁然开朗。河边的平地上铺满温室大棚，整整齐齐连成白茫茫一片。这样的场景在花溪区很多地方都能见到。通常路边还有三五商贩，搭起红色伞篷，摆上一排红色的塑料篮子，每个篮子里都堆满红艳艳的草莓。这是冬季到春季期间，花溪区最常见的场景。

　　到了久安乡打通村村委会附近，花小莓就立在路边。她顶着红红的小脸儿，眯起眼睛舔嘴唇，一只手抱着草莓，另一只手伸出大拇指，仿佛在向路人夸赞手里的美味。

　　花小莓不是一个人。这个印在标志牌上的粉色卡通形象，像个好客的小馋猫，立在路边吸引人们的注意。标志牌上还有一排小字：花溪农产品区域公共品牌。显然，花小莓是整个花溪草莓公用的名字，而我所来到的打通村，可以算是花小莓生长规模最大的地方之一。

　　在打通村村委会，村支书熊庆果热情地将我引上二楼的办公室。如果不是2016年时被久安乡党委政府"请"来救急，熊庆果或许从未想过自己会成为一名村干部。虽然挂职副支书不拿一分钱的工资，也没有人向他施加压力，但上任后的熊庆果心里仍有些忐忑，他想要干点什么。出于过去在煤厂工作积累的经验，熊庆果决定先建设一些大棚，再慢慢考虑种什么的问题。

　　一年很快过去，大棚已经建好，熊庆果挂职期满，被正式推选为村副支书。为了利用好那些大棚，他思考再三，联系上在外做生意的堂哥熊庆祥，打算请这位学农技出身的老哥出山，帮忙渡过这艰险的一关。在外打拼多年的熊庆祥已不年轻，也有回乡的想法，便欣然答应了熊庆果的邀请，接手了这20多亩土地。

　　"种草莓啊！花溪草莓这么出名。"环顾四周早已被绿树覆盖的山林，以及那一湾清澈的游鱼河，熊庆祥心里早已有了谱。

　　种什么的问题迎刃而解。此时已是2017年11月，想要抓住机会，这两兄弟必须马上动起来。熊庆祥从山东买来红颜草莓的秧苗，这一品种在市面上颇受欢迎，一定能卖个好价钱。虽然下种的最佳季节早已过去，但熊庆祥急不可耐，他连日将秧苗种进大棚内。为了让这些幼苗尽快生长，他又根据网上查来的、书上看来的种植经验，在每一株苗下都盖上厚厚一层鸡粪。前前后后花了18万元，可过了一个月，原本健康的秧苗却陆续枯萎，最终全军覆没。看着10亩地的秧苗无一存活，熊庆祥和熊庆果两人内心极为崩溃，问题到底出在哪里？

熊庆祥并不是轻言放弃的人，即使那时耳边各种声音不断，都在劝说他不要再"烧"钱干这种赔本买卖，可他不想这次失败成为人生中的一个笑话，至少，他要搞清楚原因才行。继续上网查资料、翻书学技术，又在周边种植草莓的老农那里多番打听，最终得出一个答案："你心太'厚'了，人家的草莓都开始结果了你才开始种，品种也不适合。再说，幼苗哪里经得住这么多鸡粪浇哦！"

熊庆祥恍然大悟。他明白尽信书不如无书，除了书上介绍的基本方法之外，还得结合当地的实际情况来调整。2018年的花溪区，种植草莓的农户早已数不胜数，熊庆祥有大把的机会淘经验。那年春天，他总是手里提着两瓶酒出现在各个草莓园里，找到经验丰富的老农人，便找机会请人吃饭、喝酒，酒过三巡把话题引向种草莓这件事上，一面大倒苦水讲起自己痛失18万元的经历，一面在花样百出的夸赞中请老农人透露种植草莓的秘诀。尽管同行是冤家，精明的农人各自都有所保留，但熊庆祥还是在不知多少次喝到微醺后，总结出了一套适合自己的经验。

转眼到了2018年夏天，信心满满的他又买来幼苗，悉数种进大棚之中。这一次，他学会了细水长流，精心管护，到了冬天，红艳艳的果子终于如他所愿冒了出来。虽然依旧亏损，但比起第一年的"滑铁卢"，这一次的丰收已经给了他极大的鼓励。

在草莓果农如繁星般的花溪区，2018年作为新手入行的熊庆祥当然很难再占领属于自己的市场。他想搞点特别的东西。听说有机农产品的市场价比普通农产品高出许多倍，熊庆祥来了兴趣。

打通村作为阿哈湖水源保护区，无论是土壤还是水源都未受到严重污染，适宜有机农产品种植。熊庆祥想试试有机草莓的种植。这个想法刚刚诞生时，有不少人好心劝他"不要折腾"。"有机"这条路可谓困难重重，不仅申请有机认证的条件颇高，种植方面的难度更大，而且出产的果量也更少，无论怎么看，这都是一桩并不划算的买卖。但熊庆祥的发条已经拧紧，早就停不下来。他通过种种渠道学来有机种植技术，不再用任何化肥和农药，改用生物制剂防治病虫害，精心管护，提高果苗本身的抵抗力。为了节约成本，他又学到自制酵素的方法，用头一年的次果制作酵素当作有机肥料。

2019 年，这场不惜成本的试验最终迎来了熊庆祥所期待的结果，他获得了北京科环认证公司颁发的"有机转换认证证书"，两年之后，有机认证证书便交到他的手中。

捧着这得来不易的"有机转换认证证书"，熊庆祥和熊庆果的激动之情难以言表，这可以说是一把开拓市场的利器。熊庆祥的妻子每天接打的电话开始多了起来，来来去去都是同样的话："我们基地的有机草莓成熟了，先给你带点样品尝一尝，要是好的话就合作，可以不？"不久之后，贵阳的盒马鲜生超市里，熊庆祥种植的有机草莓被摆在了显眼的位置，售价不菲，却供不应求。

2019 年的成功给了熊庆祥极大的底气，他一口气流转了 100 多亩土地，按照自己摸索出的方法，广泛铺开有机草莓的种植。熊庆祥对有机草莓的执着，引起了花溪区的关注。2020 年，花溪区农业农村局草莓产业专班提出《花溪区草莓产业提升工程》，考虑到过去几十年里，区里农户们各自为政，品质参差不齐等问题，便提出打造一个花溪草莓的公共品牌，并成立合作社，将优质农户吸引进来，整体提升花溪草莓的品质。而在当地第一个取得有机认证的熊庆祥，自然成了挑大梁的人。当年 12 月 12 日，"花小莓"的名字正式与公众见面，而熊庆祥也被推选为花溪区明珠草莓产业合作社社长。

这一年里，熊庆果也忙碌起来。花溪区农业农村局的干部带着熊庆果、熊庆祥等人去往云南曲靖等地考察学习规模化发展模式，计划将有机草莓扩大种植。云南之行结束后，2021 年，由贵阳城南投资开发（集团）有限公司投资，计划在久安乡发展 500 亩有机草莓种植，打通村当然是这有机草莓种植基地的核心区域。熊庆果在公司与农户之间相互协调，完成了土地的流转，为村民们提供了更多进棚务工的机会，鼓励人们学习技术，待时机成熟时也能自己种植一些。而在有机草莓上已经拥有丰富经验的熊庆祥，则担起了为基地提供技术支撑的重任。

草莓基地的大面积铺开，也为打通村带来了更多变化。在贵阳市委政法委工作的佘传金来到这里任驻村第一书记后，为村里带来了不少改造项目，路灯、党建宣传栏等一一落成。"到了晚上，那片山上的寨子全都亮起灯，从这里看过去就像一颗金色发光的明珠。"熊庆果指向窗外说。

在冬日的暖阳之下，我在那片熊庆祥最初研究有机草莓的大棚中，终于见到了这位执着的老农人。虽然是冬天，但他只穿着一件单薄的毛衣，皮肤黝黑，笑起来露出一口白牙，脸上满是纹路，一说起草莓他就情绪高涨。

此时已是草莓陆续上市的季节，花溪区第二届花小莓（草莓）采摘季也已拉开帷幕，不少游客陆续涌入各大草莓种植园中。比起那些喧闹的草莓园，这片基地显得尤为安静。这里的草莓仍在不紧不慢地生长，有的已经率先染上红色，有的才刚刚冒出一点青涩的小果子，熊庆祥说，这里的草莓大概在 12 月底才会迎来丰产，可以陆续采摘至第二年 4 月份。"有机的是会长得慢些，不过值得等。"他像在介绍一个天赋颇高但生长缓慢的小孩一样，语气里透出一丝爱怜。

整装再出发

贵安新区车田村

三岔河、车田河、冷饭河这三条河流环绕村庄，一户名为"小花溪"的农家乐里，既有可口菜肴，又能搞自助烧烤，还有一个玫瑰园，看来已经掌握了游客的喜好。游船、山洞、古建筑群，这些通常出现在景区的元素，在这个小小的村庄里一个不落。2021 年冬季的一个工作日里，我来到车田村。显然，这是贵阳周边一个典型的旅游村寨，似乎与大多数旅游村寨有些许相同，但深入村里，好像又有很大不同。

在村委会办公室里，村主任张忠平在毫无保留的谈话中向我揭开了谜底。无论从穿着打扮还是面相上来看，张忠平都显得比较年轻时髦，说起话来言简意赅。他无意掩饰这个村庄曾经历过的低谷时刻，直言不讳地告诉我，2018 年，原本被列为国家 AAAA 级旅游景区的车田村被摘牌，张忠平称这次"摘牌事件"为村里发展的"转折点"。

车田村算是贵安新区最早一批开始发展乡村旅游的村落，2013年就开始投入建设，2015年开门迎客，不久就被挂牌为国家AAAA级旅游景区。2007年就开始在国内各大景区中做旅游生意的张忠平，当然也嗅到了这不可多得的机遇，2013年便果断回乡，凭借自己多年在外闯荡的丰富经验，竞选上了村副主任。不过，从一个从业者变为村里的管理者，这种转型对张忠平来说何其之难？村里的人们更不用说，大家纷纷"洗脚上岸"，当起了小老板，可从农耕转向经商，自然也不那么顺利。

游客蜂拥而至，忙着做生意的村民们各人自扫门前雪，只顾得上盯住眼前的利益，村里的环境无人在意，景区内的硬件设施无人维护，短短两三年，来到车田村的游客便开始怨声四起，2018年，车田村就丢了这块"金字招牌"。

这次摘牌，上级部门问责了相关单位、部门和公司，没有经营实权的车田村村委会算是躲过一劫。虽然上级没有问责，但从责令整改到摘牌，恰好就发生在张忠平上任之后，不明就里的村民们，眼看着村里的游客日渐稀少，在外的名声也越来越差，便将气都撒在张忠平身上。张忠平时常苦笑着向人们吐露："我没有经历过挂牌的喜悦，却感受到了摘牌带来的酸楚。"

2018年，大概是张忠平作为村主任最灰暗的时期。那段时间，他特别害怕看新闻，每次打开手机，他总能刷到各种各样对车田村的"差评"：环境恶劣、垃圾遍地、物价不规范、宰客……游客大概彻底厌恶了这样的车田村吧？张忠平心底泛起浓浓的悲哀。可悲哀的情绪无法挽回车田村的声誉，唯有自救才能找到出路。张忠平明白，过去车田村的种种问题，一是由于管理权责不够清晰，二是由于村集体经济太过薄弱，如果村里有一个经营主体接手景区运营，或许便能破掉眼前的困局。

那时，贵安新区正鼓励各村寨将资源转变为资产，由村委牵头成立公司。这阵风刚刚吹起，几乎所有村寨都在观望，而迫切求变的张忠平把心一横，索性率先在2019年成立了贵州贵安新区美丽车田旅游开发有限公司，由他本人担任法人代表。在外闯荡多年的张忠平当然知道法人代表需要承担什么样的责任，但眼下只有这一条路行得通，他不愿再在埋怨声中低着头过日子了。

村里成立的公司比较特殊，张忠平没有动用村集体一分钱，完全靠资产转化，而村民们也没有任何投入，但所有车田村村民都在公司中占有股份，一旦有了收益，所有人均能得到分红。这种模式在公司运行之初，几乎将压力全部集中在几个主要负责人身上，张忠平深知成败在此一举，他不敢掉以轻心，只能稳扎稳打一步步向前迈进。

很快，在包村干部的引荐下，村里承接了研学团队的接待，顺利赚到了"第一桶金"。张忠平又凭借整改小木屋出租，赚取了公司的"第二桶金"。有了这笔资金后，张忠平打算动真格的了。

车田村不仅有三条河流环绕，还有两大湖泊。广阔的水域是发展水上项目的有利条件。张忠平计划用这 10 多万元购买船只，在村中增设游船项目。此前的两次成功案例，让人们对张忠平的决定再无异议。2020 年 5 月，"五一"小长假到来，车田村购买的船只已经停靠在湖岸边，静静等候游客光临。

"船家，来帮忙拉一下船！"游客的一声吆喝，张忠平和几名村干部便忙不迭地奔向岸边，使出浑身力气，卖力地拉动船只。公司刚刚起步，还没有足够的资金聘请船工，张忠平和村干部们只能亲自上阵。那大概是他 2020 年中流汗最多的假期。每天清晨五六点，张忠平便和几名村干部来到湖边，女干部拧干抹布，将船只里里外外擦拭一遍，张忠平等年轻力壮的男干部，则干起了苦力活，负责给游客推船、划船、拉船……

那个"小长假"期间，湖潮乡的相关领导干部成了车田村的"常客"，几乎每天都出现在湖岸边。当然，他们并不是来游山玩水的，而是想看看这个新项目能收获怎样的反馈，也想看看车田村的这些年轻人到底能吃苦到什么程度。张忠平和村干部们连日来的艰辛没有白费，3 天假期之后，购买船只的成本竟都收了回来。就在公司开始正式运作的这一年里，收入竟有 50 多万元！

张忠平走南闯北许多年，结交了不少社会经验丰富的朋友。人们常常好心提醒："你当村主任又当不了一辈子，这个公司也不是你自己的。要是做得好，村民们当然没话说，要是出了什么问题，人们都要怪罪于你，划不来！"

张忠平几乎不假思索地反驳了这些善意的提醒："我当然知道！难道我不知道法人代表的职责是什么吗？但既然我当了这个村主任，如果前怕狼后怕虎，考虑那么多后果，必然一样事情都做不成。"他心想，车田村停滞了这么久，村民们怨声载道，如今火都快烧到眉毛了，要是还慢条斯理地去走繁复的流程，把事事都考虑周全，或许直到今天，这个公司都没法成立起来。

他做事风格就是如此。2020 年，村里修机耕道，有村民不愿配合，他便软硬兼施，强硬地推动了 1.2 公里的机耕道修建。2021 年，他又如法炮制，修成了 3.2 公里的机耕道。村里计划建设露营基地，他先从公司划拨了 10 多万元进行修建。其实，谁都知道，10 多万元哪里够修建一个基地呢？最终，项目并未成功，但贵安新区和湖潮乡的相关领导见他反复折腾，也已明白了他的良苦用心，便爽快地支持了几十万元，投入露营基地的项目……

执着和强硬，让张忠平找到了破解问题的方法。当然，他也会使"巧劲"。

仅靠区区几位村干部，肯定无法撑起整个车田村的未来发展，最根本的症结，还是在于村民自身，如果人心不齐，那再多的努力最终都会付诸东流，张忠平当然明白这个道理。他想出了一个简单直接的办法——让村民实现"自治"。张忠平提议，在村中组织成立几个协会，分别为餐饮协会、民宿协会和种植协会。

这些都是针对车田村过去几年暴露出的问题而提出的。当初，村里被游客诟病最多的一个问题，便是农家乐价格不统一、卫生不达标，如果有协会作为引领，村民共同商议，统一定价，互相监督卫生，或许这个问题便能迎刃而解。餐饮协会应运而生，58 户农家乐各自派出一位代表加入协会，并推选出一位会长，人们在经营中有了约束，农家乐的生意也逐渐有了起色。

民宿协会、种植协会的情况大抵也与之类似。在协会的组织下，村民们的参与感越来越强，村里也带着致富带头人、村民代表等去往省内外乡村景区学习经营和管理经验，开阔了眼界的村民们，对车田未来的构想也更加具体生动。2021 年即将收尾时，村里成立的公司已收益 60 多万元，比前一年略有上涨，这让张忠平终于感到一丝欣慰。

张忠平的时间紧迫，我们这场对话紧锣密鼓地展开，又风风火火地收场。"我经常跟人开玩笑，没见过哪个公司的执行董事天天去给客人拉船、拿着镰刀去割杂草的。"他开了个玩笑，却又顿了顿，像是在自问自答，"那又有什么办法？还不是得干！话说回来，自己干起来感觉很踏实。"说罢，他便三步并作两步冲下楼梯，跳上一辆摆渡车，走访农户去了。

后记

  《新黔边行》于 2020 年出版，其后的很长一段时间里，很多人都问过我同样的问题："你一个人是怎么坚持下来的？让你再走一次还有勇气吗？"

  第一个问题并不难回答，毕竟任务已经完成，又获得这么多人的关注，做总结的心情也相对轻松而愉悦。而对于第二个问题，我想，如今可以用 108 篇《新黔中行》作为回答。

  《新黔边行》有鲜明的主题，即脱贫攻坚。而《新黔中行》则是在巩固拓展脱贫攻坚成果同乡村振兴有效衔接的时期诞生的。相较于前者，《新黔中行》的故事显然更不容易挖掘。在专栏推出之初，李缨主任为《新黔中行》加上了一个副标题——村寨采风，将这个专题的定位聚焦在乡村，也明确了我接下来的行走方向。

  因为同时还要承担部门的其他采访任务，所以只能尽量在每周抽出 2～3 天出差采写《新黔中行》，故而断断续续写了 9 个多月才最终收官。《新黔中行》在交通、采访沟通上的压力略小于《新黔边行》，但在选题角度和写作方面仍常常让我陷入艰难之中。

  如果说《新黔边行》是脚力的挑战，那《新黔中行》对我来说更像是脑力的比拼。这一年，我在写稿时难免纠结，往往斟字酌句，在结构上也时不时用一点小心思。如今回想起来，《新黔中行》中有不少稿件的完成都伴随着一种踩在心态崩塌边缘的紧迫感。

  要不，算了吧？有人这么跟我说过。但是，从 2021 年 3 月初出发的时候，我就清楚地知道，这又是一场开弓没有回头箭的马拉松式的行走与写作。整个赛场上仍旧只有我一个人的身影。但我也是有对手的，她就站在《新黔边行》的终点上向我招手，那个终点现在变成了我的起点。

  真正滋生出兴奋的感受，是在进入村庄时。每去往一个村庄之前，我对目的地的了解仅限于提前收到的书面简介，直到走进它时，感受才会大为不同。眼前的村庄像一个巨大的谜题，等待我找到那把打开它的密匙，这种开"盲盒"式的揭秘过程总让人精神振奋。

当然，揭秘一个村庄并不简单，总会遇到各种各样的状况：或是因对接不畅，导致跋山涉水去到村里的我们扑了个空；或是恰好碰上村里换届，熟悉情况的老支书已经离开，新的干部还在摸石头过河，自顾不暇；又或是受访人工作太忙，见面时间一改再改……总之，在这9个月的行走与写作中，每天都可能有新的情况发生。不过，这一年多来的"黔行"之路，也让我总结出一套兵来将挡、水来土掩的方法，那些重重阻碍最终得以清除，有时甚至让我收获了意外之喜。

让人感到兴奋的，还有我见到的那些人物。在《新黔中行》的旅程中，我的很多观念一点点被他们改变，看见的乡村也因此变得不同起来。或许因为侧重点有所不同，在《新黔边行》的行走中，我看到许多从贫困的桎梏中挣脱出来的人们，向崭新的生活飞奔而去；而在《新黔中行》的行走中，我看到了更多年轻而富有朝气的人们，带着在外淘来的财富和智慧，回归乡梓。

走完第二个"108"，需要感谢的依然很多。感谢贵州省出版传媒事业发展专项资金资助！感谢我所供职的贵州日报报刊社，让我有一个面向全国讲述这些故事的平台；感谢李缨主任的指导和支持，并在我心态几近崩塌时温和地帮我调整状态；感谢编审张发贤老师，以及编辑张基强、黄文华，从《新黔边行》到《新黔中行》他们见证了我的成长，也在出版过程中给我很多建议，让我受益匪浅。

受篇幅所限，成书时108篇选用了88篇，虽有一点点遗憾，但也足以从中窥见新时代贵州乡村的新风新貌。我想，很多年过去之后，乡村的发展或许已经不再需要在这些过往的故事中寻找经验了，但这些人物的故事却永远生动，因为他们每一个人都拥有不可复制的、独特的人生。在戏剧领域有一种即兴剧场，叫做"一人一故事剧场"：请观众分享一个自己的故事，演员聆听之后，再通过声音、形体以及话剧的形式将这个故事进行重现，以此作为礼物回馈给观众。在完成我的第二个108篇故事的写作时，我感觉自己也像这个"剧场"，只是这方舞台不在某个实体空间，而是化作文字、图片和影像，作为礼物，回馈给每个把故事放心交给我的人。谢谢你们。

彭芳蓉

2022年秋